PLACE A MONSIEUR LARREY

ISBN 2-7427-4310-3

Illustrations de ccuverture :
Première de couverture : *Portrait de Dominique Larrey*, musée du Val-de-Grâce.
Quatrième de couverture : *Napoléon visitant les blessés à l'île de Lobau*, par Charles Meynier, musée national du château de Versailles.

Jean Marchioni

PLACE A MONSIEUR LARREY

CHIRURGIEN DE LA GARDE IMPÉRIALE

biographie

ACTES SUD

A mes petits-enfants.

En souvenir de leur ancêtre Jean Quirot, nommé sous-lieutenant par l'Empereur après une action d'éclat à la bataille de Dresde (1813).

A mes camarades des bivouacs de reconstitution militaire historique : 1er régiment de grenadiers à pied de la garde impériale, "Fifres et Tambours" (Saint-Raphaël) et 27e division (European Napoleonic Society).

L'orthographe de l'époque et de Larrey a été respectée, exception faite pour les cas où la lecture aurait été gênée.
Le taux de conversion du franc Germinal en franc 2001, indiqué par la Banque de France, est de 20. C'est un simple ordre de grandeur qui ne correspond pas forcément à la réalité de la vie, puisque le travail de l'homme comme la valeur des choses étaient différents.

AVERTISSEMENT AU LECTEUR

Dans son *Art de la biographie*, l'académicien André Maurois a précisé que ce genre devait être animé par la "recherche hardie de la vérité".

Tout au long d'une existence passionnée par l'histoire naturelle, rendue aventureuse par les circonstances de l'époque, Larrey a légué à la postérité une abondante documentation sous forme de Mémoires, correspondance privée ou officielle, journal de campagnes, notes manuscrites, et suscité de la part de nombreuses personnalités qui l'ont connu des souvenirs de conversations, remarques ou témoignages.

Au lieu de paraphraser inutilement ces sources au risque de trahir quelque peu les sentiments du personnage et d'altérer la fraîcheur du "reportage" pris sur le vif de l'action, nous n'avons pas hésité à utiliser fréquemment la citation directe, qui nous a semblé constituer le meilleur gage de cette recherche de vérité.

Les historiens ont été unanimes à apprécier l'objectivité, l'exactitude, la sincérité des écrits d'un homme qui n'avait rien à prouver pour lui-même ni aucune attitude à justifier. Ses relations de la reddition d'Ulm, de l'incendie de Moscou, du passage de la Bérézina ou de la gigantesque bataille de Waterloo sont d'ailleurs devenues des classiques du genre.

En hommage à sa rigueur morale, son indépendance d'esprit, ses conceptions prophétiques, ses qualités de cœur, Larrey fut hissé par ses contemporains et ses successeurs sur le piédestal des héros de l'Antiquité. Plus tard on ne vit que l'officiel baron d'Empire en oubliant la constance de sa fibre républicaine. D'autres appelèrent prétention sa très haute conception de la médecine. On négligea son immense œuvre médico-chirurgicale.

Ce ne sont aucun des buts que nous avons recherchés.

Familier du bivouac du troupier comme du palais impérial, on retrouve à travers lui la réalité de la vie quotidienne, terre-à-terre, des "vrais soldats de Napoléon", avec leurs joies et leurs souffrances.

Fondateur de la chirurgie moderne, ses travaux prémonitoires sont toujours d'actualité.

Leur synthèse – en termes non techniques – ne cherche qu'à leur redonner vigueur et autorité originelles.

La vie d'un tel personnage, à mi-chemin du classicisme du XVIIIe siècle et du modernisme du XIXe, amateur d'art et profond humaniste, homme d'action et de science, est suffisamment riche pour être présentée sans fard.

PROLOGUE

LA VIEILLE CAPOTE
DE WAGRAM

En cette nuit glaciale du 14 décembre 1840, ils étaient tous venus. Les "Dromadaires" d'Egypte, les artilleurs de Wagram, les voltigeurs d'Espagne, les cuirassiers de Waterloo, revêtus de leurs uniformes légendaires à présent élimés, effrangés, rapiécés, portant encore quelques traces de brûlures essuyées aux feux de bivouac.

Depuis l'hôtel des Invalides, beaucoup avaient boité sur leur canne ou leur jambe de bois pour regagner au plus vite les rives de Courbevoie : ces "Chabert" n'étaient pas tous colonels, tant s'en faut. Enroulés dans leurs grands manteaux, tassés par petits groupes autour des feux de camp improvisés, ils allaient, ensemble, en camarades, passer une dernière veillée pour garder la dépouille mortelle de l'Empereur, reposant sur le débarcadère de la Seine.

Napoléon Ier n'avait-il pas déclaré à Sainte-Hélène : "Quand je serai mort (...) je retrouverai mes braves aux Champs-Elysées. Tous viendront à ma rencontre, ils me parleront de ce que nous avons fait ensemble."

Vingt et un coups de canon saluèrent au matin le départ du char funèbre pour Paris mais la foule immense, un million de personnes, entendit surtout chanter *La Marseillaise* – interdite – qu'avaient entonnée les vieux soldats de la Grande Armée, refrains aussitôt repris par une multitude d'étudiants enflammés qui sentaient courir dans leur dos le frisson romantique d'une légende vivante. Alfred de Musset venait à peine d'écrire : "Alors s'assit sur un monde en ruines une jeunesse soucieuse. Tous ces enfants avaient rêvé pendant quinze ans des neiges de Moscou et du soleil des Pyramides."

Ils formaient, vétérans et étudiants, la queue du cortège qui, par le pont, l'avenue de Neuilly, l'Arc de Triomphe, descendait les Champs-Elysées, décorés de colonnes surmontées d'aigles dorées, de statues de victoires ailées, de guirlandes de lauriers. Juste derrière le char mortuaire, le prince de Joinville, fils du roi Louis-Philippe, les compagnons de Sainte-Hélène, les maréchaux survivants, les anciens aides de camp, généraux, serviteurs.

Fait étrange contrastant avec la solennité de cette triste cérémonie, l'attitude de la foule parisienne qui avait gardé la liberté de ses sentiments, oscillant de l'émotion à la joie de se montrer du doigt tel ou tel, d'applaudir un personnage illustre depuis les balcons surchargés ou les trottoirs combles. Soudain retentit, comme sur les passerelles de la Bérézina, le cri : “Place à Monsieur Larrey !”

Aussi vite les rangs s'éclaircirent pour qu'on puisse distinguer, appuyée sur le bras de son fils, la robuste silhouette de Dominique-Jean Larrey, le célèbre chirurgien en chef de la garde impériale, aussitôt applaudi par les vétérans qui l'appelaient leur “Providence” comme par les étudiants enorgueillis de son enseignement. Hommage des vieux soldats, hommage des jeunes, que pouvait-il rêver de mieux, cet homme de soixante-quatorze ans, reconnaissable à sa stature massive, à sa longue chevelure blanche recouvrant ses épaules sur lesquelles il avait jeté sa vieille capote de Wagram ?

Malgré un froid de – 15 degrés, les fatigues de l'âge, Larrey avait tenu à accompagner jusqu'à la Concorde, puis aux Invalides où retentissait le premier mouvement du *Requiem* de Mozart, celui qu'il avait suivi, servi, aidé, des sables des Pyramides aux champs de blé de Waterloo.

D'un attachement sans faille à la personne de l'Empereur, d'une fidélité à toute épreuve mais peut-être le seul à lui tenir tête, maître opérateur, maître enseignant, pionnier de la chirurgie de guerre, génial précurseur de la science et de la médecine humanitaire, Dominique Larrey avait amplement mérité l'appréciation – la seule d'ailleurs – portée par l'Empereur sur son testament : “C'est l'homme le plus vertueux que j'aie connu.”

Au plus fort de l'après-midi sanglante de Waterloo, les carrés anglais vacillaient sous les charges incessantes de la cavalerie française.

A l'ombre d'un orme, Wellington, soucieux, surveillait de sa lorgnette l'évolution de la bataille, lorsqu'il souleva tout à coup son chapeau et donna l'ordre de ne plus tirer à tel endroit où Larrey, qu'il avait reconnu, pansait ses blessés.

“Que faites-vous, Votre Grâce ? interrogea, inquiet, le duc de Cambridge

— Je salue l’honneur et la loyauté qui passent.”

Portrait de Dominique Larrey. Musée du Val-de-Grâce.

Vue générale de Beaudéan. Cliché de l'auteur.

Maison natale de Larrey à Beaudéan. Cliché de l'auteur.

I

UN ÉTUDIANT SURDOUÉ

En ce chaud printemps de 1780, l'abbé Grasset est parvenu à la lisière du bois de hêtres et de châtaigniers qui surplombe le village de Beaudéan. Il s'assied sur une borne de granit, sort de sa poche un gros mouchoir, essuie son front et rend grâces à Dieu pour la beauté qui l'entoure. Derrière lui, les âpres falaises des Pyrénées centrales ; devant, les douces prairies vallonnées de la vallée de Campan où tranche l'église fortifiée de Beaudéan au clocher carré épaissi par quatre échauguettes.

Soudain son regard se fixe sur une belle maison bien proportionnée avec ses voûtes de pierre au rez-de-chaussée, son toit pentu surmonté d'un clocheton[1].

"C'est là qu'habite mon meilleur élève, ce jeune Dominique Larrey, se dit-il. Je l'ai baptisé le jour même de sa naissance, c'était le 8 juillet 1766, mais la chance s'est détournée de sa famille de petits propriétaires terriens et modestes éleveurs. Le père, également maître bottier à la morte saison, est mort trois ans après et sa veuve peine à élever ses trois enfants.

Malgré le soutien de Dominique, l'aîné, il faut veiller à l'éducation de Claude-François-Hilaire et de Geneviève. Cette femme de caractère, animée d'une grande douceur de sentiments, a très vite distingué, en mère attentive, la précoce intelligence de Dominique.

Voyons, il a maintenant quatorze ans, de la race de ces montagnards du cœur de la Bigorre, petits, bruns, tenaces au labeur, robustes et fiers. Il y a encore peu de temps, ils se sont révoltés contre les agents du fisc royal venus exiger la gabelle. «Nous sommes toujours rois chez nous !» ont-ils clamé à la face des autres, repartis la mine basse et les coffres vides.

1. Admirablement remise en valeur par la municipalité de Beaudéan et "Les amis du baron Larrey", la maison abrite à présent le musée Larrey.

Que lui ai-je appris finalement ? s'interroge l'abbé : le français, car il ne parlait que la langue occitane, le latin et les rudiments des mathématiques. Et aussi le sens de l'honneur, de la probité, du courage physique et intellectuel déjà inculqués par sa mère.

Par contre, il n'a pas eu besoin de moi, oh ! non, pour se former à l'histoire naturelle qui demeure sa passion première. Il a «l'intention d'étudier l'art de guérir à Toulouse», m'a-t-il déclaré avec enthousiasme, pour devenir, de surcroît, chirurgien."

L'abbé s'est à présent redressé. Il déplisse sa soutane, descend à petits pas le flanc de la colline et bougonne tout haut, espérant trouver des raisons propres à dissiper ses doutes...

"Quand on est pauvre comme lui, que d'obstacles à franchir !

Oui, mais il est armé d'une vivacité d'esprit et d'un courage peu communs !

Dire qu'il y a peu, je le voyais jouer et courir le long des berges de l'Adour ! Il n'a pas encore quatorze ans mais se comporte déjà en homme accompli !

De toute façon, personne n'a pu le retenir, ni sa pauvre *mama* qui a contenu ses larmes, ni moi lorsque je l'ai béni ! Que Dieu te protège, mon enfant et tâche de mériter le soutien promis par ton oncle de Toulouse."

Le 10 mai 1780, Dominique se retrouve seul, cheminant sur la longue route poudreuse de Toulouse. Quarante lieues à parcourir à pied [150 kilomètres]. Sa bourse est plate mais seul importe pour lui le fait de se savoir attendu par son oncle Alexis Larrey.

Correspondant de l'Académie de chirurgie et l'un des maîtres les plus en vue du Collège de chirurgie créé par Louis XV, car, depuis le haut Moyen Age, Toulouse est restée la puissante métropole provinciale du Sud-Ouest scientifique, littéraire et artistique.

Accueilli par son oncle avec les plus grandes marques d'affection, Dominique le suit au collège des Frères de la doctrine chrétienne pour s'y inscrire et perfectionner ses humanités, en particulier le latin, à l'époque indissociable des études médicales. Parallèlement – fait remarquable puisque Larrey n'a que quatorze ans – il suit les leçons d'anatomie de son oncle et la visite des malades à l'hôpital Saint-Joseph-de-la-Grave.

L'anatomie, science majeure du moment, fut de tout temps source de travail et de réflexion, mais aussi d'extrême rigueur et précision, de déduction et compréhension, bref d'analyse méthodique et de synthèse intelligente. La tradition intellectuelle voulait qu'on étudiât chaque organe "pour son propre compte" sans penser à l'intégrer dans le vaste ensemble de l'économie du corps humain. Au cours de ses nuits de travail, le jeune Dominique collige ses observations cliniques de la journée, étudie les ouvrages des grands anatomistes, notamment du Vénitien Scarpa, et commence à pressentir que la médecine, davantage un art qu'une science, est faite d'ensembles.

En véritable enfant du XVIIIe siècle, du fameux "siècle des lumières", il s'intéresse à tout, est curieux de tout, dans le droit fil de l'esprit des encyclopédistes : zoologie et art vétérinaire, cousins de la médecine, mais également géologie, botanique, pharmacologie. L'illustre Chaptal, un des fondateurs de l'œnologie, enseigne à Toulouse la chimie expérimentale. Le fait que les deux hommes se connaissaient déjà quand ils se retrouveront plus tard à Paris, l'un ministre de l'Intérieur, l'autre chirurgien, permet de croire que Larrey avait pu également profiter des leçons de son aîné.

Dominique vient d'avoir quinze ans : au bout d'un an d'études à peine, il a suffisamment acquis de savoir et de maturité pour se présenter au concours de sous-aide d'anatomie[1] : brillamment reçu à l'unanimité des suffrages, il lui faut postuler une dispense d'âge ! Il est en droit à présent de pratiquer les premiers soins élémentaires : pansements, saignées, ouverture et cautérisation des abcès superficiels. Arrondissant sa modeste rémunération en devenant le répétiteur de ses condisciples, il étudie le concours de prosecteur d'anatomie[2] en préparant les leçons d'anatomie de son oncle. Toujours au travail, prenant peu de loisirs, à moins de dix-neuf ans le voilà prosecteur, titre demeuré longtemps prestigieux. Encouragé par ses succès, conscient de son acquis et de sa valeur, sans prétention pour autant, Larrey apprend en 1785 que la Société de l'hôpital Saint-Joseph ouvre son traditionnel concours public permettant au lauréat d'assurer les fonctions de professeur à la première vacance de poste. Troisième concours, troisième succès !

Le jury, impressionné par les qualités de cet élève exceptionnel, lui décerne non seulement le premier prix mais l'invite au rang des professeurs, lui permettant et l'incitant même à donner des leçons publiques.

A dix-neuf ans, il n'est plus un étudiant, il devient un maître.

1. Equivalent moderne d'externe.
2. Préparateur et chef des travaux pratiques d'anatomie.

"Cette marque d'estime, dit-il, fut pour moi un puissant aiguillon qui me faisait passer les nuits entières pour remplir avec honneur le noble emploi qui m'avait été confié."

Un an après, le poste d'aide-major de l'hôpital devient vacant : nouveau concours, nouveau majorat. Le plus jeune des candidats, Larrey, est nommé à vingt ans aux fonctions d'un actuel chef de clinique, au lieu des vingt-cinq ou vingt-six ans habituels. Sa situation est assurée.

Opérant les urgences, pouvant remplacer le chef de service, il sent peu à peu sa renommée s'installer en ville. En septembre 1786, il est en mesure de soutenir sa thèse de chirurgie sur la "carie des os[1]", remarquable par la parfaite organisation de sa démonstration : définition, différence, causes, diagnostic, pronostic, cure de la "carie sèche" et de la "carie humide", pressentant le rôle d'un "virus[2] "cent ans avant les découvertes pastoriennes :

"On a lieu de préformer que pour qu'un virus puisse produire la carie, il faut qu'il agisse sur les fluides (sang, humeurs)."

Le jury, composé des professeurs de l'université, des membres du Collège de chirurgie, en présence des capitouls de la ville de Toulouse auxquels est dédiée cette thèse, est si enthousiaste que le jeune chirurgien est reçu avec les plus vives félicitations et récompensé par la médaille de vermeil de la Ville. Ce nouveau et grand succès porte en germe l'interrogation lancinante dont Larrey sera assailli sa vie durant : quelle situation ? quel avenir ? ai-je épuisé toute possibilité de progresser ? puis-je faire mieux et peut-on m'offrir encore mieux ? dois-je choisir la sécurité ou l'aventure ?

La rude discipline de son oncle Alexis l'a formé à devenir ponctuel à la visite du matin, rigoureux dans le diagnostic, précis dans le geste opératoire, méthodique dans la surveillance de l'opéré, attentif aux plaintes du malade. De son côté, Dominique mesure le bagage acquis, l'étendue de son intelligence. Ces deux facteurs, les conseils de l'oncle et la sûreté de jugement du jeune homme vont se conjuguer pour pousser Larrey à poursuivre son expérience chirurgicale à Paris.

"Je conçus le projet de m'éloigner de cette ville [Toulouse] et d'aller dans d'autres universités acquérir les connaissances nécessaires pour exercer la profession que j'avais embrassée."

Malgré l'affaiblissement progressif des institutions royales, Paris est restée, sur le plan de la clinique et de la technique chirurgicale,

1. Tuberculose osseuse.
2. Sens différent du nôtre, à interpréter comme agent externe inconnu.

le principal foyer européen d'enseignement. Deux noms célèbres en sont l'âme : Louis, secrétaire perpétuel de l'Académie de chirurgie ; Desault, créateur de la clinique chirurgicale de l'Hôtel-Dieu. L'oncle Alexis, membre associé de l'Académie, n'a d'ailleurs pas manqué de recommander son neveu à ces deux grands maîtres. Muni de ce viatique et d'une lettre d'introduction auprès de l'archevêque de Brienne, Dominique quitte la sécurité d'une carrière tracée à Toulouse pour choisir l'aventure parisienne.

Ce marcheur infatigable, trop pauvre encore pour s'offrir le coche qui, dans de bonnes conditions, relie les deux villes en trois à quatre jours, n'hésite ni à partir à pied, ni à affronter la canicule d'août 1787. En traversant le Quercy, le Limousin, l'Orléanais, "il fallait faire cinq à six lieues sans trouver ni fontaine, ni arbres, ni hameau, ni maison. Je faillis mourir de soif et de chaleur".

A peine arrivé à Paris, Larrey revêt sa "tenue de société" pour se présenter à la faculté et aux hôpitaux. Son assiduité, la personnalité de son intelligence le font vite distinguer et entrer à l'Ecole pratique d'après les exercices publiés au concours.

Très flatteur, très encourageant tout cela, se dit-il, mais les maigres revenus de mes leçons d'anatomie, voire de figurant de théâtre, ne pourront m'assurer longtemps gîte et couvert.

Ah ! si seulement j'étais nommé chirurgien assistant à l'Hôtel-Dieu, je serais logé et nourri !

Et puis, "(…) l'archevêque de Brienne, premier ministre, m'avait recommandé à M. l'inspecteur général Colombier pour me placer à l'hôtel royal des Invalides".

Comme tout cela peut traîner quand le temps presse autant !

Sourire de la fortune, Louis annonce un jour, à la fin du cours, l'ouverture d'un concours de chirurgien auxiliaire de la marine, à Brest. La décision est prise : après s'en être ouvert à ses deux maîtres, Larrey se présente au concours pour y être brillamment reçu.

"Cette circonstance favorisait singulièrement le goût naturel que j'avais pour les voyages ; aussi, quoiqu'elle dût me détourner de mon premier dessein, je n'hésitai pas à me mettre sur les rangs, et j'eus l'avantage d'obtenir une des places proposées. Je partis aussitôt pour le port de Brest, où je devais être classé d'après un nouvel examen. La saison étant favorable, je fis ce voyage à pied, avec un autre officier de santé auxiliaire de la marine."

Cette simplicité de ton laisse pantois : aller à pied de Paris à Brest semble aller de soi, et puis la saison est favorable… et même si elle ne l'avait pas été !

Les deux hommes gagnent d'abord Alençon puis Montagne où ils croisent sur leur route un brave chirurgien de campagne, préoccupé de trouver à la ville un consultant qui puisse l'aider à sauver un jeune paysan atteint d'une hernie étranglée. Larrey n'hésite pas, se présente et propose d'opérer lui-même. Trop heureux de rencontrer un confrère plus expérimenté, le médecin de campagne retourne sur ses pas avec ses invités. Dominique opère la hernie durant trois quarts d'heure, les suites opératoires sont parfaites, tout le monde est content.

Après vingt-quatre heures de repos dans la maison du vieux chirurgien, ils repartent pour Laval. "Nous considérâmes avec soin tout ce qui pouvait et devait exciter notre curiosité (...)."

Ainsi, une halte de deux jours au couvent de La Trappe permet d'observer la vie des moines et de s'apitoyer sur une légende locale, "le souvenir de ces deux amants enfermés dans le même cloître, (...) soupirant sans cesse l'un pour l'autre et se rencontrant tous les jours sans se reconnaître. (...) Ces deux infortunés ne se reconnurent qu'aux derniers instants de leur vie. La mort de l'un suivit de près celle de l'autre, et ils furent réunis sous la même tombe".

Continuent les accents romantiques. A leur passage à Laval "qui a vu naître Ambroise Paré, le père de la chirurgie française, nous nous fîmes indiquer la maison qu'il avait habitée. En y entrant je fus saisi d'un sentiment de vénération tel que, m'abandonnant à une douce illusion, je crus que j'allais voir paraître à nos yeux ce grand homme (...)".

Arrivés à Rennes, ils visitent le célèbre palais du Parlement de Bretagne mais l'humanisme de Larrey est horrifié par l'aspect sinistre de la chambre ardente où les prisonniers sont encore soumis à la torture de la question.

Enfin, le 4 octobre 1787, il voit Brest et la mer pour la première fois.

"Je restais quelques instants en extase, et je me serais oublié sans doute plusieurs heures dans ce lieu, si nous n'eussions entendu le canon de la retraite. Il fallut hâter la marche pour entrer dans la ville avant les portes fermantes."

Larrey est ravi : chirurgien des vaisseaux du roi, il est sûr de pouvoir exercer son art, sans la hantise de la précarité matérielle. Comme il n'a rien d'un sédentaire, pourront être satisfaits à la fois son goût pour les voyages et son besoin d'exercice physique au grand air.

Qu'importe l'aventure, si je peux opérer ; je n'ai après tout que vingt et un ans !

“Impatient de voir le monde (...) j’entrai dans le corps de la marine.”

Au milieu de la magnifique flotte de haute mer forgée par Louis XV et Louis XVI, enviée sournoisement par les Anglais, se détache, battant large pavillon blanc frappé de trois fleurs de lys dorées, la *Vigilante*.

Préparatifs du départ de la *Vigilante*. Coll. J.-B. Q.

II

A BORD DE LA *VIGILANTE*

“Impatient de voir le monde (…) passionné du désir de voyager”, dit-il ; encore faut-il quelques mois avant d’appareiller. Le royaume de France en paix, tous les navires de guerre sont désarmés, à l’exception de ceux qui protègent le commerce ou portent assistance aux pêcheurs de morue de Terre-Neuve.

La *Vigilante* est de ceux-là et prépare son armement prévu sur six mois.

Très bien accueilli par l’ensemble de ses confrères et par Billard, chirurgien-major de la marine, Larrey doit se soumettre à un dernier concours, à l’issue duquel il est nommé d’office chirurgien-major des “Vaisseaux du Roy” sans avoir jamais navigué, ce qui est contraire à l’usage mais conforme à l’estime qu’on nourrit pour lui.

Embarqué sur la corvette de vingt canons, commandée par le chevalier De Saques de Tourès, il faudra prévoir six mois d’attente avant de prendre la mer. “J’avais extrêmement à cœur de ne manquer aucune occasion de m’instruire.” Aussi prépare-t-il le plan de ses fonctions à terre comme en mer. L’hiver s’écoule à étudier la navigation, à sélectionner les renseignements et les ouvrages propres à connaître la géographie, l’histoire naturelle, les productions agricoles, le climat de l’Amérique septentrionale.

La climatologie est une des constantes de la pensée de Larrey car la puissance de son esprit s’appuie sur les rares qualités que sont la continuité d’une idée directrice, la persévérance dans une conviction mise à l’épreuve de l’expérience.

Cette époque ignore bien évidemment les bactéries, les vitamines, la physiologie, les nécessités de l’équilibre alimentaire : tout n’est qu’empirisme, bon sens, fruits de l’expérience vécue.

A ce stade de connaissances, comment ne pas invoquer, en face de la maladie, le rôle prépondérant du climat[1] ?

En visitant le navire, "je faisais tous mes efforts pour mettre à profit les leçons que je recevais des officiers ou des maîtres d'équipage". A l'école de médecine de Brest, il fréquente régulièrement le service de chirurgie, complète ses connaissances en chimie et matière médicale et dispense des leçons d'anatomie. Curieux de tout, il visite les arsenaux, les magasins et les chantiers de construction.

Les conditions de vie pitoyables des galériens du bagne ne peuvent qu'émouvoir son cœur sensible. "La nourriture est passable" mais est-il nécessaire d'enchaîner leurs chevilles la nuit ? Louis Bourbon (soixante-sept ans) n'a que sa flûte pour seul objet de consolation ; d'autres galériens fabriquent de merveilleuses maquettes navales alors qu'ils sont dépourvus de toute espèce d'instrument. Certains sont faux-monnayeurs et s'assurent des revenus considérables en imitant patiemment les billets de banque !

Dès les premiers beaux jours d'avril 1788, "on donna l'ordre de disposer la *Vigilante* à mettre à la voile aux premiers vents favorables ; et, comme chirurgien-major, je fus chargé de l'approvisionnement des médicaments, des appareils à pansement et des instruments de chirurgie. Je fus également chargé d'examiner les aliments légers destinés aux malades pendant la traversée (...). Je m'occupai de tous ces objets avec un soin particulier, persuadé que le chirurgien-major d'un vaisseau doit y attacher la plus grande importance.

Nous passâmes quelques jours à bord avant de lever l'ancre. Je les consacrai à l'étude du vaisseau, surtout des agrès, des manœuvres, de l'arrimage, de la quantité et de la qualité des provisions que l'on embarque. (...) Je m'informai aussi du régime auquel le matelot était soumis, de la nature des fonctions qu'il avait à remplir, de leur durée et du repos qui devait les suivre."

Le 3 mai à 3 heures de l'après-midi, la *Vigilante* prend la mer.

Au coucher du soleil, le jeune montagnard se sent tout à coup solitaire entre ciel et mer.

"Cette transition subite et cet isolement firent sur tous mes sens l'impression la plus vive. La pensée d'une fin malheureuse vint frapper mon imagination, et les réflexions les plus tristes succédèrent rapidement aux idées flatteuses que m'avait données

1. Paradoxal retour des choses, notre époque, persuadée de connaître à peu près tout, néglige encore la bioclimatologie sans trop savoir pourquoi.

l'espérance de voir, dans une longue navigation, de nouveaux pays et tant d'objets divers. Je ne pus retenir mes larmes, et je regrettai vivement le sol que je venais de quitter."

D'un naturel peu enclin au sommeil, il arpente le pont une partie de la nuit pour que l'exercice au grand air dissipe les idées noires qui ne manqueraient pas de l'assaillir dans sa couchette. Par chance il se félicite de ne pas avoir le mal de mer alors que la houle se creuse et cette idée suffit pour l'instant à le réconforter. Brève illusion car la tempête se déchaîne deux jours après le départ. Voiles déchirées, vergues brisées, pont submergé, horrible sifflement du vent. Afin d'éviter le naufrage, le commandant n'a que la ressource de mettre la frégate à la cape pendant vingt-quatre heures. "Chaque instant était pour nous un signal de mort."

Des trombes d'eau de mer forcent les écoutilles de l'entrepont, renversent Larrey et le ballottent de bâbord à tribord. Il nage jusqu'à l'épuisement, se débat et n'est sauvé que par la ronde des canonniers.

Réfugié dans sa cabine, il est finalement victime des nausées dont il se croyait exempt, si violentes qu'il vomit du sang. Que faire sinon réfléchir à ses propres symptômes, les classer mentalement en pensant que cette affection n'a pas encore été décrite dans la littérature médicale ? Il est ainsi le premier à en exposer les signes d'appel, à incriminer la conjugaison des effets néfastes du roulis et du tangage sur le cerveau et à comprendre que les vomissements sont dus à l'irritation du nerf crânien pneumogastrique. Point de remède à cet état, du moins édicte-t-il des mesures de bon sens pour atténuer et apaiser le mal de mer : accoutumer ses yeux aux mouvements du navire, lotions d'eau vinaigrée sur tout le corps afin de stimuler la circulation sanguine périphérique, sobriété alimentaire, promenades et distractions sur le pont, à l'air pur, et même "usage de la pipe avec modération" ! En cas de vomissements, café, thé, punch léger ou bon vin de Bordeaux.

Ces réflexions s'avèrent opportunes, car après quelques jours de navigation favorable, une nouvelle tempête assaille le navire au large des Açores. Le calme revenu au troisième jour, la route se poursuit facilement jusqu'à Terre-Neuve.

Après avoir assisté au combat d'une baleine contre un espadon, Larrey découvre les bancs de morue verte – la délicieuse – dont les entrailles glacées déclenchent chez lui le réflexe scientifique : "Si j'avais eu un thermomètre, j'aurais pu déterminer à peu près la température du fond de ces mers ; car je pense qu'elle est analogue, selon le degré de profondeur, à celle de leurs habitants."

L'apparition progressive d'une brume glacée qui, par instants, laisse entrevoir de gigantesques icebergs, "montagnes qui égalaient des grosses maisons à six étages" rend la navigation périlleuse et les débris flottants d'un récent naufrage incitent le commandant à opérer des recherches autour du détroit de Belle-Ile, au sud du Labrador.

Soudain, l'officier de quart aperçoit dans sa lunette quelques naufragés agitant leurs chapeaux. "La grande chaloupe fut mise de suite à la mer, raconte Larrey (...). Je me serais élancé dans la chaloupe, si le capitaine me l'eût permis." En un instant, les malheureux sont hissés à bord par l'ensemble de l'équipage. "Je courus au-devant des naufragés ; ils étaient vingt et un (...) pâles, défigurés, transis de froid, mourant de faim et de soif. Je reconnus que plusieurs d'entre eux avaient les pieds et quelques doigts des mains gelés."

Couvertures et matelas une fois préparés au carré des officiers, il réanime les rescapés grâce à des bouillons de tablettes de viande et du bon vin sucré puis traite les gelures par des embrocations d'eau-de-vie camphrée froide, se familiarisant ainsi avec les premiers rudiments de la "médecine des glaces".

Le 26 juin, Terre-Neuve, but du voyage, est atteinte ; l'ancre est jetée dans la baie de Croc et ne sera levée que le 31 juillet. Après avoir aidé l'équipage à construire des cabanes en bois, d'abord pour les malades, ensuite pour lui, Larrey peut enfin disposer de quelques loisirs. Il cultive un petit jardin jouxtant sa cabane et, avec ses compagnons, pêche la morue ou le saumon à la ligne. Un jour de chance ils ramènent "soixante-trois saumons d'un seul coup, le plus petit pesait treize livres". Larrey chasse aussi le lièvre, la perdrix, le loup-cervier, le caribou, mais aussi le renard ou l'hermine dont il guigne les fourrures. Observant le travail des castors, il se dit "étonné de la régularité de cette construction et de la distribution". Chemin faisant, il tombe nez à nez avec un ours blanc : "Son énorme grandeur et les mouvements de sa tête me saisirent d'effroi ; forcé de céder au sentiment de terreur qui s'était emparé de moi, je pris la fuite. Il est probable, cependant, que cet animal ne m'avait point aperçu." Heureusement car l'ours blanc ne s'aventure hors de la banquise que poussé par la faim et court alors avec une extrême rapidité sur n'importe quelle proie. Le soir venu, Larrey empaille un oiseau de nuit "d'une grandeur prodigieuse (...) chat-huant gris-blanc moucheté à bec jaune", entend trop tard des caribous s'approcher des cabanes : "(...) il y en eut un qui pénétra, une nuit, dans le bercail de nos moutons, où nous avions une vache qui devint pleine de cet animal. Elle aura sans doute produit un métis ; mais je perdis l'occasion de m'assurer de ce fait, quoiqu'elle eût été amenée à Brest." Humour du bout des lèvres ? Peut-être préoccupation de naturaliste qui s'étonne de rencontrer sous ces latitudes des pommiers et poiriers sauvages et même des orangers donnant "de petites oranges acides". La terre est "d'une fécondité incroyable (...) si cette isle était moins monstrueuse et moins marécageuse, on en ferait une excellente collonie".

Au mois de juillet, "(...) les nuits disparaissent au point que le crépuscule donne, pour ainsi dire, la main à l'aurore (...)" et les beaux jours à la poésie, à la douceur de vivre.

De passage en la petite ville de Saint-John, salués au canon, Larrey et ses amis sont priés à dîner[1] par leurs collègues britanniques du vaisseau *Salisbury* de cinquante-quatre canons, pavoisé en leur honneur. "Reçus avec beaucoup de générosité et avec la plus grande honnêteté" par le commandant Riou, un des compagnons du célèbre Cook dont il raconte la fin. Ils s'y trouvent si bien depuis midi qu'à minuit passé, ils dissertent encore sur un sujet de conversation qui défie l'éternité ! "Nous fûmes étonnés de la beauté des femmes anglaises que nous rencontrâmes dans notre promenade : presque toutes sont d'une taille avantageuse, bien faites, ayant de belles formes, une belle chevelure, une coupe de figure agréable, de beaux yeux et des dents d'une blancheur éclatante. Chez quelques-unes, des cheveux bruns et des sourcils de la même couleur contrastent agréablement avec de grands yeux bleus."

La saison s'avance, avec elle se termine la mission de la *Vigilante*.

Entre tempêtes et ouragans, on inspecte toutefois Saint-Pierre-et-Miquelon, où il faut jeter l'ancre de miséricorde pour ne pas être drossé à la côte ! Des matelots sont même enlevés par une lame déferlante, portés disparus. Deux jours après, ils réapparaissent sur le rocher de "L'enfant perdu", sauvés grâce aux Esquimaux. De prime abord Larrey se méfie d'eux : "(...) sauvages (...) armés d'un arc à tirer des flèches et d'un carquois (...) ils voulaient des provisions que nous portions dans nos abrissacs [havresacs] (...) je craignais en mon particulier qu'ils en voulussent à ma chair (...) ils sont jaloux de leurs femmes."

1. Le dîner correspondait à notre déjeuner. Notre dîner s'appelait alors souper.

Pont d'artillerie d'une corvette de vingt canons. Coll. J.-B. Q.

Cette mauvaise impression passée, il n'oubliera jamais le moyen simple et efficace utilisé par eux pour déchoquer et réchauffer les marins : frictions à l'huile tiède de baleine, puis enveloppement immédiat dans une peau encore chaude et saignante d'animal fraîchement tué.

Seul est mort le second maître Jacques qui avait appris les manœuvres du bord à Larrey, leur amitié née à cette occasion est brisée au grand regret du jeune chirurgien.

Après cet incident, le cap est mis sur la France et, en raison de vents contraires, il faudra tout le mois d'octobre pour y parvenir. "Arrivés devant Ouessant, nous trouvâmes un vaisseau algérien qui se disposait à nous attaquer, nous prenant pour un bâtiment marchand mais il manqua être la dupe de cette méprise car (...) on lui allait lâcher une bordée de coups de canon (...) [il] se sauva à toute voile."

On tire des bords, même dans la rade de Brest. Il est temps, car malgré les précautions prises à Terre-Neuve, la famine s'installe à bord. "(...) depuis plusieurs jours nous étions réduits à quatre onces de biscuits chacun, et à une bouteille de mauvaise eau qu'il fallait passer dans un linge pour en écarter les vers." Larrey a heureusement enrayé les attaques de scorbut grâce à un bouillon de son invention : il coupe des têtes de morue, les aplatit, les cuit avec des feuilles de plantes potagères. C'est délicieux, dit-il, et en tout cas efficace.

Autre élément de satisfaction et de fierté pour lui, l'absence de perte humaine sur les quatre-vingts personnes confiées à ses soins, en dépit de terribles conditions de navigation.

En imposant à bord des mesures de propreté rigoureuses, il s'est comporté en moderne hygiéniste et a pensé à tout. Ponts et entreponts savonnés tous les jours, fumigations nitrées ou soufrées contre les parasites, renouvellement de l'air par manches à vent, équipage astreint à des frictions quotidiennes d'eau vinaigrée, exercice physique permanent au besoin par des danses en plein air, boissons et nourriture saines, tel a été son programme.

Un pareil succès sanitaire est assez inhabituel pour qu'il reçoive du commandant, du Conseil de santé de Brest et de l'intendant général les plus grands éloges.

La frégate désarmée, Larrey sollicite son licenciement pour rentrer à Paris bien qu'il soit à peine convalescent d'une variole confluente. Alors que les autorités maritimes regrettent sa décision, insistent pour le retenir, retardent le plus possible sa démission, il reste inflexible.

Pourquoi ? Crainte de végéter à terre puisque tous les vaisseaux sont désarmés ? Besoin d'exercer une autre chirurgie ?

Il n'est pas hasardeux de penser qu'avec l'intuition qui le caractérise, Larrey a déjà entendu les premiers orages de la Révolution, alors que, sur le bout de leurs escarpins à boucles, dansent encore les vieilles perruques poudrées.

III

"ALLONS PRENDRE LA BASTILLE !"

La récolte de 1788 avait été calamiteuse, l'hiver épouvantable avec la Seine prise par les glaces de Paris à Rouen. Il fera – 24 degrés à Noël.

Fin octobre, Larrey prend la diligence à Brest mais sur l'impériale par souci d'économie. A chaque relais de poste, d'Avranches à Caen, ses compagnons le descendent raidi, le visage bleui par le froid, du givre sur les sourcils, les lèvres et le menton. Il ne se plaint jamais.

Il arrive à Paris le 25 novembre 1788 pour loger au café à l'angle des rues du Foin et de la Harpe. Dès le lendemain matin, il retrouve avec bonheur et admiration la clinique chirurgicale de Desault, suit les leçons de Sabatier, chirurgien en chef des Invalides car un médecin, même confirmé comme lui, reste toujours un étudiant.

Il se lie avec Corvisart[1], avec Bichat qui l'attire par cette passion commune de l'anatomie.

"Bichat était mon ami et mon collègue comme fondateur de la Société médicale d'émulation ; nous commençâmes ensemble les premières expériences qui ont servi de base à son ouvrage immortel *De la vie et de la mort.*"

Menant une vie simple, Larrey est au contact du peuple durant ses allées et venues, au cours de ses consultations. Il mesure sans peine les difficultés accrues de la vie quotidienne. La rareté du grain fait monter le prix du pain, aliment de base, car la culture de la pomme de terre qui fera plus tard disparaître les véritables famines n'en est qu'au stade expérimental. On parle aussi de diminuer les salaires ! Et puis, ce froid qui aggrave tout, surtout l'état des malades ! La veille de l'Epiphanie, Larrey

1. Futur premier médecin de Napoléon Ier.

Cortège en marche vers la Bastille, par Raffet. Coll. J.-B. Q.

est cambriolé de fond en comble. La fermentation des esprits est telle qu'éclate en avril 1789 la première émeute du faubourg Saint-Antoine. Les ouvriers d'une manufacture de papiers peints, inquiets à juste titre de perdre la moitié de leur salaire, s'insurgent en manifestant dans les rues et allument des incendies. Au lieu de parlementer avec eux, d'étudier leur situation, on ne trouve rien de mieux que d'envoyer charger deux régiments de cavalerie pour sabrer et fusiller les émeutiers qui se défendent avec une bravoure insoupçonnée.

Au reflux, plusieurs centaines de morts et de blessés sont allongés dans les rues adjacentes, première et sanglante de ces "journées" de guerre civile qui jalonneront l'histoire de la Révolution.

A l'Hôtel-Dieu chez Desault, Larrey voit affluer les blessés et apprend de son maître les préceptes de la chirurgie de guerre : repérer, trier les cas les plus graves, nettoyer les plaies, les simplifier pour mieux les suturer, immobiliser les fractures et, dans les pires des cas, discuter ensemble l'indication opératoire d'une amputation.

Rentré chez lui, Larrey voit fondre ses économies malgré sa vie spartiate et se trouve à nouveau sans emploi rémunérateur alors que les prix augmentent comme le froid. Sabatier l'a bien pris aux Invalides comme aide bénévole nourri, mais quand pourra-t-il vivre autrement que d'expédients ?

Un matin, Sabatier apporte la bonne nouvelle. Un poste d'aide-major à l'hôtel royal des Invalides est ouvert au concours. Quarante candidats sont sur les rangs. Larrey, prévenu la veille, dernier inscrit, est reçu major. Etre enfin logé, nourri, chauffé, salarié par un poste fixe, ne l'a-t-il pas amplement mérité ? Il faut croire que non !

Les abus de pouvoir commis par nombre de petits potentats sont, plus que le prétendu absolutisme royal, à l'origine de mécontentements populaires profonds.

Larrey s'apprête à en subir l'amère rigueur. Le ministre de la Guerre, comte de Chastenet de Puységur, mécontent de constater l'échec d'un de ses poulains, prend sa belle plume blanche, "a l'atrocité de me rayer du procès-verbal" du concours pour y inscrire celui de son protégé ! Fureur de Larrey, indignation de Sabatier qui écrit au ministre, ce dernier ne daigne répondre ... De pareils agissements créent des Robespierre, a-t-on dit, toujours est-il que Larrey se détourne à présent d'un régime discrédité, s'identifie au courant politique contestataire "patriote", selon le terme en vogue, d'autant plus facilement que les ferments d'idées nouvelles lui ont été exposés à la loge des Ecossais fidèles lors de son initiation maçonnique à Toulouse.

En attendant des jours meilleurs, il faut continuer à vivre d'improvisations comme toute la jeunesse estudiantine quasi miséreuse de Paris. "Dans les premières années de mon séjour à Paris, je dus mon existence et la possibilité de continuer à m'instruire à des leçons particulières d'anatomie ou d'ostéologie que je faisais à mes condisciples", ayant, en effet, remporté la première place au concours d'anatomie de l'Ecole pratique.

Si les circonstances ont instillé dans le cœur de Larrey la haine du despotisme, il n'en est pas pour autant un sans-culotte forcené. Son caractère ouvert aux idées nouvelles, son enthousiasme juvénile – il a vingt-trois ans – l'amènent à observer de très près l'évolution politique. Dès le mois de mai 1789, il assiste à la procession des états généraux du royaume qui défilent, saint sacrement en tête, et écoute leurs premières délibérations. "J'avoue que cette marche marquée par distinction d'ordres m'affecta beaucoup (...) mais je vis avec plaisir des chevaliers de Saint-Louis marcher à côté de simples cultivateurs revêtus de leurs habits de campagne." En juillet, il apparaît que le vieil édifice capétien est stérilisé, coupé du peuple, étranger aux désirs de la jeunesse, prêt à s'écrouler à la première secousse.

A Paris, l'ambiance est électrique, non seulement dans le cœur des hommes mais aussi dans l'atmosphère. La chaleur est lourde, pesante ; le ciel d'une blancheur plombée. En moiteur, les nerfs à fleur de peau, chacun attend la fraîcheur d'un orage libérateur.

Rien ne vient. Au milieu des jardins du Palais-Royal, debout sur un tréteau, Camille Desmoulins harangue une foule rendue nerveuse par le renvoi de Necker, le populaire premier ministre. L'orage qui éclate n'est pas celui qu'on attendait.

Larrey tient le langage du combattant : "Le ministre Necker, partisan de la Révolution, fut exilé le 9 juillet et partit le 10. Ce renvoi provoqua de grands troubles populaires, et le dimanche 12 tout le monde courut aux armes. Je me trouvais au Palais-Royal dans les premiers moments. Je m'associai avec transport au mouvement de résistance qui éclata, et m'unis à tous ces généreux adversaires du despotisme.

Bientôt l'alarme fut générale, le peuple se souleva et fut attaqué par le prince de Lambesc aux Tuileries. L'étendard de la liberté fut alors levé, et le tocsin retentit toute la nuit.

Le lendemain matin, j'engageai tous mes camarades du Collège de chirurgie à marcher en corps avec moi pour aller chercher des armes à l'hôtel de ville. Je pris la tête de ces jeunes gens, qui étaient au nombre de quinze cents, et nous fûmes les premiers à marcher contre les tyrans. Malheureusement nous ne pûmes obtenir des fusils. Chacun alors s'arma comme il put, et nous continuâmes à faire des marches en corps pour soulever les habitants jusqu'au 14 au matin ; nous nous rendîmes ce jour-là aux Invalides pour prendre des armes, et de là nous nous dirigeâmes vers la Bastille. Si nous n'eûmes pas l'honneur de monter les premiers à l'assaut, ce fut l'immense multitude devant ses portes qui nous empêcha, malgré notre ardeur et notre courage d'y parvenir. Cependant nous y organisâmes le premier poste de garde. (...) nous continuâmes nos exercices militaires jusqu'au mois d'octobre."

Aux élèves du Collège de chirurgie se sont joints ceux du Châtelet et de la Basoche, communauté des clercs dépendant des cours de justice. Par enthousiasme certes, mais aussi pour canaliser la révolution de la rue en préservant les magasins de farine et de poudre de Corbeil ainsi que le palais de Justice.

Les états généraux constitués en Assemblée nationale et le roi sont toujours à Versailles où le peuple de Paris viendra les chercher en octobre. Larrey et ses amis restent vigilants, prêts à toute éventualité. "Jusqu'au mois d'octobre, nous restâmes sous les armes, et nous étions partout où le danger nous appelait. Nous nous rendîmes alors à Versailles, où je passai un mois entier au corps de garde. Toutes ces fatigues étaient pour moi un plaisir." Malgré certaines exactions, cette révolution se poursuit sur un mode débonnaire, bon enfant, pendant un an jusqu'à la fête de la Fédération du 14 juillet 1790. En dehors des périodes de visite et de garde, Larrey dispose d'assez de loisirs pour participer activement à cette fête de la réconciliation qu'on veut grandiose. Pour préparer l'immense cérémonie avec prestations de serment civique, grand-messe officiée par Talleyrand, il convient d'effectuer de spectaculaires travaux de terrassement au Champ-de-Mars. En un mois, douze mille ouvriers ne pourront jamais suffire à la tâche ! Cent mille volontaires, étudiants, militaires, moines, se mettent au travail, suivis par de nombreuses femmes faisant assaut d'élégance. Le chantier sera terminé en quinze jours. Comme chacun, Larrey s'active avec brouette, pelle et pioche et, par hasard, fait la connaissance de deux de ses collègues terrassiers : Sieyès, l'homme des constitutions et futur artisan de Brumaire ; Beauharnais, le premier mari de Joséphine. Où peuvent parfois se loger les carrefours des destinées historiques ?

Malheureusement la Révolution chemine, elle aussi, au même endroit, vers les voies sanglantes où elle va se défigurer.

La nouvelle année 1791 a amené une embellie dans la vie professionnelle de Larrey. En déplacement à Chartres pour évaluer le poste peu enviable qu'on lui propose, il apprend qu'un second poste de chirurgien aide-major aux Invalides est déclaré vacant. Sabatier a même obtenu du ministre, heureux de réparer l'injustice commise par son prédécesseur, le report d'un mois de la date d'ouverture du concours. Après de longues épreuves étalées de 8 heures du matin à 4 heures de l'après-midi, Larrey se distingue à la première place. Qui plus est, on le nomme également chirurgien major du district de Saint-André-des-Arts.

"Enfin ! Enfin ! je peux assurer le présent et envisager l'avenir plus sereinement !"

Saisissant contraste, cette période de sécurité qu'il espère depuis si longtemps coïncide pour la nation avec le trouble des esprits, l'hésitation politique. Louis XVI ramené de Varennes est salué par les gardes nationaux de Lafayette mais crosse en l'air ! Et, "pour contenir la révolution sociale, l'Assemblée se résigna à arrêter la révolution politique[1]".

Mécontentes, les sociétés populaires "colérées" par Danton manifestent à ce même Champ-de-Mars, malgré l'interdiction du maire de Paris, Bailly, qui proclame l'état de siège.

Un coup de pistolet tiré sur Lafayette déclenche la fusillade qui fait cinquante morts et une centaine de blessés. La fumée n'est pas dissipée, encore moins l'odeur de la poudre que l'on

1. Pierre Gaxotte, *Apogée et chute de la royauté*, Tallandier, 1974.

aperçoit Larrey, venu manifester, déjà à genoux pour panser au mieux les blessés au milieu de la mêlée.

Arrêté par méprise, il est relâché par Bailly, soucieux du respect dû aux chirurgiens. Politiquement, Larrey est en effet un réformateur, non un révolutionnaire. Ne garde-t-il pas un souvenir attendri de la poignée de main que lui donna, avec grâce, Mme Elisabeth, sœur de Louis XVI, alors qu'il herborisait quelques années auparavant dans la forêt de Saint-Cloud ?

Paris sombre dans l'anarchie, le chaos, on n'est sûr de rien, rester aux Invalides n'est plus une aventure. C'en est encore une de reprendre la mer lorsque les confrères du Service de santé naval le pressent d'être chirurgien-major à bord du *Jupiter*. Il part pour Brest, y reste deux mois, s'apprête à embarquer lorsqu'il reçoit une lettre de son maître Sabatier : Reviens, lui dit-il, une place de "gaignant-maîtrise" t'attend à l'hôpital, dans six ans tu seras nommé maître ! Sa vocation d'enseignant est décidément plus forte que le poids de la déception et des regrets exprimés, une fois encore, par les marins.

De retour à Paris, Larrey ne voit plus rien autour de lui.

Soudainement ébloui, il a découvert l'ineffable, l'imprévu, l'irréel, l'étincelle, la femme de qui il sera épris avec passion, la vie durant, la douce Laville, la tendre Laville, brèves amours qu'interrompra trop tôt la guerre allumée le 20 avril 1792 pour flamber plus de vingt-trois ans jusqu'à Waterloo !

IV

"ILS ONT TRAVERSÉ LE RHIN !...

... avec les dragons de Noailles..."

C'est l'air vieux de cent ans que reprennent fifres et tambours de l'armée révolutionnaire.

La France républicaine, pour asseoir les acquis sociopolitiques de la Révolution, a déclaré la guerre à une menaçante coalition austro-prussienne représentant la vieille Europe féodale.

Après quelques succès initiaux, les Prussiens ont été refoulés à Valmy en septembre 1792 par la vaillance de cette "armée de savetiers". Ainsi appellent-ils avec morgue et mépris l'armée des volontaires français souvent en guenilles et sabots. On a prétendu aussi qu'une épidémie de dysenterie a fait courir les Prussiens encore plus vite... à travers la Lorraine et la Sarre pour renforcer les Autrichiens déjà présents au Palatinat.

En face d'eux, l'armée française du Rhin.

Son aile gauche, formée par le corps dit des Vosges, s'étend de Wissembourg en Alsace à Landau en Allemagne. Elle est commandée par Custine et Beauharnais.

Mobilisé et nommé par le Conseil de santé chirurgien-major des hôpitaux, Larrey est arrivé à Strasbourg à la fin d'avril 1792, pour être aussitôt désigné à l'avant-garde de la division Kellermann. Il se lie rapidement avec de jeunes officiers dont les noms deviendront célèbres : Gouvion-Saint-Cyr, Clarke, Baraguay d'Hilliers et surtout Desaix avec qui se nouent de profondes relations d'amitié. Deux mois d'inaction militaire sont mis à profit par Larrey pour fonder "un club chirurgical duquel je fus fait président" et effectuer avec ses élèves des promenades d'herborisation et d'histoire naturelle.

A la nouvelle de la victoire de Valmy, la division se met en marche de Wissembourg vers Spire, 17 000 hommes disposés en trois colonnes, 100 canons. La campagne est d'abord un succès. La ville de Spire, au sud de Mannheim, tombe dix jours après Valmy sous le feu des obusiers. “Chaque coup heureux tiré de notre côté était annoncé aussitôt par un cri général de Vive la Nation.” Malgré la capitulation, l’armée est assaillie par des coups de feu tirés des caves et des fenêtres. “Le chapeau du général fut percé par les balles”, aussi l’artillerie tire-t-elle à mitraille et met l’ennemi en déroute. “Les bords du Rhin étaient couverts de selles et autres équipements de cheval (...) d’armures, de canons.” Pour cette traîtrise, la ville est taxée de 150 000 écus dont 100 000 payables par l’évêque, le reste par les couvents. La prise des magasins de Spire rapporte trente-six millions. En retour, plusieurs officiers et soldats français “qui s’étaient permis le pillage” sont fusillés.

Succès aussi pour Larrey, qui subit le baptême du feu. Il opère ses blessés toute la nuit et la matinée suivante, après les avoir relevés en première ligne sous le feu de l’ennemi et souvent transportés sur son dos. “Le lendemain à 11 heures, je n’avais pas encore mangé depuis le 29 au soir mais si j’ai essuyé des grandes fatigues et beaucoup de misère, j’en ai été

Volontaires de l’an II. Coll. J.-B. Q.

dédommagé par les succès heureux que j'ai obtenus de mes travaux." Il peut fièrement proclamer : "Sur quarante blessés français, je n'en perdis que quatre", mais voit le général Custine le mettre aux arrêts au nom du règlement pour s'être trop exposé au feu puis le féliciter chaudement devant les Carmagnoles[1] "au nom de l'humanité" !

Que signifie cet absurde règlement que, *de facto*, Larrey a taillé en pièces ?

"Ce fut alors que je reconnus, pour la première fois, les grands inconvénients de la marche de nos ambulances et de leur manière d'agir. Les règlements militaires portaient qu'elles se tiendraient constamment à une lieue[2] de l'armée. On laissait les blessés sur le champ de bataille jusqu'après le combat, puis on les réunissait dans un local favorable où l'ambulance se rendait aussi promptement qu'il était possible ; (...) elle n'arrivait jamais avant vingt-quatre heures, quelquefois même trente-six heures et davantage ; en sorte que la plupart des blessés périssaient faute de secours. La prise de Spire nous en ayant donné un assez grand nombre, j'eus la douleur d'en voir mourir plusieurs, victimes de cet inconvénient ; ce qui me donna l'idée d'établir une nouvelle ambulance qui fût en état de porter de prompts secours sur le champ de bataille même."

Là est résumée la pensée de Larrey, indissociable de l'action novatrice et efficace qui va le rendre célèbre dans la troupe, les états-majors et à l'étranger. En face de la désorganisation, de l'archaïsme offerts aux chirurgiens militaires, tout est à imaginer, à créer, à disposer à l'avance.

Par quelles impérities les soins aux blessés, inaugurés au XVIe siècle par Ambroise Paré, renforcés par Sully et Richelieu, étaient-ils devenus la proie de l'improvisation ? Ce n'est pas le fait de Louis XV, si injustement décrié, car entre autres bienfaits[3], ce roi avait structuré le Service de santé d'une façon parfaite pour l'époque. Officiers de santé en effectifs permanents, création d'amphithéâtres (équivalents d'écoles spéciales de chirurgie de guerre), Conseil supérieur de santé au ministère de la Guerre, mise en place de soixante-dix hôpitaux militaires, tout ceci en temps de paix ! En cas d'hostilités était prévue une chaîne d'évacuation des ambulances aux établissements sédentaires puis aux hôpitaux militaires pour se terminer aux hôpitaux thermaux de

1. Surnom donné aux volontaires.
2. Environ 4 kilomètres.
3. La plupart de nos routes actuelles ont été tracées par les soins de Louis XV.

convalescence. Les résultats étaient à la hauteur des réalisations. Si la mortalité des hôpitaux civils était de 33 %, elle chutait à 2,5 % en milieu militaire. La santé de l'homme n'a pas de prix se plaît à dire l'opinion publique mais, pour l'Etat, ce fut toujours source de dépenses sans recettes appropriées. Qu'arrive la crise économique de 1788 et ce bel édifice sanitaire est supprimé, dissous, bouleversé sans que rien ne le remplace.

Les chirurgiens des armées de la République n'ont plus rien : pénurie de médicaments, de matériel à pansement, de couvertures, de chevaux de trait et même de vivres ou de locaux pour nourrir et abriter les malades.

Le Comité de salut public, le "Grand Comité" où siègent Robespierre et Lazare Carnot, répond en réquisitionnant couvents, châteaux, églises et envoie ses redoutables représentants en mission surveiller les distributions. "La Patrie est en danger", tout est à faire, en premier lieu lever des troupes et les armer. On en est réduit à lessiver les murs pour prélever le salpêtre nécessaire à la confection de la poudre noire ! En dépit de cette improvisation générale, de cet état d'urgence où l'on court de part et d'autre "boucher les trous", la Convention nationale inaugure, par ses votes, l'autonomie du Service de santé. Désormais, ni le commandement, ni l'administration militaire, ni les entreprises civiles de transport ne peuvent entraver les fonctions des médecins ou chirurgiens. Ces derniers n'ont que peu ou pas de crédits, de moyens, de matériel mais, comme ne cesse de le dire Larrey, "le besoin donne de l'industrie".

C'est l'heure des initiatives personnelles, de l'imagination fertile, de la créativité.

Après Spire, Custine poursuit son avancée victorieuse et vise Mayence considérée comme une des plus grandes places fortes d'Europe. L'armée progresse avec de la boue jusqu'aux genoux, les vêtements transpercés par la pluie, sans manger ni prendre de repos. Le cheval de Larrey s'embourbe à chaque instant. "Cependant le courage des soldats était admirable. Loin de se plaindre, ils s'encourageaient les uns les autres par les cris répétés de Vive la Nation, Vive la Liberté et en chantant l'air *Ça ira*."

La prise de Mayence donne un butin considérable en munitions et en vivres ; Custine décide d'y établir ses cantonnements à l'approche de l'hiver. Certains habitants acquis aux idées révolutionnaires forment un club des Jacobins. "Pour m'instruire sur la politique et encourager le civisme des Mayençais, je me fis recevoir dans le Club des amis de l'égalité

Ramassage des morts. Coll. part.

et de la liberté de Mayence où j'ai prononcé plusieurs discours avec succès. Le peuple phanatisé par les prêtres ne prêta le serment civique que pour un tiers." Les scellés sont posés sur les propriétés de l'électeur en vue de leur vente ultérieure au profit de la République.

Officiellement chargé de la direction chirurgicale du Service de santé de l'armée, Larrey multiplie ses initiatives. Il se présente auprès du célèbre anatomiste rhénan Soemmering et s'inscrit à ses cours. Féru d'électricité, le savant allemand a déjà jeté les bases du télégraphe électrique mais se passionne pour les possibles applications de cette énergie nouvelle au corps humain. Larrey adhère d'emblée aux premières expériences que l'on connaît sur le galvanisme. "Après en avoir fait un grand nombre sur des animaux vivants, je voulus essayer d'en faire sur l'homme." Un jeune soldat ayant eu le genou et la jambe écrasés par la roue d'une pièce d'artillerie, l'amputation au tiers inférieur de la cuisse est décidée. La pièce opératoire sert de test. "(...) je disséquai le nerf poplité, dont j'isolai le tronc jusqu'aux premières branches. Ayant ensuite enveloppé ce tronc avec une lame de plomb, et mis à découvert le corps des muscles (...) je pris une pièce d'argent dans chacune de mes mains ; je touchai avec l'une l'armature de plomb, je mis l'autre en contact avec les muscles, et il en résulta des mouvements convulsifs très forts qui agissaient sur la jambe et sur le pied." Ravi de cette découverte, espérant ramener la "vitalité" dans les paralysies des membres, il soumet son observation aux sociétés savantes. Son idée est brillante mais sa précocité se heurte encore aux balbutiements de la physique médicale.

“Les faibles avantages qu’on a retirés depuis du galvanisme et de l’électricité employés pour diverses maladies m’ont fait renoncer à mon projet, et la question est restée indécise[1].”

Ce mois passé à Mayence lui permet également d’organiser ses hôpitaux, d’y “sanifier” les locaux et d’ouvrir des cours d’anatomie et de chirurgie pratique à l’usage de ses plus jeunes élèves. Il n’a que vingt-six ans et invente déjà trois types d’aiguilles à suturer pour les plaies du cou et de la face. Aiguilles courbes, à tête lancéolée, à talon perforé pour fixer le ruban de fil aplati. Pratiques, d’un maniement aisé, ces aiguilles – contrairement aux anciennes – ne dilacèrent pas la peau des lèvres de la plaie et confèrent désormais solidité, souplesse et esthétisme aux sutures. Tenue au courant de ses travaux, l’Académie de chirurgie est unanime à le féliciter et à lui décerner une médaille d’or d’une valeur de 100 livres[2].

Malgré l’arrivée des premières neiges, Custine décide de couper les mouvements des Prussiens à Coblence devenue non seulement le magasin général de la coalition en vivres, vêtements, matériel, armement, mais aussi le repaire des émigrés de l’armée de Condé. Par ses manœuvres audacieuses, il s’empare de Francfort puis, par Limbourg, revient sur le Rhin à 25 kilomètres de Coblence. Les renforts attendus n’étant pas apparus, l’armée se replie sur Mayence en laissant près des défilés de la Lorelei l’avant-garde du général Houchard où se trouve Larrey.

Le mouvement imprévu d’une forte colonne prussienne fit que “(…) nous fûmes dans l’impossibilité d’aller chercher nos blessés qui tombèrent au pouvoir des ennemis. Ce fâcheux contretemps me détermina à proposer au général en chef et au commissaire général Villemanzy, plein de zèle et de sollicitude pour cette classe d’infortunés, l’établissement d’une ambulance capable de suivre tous les mouvements de l’avant-garde, à l’instar de l’artillerie volante. Ma proposition fut acceptée, et je fus autorisé à organiser cette ambulance, que je nommai ambulance volante. (…) Je conçus alors un système de voiture suspendue, qui pût réunir à la solidité, la célérité et la légèreté. (…) Cette institution fit une grande sensation chez les soldats ; ils étaient tous déjà persuadés d’être secourus au même instant qu’ils seraient blessés, et d’être enlevés immédiatement du champ de bataille”. En raison d’un mouvement tournant de l’ennemi, Larrey manque de tomber prisonnier mais, grâce à l’intervention

1. “Indécise” à l’époque, mais à l’origine de nos modernes implants électroniques.
2. Environ 2 000 francs.

des premières ambulances volantes, une trentaine de blessés sont directement pansés sur le champ de bataille puis évacués.

C'est la première fois qu'on aperçoit un chirurgien militaire au cœur du combat.

"Ce combat, dont je fus témoin de si près, avait fait d'abord sur moi une vive impression ; mais la jouissance intérieure que me causa l'idée du service éminent que venait de rendre aux blessés ma nouvelle institution, parvint bientôt à éloigner les sentiments qui m'affectaient, et depuis ce moment j'ai toujours vu avec calme les combats et batailles auxquels j'ai assisté."

L'infériorité numérique de l'armée du Rhin, un contre six, amène Custine à abandonner provisoirement la guerre de mouvements pour se retrancher dans des positions sûres. Une forte garnison est laissée à Mayence, aussitôt assiégée "par le roi de Prusse et ses cannibales". Sous les pluies verglacées de janvier 1793, la retraite s'effectue par Bad-Kreuznach puis Deux-Ponts [Zweibrücken] dans la Sarre, jalonnée par de nombreuses escarmouches. A la vue des ambulances volantes devenues familières à l'armée, les deux conventionnels représentants en mission pour l'armée du Rhin laissent éclater leur enthousiasme et leur admiration.

Que font-ils au front, ces proconsuls de la République, empanachés de tricolore, investis de redoutables pouvoirs discrétionnaires ? Louis XVI récemment décapité, la France apparaît à l'Europe comme l'ennemi public contre qui Anglo-Hollandais, Piémontais, Espagnols s'unissent aux Austro-Prussiens. Bientôt, les revers militaires affecteront également l'armée du Nord, celle des Pyrénées, tandis que s'embrasent la Vendée, Toulon et Lyon. On gouverne par la terreur de la guillotine qu'emmènent dans leurs bagages ces représentants en mission. Ils n'apportent pas pour autant de quoi nourrir les troupes, les aliments manquent depuis cinq jours ! Au passage d'un village du Palatinat, Larrey découvre qu'il faut vivre sur le pays : "C'est alors que je fus bien convaincu des effets terribles de la guerre. L'armée affamée s'empara dans l'instant de tous les comestibles que possédaient les malheureux et pauvres paysans, rien ne fut épargné. Pain, vin, bière, viandes, animaux, volailles, fourrages, bois, et généralement tout fut enlevé en deux heures de temps, de manière que le village a été ruiné de fond en comble pour dix ans, en vain ces infortunées victimes jetaient des lamentations, jetaient des cris épouvantables et pleuraient à chaudes larmes. (...) Le malheur de ces pauvres gens m'avait fait oublier que j'avais besoin de manger." Les hommes abattent les chevaux des hussards autrichiens, Larrey mange pour la première fois de la viande de cheval, “je la trouvais fort quoique obligé de la manger sans pain (...) mais elle était assaisonnée par l’appétit”. Le bouillon s’avère en outre un excellent reconstituant pour les malades.

L’armée continue sa pénible retraite jusqu’à Wissembourg à la frontière alsacienne. Les représentants, en quête d’un homme providentiel, limogent Custine, remplacé par Beauharnais qui a ordre de libérer le blocus de Mayence.

La contre-offensive française est brillante, les Prussiens à nouveau culbutés le 22 juin 1793.

Pour sa conduite courageuse, Larrey est cité à l’ordre de l’armée.

“Ce jour-là fut pour moi le plus beau de ma vie, non seulement parce que je ralliai et conduisis à l’ennemi des soldats qui s’étaient dispersés, mais aussi par les services efficaces que j’apportai à nos braves défenseurs, jusque sous le feu de l’ennemi. Je me féliciterai toujours d’avoir été enlever sous le feu d’une batterie ennemie, à la tête d’une escorte de cinq dragons que m’avait donnée Landremont[1], quatre volontaires qui gisaient dans la mêlée, les jambes fracassées, et que des barbares étaient en train de dépouiller. Les Prussiens avaient alors l’habitude d’enlever les habits de nos blessés et de les égorger ensuite.

Je chargeai ces cannibales avec mes dragons, les dispersai et enlevai les blessés à demi-morts dans mon ambulance volante, malgré la volée de coups de canon que nous envoya la batterie. Je n’eus qu’un dragon démonté. Je les conduisis dans un ravin qui était à l’abri du feu, et les opérai immédiatement avec le plus grand succès, et ils guérirent tous les quatre.

Ces braves républicains, avec tant d’autres dans cette journée, trouvèrent leur salut dans l’ambulance volante. Elle était, du reste, connue de toute l’armée par les secours importants qu’elle rendit dans tous ces combats[2].”

Les Prussiens ont été attaqués à la baïonnette, un commandant a chargé seul un groupe ennemi à coups de sabre et de carabine pour ramener le drapeau perdu. Un émigré reconnu comme tel, fait prisonnier, est aussitôt fusillé.

1. Nouveau général divisionnaire.
2. Variante du journal de campagne de Larrey, écrit au jour le jour : “Je me féliciterai toute ma vie, surtout d’avoir arraché, de concert avec cinq dragons qui m’escortaient, des mains de barbares ennemis, quatre volontaires déjà demi-nus, les jambes emportées par le canon et prêts à expirer sous les coups de ces cannibales.”

"Le général Beauharnois ayant été témoin de mon zèle et de mon courage en fit part à la Convention nationale qui m'accorda la mention honorable et l'insertion au bulletin."

Durant sa séance du 25 juillet 1793 présidée par Danton, la Convention prend connaissance du rapport du général Beauharnais et applaudit chaleureusement le récit des faits. "Parmi ceux des braves dont l'intelligence et l'activité ont servi brillamment la République pendant cette journée, je ne dois pas laisser ignorer l'adjudant général Bailly, Abbatucci, de l'artillerie légère, et le chirurgien-major Larrey, avec ses camarades de l'ambulance volante, dont les infatigables soins dans le pansement des blessés ont diminué ce qu'un pareil jour a d'affligeant pour l'humanité, en contribuant à conserver les braves défenseurs de la patrie."

Beauharnais quitte toutefois l'armée pour Strasbourg "sous le prétexte de maladie, après deux ou trois jours d'absence il fait passer son commandement par les représentants du peuple au général de l'avant-garde Landremont, mais dans quel état était l'armée dépourvue des canons, des munitions. Tous les soldats jurent de vaincre ou mourir".

Ces faits d'armes ne peuvent empêcher la garnison de Mayence de capituler, avec les honneurs de la guerre toutefois. Libérés mais engagés sur l'honneur à ne plus combattre aux frontières de l'Est, les "Mayençais" à la fois glorieux et suspects sont envoyés en Vendée, Custine et Beauharnais, moins chanceux, à la guillotine !

La devise républicaine "Vaincre ou mourir" n'est pas qu'un slogan pour la troupe, c'est aussi un ordre – ou un sursis – pour les généraux malheureux.

La défense de l'Alsace se poursuit. Desaix, jeune général de brigade, reçoit une balle qui lui traverse les deux joues. Son grand ami Larrey accourt, insiste pour le panser.

Rien n'y fait, Desaix, le visage ensanglanté, noir de poudre, continue son commandement alors que les "Carmagnoles" et les blessés participent à l'exaltation générale.

Les 12 et 13 septembre, "il n'est pas de volontaire – raconte Larrey – qui n'ait tiré cent vingt à cent trente coups de fusil. Les blessés eux-mêmes faisaient feu en criant «Vive la République !» jusqu'à ce qu'ils tombassent évanouis (...) je fus assez heureux pour en avoir évité un [un boulet] qui tomba au pied de mon cheval dont la corne fut coupée".

Il voit le capitaine d'artillerie Buffy l'avant-bras droit emporté par un obus : " (...) il continua cependant, tenant son sabre de l'autre main, de commander le feu en répondant à ceux qui accoururent pour lui [un mot manquant] de secours : *ce n'est rien, mes amis ne quittez pas votre poste et vive la République.*" Larrey passe la nuit à soigner les blessés, ampute le bras de l'artilleur qui ne cesse de crier "Vive la liberté" durant l'intervention.

"Il y eut aussi des prisonniers dont plusieurs eurent la têtte rasée comme émigrés. (...) Ayant resté le dernier, je fus cerné par l'ennemi avec mon domestique, désespéré de rester au pouvoir de l'ennemi je préférais courir les risques de perdre ma vie pour recouvrer ma liberté et sans considérer les dangers qui m'entouroient, je pique mon cheval et traverse le sabre à la main les rangs de l'ennemi quoiqu'assailli d'une grêle de balles sans être blessé. Mon domestique peut faire le tour et s'évade sans danger. Ayant joint mes camarades, il leur dit que j'étais pris ou tué. En effet je ne pus les rejoindre que trois ou quatre heures après mais je fus au comble du désespoir lorsque je vis une déroute complette dans toute l'armée."

Le 20 septembre, l'ennemi attaque en force malgré l'opiniâtre résistance française qui coûte 40 morts et 200 blessés supplémentaires. "Chacune de ces victimes intéressantes de la patrie regrettait de n'avoir pu exterminer l'ennemi, et tous auraient voulu perdre la vie pour le salut de la République. Les généraux et les représentants voulurent visiter mon ambulance et furent témoins de ce magnifique spectacle d'exaltation patriotique (...) des touchantes paroles de dévouement à la patrie (...) combien ils étaient satisfaits des soins prompts et vigilants que leur prodiguaient les officiers de santé de l'ambulance volante. En marque de reconnaissance, le général en chef m'embrassa."

Hussards en éclaireurs. Coll. part.

Quelque temps après, les lignes de Wissembourg sont enfoncées par les Autrichiens.

"Toujours au bivouac sous la barbe de l'ennemi (...) ils trouvèrent une résistance digne des républiquains." Au plus fort de la bataille, personne n'arrive à trouver le nouveau général en chef, homme paresseux, obscur et médiocre. Larrey, psychologue pratique, émet l'idée qu'il est peut-être tout simplement couché sous sa tente. (...) Assuré de son prestige et maintenant de sa popularité, Larrey prend la liberté d'aller au village voisin tirer ce piteux général par les basques de son habit. "(...) j'arrive à bride abattue et monte dans sa chambre. On juge de ma stupéfaction de trouver le général en chef de l'armée du Rhin, sortant à peine de son lit (...) presque nud (...) muet à mes questions et feignant d'ignorer ce qui s'était passé.

Général, lui dis-je, le désastre affreux qui vient de fondre sur l'armée me conduit auprès de vous, pour vous en faire part et vous engager, en bon républicain, à vous transporter immédiatement sur le champ de bataille. (...)

L'armée en déroute abandonna Wissembourg (...) et se mit en retraite sur Haguenau. (...) En ce qui me concerne, je fus malade de chagrin pendant plusieurs jours ; mes larmes ne cessaient de couler[1], et je ne pouvais me consoler d'une défaite aussi complète, et qui n'était due qu'à la trahison (...) complotée par une grande partie des chefs de l'armée, des magistrats de Strasbourg et des principaux habitants de ce pays qui ont tous été mis en état d'arrestation. (...) Strasbourg était vendue à l'ennemi (...) plus de quatre mille hommes furent tués ou prisonniers, et j'eus un grand nombre de blessés, dont je dirigeai le traitement à l'hôpital de Haguenau." La retraite continue. Les commissaires du Comité de salut public établissent un tribunal révolutionnaire qui condamne à mort plusieurs militaires de tout grade. Dans la nuit du 29 au 30 nivôse (18 janvier 1794) les troupes font sauter le fort Vauban de Lauterbourg, "la commotion fut si forte qu'elle se propagea jusqu'à Strasbourg par un espèce de tremblement de terre".

L'armée du Rhin peut enfin se retrancher à l'abri des remparts de Strasbourg, se reconstituer, refaire ses forces que pourrait menacer une épidémie naissante de typhus que les médecins

1. Au XVIIIe siècle, il était habituel de pleurer en public ou de parler de ses larmes. Ce n'était pas considéré comme un manque de virilité mais comme un témoignage de sentiments profonds et sincères.

s'ingénient à enrayer. "(...) cette épidémie (...) ne fit pas de grands progrès, et n'eut pas de suites funestes, parce qu'on sut en attaquer les causes principales. En effet on fit étendre vers l'intérieur les cantonnements pour faire cesser l'encombrement. (...) Le pain du soldat fut amélioré, et on lui fit des distributions journalières de pommes de terre, de vinaigre, d'eau-de-vie et de bière. On était pourvu d'excellents médicaments, surtout de bon quinquina qu'on employait avantageusement avec l'opium[1].

(...) De six camarades que j'avais, deux seulement purent supporter les peines et les fatigues énormes que nous avions essuyées pendant toute la guerre, tous les autres furent obligés d'aller à l'hôpital pour s'y faire traiter d'une fièvre putride maligne qui les avait mis dans le plus grand danger.

J'étais moi-même malade malgré mon tempérament robuste."

La stabilisation des opérations militaires permet à chacun de réfléchir, de préparer l'avenir. Les nouveaux représentants en mission arrivés de l'armée du Nord déplorent que là-bas les blessés soient misérablement abandonnés sur ces champs d'immense agonie qu'on n'ose plus appeler champs de bataille. Ici, ils ont vu les ambulances rapides évoluer sous la mitraille, les blessés immédiatement relevés, opérés par les chirurgiens au mieux sur un affût de canon, au pire dans un ravin. Pour ces députés, l'invention, l'innovation de Larrey doit être présentée sans tarder à la Convention.

"Va à Paris, citoyen ! Présente-toi au Conseil de santé de la Convention nationale, défends ton projet, produis aux députés les attestations favorables du citoyen-général Desaix, du commissaire de guerre Villemanzy, et demande son extension à toutes les armées de la République !"

Personne ne se doute, personne ne sait encore que Dominique Larrey a aussi une autre demande en tête, celle de la main d'Elisabeth Laville.

1. Utilisé sous forme de granulés ou de teinture alcoolique (laudanum), l'opium était utilisé comme calmant, antalgique, voire soporifique, et sera encore employé durant la Première Guerre mondiale.

V

POUR L'AMOUR DE LA TENDRE LAVILLE

Deux ans se sont écoulés depuis le départ de Larrey pour l'armée du Rhin mais sur la route de Paris, son cœur bat, s'enfle à l'idée de retrouver celle de qui il s'est épris dès le premier regard et avec laquelle il n'a cessé de correspondre.

A l'époque, en 1792, il n'était que le modeste aide-major de son patron Sabatier aux Invalides. Ce dernier, très attaché à Larrey, le voyant isolé à Paris, s'était dit qu'un choix judicieux de sa part serait de présenter son élève à la famille des Le Roulx de Laville. Le père est un haut fonctionnaire, ses trois filles célèbres pour leur beauté, qui sait si le jeune Dominique et l'une d'elles… ?

Leur père, René Le Roulx de Laville, depuis dix ans adjoint à l'administration de la Ferme générale, occupe un poste très important au ministère des Finances et des Colonies dès le début de la Révolution. Acquis aux idées nouvelles d'une monarchie constitutionnelle comme son frère Joseph, ancien député aux états généraux, il appartient à la grande bourgeoisie d'affaires et habite dans le quartier recherché du Marais. Par ses fonctions, par son mariage avec une riche Toulousaine, sa situation déjà assise va s'épanouir lorsqu'il est nommé ministre des Finances. Dernier ministre de Louis XVI, éphémère ministre !, car dix jours après, l'émeute du 10 août renverse la royauté et entraîne l'arrestation du roi. Laville part des affaires moins riche qu'à son arrivée, ce qui permettra à Larrey d'employer à son égard une formule aussi élégante que savoureuse : "Homme de la plus haute moralité, quoiqu'il ait occupé jadis des places ministérielles où la fortune chasse la vertu."

Des trois filles Laville, l'aînée, Emilie, est d'une rare beauté. Déjà fiancée à un haut fonctionnaire, elle est néanmoins l'inspiratrice du poète Demoustier pour ses *Lettres à Emilie.*

Les Funérailles d'Atala, par Girodet. Musée du Louvre.

Imprégnées de la sentimentalité à la mode du siècle, elles ont eu un succès retentissant, surtout dans le public féminin.

La cadette, Elisabeth-Charlotte, aurait été moins jolie peut-être, mais son charme fait de grâce et de finesse, son tempérament d'artiste, ont subjugué le jeune Dominique. Née en 1770, elle resplendit de la fraîcheur de ses vingt-deux ans. Non seulement formée à la musique de chambre et au chant, elle est déjà connue dans les ateliers de peinture pour son incontestable talent de portraitiste. Elève du célèbre David, elle a failli se fiancer avec Gérard, lui aussi portraitiste. Toujours dans l'atelier de David, elle subira également l'influence de Gros et de son contemporain Girodet.

Girodet sera un ami très intime du futur couple Larrey. Rares sont les lettres d'Elisabeth ou de Dominique où il n'est pas mentionné, ses œuvres étudiées, sa notoriété parfois sollicitée. Un an de moins que Larrey, Anne-Louis Girodet de Roussy-Trioson est Prix de Rome en 1789 et vivra les cinq années suivantes en Italie. Homme de son temps, partisan de la Révolution, il rompt peu à peu avec l'académisme de David pour apparaître comme un des premiers orientalistes et romantiques. Tout le monde parlera des *Funérailles d'Atala* ou de *La Révolte du Caire*. Lié avec Chateaubriand de qui il réalise le portrait, avec Bernardin de Saint-Pierre, il est l'ami du poète Delille, "l'enchanteur" du XVIIIe siècle qui a ébloui Frédéric II de Prusse. Comme Delille, Girodet s'exerce aussi à traduire des poèmes latins.

C'est donc auprès d'un milieu parisien très aisé, lettré et artiste que va s'intégrer Larrey, rude montagnard, pauvre, sociable sans être mondain, ne connaissant que son art mais doté d'une grande ouverture d'esprit. L'amour mutuel d'Elisabeth et de Dominique a été immédiat. Le coup de foudre du premier regard se double chez lui d'une profonde admiration, d'une respectueuse dévotion et même d'une certaine reconnaissance.

Ses lettres ne sont que chants d'amour. "(...) si tu te rappelles nos premiers amours, dans ce temps je n'étais heureux que lorsque j'étais près de toi et cependant je pouvais à peine articuler quelques mots : je pensais et je ne pouvais rendre ma pensée. (...) Tu conserveras donc ces yeux si tendres, si expressifs, qui m'ont transmis tant de fois ta pensée et ton amour, qui savaient tour à tour ranimer et mon courage dans les circonstances difficiles et mon amitié lorsque par des motifs frivoles ou puérils, je la laissais affaiblir. Conserve-les bien ces beaux yeux (...)." Lorsqu'en autres objets il perd le portrait d'Elisabeth, son désespoir est extrême : "(...) c'est ton portrait, ma bonne amie, que je regrette le plus ; lorsque cette nouvelle m'est parvenue je n'ai pu retenir mes larmes et j'ai l'idée que si je l'avais eu dans cette campagne, je n'aurais pas été aussi malheureux, il me consolait dans les moments critiques de la vie. Je croyais te voir et t'entendre ; je réfléchissais sur mes peines, l'analyse me les faisait trouver moins graves que je ne les voyais d'abord. Ton air triste me rappelait les tiennes et je ne pensais plus aux miennes. (...) Cet air mélancolique que tu avais dans ce portrait m'attendrissait le cœur et je me figurais que tu songeais à ton ami[1]. Je l'ai perdue cette précieuse et fidèle copie, et je me trouve sans cesse enchaîné loin de son original que j'aime et que j'adore toujours ; je ne me consolerai jamais de cette perte. "

Sous l'écorce du rude chirurgien, du guerrier intrépide, qui donc peut s'attendre à trouver le style d'un grand romantique ? "Si maintenant je t'avais retrouvée pour ne plus te perdre, ma chère Laville, tous ces malheurs s'effaceraient de mon souvenir et ils feraient place aux images les plus tendres et les plus douces ; mon bonheur serait parfait et mon amour comme ma reconnaissance seraient éternels ou du moins aussi durables que ma vie."

Quel peut être, par contre, le regard que portent sur Dominique les beaux yeux tendres d'Elisabeth ?

Larrey "était de petite taille, mais admirablement proportionné. Sa tête, un peu forte, reposait sur des épaules robustes et respirait la puissance intellectuelle. Sa physionomie, naturellement très expressive et très mobile, était encadrée d'une abondante chevelure noire dont les boucles retombaient à profusion sur ses tempes et sur ses épaules. L'œil très vif et très perçant dans les moments d'animation, mais doux au repos, donnait à la physionomie une inexprimable expression de force et de bonté. La bouche était sympathique, au sourire fin, un peu énigmatique, mais bienveillant. A ces traits, joignez une fierté juvénile répandue dans tout son être, une vivacité d'esprit et d'impression toute méridionale (...) ajoutez-y l'allure militaire et délibérée contractée dans les camps, et vous aurez le portrait de Larrey à son retour de la campagne du Rhin[2]".

C'est un "Hercule basset", dit de lui l'ami Girodet. Cette boutade rend bien compte en fait d'une qualité physique qui surprend

1. Terme qu'emploie toujours Larrey pour parler de lui-même à Elisabeth.
2. Description du Dr P. Triaire qui avait eu l'avantage d'approcher le fils de Larrey et de bien connaître sa petite-fille adoptive.

toujours ses proches, celle d'une robustesse peu commune, d'une force athlétique inattendue.

Petit dormeur de tempérament, il opère souvent avec facilité jusqu'à 4 heures du matin et pourra pratiquer deux cents amputations vingt-quatre heures durant !

"L'habitude de passer les nuits sans me coucher m'a privé du sommeil", dit-il à Elisabeth, montrant ainsi qu'il ignore le besoin irrépressible des quelques heures de sommeil qu'éprouve tout un chacun. De même pourra-t-il rester, à un moment donné, trois jours sans manger ni boire. A vrai dire, on a l'impression qu'il ne cherche pas à dominer son corps par un effort de volonté mais que son organisme, lorsque les circonstances l'exigent, échappe simplement aux demandes de l'instinct.

Insensible à la chaleur, il appréhende par contre le froid et l'humidité et n'a de cesse de répercuter auprès des siens et de ses blessés sa propre aversion des frimas. Pourtant quand il opère l'hiver, en plein air, ses larges mains aux doigts courts ne trahissent pas la justesse de l'acte opératoire alors que les grands froids font tomber les instruments des mains de ses assistants.

Méticuleux en matière d'hygiène, il veille à pratiquer chaque matin ses lotions d'eau glacée sur la tête et ses frictions d'eau vinaigrée sur le corps. Dès qu'il redoute la présence de poux ou de punaises, fléau des armées mais aussi... des appartements parisiens, il fait brosser literie et vêtements à l'eau-de-vie camphrée puis vaporiser des fumigations de soufre[1].

Naturellement porté à la sobriété, il mange peu, se contente souvent d'une soupe à l'oignon, de noisettes, de pain de munitions et peut se délasser sur un lit de paille sèche après avoir parcouru 40 kilomètres à cheval. Une faiblesse, un péché mignon : Larrey avoue souvent sa gourmandise pour les côtelettes d'agneau et le chocolat. Ah ! ce chocolat dont le parfum unique s'infiltre à travers les siècles ! Denrée de luxe alors fort rare, il est importé des Amériques par l'Espagne, sous forme de fèves de cacao. Il recommande à Elisabeth de "le préparer avec du bon lait, y ajouter un peu de sucre et il sera très bon et très salutaire".

La santé étonnante, la résistance extraordinaire dont jouit Larrey est émoussée, rarement il est vrai, par des accès de migraine ophtalmique pseudo-comitiale : "J'ai été frappé cette nuit d'une colique nerveuse qui m'a causé les plus vives douleurs avec

1. Les fumigations soufrées furent utilisées comme insecticide jusqu'à la fin de la seconde guerre mondiale.

des mouvements convulsifs (...) je ne sais si l'imagination frappée n'avait même altéré ma vue, car j'ai été pendant plusieurs nuits sans pouvoir supporter la lumière artificielle et j'éprouvais des douleurs dans l'œil gauche."

De ses origines bigourdanes, il a conservé l'accent, roulant les *r* et prononçant le *e* terminal d'un mot comme un *o*. Le croquis d'Alexandre Dumas est un peu sec mais plein d'humour : "Larrey avait l'aspect sévère d'un pasteur, portait de longs cheveux coupés à la mode des premiers Mérovingiens, parlait lentement et gravement. Pas une des célébrités de l'Empire qu'il n'eût connue : la plupart des bras et des jambes coupés l'étaient de son fait."

Cette longue, abondante chevelure n'est pas une coquetterie mais un besoin physique. Chaque fois qu'il la fait couper un tant soit peu, il se sent mal à l'aise. "(...) je ne rentre dans l'équilibre de ma santé et dans la parfaite intégrité de mes fonctions morales et physiques que lorsque mes cheveux sont complètement revenus à leur longueur ordinaire ; c'est d'après de telles idées que je n'ai pas peu contribué à faire conserver aux femmes, vers le commencement de ce siècle, leur chevelure qu'une fatale mode faisait entièrement couper. Cette chevelure est un des ornements naturels le plus utile et le plus propre à l'harmonie du visage."

Par ailleurs, le jeune Dominique possède parfaitement le latin, parle couramment l'italien tandis que l'espagnol lui est familier et que l'abondance, la variété de ses lectures lui confèrent une vaste culture générale. L'intuition d'Elisabeth ne l'a pas trompée ; sous cet aspect de rude virilité, sous cette allure déterminée se cachent – mais ne se dissimulent pas – un caractère doux et sensible capable d'affectueuses émotions, un entrain et une gaieté freinés par les soucis de son métier et le tragique de l'époque.

Quand son portraitiste ne ressent pas assez sa douceur habituelle, Larrey sait imposer son image. "Tu me feras grand plaisir, bonne amie, dit-il à Elisabeth, de prier Girodet de ma part d'adoucir un peu les traits de mon portrait. Je veux dire les yeux qui sont durs et enflammés de colère. Ce regard me fait peine et ne saurais le supporter. Prie le donc de le changer de manière à le rendre un peu plus naturel."

Avant le départ pour l'armée du Rhin, Dominique et Elisabeth ont émis le vœu d'être l'un à l'autre, de se marier au plus tôt, mais M. Le Roulx de Laville demeure sceptique, voire hostile à ces projets qu'il repousse d'abord, retarde ensuite, espérant qu'entre-temps de meilleurs partis séduiront sa fille… "Le préjugé des parents et une dureté opiniâtre de leur part qui avait retardé des années une union aussi douce que légitime qui fera le bonheur de ma vie."

Deux années se sont écoulées, rien n'y a fait, les promesses ont été tenues, entretenues par une correspondance régulière. Il lui a écrit de Strasbourg : "Le style et les expressions tendres dont ta dernière lettre est remplis m'ont fait un si grand plaisir (…) quel effet cette lettre n'a t-elle pas produit sur tous mes sens affaiblis ! j'ai d'abord versé un torrent de larmes, cette crise passée, je ne souffrais plus et j'ai repris de la gaieté ; j'ai relu ensuite cette aimable lettre et dès ce moment j'ai été content et heureux. Pour la 1ère fois depuis mon arrivée, j'ai dîné de bon appétit et le repas m'a été d'autant plus agréable que c'est moi qui ai dirigé ma cuisine et l'ai faite faire avec mes rations. Ce repas frugal m'a fait beaucoup de bien[1]."

A présent en 1794, les temps ont changé.

A peine arrivé à Paris, Larrey se voit félicité par les instances sanitaires du Comité de salut public, son système d'ambulances volantes applaudi et son extension décidée aux autres armées de la République. On le nomme sur-le-champ chirurgien en chef de l'armée de Corse[2] avec ordre de s'y rendre sans tarder. Devant une telle notoriété, Le Roulx de Laville infléchit sa position et consent enfin à lui accorder la main de sa fille. En cette période de déchristianisation, il ne peut s'agir que d'un mariage civil auquel Larrey attache plus d'importance qu'Elisabeth. "Cette jeune républicaine attendit avec une constance rare mon retour de l'armée du Rhin. En vain on lui présenta plusieurs riches partis, elle les refusa, ne s'occupant que de l'ami de son cœur. Les titres qu'elle a sacrifiés, ses rares talents, sa beauté, sa douceur, ses vertus républicaines à toute épreuve, lui ont donné sur moi toutes sortes de droit et lui méritent ma reconnaissance éternelle. Notre mariage se fit le 14 ventôse à 8 heures du soir, dans la maison commune de Paris, sous les auspices de l'Etre suprême et devant le feu sacré de la liberté. Ce moment fut un des plus beaux de ma vie. (…) une épouse qu'on adore (…) une épouse chérie qui me prodiguait les caresses les plus

1. Assimilé à un officier, Larrey a droit à un domestique civil qui prend ses repas avec lui. Léger, c'est son nom, n'appréciant ni la frugalité ni le pain de munitions, vient de quitter son service.

2. Tombée aux mains des Anglais en même temps que Toulon en 1793, la Corse fait alors partie de la couronne britannique avec Sir Gilbert Elliot comme vice-roi.

tendres et me faisait goûter le vrai bonheur de la vie (...) le soutien de ma raison."

La Terreur règne en ce triste printemps où l'on peint en rouge les guillotines afin que les écoulements de sang soient moins perceptibles ! Larrey lui-même, si républicain, si patriote, ne vient-il pas de recevoir la sinistre convocation du Comité de salut public, inculpé par le redoutable Robespierre qui voit des traîtres et des espions partout ! La filière est bien connue de tout le monde : on sort du Comité pour être livré au Tribunal révolutionnaire puis à la charrette et enfin à l'échafaud. Qu'a bien pu faire un ancien héros de la Bastille, un partisan de la Révolution, un combattant du Rhin, pour susciter le froncement de sourcils de Robespierre ?

Une simple dénonciation basse et veule accuse Larrey d'avoir recueilli sur le champ de bataille, puis soigné dans son ambulance et remis ensuite en liberté un prince autrichien. Le fait est authentique, vérifié. Autrement dit, Larrey a commis un "crime d'humanité" au regard de ces conventionnels qui en sont complètement dépourvus ! Heureusement pour lui, siège au Comité un ami et compatriote de l'oncle Alexis Larrey, le Tarbais Barère de Vieuzac qui base sa défense sur les états de service, l'esprit civique du prévenu. Argument de poids qu'il fait opportunément prévaloir, la Convention ne vient-elle pas de décréter "le traitement obligatoire et égal dans les hôpitaux militaires des soldats ennemis et des soldats nationaux" ? Larrey est blanchi mais Barère lui conseille de rejoindre l'armée de Corse au plus vite car, en périodes troublées, la passion et l'illogisme ont toujours gouverné le monde.

Marié le 4 mars 1794, le jeune couple s'échappe de Paris en montant dans la diligence de Toulon. A défaut de paisible voyage de noces, ils prendront le chemin des écoliers, pour eux celui des amoureux.

VI

"JE VOIS POUR LA PREMIÈRE FOIS LE GÉNÉRAL BONAPARTE"

Lorsqu'on regrette de ne pas retourner chez ses anciens camarades de l'armée du Rhin, qu'on veut protéger sa jeune épouse des persécutions de la Terreur, pourquoi ne pas rejoindre Toulon en passant par Toulouse et Montpellier ? "Je voulus passer par Toulouse pour y voir mes parents et y laisser ma femme jusqu'à mon retour." De Paris à Angoulême, voyage facile, trop rapide au gré d'Elisabeth qui regrette de ne pouvoir dessiner les coteaux du val de Loire. Tout change ensuite, les chemins sont mauvais, les chevaux rares, les vivres manquent "chaque personne n'avait que quatre onces de pain par jour". Les jeunes mariés sont obligés d'effectuer 40 kilomètres à pied jusqu'à ce qu'ils rencontrent la malle-poste assurant le service de Bordeaux à Toulouse. Dominique fait monter Elisabeth dans la seule place disponible, puis accomplit le trajet à pied durant cinq jours avant de retrouver sa femme.

Accueilli par l'oncle Alexis avec force manifestations d'affection et d'admiration, Larrey est invité par l'université de Toulouse à prononcer une leçon magistrale. Il choisit l'anatomie du cœur et emporte les applaudissements soutenus du corps professoral et des étudiants. Après avoir remercié son oncle de l'aide salvatrice pour le "justifier contre la cruauté de Robespierre", Larrey confie sa femme à sa famille, espérant que "les calamités publiques qui nous ont sans cesse séparés et désunis ne viennent plus troubler notre repos. (…) Va, dit-elle, la patrie a besoin de toi, je saurai faire le sacrifice et reviens digne de ton épouse en conservant tes sentiments républicains".

Par le canal du Midi, il arrive en péniche à Béziers, admirant au fil de l'eau la richesse des habitations, le pittoresque des vues, la fertilité des campagnes. A Montpellier, il marque un arrêt pour retrouver son ancien camarade Fages devenu professeur de clinique chirurgicale, visite avec lui cette ancienne et illustre faculté de médecine et se délasse parmi les allées du jardin botanique. Après le théâtre romain de Nîmes, c'est le pont du Gard, la foire de Beaucaire, les fontaines thermales et les beaux jardins d'Aix. Tout l'émerveille, comme l'animation du port de Marseille "où les vaisseaux s'entrecroisent en tous sens, lorsque la navigation est libre".

Une mauvaise route "d'aspect lugubre", des gorges profondes abritant "des reptiles monstrueux", conduit jusqu'à Toulon qui n'est plus que "Port-la-Montagne". Le siège de l'automne 1793 par l'armée révolutionnaire a dévasté la ville, fait périr plus de mille personnes. La moitié des habitants a fui, l'arsenal périclite. Les anciens forts qui ceinturaient la ville ont sauté sous le feu des batteries de campagne du capitaine Bonaparte. Nommé directement général de brigade depuis décembre 1793, il dirige toujours l'artillerie de Toulon.

Arrivé en ville, Larrey se présente d'abord aux autorités sanitaires, puis aux chefs militaires dont Bonaparte.

Maigre, le teint jaunâtre, en proie aux démangeaisons de la gale, cet officier encore peu connu n'apparaît pas comme le séducteur impérieux qui magnétisera son entourage.

Pour Larrey, c'est une rencontre banale, brièvement résumée : "Je vois pour la première fois le général Bonaparte…" Les trois points de suspension qu'il porte résument sa pensée et libèrent l'imagination. Il s'agit d'organiser le service chirurgical d'une nouvelle armée chargée de délivrer la Corse de la domination anglaise. Larrey est bien l'homme de la situation ; pas plus que la marine, l'Inspection du Service de santé n'ignore ses états de service sur la *Vigilante*.

Il embarque à bord de l'escadre le 4 juin 1794. A peine est-on arrivé en haute mer que se découvre le barrage des puissantes croisières britanniques. Ne pouvant s'y opposer avec la moindre chance de succès, l'escadre française vire de bord, rebrousse chemin pour se réfugier à Golfe-Juan. L'armée débarque, l'état-major s'établit à Nice. En sa qualité de chirurgien-chef, Larrey réorganise le grand hôpital militaire de Nice où affluent les blessés de l'armée d'Italie. Comme il aime le faire dès qu'il n'est plus en opérations, il ouvre aussitôt un cours d'instruction pour les plus jeunes chirurgiens militaires et y distingue déjà – à vingt-huit ans – ses futurs collaborateurs.

La douceur de l'été, l'inaction temporaire incitent les soldats à prendre des bains de mer mais la survenue de plusieurs cas de noyade pique la curiosité professionnelle de Larrey.

Il autopsie systématiquement les malheureux noyés et comprend que l'obstruction mécanique des bronches par l'eau de mer ne résume pas tout, que la raréfaction de l'apport oxygéné au cerveau est la cause déterminante de la mort. "Une fois ces connaissances acquises, dit-il à ses élèves, les moyens curatifs, ou propres à rappeler les noyés à la vie, sont faciles à employer. (...) Pendant que l'on fait sans relâche des frictions générales avec des flanelles chaudes, je pousse, à diverses reprises, au moyen d'un soufflet, de l'air dans une narine, tenant l'autre fermée, et ensuite je comprime alternativement la poitrine et le bas-ventre. (...) Quelle joie transporte le chirurgien qui voit paraître un mouvement sur les lèvres et les paupières d'un noyé, qui sent battre le cœur, entend la respiration d'un homme dont on pleure le sort funeste[1] !" Il termine sur une touche d'artiste : "C'est le ravissement de Pygmalion lorsqu'il sentit le marbre s'animer sous ses doigts." De Paris, la Commission de santé, émanation du Comité de salut public, lui adresse un satisfecit des plus élogieux :

RÉPUBLIQUE FRANÇAISE
Egalité, Liberté, Fraternité
HÔPITAUX MILITAIRES
COMMISSION DE SANTÉ

Le gouvernement provisoire de la France est révolutionnaire jusqu'à la paix. L'inertie du gouvernement étant la cause des revers, les délais pour l'exécution des lois et des mesures de salut public seront fixes ; la violation des délais sera punie comme un attentat à la liberté.

Paris, le 6 messidor, l'an deuxième de la République française, une et indivisible.

La Commission de santé,
au citoyen Larrey, chirurgien en chef
de l'armée de Corse (14e armée)

Lorsqu'un officier de santé est animé de l'esprit du républicanisme, lorsqu'il connaît toute l'étendue de ses devoirs et qu'il aime à les remplir, il ne se contente pas de consacrer les talents qu'il possède au soulagement de l'humanité souffrante,

1. Ayant décrit le premier les manœuvres de réanimation en pareil cas, Larrey doit donc être considéré comme l'inventeur de ce qui deviendra le bouche-à-bouche.

il travaille encore journellement pour en acquérir de nouveaux et se rendre de plus en plus utile à sa patrie. La Commission de santé voit avec plaisir, citoyen, que tu as adopté ce principe, elle t'invite à continuer tes travaux avec le même zèle. Son estime et sa confiance, la reconnaissance de tes collaborateurs, que tu prends soin d'instruire, le bien qui doit en résulter pour nos braves frères d'armes malades, et surtout le bon témoignage de ta conscience, te feront une récompense digne de ton cœur.

Salut et fraternité.

Excellent témoignage de l'esprit public du moment, ce document porte, entre autres signatures, celles du célèbre chimiste Berthollet et d'Antoine Dubois[1].

Des événements majeurs se produisent au milieu de cet été 1794. Nos armées recommencent à savourer le goût de la victoire à Tourcoing, à Fleurus et brisent le carcan d'une coalition générale qui, sur toutes les frontières, étouffait une France que les Prussiens au demeurant menaçaient déjà de démembrer ! La "grande armée catholique et royale" de Vendée est anéantie, les "colonnes infernales" révolutionnaires n'ont plus personne à fusiller, plus de chaumières à incendier…

Dès lors, la Terreur comme mode de gouvernement ne se justifie plus. Robespierre et ses amis chutent le 9 thermidor (27 juillet 1794) pour être guillotinés à leur tour. Paris respire, les excès de la Révolution semblent terminés.

Seule n'est pas encore dégagée la frontière espagnole orientale, aussi y envoie-t-on Larrey diriger le service chirurgical de l'armée des Pyrénées.

Il revoit sa femme durant quelques jours à Toulouse, "une femme qui était malade et enceinte de sept mois", sa famille à "Bagnères-Adour[2] (…) d'autant que les circonstances ne me faisaient pas espérer de pouvoir y revenir peut-être de ma vie" avant de regagner Perpignan. Arrivé là le 15 novembre, il retrouve avec une émotion extrême son jeune frère, Claude-François, lui aussi chirurgien à l'armée de Catalogne.

La rapide avance des troupes françaises a contraint les Espagnols à la défensive. Dugommier, le vainqueur de Toulon, lance ses volontaires à l'assaut des deux énormes redoutes qui protègent la ville de Figueras. Malgré leur bravoure, les Espagnols

1. Futur accoucheur de l'impératrice Marie-Louise.
2. Bagnères-de-Bigorre.

sont déconcertés autant par les tactiques nouvelles – hardies sinon désordonnées – des volontaires de l'an II que par leur aspect redoutable. Souvent en guenilles, en sabots, la barbe longue, les cheveux hirsutes, ils courent au feu, baïonnette au canon, le sabre entre les dents, aux cris répétés de "Vive la Nation" ou "Mort aux tyrans" ! Deux représentants en mission chargent en tête : le régicide Milhaud[1] et Soubrany. Ce dernier a l'allure d'un gorille : torse nu, coiffé d'un bonnet à poil, il hurle ordres et imprécations, l'écume aux coins des lèvres. "Tous deux, dit Larrey, m'estimaient beaucoup." Pour freiner de tels démons, les Espagnols font sauter les redoutes édifiées par Vauban. Sous l'éboulement périssent écrasés une centaine de soldats français, soixante-seize sont gravement brûlés. Devant la gravité de pareilles lésions, Larrey décide de rompre avec la tradition et abandonne séance tenante les anciennes thérapeutiques inefficaces sinon funestes utilisées pour les brûlures. "Je crus donc devoir ici m'écarter des sentiers battus par la routine, et me frayer une route nouvelle. Je voulus que toutes ces brûlures fussent pansées avec du linge fin et usé, enduit de pommade safranée, qui a la propriété de calmer un peu la douleur et de prévenir l'irritation, en garantissant les houppes nerveuses du contact de l'air et de la pression immédiate des linges et des vêtements."

Pansement gras à renouveler rarement, prévention de l'infection gangreneuse, excision des escarres deviennent ses dogmes chirurgicaux. L'abondance de "boissons adoucissantes et antispasmodiques" telles que lait, tisane de riz, hydromel, bouillon de viande, contribue à apaiser la soif due à la fuite des "humeurs mises en ébullition à l'endroit de la brûlure[2]".

La chute de Figueras se solde par la capture de dix mille prisonniers et l'accès à d'immenses magasins richement pourvus en vivres, vêtements, munitions, armement.

La toile à pansement suscite l'admiration de Larrey car elle est aussi fine que la batiste et la charpie aussi soyeuse que les manteaux des empereurs romains.

Par coquetterie, chaque rouleau de charpie a été noué d'une faveur par les mains de la reine d'Espagne et les épouses des grands.

1. Milhaud s'illustrera, l'Empire durant, à la tête de ses dragons. A Waterloo, la charge de ses cuirassiers est entrée dans la légende grâce au récit que Victor Hugo en fit dans *Les Misérables*.
2. Base du traitement moderne des brûlures.

Afin d'achever la campagne, il reste encore à investir la ville de Rosas.

Elle résiste plus de deux mois durant le terrible hiver 1794-1795 où le thermomètre s'abaisse à – 13 degrés, phénomène peu commun aux rivages méditerranéens.

Larrey y rassemble ses observations de "gangrène de congélation" qui complètent ses premières remarques faites au Labrador. Il commence à entrevoir également que, chez les blessés par boulets de canon présentant de grands fracas des membres, l'amputation immédiate est la seule méthode offrant le maximum de chances de survie.

La Convention nationale n'ayant pas abandonné l'idée d'envoyer en Corse un corps expéditionnaire, Larrey est rappelé à Toulon en mars 1795. Ce second projet avortera comme le premier car la marine de la république est décidément trop affaiblie par l'émigration de ses officiers, l'indiscipline de ses équipages et le mauvais entretien de ses bâtiments. Dès lors inutile à Toulon, Larrey est muté à Paris pour assister aux "orages populaires" qui dissolvent dans sa pensée politique ses élans de 1789, adoucis depuis en républicanisme modéré. Fou d'enthousiasme à l'idée de retrouver sa jeune femme, entre-temps rentrée de Toulouse, il s'apprête à profiter sereinement de ses quarante jours de permission. Il installe sa femme dans "un appartement salubre sur les boulevards pour y faire ses couches et sa résidence avec moi. A peine y fûmes-nous installés que le 19 floréal à 7 heures du soir, elle accoucha d'un gros et superbe garçon, je me trouvai presque seul pour seconder la nature. (…) La venue de ce nouveau-né a comblé mes désirs (…) une satisfaction inexprimable". L'enfant est baptisé dès le lendemain du nom de Félix-Hippolyte.

Robespierre et la Terreur ont disparu depuis dix mois, mais ce grand corps malade qu'est devenue la Convention nationale essaie encore de marcher, titubant de droite à gauche. Privée d'hommes de caractère, de politiques courageux, elle n'a plus d'âme. Cette Convention thermidorienne n'est plus qu'un ramassis d'anciens terroristes faussement repentis, de spéculateurs frauduleusement enrichis. Une solidarité les unit, celle des anciens régicides par leur vote, un intérêt les tient, celui de conserver les places à tout prix. La disparition de la censure jacobine a révélé au public les crimes des anciens "buveurs de sang", l'anarchie politique non seulement déconsidère le gouvernement mais donne au peuple le sentiment de ne plus être guidé. Avec deux jours d'avance en caisse, le Comité de salut public ne survit qu'en imprimant du papier-monnaie, assignats dont plus personne ne veut. Il y a dix mois un louis d'or en valait 75, à présent plus de 500. Sept cents pour cent d'inflation ont miné les emplois à revenus fixes tandis que les denrées de base, subitement raréfiées, ne peuvent s'obtenir qu'à des prix inabordables pour l'ensemble de la population. Pas de bois combustible, pas de pain. Des malheureux tombent d'inanition dans les rues, des femmes se suicident avec leurs enfants qu'elles ne peuvent plus nourrir !

Le faubourg Saint-Antoine peuplé d'ouvriers, d'artisans, d'employés, n'en peut plus.

Le 20 mai 1795, à l'appel du tocsin, la foule envahit la Convention en réclamant "le pain de l'égalité" et nomme président de fait Soubrany, le gorille de Catalogne. Prise de peur, l'Assemblée fait disperser les émeutiers par les baïonnettes d'une armée qui obéit avec répugnance aux ordres de Murat et Menou. Demain, les faubourgs seront cernés, canonnés. Arrêté, Soubrany se poignarde. Seulement blessé, il finira sous la guillotine.

Larrey, qui a reçu la direction des ambulances attachées aux troupes, sent monter en lui le dégoût, l'incompréhension d'un tel gâchis sur lesquels se greffe un drame familial. Deux jours après l'émeute, sa femme présente pour la seconde fois "une fièvre nerveuse et rémittente qui la mit dans le danger le plus grand, je fus assez heureux cependant pour lui rendre la santé". Elle ne peut plus nourrir au sein son garçon qui présente rapidement une "colique inflammatoire[1]" d'évolution mortelle le 6 prairial.

"Cet enfant, fruit de nos plus tendres amours", n'aura vécu que trois semaines.

Lorsque Larrey reçoit – pour la troisième fois – l'ordre de se rendre à Toulon, il fait part de ses sentiments contradictoires.

"Malgré le chagrin que j'éprouvais d'abandonner encore ma jeune femme, je quittais sans regret un séjour qui me rappelait de si tristes souvenirs, et où on ne pouvait guère espérer se soustraire aux vengeances des partis politiques et à la haine des ennemis de la République."

Il arrive à Toulon le 3 juillet 1795, y retrouve amis, collègues et élèves qui, tous, l'incitent à dispenser un savoir qu'enrichit chaque campagne. Il ouvre un cours d'anatomie suivi de dissections pratiques sur le cadavre et réalise des préparations anatomiques destinées aux jeunes chirurgiens. De même, ses cours

1. Diagnostic confirmé par l'autopsie pratiquée par Dubois.

de chirurgie théorique sont couplés avec des préparations animales. Les chirurgiens des troupes à terre, ceux de la marine, parmi lesquels Récamier, futur inventeur de l'hystérectomie[1], se pressent pour l'écouter et adopter ses nouvelles visions de technique opératoire.

Larrey est suffisamment connu pour être appelé en ville ou dans les campagnes environnantes. Il opère partout où il peut, guérit notamment en un temps record – sept jours – une vieille Toulonnaise victime de calculs urinaires. Il publie un célèbre *Mémoire sur l'anthrax,* en fait pustule dite maligne du charbon, affection endémique en Provence. Partisan de l'ablation précoce de cette escarre gangreneuse, il fait comprendre que cette forme locale n'est pas la plus grave, contrairement à la forme aiguë, "fièvre maligne" mortelle en trois jours. Les similitudes du charbon avec la peste ou le typhus sont évoquées par Larrey qui apparaît ainsi, pour la première fois, comme un vétérinaire averti. Privilège des fortes intelligences comme la sienne, il arrive à embrasser, rapprocher, synthétiser les éléments de plusieurs disciplines, mêmes cousines.

"Les animaux domestiques qui passent tout à coup de l'air salubre et chaud de l'étable à l'air infect de ces lieux marécageux, sont plus aptes à contracter le charbon qu'ils transmettent ensuite à l'homme avec une grande activité ; c'est la voie de contagion la plus commune. (...) La contagion a plus rarement lieu d'homme à homme, et elle se communique au contraire très subtilement de l'animal à l'homme ; aussi frappe-t-elle fréquemment les bouchers, les corroyeurs[2], les cuisiniers, etc. (...) aussi, dans les armées, lorsque j'étais consulté sur les épizooties qu'on voit régner fréquemment parmi les bestiaux qui les suivent pour la consommation des troupes, je faisais tuer d'avance, et enterrer tous ceux qui avaient les moindres symptômes de la maladie."

Le charbon trouve ses origines dans "les émanations putrides (...) les effluves gazeux délétères très abondants dans quelques contrées marécageuses du Midi de la France" et, de fait, les douze personnes frappées du charbon disent avoir été piquées "par quelque reptile ou insecte, au moment où ils s'étaient assis sur l'herbe à peine naissante" des fossés ou des bassins qui entourent Toulon[3]. Ses succès thérapeutiques (dix charbonneux

1. Ablation de l'utérus.
2. Ceux qui assouplissent, apprêtent le cuir.
3. Les observations de Larrey préfigurent, avec quatre-vingts ans d'avance, les découvertes de Pasteur : identification du germe, puis de ses spores dans les "champs maudits" de la Beauce.

sur douze ont été guéris), la publication de ses travaux, son enseignement ont fait de Larrey un personnage à présent admiré, respecté, en vogue.

Une place vacante de professeur au Val-de-Grâce, qui abrite depuis peu l'Ecole militaire de santé, est offerte à Larrey. Il n'a pas le choix. Le Comité de salut public, parfaitement informé de sa notoriété grandissante, tient à l'avoir à Paris et lui ordonne de regagner son nouveau poste. Les officiers de santé de Toulon protestent, font circuler une pétition qui recueille de nombreuses signatures : "Le citoyen Larrey, chirurgien en chef de l'armée de Corse, dont les lumières et les talents vous sont connus, s'est empressé lui-même de concourir aux succès de nos vues (...) par sa dissection méthodique et profondément raisonnée." Ils demandent pour lui une place de professeur en chef des hôpitaux maritimes pour ne pas être privés "du secours de ses lumières, pour que nous puissions terminer les cours qu'il a commencés".

"Tous mes disciples, chirurgiens de terre et de la marine de Toulon, qui m'étaient attachés, sollicitèrent en vain auprès des autorités supérieures l'ordre de me faire rester dans ce port avec la qualité d'officier de santé en chef. Je partis pour me rendre à ma nouvelle destination, emportant les témoignages sincères de leur reconnaissance."

Rendu à la "maison du Val-de-Grâce", le jeune professeur d'anatomie de trente ans prononce sa leçon inaugurale qui a valeur de profession de foi sur sa conception de la science et sur son attitude déontologique. Elle fait grand bruit.

"Au milieu des calamités que la guerre sème parmi nous, (...) l'ami de l'humanité cherche à soulager son cœur en adoucissant les maux de ses semblables (...) cet homme vertueux est heureux autant de fois qu'il a fait d'heureux lui même (...) et lorsqu'il aperçoit le terme de sa carrière il n'a plus rien à désirer.

(...) Après vous avoir montré combien sont doux les succès dans l'art de guérir, j'aurais tort de vous déguiser les peines et les sacrifices que demande son étude afin que celui qui s'y destine (...) ne doit point croire hors de son sujet l'histoire naturelle, la physique, et peut-être même la morale (...) mais l'anatomie surtout appelle toute son attention. Je pourrai vous la présenter comme une science curieuse au philosophe (...) mais je me bornerai à vous faire connaître les rapports de l'anatomie avec la pratique chirurgicale.

Observez, citoyens, que notre machine offre dans sa structure un ensemble si parfait et dans son économie une harmonie si admirable qu'il est de toute impossibilité de rétablir les dérangements qui peuvent y survenir sans l'envisager sous toutes ses faces et embrasser d'un seul et même coup d'œil tous les différents points de vue.

(...) Car cette science est ennemie de tous les systèmes, elle fuit le brillant et les hypothèses. (...)

L'anatomie est une science de fait. Pour découvrir les secrets cachés dans le corps de l'homme, il faut les y chercher le scalpel à la main (...)."

Pour la première fois est affichée en chaire une rupture nette avec les dogmes philosophiques érigés en systèmes qui, depuis des siècles, encombrent et paralysent l'évolution médicale. Les "chapeaux pointus" de Molière sont balayés, place est faite à la médecine expérimentale.

"Quand vous aurez fait le premier pas (...) alors les épines s'écarteront d'elles-mêmes, les obstacles s'aplaniront (...)", conclut-il d'une façon générale.

Le général Bonaparte, pour ce qui le concerne, a adopté la même attitude.

VII

LES AMBULANCES VOLANTES D'ITALIE

Parvenu à Paris à la fin de février 1796, Larrey aurait pu, à quelques jours près, croiser la route de Bonaparte nommé général en chef de l'armée d'Italie. Il ne pense qu'à retrouver avec effusions, émotion, sa chère Laville avec laquelle il peut enfin mener une vie de couple harmonieuse, profiter d'un climat familial paisible. Absorbé par ses travaux au Val-de-Grâce, les invitations de ses amis et de ses élèves, les conversations avec Girodet, commensal de la maison, Larrey ne voit pas s'écouler l'année 1796.

L'actuel Directoire n'est autre que la Convention thermidorienne qui s'est pratiquement succédé à elle-même en décidant que les deux tiers des députés seraient choisis parmi les anciens conventionnels sortants. Même personnel politique douteux quand il n'est pas ouvertement corrompu, même déroute financière, même instabilité politique, mêmes "journées", cette fois non plus fomentées par les faubourgs mais par le Directoire en personne.

Bonaparte, le "général Vendémiaire", a déjà sauvé le régime en canonnant les royalistes sur les marches de l'église Saint-Roch le 5 octobre. Il vient tout juste de se marier avec Joséphine de Beauharnais. Son mari parti en Italie, Joséphine, amateur d'art, collectionneuse avertie de toiles classiques et modernes, passionnée de botanique, fréquente le salon de Mme Larrey et croise de nombreux peintres. Sans doute a-t-elle aussi entendu son premier mari lui parler de Larrey lorsqu'ils combattaient ensemble dans le Palatinat ? Ainsi se tissent entre les Larrey et la nouvelle société parisienne des liens d'amitié d'autant plus admirables, solides, durables, qu'ils s'avèrent spontanés, fruits de la coïncidence et non pas résultats de calculs ou de préoccupations d'intérêts.

Le printemps de 1797 est déjà bien entamé, la lumière du jour augmente. Mme Larrey a pu reprendre ses pinceaux, non plus pour en vivre comme au temps de la Terreur mais pour son agrément. Tout à coup le martèlement d'un cheval au grand trot sur les pavés de la minuscule impasse Conti, non loin du quai, la fait sursauter, soulever ses rideaux.

Peu de chances qu'il s'agisse de Dominique, il n'hésite jamais à se rendre à pied au Val-de-Grâce, distant de moins de 2 kilomètres. Non ! C'est un courrier du gouvernement !

Il met pied à terre, cherche le numéro 13, oui, c'est bien ici le cul-de-sac Conti, à côté de l'hôtel de La Monnaye qu'indique l'adresse portée sur le pli.

"Madame, c'est un ordre «très pressé» du gouvernement afin que M. Larrey se rende au plus tôt à l'armée d'Italie !"

L'ordre établi par les services du directeur Carnot, le grand Carnot, l'intègre "organisateur de la victoire", est contresigné par le commissaire de guerre Villemanzy.

"Ah ! se dira Larrey, mon ami Villemanzy que je n'ai plus rencontré depuis l'armée du Rhin !"

De quinze ans son aîné, Jacques-Pierre, comte de Villemanzy, a commencé sa carrière de commissaire de guerre sous Choiseul. Il a servi en Amérique avec Rochambeau pour les "insurgeants" américains. Fait récemment prisonnier sur le Rhin, il a été échangé quand Bonaparte l'a réclamé comme ordonnateur en chef de l'armée d'Italie.

Jugé "zélé, intelligent et d'expérience", il est intègre et consciencieux au milieu d'un système miné par les détournements, les pots-de-vin et autres "friponneries" de haut vol ou de petite rapine. Il a la haute main sur l'organisation des approvisionnements en vivres, habillement, équipements militaires aussi bien dans les magasins généraux que dans les gîtes d'étapes. La mise en place des hôpitaux militaires avancés, les convois d'ambulances, les fournitures de médicaments et de matériel à pansements dépendent de lui.

Le Service de santé, démuni de toute autonomie budgétaire, n'a pas les moyens d'asseoir son autorité sur quiconque. D'habitude, Larrey et ses confrères grognent, récriminent, protestent, fulminent parfois contre cet état de sujétion incompatible avec la noblesse de leur mission. Avec Villemanzy, l'harmonie est parfaite, car cet homme a de l'élévation de pensée et n'est pas cloisonné par la routine. Il a vu de ses propres yeux les services rendus par les ambulances volantes, le sauvetage immédiat des malheureux blessés jusqu'ici voués à un misérable abandon. A Milan, il vient d'en parler à Bonaparte qui s'est montré vivement intéressé par cette innovation.

De quoi s'agit-il ? Au moment de la marche sur Coblence, Larrey a observé et noté dans son esprit la rapidité avec laquelle les batteries d'artillerie à cheval, dite "artillerie volante", innovation de la république, ont pu évoluer d'un bout à l'autre du champ de bataille.

Vitesse et mobilité, voilà ce qu'il lui faut pour les blessés.

Jusqu'ici les ambulances ressemblaient plutôt à un hôpital en déplacement : énormes et lourdes voitures, chargées de tout le matériel possible, ensemble de chariots nécessitant la présence de quarante chevaux se tenant obligatoirement 4 kilomètres en arrière des lignes de feu. Ces mastodontes mérovingiens se déplaçaient lentement, versaient avec facilité le long des chemins parsemés d'ornières qui n'étaient plus que le souvenir des belles routes de Louis XV.

Non seulement imaginer une ambulance volante rapide, légère, souple, confortable aux blessés mais la réaliser au mieux et au plus vite, tel est le trait de génie de Larrey.

La simplicité de l'organisation est le gage de sa réussite. Il conçoit initialement une équipe chirurgicale à cheval : trois chirurgiens, un infirmier, tous montés, suivis de mulets de bât transportant le matériel médico-chirurgical à l'aller et les blessés au retour disposés dans des paniers rudimentaires.

La forme définitive constitue la "Légion de l'ambulance volante" à trois divisions. L'une au centre du champ de bataille ou à l'avant-garde, dirigée directement par Larrey, la seconde à l'aile droite de l'armée, la troisième à l'aile gauche. Chacune des trois peut renforcer ses homologues en fonction de l'évolution des combats et de l'afflux des blessés.

Tout est prévu pour secourir le dixième des effectifs engagés. On compte au sein de chaque division 15 chirurgiens, 40 infirmiers dont 12 à cheval et 13 "commis" aides soignants. Chaque infirmier à pied porte un sac en cuir à plusieurs compartiments contenant des appareils à pansements de réserve. Le chirurgien ou infirmier à cheval porte, au lieu des deux fontes pour les pistolets, deux sacoches et un porte-manteau[1] en cuir destinés à transporter les trousses d'instruments d'urgence et les premiers pansements. Vingt-cinq conducteurs d'équipage dont un maréchal-ferrant et un sellier complètent ce personnel d'une centaine de personnes par division.

1. Etui en cuir, de forme cylindrique, porté à l'arrière de la selle, d'un flanc à l'autre du cheval.

Ambulances volantes de Larrey. Musée du Val-de-Grâce.

La conception des voitures ne néglige ni le confort et la sécurité des malades, ni les aléas de la route, ni les commodités techniques nécessaires aux soins. "Chaque division d'ambulance, précise Larrey, avait douze voitures légères suspendues, pour le transport des blessés : elles étaient de deux sortes, à deux et à quatre roues. Les premières, au nombre de huit, convenaient pour les pays plats ; les autres, à quatre roues, étaient destinées pour porter les blessés dans les montagnes. La caisse des premières présentait la forme d'un cube allongé, bombé à sa partie supérieure ; elle était percée sur les côtés par deux petites fenêtres ; deux portes battantes s'ouvraient en avant et en arrière ; le plancher de la caisse était formé d'un cadre mobile, garni d'un matelas de crin, avec son traversin, et recouvert en cuir. Ce cadre glissait facilement sur les deux supports ou jumelles de la caisse, au moyen de quatre petites roulettes, et il était armé de quatre poignées en fer enchâssées dans le bois ; ces poignées étaient destinées à recevoir les courroies ou les ceintures des soldats pour porter les blessés sur le cadre, comme sur un brancard : on pouvait panser les blessés sur ces cadres, quand la saison ne permettait pas de les panser sur le terrain.

(...) Les petites voitures étaient attelées de deux chevaux. (...) Deux blessés y étaient couchés commodément et dans toute leur longueur ; des poches étaient distribuées dans l'intérieur pour recevoir des bouteilles ou autres objets nécessaires aux malades.

Ces voitures réunissaient la solidité à la légèreté et à l'élégance."

Les grandes voitures à quatre roues sont tirées par quatre chevaux et obéissent aux mêmes principes, avec toutefois le côté gauche qui peut s'ouvrir en entier comme le couvercle d'une malle : "On portait dans ces chariots quatre blessés couchés dans leur longueur ; leurs jambes se croisaient un peu." Ces derniers mots sont prononcés à voix basse, pour demander l'excuse d'un détail qui augmenterait le confort des malades, d'une imperfection que les circonstances n'ont pu améliorer.

Celui qui attend Larrey à Milan, Bonaparte, a le même souci du détail, l'obsession de la meilleure organisation possible mais, toujours pressé, est contraint d'aller droit au cœur des choses. En un an, d'avril 1796 à mai 1797, Bonaparte a derrière lui les victoires de Montenotto-Millesimo, Mondovi, Lodi, Castiglione, d'Arcole et de Rivoli. L'avant-garde de son armée, commandée par Masséna et Joubert, est arrivée à Sommering, en

Styrie, dans les états héréditaires d'Autriche. La cavalerie légère est en vue de Wiener-Neustadt, à 50 kilomètres de Vienne ! Si les corps d'armée du Rhin dirigés par Moreau, Desaix et Hoche, entrent en jeu comme l'a promis le Directoire, se rabattent vers le sud-est, courent au Danube, Bonaparte peut s'emparer de Vienne. Pris en tenaille, le vieil empire d'Autriche disparaîtra, ce ne sera plus Charles Quint encerclant François Ier mais l'inverse.

Déjà la famille impériale avec la jeune Marie-Louise âgée de cinq ans a fui en Hongrie, emportant archives et objets précieux. Chacun s'attend à voir Bonaparte s'asseoir d'un jour à l'autre au palais de Schoenbrünn mais le Directoire le redoute plus que quiconque.

Que ce général ait fait passer d'Italie en France près de quarante millions en numéraire, des centaines de millions en œuvres d'art, aucun directeur ne s'en plaint mais qu'on ajoute la gloire à une popularité grandissante, que deviendrait le gouvernement ? A petits politiques, petits calculs : d'abord retenir les armées du Rhin pour affaiblir Bonaparte.

Le coup porte. Ne voyant pas arriver les renforts attendus, Bonaparte arrête la marche sur Vienne et écrit au prince Charles de Habsbourg afin de préparer la paix :

"Quant à moi, monsieur le général en chef, si l'ouverture que je viens de vous faire peut sauver la vie à un seul homme, je m'estimerai plus fier de la couronne civique que je me trouverais avoir méritée, que de la triste gloire qui peut revenir des succès militaires."

Ces paroles, certes empreintes d'humanité, n'affectent en rien le souci de Bonaparte de reconstituer les forces de son armée et d'en vérifier les effectifs. C'est pour cette raison que Larrey est attendu. Précis et consciencieux, il fera connaître le nombre exact de blessés à réformer ou au contraire de ceux susceptibles de porter prochainement les armes.

Entre-temps, il a traversé Lyon puis Pont-de-Beauvoisin et se trouve dans la berline qui s'engage actuellement dans la vallée de la Maurienne. "Les récits des voyageurs et le triste spectacle qui, de toutes parts, dans cette vallée, afflige les regards, me portèrent à en observer avec attention le site et les habitants. Pour mieux y parvenir, je descendis de voiture et fis toute la route à pied." Il peut ainsi observer les ravages de l'endémie goitreuse avec déformations faciales, microcéphalie, arriération intellectuelle chez ceux qui sont porteurs de goitres volumineux en sonnailles. Premier auteur à relier le goitre et le "crétinisme", il en impute l'origine à la mauvaise qualité de l'eau de neige bue par les habitants. Remonté en berline, une tempête de neige l'immobilise deux jours au col du Mont-Cenis que ses compagnons et lui franchissent à la queue leu leu, à dos de mulets.

La descente du versant italien l'amène à Turin, "une des plus jolies capitales de l'Europe", seules le choquent la dépravation des mœurs et l'immoralité des nombreux prêtres.

Il entre ensuite "dans les belles plaines de l'Italie" qui conduisent à Milan.

Larrey arrive dans la capitale lombarde le 13 mai 1797 pour y apprendre des nouvelles déconcertantes et découvrir un monde inattendu. Milan ne devait être à ses yeux qu'une étape avant de rejoindre l'état-major et l'avant-garde qu'il croyait avancés jusqu'aux portes de Vienne. Or Bonaparte et les Autrichiens ont signé le 18 avril à Léoben des préliminaires de paix accordant à la France le Palatinat, la Rhénanie, la Belgique c'est-à-dire la rive gauche du Rhin, et à l'Autriche la Vénétie. Ici même, Milan devient la capitale de la République transpadane, bientôt cisalpine, et abrite le quartier général de l'armée qui a entretemps rétrogradé. Un peu déçu de ne pouvoir manœuvrer ses ambulances en campagne, Larrey reçoit aussitôt l'ordre d'en confectionner de nouvelles, de démontrer leur maniabilité après s'être présenté sans tarder au général en chef.

Il se rend donc au magnifique château de Mombello près de la porte de Venise où s'est installé Bonaparte, rejoint depuis peu par Joséphine. La tiède douceur des soirées italiennes a permis de transporter les salons sous de nombreuses tentes disposées dans les immenses jardins qui entourent le palais. Chaleureusement accueilli par son ami Villemanzy, Larrey a quelque peine à s'y reconnaître. Ce n'est pas un quartier général mais une véritable cour, Bonaparte n'est plus un général mais un proconsul !

Les aides de camp font office d'appariteurs, prient Larrey d'excuser une courte attente et font signe aux laquais en perruques et gants blancs d'apporter rafraîchissements et collations. En faisant les cent pas, Larrey noue connaissance avec les jeunes généraux de l'armée d'Italie tout à la joie de leurs victoires, grisés par les vins pétillants et les beaux yeux noirs des Milanaises. Il y a là Berthier, l'infatigable chef d'état-major, Masséna aussi courageux que cupide, Lannes, Murat, Lasalle le hussard qui brûle la vie par les deux bouts, enfin l'équipe de Toulon qu'a bien connue Larrey : Duroc, Junot, Marmont.

Côtoyant les militaires, de nombreux civils français ou italiens. Les savants Monge et Berthollet appelés et désignés par

Bonaparte pour recenser les œuvres d'art à expédier en France ainsi que des Italiens musiciens, poètes, peintres, mathématiciens.

Serait-ce la Florence de la Renaissance ? On pourrait le croire en face d'un luxe d'autant plus facilement étalé qu'il est payé par l'Italie…

Est-ce la Belle Ferronnière qui descend avec tant de grâce les escaliers du perron, en robe de mousseline d'Inde brodée, échancrée, largement décolletée, éclairée de si beaux bijoux ?

C'est Pauline Bonaparte, la divine Paolina, dont la beauté exceptionnelle attire tous les regards, "aussi belle qu'il est possible de l'être" dira le prince de Metternich !

Elle éclipse ses sœurs Elisa et Caroline mais non leur mère, Mme Laetitia, qui, par son profil et son austère vertu, rappelle les Romaines de l'Antiquité. Larrey en est là de ses rêveries lorsqu'on l'introduit auprès de Bonaparte. Les deux hommes se connaissent depuis Toulon, mais quel changement s'est donc opéré chez Bonaparte !

Toujours maigre, coiffé en "oreilles de chien", il est bronzé par le soleil d'Italie.

Ce n'est plus le capitaine sec, gauche, emprunté, renfrogné, mais un proconsul à l'aise, charmeur, souriant et séducteur. Le regard profond qu'il fixe sur ses interlocuteurs, l'autorité immédiate qu'il prend sur eux expliquent sans doute qu'il ait pu ensorceler tant de personnages de grande intelligence et de forte personnalité.

Larrey est d'emblée soumis à l'habituel feu roulant des questions de Bonaparte.

"Comment sont organisées les ambulances ?"

"Quelles sont leur mobilité, leur rapidité ?"

"Peuvent-elles accéder facilement au champ de bataille ? Ensuite, comment les manœuvrer ?"

"C'est bien. Larrey, je vous charge d'accompagner Villemanzy dans sa tournée d'inspection des hôpitaux d'Italie du Nord. Vérifiez le degré de formation de vos jeunes confrères militaires."

"Donnez vous-même les ordres, Larrey, en vous prévalant de mes désirs afin que tout soit fait en vue d'assurer le bien des malades et réprimez les épidémies qui sont le fléau de l'armée."

"Et maintenant, parlez-moi de votre campagne du Rhin et de votre ami Desaix, voulez-vous ?"

Larrey lui décrit l'intelligence du combat, les talents de stratège, l'héroïsme de Desaix blessé en Alsace, refusant les soins pour continuer à entraîner ses hommes. Bonaparte l'écoute longuement, patiemment, le questionne de temps à autre : un

Bonaparte harangue l'armée d'Italie. Illustration de Job.

homme comme Desaix complèterait admirablement son équipe, le choix des hommes doit être parfait afin que chacun exerce la complémentarité de son propre talent.

"Je vous raccompagne, Larrey, mais avant de partir pour le Congrès de Rastadt, je serais heureux de rencontrer le général Desaix !"

En début de nuit, Larrey lui écrit aussitôt une longue lettre détaillant l'entretien et le souhait de Bonaparte. Il scelle ainsi l'alliance des deux généraux, l'amitié authentique de deux hommes.

En reposant sa plume, Larrey se sent profondément marqué, modifié même par Bonaparte.

Il est désormais charmé, envoûté, acquis, dévoué. Sa raison lui dit qu'avec cet homme il pourra exercer la plénitude de ses talents, son cœur s'ouvre pour quarante ans à une complète fidélité.

Dès le 25 mai, il part avec Villemanzy inspecter les hôpitaux de Lodi, Crémone. A Mantoue, un moment de poésie : "Je visitai avec un vif intérêt la Virgiliale, située à deux milles environ de la ville : une grotte ombragée par des lauriers-roses, des saules-pleureurs, et tapissée d'une vigne sauvage ; un ruisseau d'eau limpide qui serpente au pied de cette grotte, et quelques ruines de monuments antiques qu'on trouve éparses dans ses environs, ajoutent à l'effet pittoresque de ce lieu solitaire où le poëte romain composa ses œuvres immortelles."

Le contraste de la réalité quotidienne justifie cette double inspection que Larrey décrit à sa femme : "Avant mon arrivée le mot humanité était proscrit. Les blessés et les malades étaient relégués dans des coins affreux, privés de toute espèce de secours. Dispense-moi de te tracer le tableau de leur affreuse misère, tu en serais révoltée et tes larmes couleraient. Villemanzy seul, qui les a visités avec moi, pourrait te dire comment étaient traités nos malheureux soldats, si vaillants et si dévoués à leur pays. Ces braves gens sont bien maintenant ; l'ordre et la discipline sont rétablis ; les fripons n'ont plus beau jeu depuis notre arrivée. Villemanzy les poursuit avec rigueur, et ses yeux d'argus[1] les décèlent partout où ils se trouvent."

Certains commissaires de guerre, en effet, revendaient pour leur propre compte les fournitures destinées aux malades et entassaient ces derniers dans des demeures délabrées.

1. Dans la mythologie grecque, prince argien aux cent yeux dont cinquante restaient ouverts durant son sommeil. Il fut tué par Hermès et Héra qui sema ses yeux sur la queue du paon. (Dict. Robert).

Les deux hommes, partout où ils passent, réquisitionnent monastères, châteaux, hôtels particuliers où abondent vivres, vêtements, literie. Les malades sont placés dans des locaux propres, aérés, spacieux, les épidémies régressent de façon spectaculaire.

Remontant par Vérone, Vicence, Padoue, ils longent les rives de la Brenta : "C'est une promenade délicieuse en été, qui charme l'homme sensible et le pénètre d'admiration, par la beauté des sites qu'elle présente et la richesse des productions qu'elle étale." La description que donne Larrey du golfe de Venise est celle d'un peintre.

"Au premier coup d'œil, l'illusion est assez grande pour qu'on se persuade que les clochers et les tours de la ville sont autant de vaisseaux de ligne qui, rapprochés les uns des autres, présentent, à travers les vapeurs aqueuses de l'Adriatique, l'aspect d'une flotte nombreuse." Son goût pour la peinture l'amène tout naturellement aux galeries du palais des Doges où il admire à l'envi les Véronèse, Tintoret et Titien destinés à être bientôt envoyés à Paris. En ressortant du palais, il remarque les ouvriers affairés du haut de leur échafaudage à descendre le quadrige de Corinthe qui désormais n'ornera plus le frontispice de la cathédrale mais l'arc de triomphe des Tuileries. La fureur de la foule vénitienne est à peine contenue par un piquet de grenadiers déployé sur la place Saint-Marc !

En quelques jours, Larrey découvre les secrets et les charmes de la vie vénitienne, les manufactures de glaces de Murano, les promenades en gondoles, les spectacles nombreux et remarquables de la Fenice pendant lesquels "on sert à boire et à manger (...) on parle haut, on rit". Joséphine, pour quatre jours en visite privée à Venise, reçoit les hommages à la fois contraints et passionnés d'une population versatile. Défilés nautiques sur le Grand Canal, feux d'artifice, bals et fêtes en ville, Larrey ne manque rien et retrouve Mme Bonaparte à la réception que la ville de Venise lui offre au palais des Doges.

La Sérénissime fêtant la femme de celui qui l'a détruite ? Comme ses camarades de l'armée révolutionnaire, Larrey regarde sinon avec mépris du moins avec une froide condescendance ces "citoyens de Venise (...) livrés au commerce. Ils sont en général très attachés à l'argent. (...) Enfin, il n'est pas possible de se dissimuler que les Vénitiens de nos jours n'aient dégénéré de ces anciens et valeureux républicains dont ils descendent (...)", leur opulence passée a fait le lit de leur oisiveté présente.

Cette vie de plaisir, le souffle chaud du sirocco, l'influence orientale, font découvrir à Larrey un autre monde, une autre façon d'être et de vivre où son habituelle austérité semble se dissoudre. "Les femmes, généralement belles, habillées à la grecque, portent toutes un voile de crêpe rouge ou blanc qui couvre d'abord le front, se drape ensuite élégamment sur les épaules, et descend jusqu'au bas de la première tunique. Elles jouissent d'une très grande liberté, et peuvent, au besoin, au moyen du voile, se soustraire à la vue des passants : elles se promènent seules ou avec leurs cavaliers servants." Il apprécie l'ingéniosité de l'aménagement intérieur des gondoles : "Dans chacune de ces gondoles est pratiquée une chambre qui peut contenir quatre ou six personnes : elle est ornée de tapisseries et de glaces ; les fenêtres sont garnies de jalousies et de rideaux de taffetas ; des coussins, garnis en maroquin noir, forment autour de la chambre un divan qu'on élargit à volonté, de manière à pouvoir s'y reposer comme sur un lit. (...) tout est prévu dans cette ville pour l'agrément et la commodité de ceux qui l'habitent."

Ces moments d'enchantement sont de courte durée car est tombé l'ordre de Bonaparte enjoignant d'inspecter les vaisseaux de guerre vénitiens saisis et d'y faire cesser une mystérieuse épidémie qui cause trente morts par mois à bord de la *Victoire*, la *Gloire* et l'*Eole*. Que trouvent Larrey et Villemanzy ? Saisis au nez par une odeur nauséabonde, pestilentielle qui aurait fait reculer de moins courageux, ils ont peine à marcher parmi les ordures et immondices déposés çà et là dans l'entrepont et les gaillards, au milieu de linges souillés par la dysenterie où grouillent les parasites et de débris de cordages puant le goudron. Au fond de l'entrepont, ils découvrent trois moribonds abandonnés sur de mauvais grabats, respirant à grand peine un air appauvri par la fermeture hermétique des sabords.

Le diagnostic est facile pour un médecin averti comme Larrey. On est en présence d'une épidémie de fièvre ataxique éruptive, le typhus. En un jour, il retourne la situation. Les malades sont isolés, évacués sur les hôpitaux voisins, les équipages débarqués en terre ferme sous la tente. Resté à bord, il s'assure que les immondices soient brûlés, le linge et la literie lessivés, les ponts et aménagements intérieurs raclés et blanchis à l'eau de chaux, les sabords et orifices ouverts en permanence. Des fumigations de soufre et de salpêtre permettent d'éliminer la vermine dans la cale et les entreponts. Non content d'avoir "sanifié" les bâtiments, il établit un meilleur régime alimentaire pour l'équipage et associe une reprise de l'entraînement physique afin de combattre l'inactivité forcée, système qui lui avait tant réussi à bord de la *Vigilante*. Enfin, les chirurgiens-majors des bâtiments reçoivent de sa part des instructions – et probablement de sévères admonestations – pour maintenir l'hygiène à bord. En quelques jours, l'épidémie disparaît, les vaisseaux peuvent mettre à la voile dès le 20 juin 1797.

Sa mission terminée, Larrey aurait bien aimé retourner à Milan auprès de l'état-major et y ouvrir son école de chirurgie dont le projet lui tient tant à cœur.

Arrivé en terre ferme après avoir quitté Venise, un courrier à cheval le rattrape sur la route.

— Il vous faut, monsieur, changer de direction pour gagner le nord-est, rejoindre le Frioul où stationnent encore les divisions de Masséna et Bernadotte, prêtes à courir sur Vienne si l'Autriche continue à faire traîner les clauses du traité de paix !

Là encore, dans ces confins de l'Italie, de la Slovénie et de l'Autriche, le typhus cause davantage de pertes que les combats précédents. Qui plus est, une épizootie ravage la cavalerie et des cavaliers démontés n'ont jamais eu vocation à devenir des fantassins.

Installé à Udine, Larrey prend les mesures d'hygiène habituelles, disperse les troupes chez l'habitant, ordonne le curage des ruisseaux et des canaux intérieurs des villes où pullulent les rats, oblige les soldats à se laver tous les matins le corps et les cheveux à l'eau vinaigrée, excellent moyen pour détruire les poux, sans oublier plusieurs fois par jour l'hygiène des mains toujours au vinaigre. Après les hommes, les chevaux, car la chirurgie vétérinaire se confond encore avec la chirurgie humaine. Les vétérinaires, rarissimes à l'armée, sont les descendants empiriques de ceux qu'on appela longtemps les "maréchaux".

Larrey trouve les étables vides, les habitants consternés quand ils ne sont pas eux-mêmes malades. Première chose à faire, reconnaître la maladie et ses causes. Aussi n'hésite-t-il pas à transformer l'écurie d'un couvent en infirmerie animale, à analyser les symptômes, à en suivre l'évolution et pratiquer les autopsies. Pas de doute possible, il s'agit bien d'une forme maligne du charbon, maladie qu'il a déjà combattue à Toulon. Avec l'appui de Bonaparte, Larrey imagine d'imprimer ses instructions thérapeutiques que les maires de la contrée distribueront à leur tour à leurs administrés : abattage immédiat du cheptel suspect ou malade à enterrer sous plusieurs couches de chaux vive, interdiction de manger la viande contaminée, désinfection des étables, protocole thérapeutique recommandant en particulier la trépanation des cornes. Ces mesures simples, claires, s'avèrent si rapidement efficaces que les habitants crient au miracle. Un peu modeste, mais pas trop, Larrey remarque l'influence bénéfique des vents frais du nord et celle des sources thermales sulfurées autour desquelles s'arrêtait l'épizootie. La lettre que les autorités d'Udine lui adressent se ressent d'une émotion sincère.

A monsieur le chirurgien en chef Larrey,

Votre travail pour guérir les bœufs attaqués par l'épizootie a mérité notre reconnaissance. Nous avons attendu l'effet du traitement pour vous en donner compte, et nous sommes bien charmés de pouvoir vous assurer que les remèdes ont été pratiqués avec avantage où on a pu les mettre en exécution. Notre sort est bien à plaindre, puisque les circonstances n'ont pas permis d'en faire usage dans tous les lieux. (...) Nos circonstances fâcheuses nous empêchent de vous témoigner notre reconnaissance en d'autres moyens que par des sentiments les plus vifs et les plus sincères. Après nous avoir obligés, vous jouirez toujours de la complaisance d'avoir soulagé les maux des malheureux habitants de la campagne qui pourront, par vos soins, sauver la vie de leurs bœufs qui sont tant nécessaires à la subsistance des hommes.

Signé par le président,

BATOLDI

Touché et flatté par cet éclatant témoignage de reconnaissance, Larrey entrevoit le terme de sa mission en Italie. Il peut, se dit-il, rentrer à Milan en vérifiant que dans chaque grande ville traversée les hôpitaux militaires ont bien été réorganisés et les écoles de chirurgie créées selon ses directives.

Deux bonnes nouvelles le retardent durant ce bel été 1797 : c'est d'abord l'arrivée de son ami le général Desaix et ensuite celle de Bonaparte venu installer son quartier général à Udine, au plus près des diplomates autrichiens qui négocient le traité de Campoformio. Si l'armée apprend par l'ordre du jour que "le brave général Desaix est venu voir l'armée d'Italie", il s'agit en fait pour lui d'avoir de longs entretiens avec Bonaparte, aux termes desquels naît entre les deux hommes une parfaite entente et une solide amitié faite d'attachement mutuel. Tout aussi chaleureuse est la rencontre de Desaix avec Larrey, aussi les deux amis décident-ils de s'offrir quelques jours de repos incognito pour visiter la région de Trieste. Ils partent en malle-poste sous les habits de simples particuliers avec un seul domestique. A leur retour, ils apprennent la signature de la paix de Campoformio le 17 octobre. Comme prévu, la France obtient, outre la rive gauche du Rhin, le protectorat de la Lombardie, de Gênes et des îles Ioniennes. En échange, Venise est donnée, abandonnée à l'Autriche.

Après l'acharnement des négociations, Bonaparte profite, lui aussi, de ses nouveaux loisirs pour inspecter les manœuvres de l'armée et précisément les évolutions de la première division d'ambulances volantes. Elle"fixa par sa nouveauté et la manière dont elle manœuvra son attention, il en trouva l'invention et l'établissement aussi beau qu'utile et il ordonna que cette ambulance suivrait l'armée qui était destinée pour l'expédition d'Angleterre". Séduit, Bonaparte s'approche de Larrey et lui déclare :

"Votre œuvre est une des plus hautes conceptions de notre siècle, et suffira seule à votre réputation !"

Se tournant ensuite vers Berthier, il ordonne que soit remise à Larrey une récompense de cent livres ainsi qu'une lettre d'éloges. L'état-major peut à présent regagner Milan et bientôt Paris.

Les premières neiges de novembre éclairent les Alpes, l'aventure italienne semble finie. Passant par Brescia, Larrey remarque que "les femmes fort belles et dans les formes antiques n'ont aucune réserve et les hommes le moindre sentiment de délicatesse. Du jour ils ont fait la nuit et vice-versa, tout est fait dans cette ville pour les plaisirs et la mollesse".

Il lui reste au cœur l'impatience scientifique de séjourner quelques jours à Pavie pour saluer l'illustre anatomiste Scarpa, visiter ses collections d'anatomie et se voir offrir par lui son *Traité des nerfs du cœur*. En quittant Pavie il franchit le fameux pont de Lodi et arrive à Milan aux alentours du 20 novembre. Villemanzy l'a précédé de peu et a informé le général en chef de l'esprit d'organisation et des succès thérapeutiques de Larrey.

Quand Bonaparte le reçoit de nouveau, il promet de faire appel à lui si le projet d'armée d'Angleterre se concrétise. Avec une nouvelle prime de 2 400 livres, il lui confie son portrait peint par Appiani pour le remettre au Directoire.

Ainsi Larrey ne rentre-t-il pas les mains vides auprès de sa chère Laville. Mieux, il lui demandera d'effectuer une copie de ce tableau mais elle prendra son temps et sa mesure.

Entre-temps, partis de Milan à 2 heures du matin, Berthier et le fameux mathématicien Monge, "commissaire des sciences et arts en Italie", galopent vers Paris pour apporter au Directoire l'exemplaire du traité de paix signé avec l'Autriche.

Le militaire et le savant étroitement associés symbolisent, préfigurent la splendide et tragique aventure égyptienne.

Mais qui donc a parlé ici d'Egypte ?

VIII

LE SECRET ET LES SAVANTS

Le secret, en effet, était d'abord dans l'âme de Bonaparte qui achevait de ranger discrètement dans son portefeuille les ordres du Directoire exécutif de la République :

> Le général en chef de l'Armée d'Orient dirigera sur l'Egypte les forces de terre et de mer dont le commandement lui est confié et il s'emparera de ce pays. Il chassera les Anglais de toutes les possessions de l'Orient où il pourra arriver et notamment, il détruira tous leurs comptoirs sur la mer Rouge. Il fera couper l'isthme de Suez et il prendra les mesures nécessaires pour assurer la libre et exclusive possession de la mer Rouge à la République française. Il améliorera par tous les moyens qui sont en son pouvoir le sort des naturels de l'Egypte et maintiendra de bonnes relations avec la Porte[1]. Il s'emparera de l'île de Malte pour autant qu'il le jugera possible, sans compromettre le succès des autres opérations dont il est chargé.

Un vieux rêve de la diplomatie française depuis Louis XIV allait s'accomplir grâce à un général de vingt-neuf ans.

Depuis son retour à Paris, Larrey a retrouvé la chaleur du foyer familial, la tendresse de sa bien-aimée ainsi que son poste de professeur et de chirurgien à l'hôpital du Val-de-Grâce : tout porte à croire que son bonheur est entier et pourtant quelques nuages passent sur son front. Mariés depuis presque cinq ans, Elisabeth et lui n'ont pas eu de nouvel enfant, le récent Noël aurait pu être plus gai.

En se rendant à pied au Val-de-Grâce, il réfléchit à ses interventions du matin, à ses cours d'anatomie de l'après-midi mais,

1. Porte ou Sublime Porte, nom que se donne lui-même le gouvernement turc de Constantinople.

lorsqu'on a connu comme lui tant d'aventures, doit-on se contenter à trente et un ans d'une vie, certes remplie, intéressante, mais où on ne retrouvera ni la camaraderie des bivouacs, ni les chevauchées en plein air, ni la tempête des combats ?

Une autre question l'intrigue : qu'a sous-entendu Bonaparte en lui promettant de l'appeler lors d'une prochaine campagne ? N'est-on pas en paix à présent ? Bien sûr, l'Angleterre reste seule à n'avoir pas déposé les armes car, avec la rive gauche du Rhin, la France possède les ports de Belgique et Anvers est devenu "un pistolet braqué sur le cœur de l'Angleterre".

Et puis que signifie cette armée, dite d'Angleterre, en cours de constitution à Lille, autour de laquelle on a fait tant de bruit que le roi d'Angleterre inquiet a déclaré aux Communes "que l'objet avoué était l'envahissement du domaine de Sa Majesté" ?

Frimaire, nivôse et pluviôse se sont écoulés. Larrey sourit en y songeant car il n'aime ni le froid ni l'humidité. Demain ventôse aura l'avant-goût du printemps. Le soir venu, il retourne chez lui, impasse du Quai-Conti, et aperçoit l'uniforme familier d'un aide de camp qui lui tend un pli barré d'imposants cachets rouges du ministère de la Guerre : " (...) je reçus l'ordre de partir pour l'armée d'Angleterre. J'étais spécialement attaché à la colonne de droite commandée par le général Desaix dont le quartier général était à Lille. Au moment où je me disposais à le joindre, je reçus un nouvel ordre pour me rendre à Toulon (...) j'étais loin de penser que je fusse destiné à suivre l'armée française, sous la conduite du général Bonaparte, dans la plus intéressante et la plus riche contrée du monde. Cette nouvelle destination me donna de justes alarmes sur la longueur et la durée d'une expédition que j'allais entreprendre sans en connaître le but, et je quitte une femme que j'aime et que je chéris, le cœur navré de regrets et de douleurs. Quand la reverrais-je ? c'est ce que je ne puis ni prévoir ni présumer. (...) J'ai quitté le séjour des sciences et des arts, le lieu le plus favorable à mes désirs et à mes projets (...) pour aller courir les hasards de la guerre, essuyer les fatigues et les privations (...) mais mon honneur, l'intérêt de ma famille et le mien l'exigeaient, ainsi j'ai pris mon parti."

Surprise, perplexité, incertitude ou embarras ne sont pas le lot du seul Larrey : en montant dans la chaise de poste louée à cette occasion, il retrouve son confrère et collègue Desgenettes qu'accompagne sa jeune épouse.

"Que peut-il bien se passer ? s'écrie Desgenettes, je viens d'être nommé médecin-chef de l'armée d'Angleterre, mais mon ordre me prescrit de me rendre à Toulon sans délai...On parle aussi de l'armée de Méditerranée ?

Pourquoi ? Pour rejoindre les forces déjà massées au bord de l'Atlantique ? A moins qu'il ne s'agisse d'une descente sur Alger ?... ou d'une expédition vers les Indes pour s'allier à Tippoo Sahib en révolte contre les Anglais ?"

Larrey connaît bien Desgenettes, trente-six ans, également professeur au Val-de-Grâce, médecin et hygiéniste réputé, et l'apprécie d'autant que la similitude de leurs caractères permet d'exercer leur art de façon parallèle sans se gêner mutuellement. Mme Desgenettes s'est assoupie, Larrey observe son collègue et réfléchit avec amusement que tout, au contraire, devrait les séparer.

"Des Genettes" est un aristocrate normand à la tête d'un riche héritage qui lui a permis d'approfondir ses humanités en séjournant quatre années en Italie. Familier des salons parisiens, il a bien connu Buffon, Franklin, Mirabeau et surtout Chaptal lorsqu'il a soutenu sa thèse à Montpellier. Son éducation, ses manières élégantes et désinvoltes sentent leur "ancienne France" bien qu'il se soit tôt rallié aux idées nouvelles et ait choisi d'être médecin militaire au sein de l'armée d'Italie. Homme de conviction, d'une complète indépendance d'esprit, il sait défendre au besoin avec véhémence ses conceptions basées sur une solide culture scientifique. Excellent praticien, lui aussi, doublé d'un gestionnaire avisé, il n'a pas tardé à être remarqué par Bonaparte.

Partie de Paris le 22 mars 1798, la diligence atteint Lyon quatre jours après. De là, on descend le Rhône en bateau-poste jusqu'à Avignon, quatre jours encore. On ne parle là que le provençal, ce qui ne saurait gêner Larrey. Avec ses amis il remonte en berline.

Par Marseille, les voilà rendus à Toulon où plus rien ne ressemble à la cité qu'a bien connue Larrey, surtout le port où il se rend sans tarder : pas un poste de libre à quai, une multitude de bâtiments est à l'ancre, dominée par la haute masse de l'*Orient*, vaisseau amiral de 118 canons lancé en 1790, flanqué de trois autres vaisseaux de 80 canons, huit de 74, un de 64.

De son œil d'ancien marin, Larrey distingue sept autres frégates, une trentaine d'avisos ou bricks escorteurs. Se dirigeant vers l'arsenal, vers la corderie, il s'arrête un instant, stupéfait par l'exceptionnelle animation des lieux :

"Vous pensez ! répondent les marins, les employés de commerce à son interrogation muette, près de trois cents navires de transport à charger en toute hâte, jour et nuit ! Armement, vivres, vêtements et linge, chevaux, bétail et fourrage à installer dans les bateaux-bœufs, tonneaux d'eau-de-vie, voiles et mâts de rechange, instruments divers que nous ont confiés – avec quelles recommandations – les savants !

— Ah ! ceux-là ! Sont-ils exigeants !" reprennent les matelots chargés des opérations de bord.

Alors que Larrey et ses amis du Service de santé n'ont toujours pas pu percer le mystère épais qui affecte leur destination, survient pour lui un second sujet de perplexité : pourquoi autant de savants ? Familier des sociétés scientifiques, il retrouve la plupart des sommités qu'il a connues à Paris et leur propose même de les héberger à l'hôpital militaire car ce brusque afflux de civils et de troupes a épuisé les possibilités de logement de Toulon. C'est ainsi que Larrey et Desgenettes apprennent la création par Bonaparte, avec l'assentiment du Directoire, de deux commissions : l'une, intitulée "Commission pour l'armement" dont ils vont dépendre pour l'organisation sanitaire, l'autre appelée "Commission des sciences et des arts" qui leur semble pour le moins insolite en milieu militaire. Quoi qu'il en soit, ces commissions ont des pouvoirs discrétionnaires les plus étendus de recrutement, de réquisition, d'organisation. Le Directoire, ce gouvernement sans cesse au bord de la banqueroute, leur a même accordé l'autonomie financière !

Sucy, ordonnateur en chef de l'armée et membre de la Commission d'armement, leur montre d'ailleurs l'ordre adressé de Paris par Bonaparte :

Le citoyen Des Genettes est médecin en chef, le citoyen Larrey chirurgien en chef (...) vous prendrez le plus de médecins et de chirurgiens que vous pourrez, soit en en faisant venir de l'armée d'Italie, soit en prenant ceux de quelque mérite que vous pourrez trouver dans le pays où vous êtes. Vous n'en aurez jamais de trop. Vous organiserez aussi une pharmacie, que vous prendrez dans les hôpitaux de Marseille et de Toulon. Chaque vaisseau de guerre ou vaisseau de transport doit avoir aussi une pharmacie pour les maladies qui pourraient survenir pendant le passage ; et vous devez aussi embarquer une quantité de médicaments proportionnée à la force de l'armée, qui se trouve être de trente mille hommes. (...) Vous avez là-dessus liberté entière.

Larrey soupire de soulagement : enfin l'indépendance à l'égard des bureaux parisiens, les pleins pouvoirs pour travailler l'esprit tranquille ! A condition de faire vite, très vite : nous sommes le 3 avril, la flotte appareille le 20.

Pour être l'homme de toutes les situations, il lui faut néanmoins réfléchir, adopter une méthode sûre et efficace et se doter des moyens de réalisation.

Les hommes d'abord : il lui faut au moins soixante chirurgiens, on ne lui en propose que dix-huit. Il recrute au plus près en écrivant à son oncle Alexis de Toulouse, à son frère resté à Nîmes ainsi qu'à son ami Fages de Montpellier. L'enthousiasme est tel que les réquisitions s'avèrent inutiles, cent huit jeunes répondent à son appel ; ceux qui manquent encore de connaissances ou de pratique suivront une formation intensive à l'hôpital militaire d'instruction de Toulon. Enfin, se dit-il, nous occuperons nos loisirs forcés pendant la navigation pour parfaire leur instruction.

Pour le matériel, il suffit d'utiliser les ressources de l'arsenal et le savoir-faire de ses ouvriers. Ainsi sont confectionnées trente caisses d'appareils à pansements, une collection complète d'instruments de chirurgie, de nombreux brancards flexibles et légers mais robustes. Les officiers de santé, rendus les premiers à Toulon, sont aussi chargés de découper le linge pour préparer la charpie[1] dont il faut prévoir de considérables quantités.

La répartition des officiers de santé et du matériel est effectuée par Larrey selon la méthode qui a prévalu dans les ambulances volantes : à bord de chaque vaisseau de guerre on disposera d'un médecin pour cent hommes, d'une caisse de médicaments, d'une caisse d'instruments et d'une pour les appareils. Desgenettes, pour sa part, veille à la fabrication des médicaments, à leur disposition systématique dans les caisses à compartiments en même temps qu'il prend les premières mesures d'assainissement et de salubrité à bord des bâtiments. Tous deux réquisitionnent trois bâtiments de commerce, le *Causse*, la *Bienfaisance,* la *Ville de Marseille,* pour les transformer en navires-hôpitaux et y charger – sur un seul d'entre eux malheureusement – le matériel lourd nécessaire à la création d'hôpitaux de campagne ou d'établissements fixes.

Larrey a accompli ce qu'on attendait de lui : "Jaloux de mériter la confiance du gouvernement, je fis tous mes efforts et employai tout mon zèle pour remplir, comme chirurgien en chef, son intention auprès des trente mille soldats d'élite composant cette armée."

A l'Inspection centrale du Service de santé, il écrit… à titre d'information :

"J'organise mon service avec toute la célérité possible. Le peu de moyens que j'ai me le rends pénible et difficile. J'espère cependant satisfaire aux obligations que m'impose cette place.

1. Amas de fils tirés de vieilles toiles, utilisés pour les pansements, actuellement remplacés par les compresses.

L'expédition paraît être conséquente, mais on ignore absolument sa destinée ; nous devons partir, assure-t-on, le 1er floréal, au plus tard."

Par nature et à présent par expérience des hommes, il sait que son audace doit être patinée de prudence : il convient absolument d'assurer ses arrières car il a non seulement négligé la voie hiérarchique mais aussi rompu avec elle. Aussi écrit-il également à Bonaparte :

Citoyen général,

Quand je me suis rendu à Toulon par vos ordres, je n'ai trouvé que des moyens insuffisants pour assurer la partie du service qui m'est confiée. La commission chargée de l'armement des côtes de la Méditerranée m'a ordonné d'organiser le service avec une latitude plus grande que celle qu'avait pu nous procurer le ministre. Pour parvenir à ce but, il a fallu s'écarter des données ordinaires ; les bureaux du ministère, qui ne peuvent à cette grande distance juger de nos besoins, entravent nos opérations. Nous espérons que vous nous mettrez à l'abri de tout reproche en approuvant notre conduite.
Salut et respect.

LARREY

Peu de jours avant la date fixée du 20 avril, Larrey et Desgenettes se disent avec fierté et soulagement qu'à la question inévitable de Bonaparte, ils pourront répondre que le Service de santé est paré pour embarquer. Enthousiasme, fébrilité, excitation ont transformé la vie de Toulon et débordé les limites de la ville : Ribes, élève et ami de Larrey, prévenu trop tard, peut d'autant moins être inscrit sur le rôle des équipages que Dubois vient d'y être porté *in extremis*, ce qui n'arrange pas du tout le chirurgien-chef.

Les jours passent, Bonaparte n'arrive pas : que peut-il donc faire ? se dit-on à Toulon où les nombreux espions anglais ouvrent en vain leurs oreilles. Nous sommes déjà le 3 mai.

Le général est au théâtre avec Joséphine : après un repas fin pris au Luxembourg avec Barras, ils se sont dirigés au Théâtre-Français pour applaudir Talma. Rien que de très banal, se disent les agents de Londres, il aime tant le théâtre ! Tout au plus a-t-on noté que Bonaparte aperçu dans sa loge a été plus applaudi que les artistes. De retour chez lui, rue Chantereine, il demande à son cocher de revenir peu après, le temps de revêtir une redingote civile "quarrée" à la dernière mode, de donner le bras à Joséphine et de partir en secret sur la route d'Aix au milieu de la nuit.

A Toulon, l'amiral Brueys commandant la flotte d'expédition, installé dans la salle des cartes du gaillard arrière de l'*Orient*, décachette une lettre du général en chef :

"Dans la première décade de Floréal (20-30 avril), je serai à votre bord ; faites-moi préparer un bon lit, comme pour un homme qui sera malade pendant toute la traversée.

Le général Berthier, chef de l'état-major, le général Caffarelli-du Falga, commandant du génie, le général Dommartin, commandant l'artillerie, le commissaire-ordonnateur Sucy, l'ordonnateur de la marine Leroy, le payeur général de l'armée Estève, le médecin et le chirurgien en chef Des Genettes et Larrey seront à votre bord.

Ces deux derniers mettent à profit ce répit inespéré pour multiplier les inspections d'hygiène à bord des bâtiments sur lesquels de longues files de soldats embarquent peu à peu.

Larrey poursuit ses cours de perfectionnement chirurgical auprès de ses jeunes confrères et, le soir venu, s'en va dîner avec Dubois à bord du vaisseau le *Tonnant* que commande Dupetit-Thouars. Alors que l'atmosphère générale est d'une franche gaieté, Larrey ne peut s'empêcher d'être impressionné par la mine soucieuse, préoccupée, inquiète, du capitaine de vaisseau qui s'en ouvre à lui. Ayant bien connu l'amiral Brueys quand ils combattaient ensemble dans l'escadre de Grasse aux Antilles en 1782, Dupetit-Thouars avoue "que le sort de la flotte était très aventuré entre les mains de Brueys, et que cet amiral était trop peu habitué aux grandes manœuvres maritimes pour qu'on n'éprouvât pas les plus profondes inquiétudes sur l'issue de la grande opération navale dont il avait le commandement". Pressentant la destruction de l'escadre, il envisage même sa fin prochaine qui le trouverait à son poste de la passerelle… Ces propos tenus par un de ces marins d'expérience qu'avait choisis Louis XVI pour retrouver La Pérouse assombrissent assez la soirée pour que Dubois s'en effraye et regrette déjà de partir, alors que Larrey, d'une autre trempe, n'éprouve qu'un sentiment de funeste fatalisme.

Bonaparte enfin arrivé à Toulon le 9 mai 1798 va heureusement ragaillardir les humeurs les plus maussades en proclamant dès le lendemain :

"Soldats ! L'Europe a les yeux sur vous.

Vous avez de grandes destinées à remplir, des batailles à livrer, des dangers, des fatigues à vaincre. Vous ferez plus que vous n'avez jamais fait pour la prospérité de la patrie, le bonheur des hommes et votre propre gloire. (…) Le génie de la Liberté, qui a rendu la République dès sa naissance l'arbitre de l'Europe, veut qu'elle le soit des mers et des contrées les plus lointaines."

Quand on a vingt ans, comment ne pas être électrisé par de pareils discours ! Qu'ils soient "culs blancs" de l'Ancien Régime, anciens volontaires de l'an II ou "bleuets" des nouvelles écoles militaires comme Polytechnique, de l'armée du Rhin ou de celle d'Italie, ils sont tous aguerris, entraînés au combat, soldats d'élite comme l'a dit Larrey, à l'esprit franchement républicain ne reconnaissant que le mérite en fait de hiérarchie. Fiers d'appartenir à "la Grande Nation[1]", ils s'impatientent d'apporter les Lumières de la Révolution… à qui ? où ? quand ? Peu importe, car ils sont habités par la passion de la jeunesse, l'exaltation de l'inconnu et une foi sans faille dans le destin de Bonaparte.

Le capitaine François, vingt-trois ans, écrit : "J'étais blessé ; j'aurais donc pu demeurer au dépôt. J'ai refusé, trop fier que j'étais de faire partie d'une expédition lointaine, ayant toujours aimé les choses extraordinaires. (…) La lecture de cette proclamation électrisa nos âmes, nous ne voyions que des lauriers à cueillir, et, sans penser au péril de l'entreprise, nous étions impatients de connaître l'ennemi auquel nous aurions à faire."

Au petit matin du 30 floréal (19 mai) un mistral favorable se lève pour tenir la journée en augmentant à la méridienne : de l'*Orient* part à 6 heures le signal de brasser les vergues et d'amener les voiles qui claquent aussitôt au vent ; à leur bruit répond la musique des équipages, les cris de "Vive la république, Vive le général Bonaparte !" des soldats et les applaudissements des Toulonnais rapidement massés sur les quais. Depuis la Petite Rade jusqu'au goulet, les navires défilent lentement car la manœuvre est difficile tant ils sont serrés les uns contre les autres au risque de se déventer. Arrivé en mer, chaque bâtiment salue d'une salve d'artillerie à laquelle répondent les batteries des forts du Mourillon et de l'Eguillette que Bonaparte avait victorieusement bombardés lors du siège de 1793. Le vaisseau amiral, emportant l'état-major militaire et scientifique dont fait partie Larrey, sort le dernier mais touche de la quille puis contourne l'escadre pour donner la direction de Gênes. Deux raisons à cela, donner le change sur la route choisie et retrouver un second convoi parti de la capitale ligure. Le ralliement

1. Avec ses 29 millions d'habitants, la France est alors le pays le plus peuplé d'Europe (28 millions en Russie).

effectué, cap sur la Corse pour rejoindre un troisième convoi arrivant d'Ajaccio, puis vers la Sicile au large de laquelle devrait arriver la division Desaix partie de Civita-Vecchia. Trois jours d'attente pour rien. Jusqu'à Malte, la navigation va durer trois semaines que les plus actifs comme Larrey ou Bonaparte mettront à profit pour travailler, les contemplatifs pour étudier leurs états d'âme…

Les 38 000 soldats sont les moins bien lotis, entassés dans les cales ou des entreponts obscurs. Larrey et ses adjoints veillent à la qualité de leur nourriture, leur recommandent de fréquentes lotions vinaigrées pour lutter contre le mal de mer, des sorties périodiques sur le pont pour respirer le grand air et prendre de l'exercice. Leur moral est élevé. Après avoir joué aux cartes, aux dés, ils chantent et dansent s'ils ont un peu de place ou se racontent des histoires de belles odalisques prisonnières des harems orientaux. Les plus crédules confondent le rêve et la réalité… Un point commun à tous, c'est leur gaieté, leurs rires continuels, leur gouaille : apercevant le général Caffarelli avec sa jambe de bois, ils s'esclaffent : "Oh ! celui-là ! Il n'a pas de souci à se faire ! Il a laissé une jambe en France !"

Carré des officiers à bord de l'*Orient*. Coll. J.-B. Q.

A leur corps défendant, les marins font figures de rabat-joie. Ils sont dix-huit mille, officiers et matelots ; ceux qui. ont navigué, combattu sont en minorité et redoutent une rencontre avec la Royal Navy pour savoir que beaucoup de leurs propres vaisseaux sont vétustes, que certains menacent de se désarticuler aux coups de leur propre artillerie. Les équipages, souvent enrôlés de force, en retard de solde, aux multiples nationalités, ne feront pas le poids en face de ceux commandés par Nelson. Ce dernier a fini par apprendre la sortie de l'escadre française mais ignore toujours sa destination. Soucieux d'anticiper, il multiplie – en vain – les triangulations de ses croisières entre Malte, Cythère et Alexandrie ; son calcul serait parfait s'il n'était trop en avance…

La flotte française navigue à présent au sud-est, parallèlement à la côte méridionale de la Sicile. Larrey a compris : "Ayant soupçonné, pendant la route, le but de notre expédition, j'avais étudié à bord du vaisseau tout ce qui peut avoir rapport au système médical de l'Egypte, dans les ouvrages des médecins et des voyageurs les plus accrédités, et j'avais pris, auprès de deux respectables interprètes, Venture et Magallon, qui avaient habité ce pays, les instructions qui pouvaient m'être nécessaires pour diriger les opérations importantes du service dont la surveillance m'avait été confiée ; j'avais fait, en conséquence, une notice instructive et réglementaire, que j'adressais à mes collègues les chirurgiens de première classe, relative à leur service respectif, aux influences du climat d'Egypte sur la santé des Européens nouvellement débarqués, et au charbon pestilentiel, un des principaux symptômes d'une des maladies les plus graves qui nous ait attaqués dans cette contrée." Il connaît bien la maladie charbonneuse qu'il a combattue à Toulon, puis dans le Frioul ; il sait par ailleurs que la peste sévit à l'état endémique en Orient. Pressentant les symptômes communs, le mode de transmission identique des deux affections, il ignore encore s'il s'agit de deux maladies distinctes dont le traitement pourrait être différent.

La bibliothèque de campagne que fréquente Larrey pour mieux connaître les maladies tropicales est admirable par sa variété, son abondance et son caractère pratique. En raison du manque de place, Bonaparte a insisté pour qu'elle ne soit constituée que de petits in-octavo. Rien n'y manque. Président de la Commission des arts et des sciences, le général et philosophe Caffarelli y a veillé, admirablement secondé par Arnault, auteur dramatique, poète, ancien de la "cour" de Milan. Environ cinq cent cinquante volumes disposés dans de fortes boîtes de chêne munies d'une porte à serrure, formant rayons de bibliothèque, résument histoire ancienne et contemporaine, géographie générale, mathématiques, physique, chimie, médecine, sciences mécaniques, architecture, zoologie, botanique. Pour la littérature, le choix est classique mais éclectique : poésies d'Homère, Virgile, Ossian (le poète préféré de Bonaparte), La Fontaine, Goethe avec *Les Souffrances du jeune Werther*, mais aussi Plutarque et sa *Vie des hommes illustres*, Rabelais, Montaigne, Shakespeare, et, bien entendu Voltaire, Rousseau.

Pour tromper l'ennui d'une longue navigation on se "prie" à dîner d'un bateau à l'autre, on se rend visite quand l'état de la mer le permet. Larrey, comme les autres, en est ravi mais remarque néanmoins que la promiscuité, l'ennui aigrissent les caractères. Les marins accusent les fantassins de gêner leurs manœuvres, qui eux-mêmes trouvent sans-gêne artilleurs et cavaliers. Tout le monde est d'accord toutefois pour pester contre les savants, des civils qui ne servent à rien, que Lannes voudrait voir jeter à la mer par ses grenadiers ! Ça n'est qu'une boutade soulageant la mauvaise humeur de voir Bonaparte, qui fait précéder son titre de général de membre de l'Institut, leur témoigner tant d'égards ! Maladroitement, les savants prêtent le flanc en donnant corps à des rivalités de discipline, d'écoles, et surtout de préséances aux tables de l'état-major ou des officiers de marine. Si Larrey, à la fois militaire et savant, est préservé par le prestige de ses fonctions, Bonaparte malgré son autorité préfère se retirer dans sa cabine où il prend désormais ses repas hors des importuns.

Au moment où la flotte est en vue des îles de Gozo et Malte, les vigies signalent de nombreuses voiles très loin à bâbord. Si ce sont les Anglais de Nelson, ils nous ont certainement aperçus ! Bonaparte réunit rapidement un conseil de guerre à bord de l'*Orient* auquel assiste Larrey. En correspondant de guerre, il relate l'appréhension des marins à faire face à la puissante marine anglaise : certains sont d'avis de faire retraite, d'autres au contraire préfèrent engager le combat par surprise, tous tombent d'accord pour sauver l'honneur en livrant bataille et amener le pavillon tricolore aux premiers déboires. Bonaparte qui jusqu'ici avait gardé le silence se lève en colère pour s'écrier : "Un homme comme moi ne se rend pas ! Si les Anglais nous battent, je ferai sauter le vaisseau amiral. Vous pouvez vous retirer, citoyens, je vous ferai connaître mes ordres."

S'en remettant à l'amiral Brueys pour les préparatifs de combat, il convoque – trait insolite de ce caractère insaisissable –

le dessinateur Dutertre et lui demande d'établir le portrait des principaux chefs de l'armée et savants : Bonaparte, Brueys, Caffarelli, Kléber, Murat, Lannes, Berthier, Junot ainsi que Monge, Berthollet, Dolomieu, Desgenettes et Larrey.

Dutertre ébauche ses esquisses, le général en chef rédige une brève note sur l'expédition. Quand chacun a terminé, Bonaparte introduit l'ensemble dans une bouteille qu'on ferme hermétiquement.

Si le combat s'avère sans espoir, on jettera cette bouteille à la mer avant de saborder l'*Orient*.

L'alarme devient une fête dès que les vigies s'aperçoivent qu'il s'agit du convoi de la division Desaix dont on avait perdu la trace. Quittant le bord de la *Courageuse*, Desaix et Monge montent sur le pont de l'*Orient* où tout le monde, Bonaparte en tête, les accueille avec chaleur et affection. Militaires, savants et artistes, l'ancienne équipe d'Italie est de nouveau réunie !

Gaspard Monge est une figure.

Agé de cinquante-deux ans, c'est un vétéran de la notoriété : père fondateur de la géométrie descriptive, il entre à l'Académie des sciences à trente-quatre ans, devient ministre de la Marine deux jours après la chute de la royauté, écrit en l'an II *L'Art de fabriquer les canons*, réorganise fonderies et arsenaux, avant d'être un des principaux fondateurs de l'Ecole polytechnique et de l'Ecole normale supérieure. Chargé par le Directoire de recenser en Italie les œuvres d'art susceptibles d'être transférées en France, il se lie d'amitié avec Bonaparte. Il a apporté au gouvernement le texte du traité de Campoformio. Avec son inséparable ami, le grand chimiste Berthollet, il fait partie des cinq seules personnes à savoir que l'Egypte est le but de l'expédition. Dès son retour à l'Ecole polytechnique, il aide son collègue le mathématicien Fourrier, célèbre par ses "séries trigonométriques", à recruter professeurs et élèves pour la Commission des arts et des sciences. A peine élu député, le gouvernement l'envoie à Rome pour officiellement mettre en place la nouvelle république vassale et plus discrètement inventorier les œuvres d'art à saisir.

Pour Bonaparte, c'est une aubaine car Monge a la haute main sur les cartes géographiques de la bibliothèque Vaticane et sur le matériel d'imprimerie de la Congrégation pour l'évangélisation des peuples. Quand il établira des proclamations en Egypte, il faudra des presses, des caractères typographiques arabes, grecs, syriaques, coptes, ainsi que des typographes spécialisés, des interprètes arabes. Ce sont ces hommes et ce précieux matériel que Monge apporte avec lui.

Il avait pourtant hésité, écrit à Bonaparte : "Vous voulez donc absolument, mon cher général, qu'à mon âge je coure les aventures" et reçu une réponse décisive : "Je compte sur vous, dussé-je remonter le Tibre avec l'escadre pour vous prendre." Restée à Paris, Mme Monge avait déjà dit à Bonaparte : "Vous voulez donc le tuer !" Elle écrit maintenant à son mari : "Vieux fou, n'es-tu pas las de courir le monde ?" car elle ignore la destination finale : "Il ne transpire rien de positif. Berthollet est aussi discret qu'il faut bien l'être en pareil cas. J'ai eu beau lui faire boire du vin de champagne, je n'ai rien obtenu."

Le champagne coule aussi dans le carré de l'*Orient*. La similitude de leur caractère et de leur esprit renforce l'amitié de Larrey pour Monge. Lorsque Dominique écrit : "(...) je quitte une femme que j'aime et que je chéris, le cœur navré de regrets et de douleurs. Quand la reverrai-je ? c'est ce que je ne puis ni prévoir, ni présumer", Gaspard semble répondre en écho : "(...) mais je laisserais à Paris une femme qui n'est plus jeune, qui sera seule, que je n'ai pas le droit de rendre malheureuse et pour laquelle l'espérance (qui fait supporter tant de maux) n'aura plus de charme." Ils sont tous deux sincères mais s'ils ont en commun l'amour de leur femme, de la science, de la recherche, de l'enseignement, ils ne se sentent pas faits pour occuper un poste à demeure et renoncer à l'appel instinctif de missions extraordinaires, d'inventions nouvelles, de grands espaces, bref de l'aventure.

Avec elle, le premier rendez-vous est à Malte.

Verrou naturel entre Méditerranée occidentale et orientale, admirablement fortifiée et défendue par l'ordre des Chevaliers de Saint-Jean de Jérusalem, Malte capitule le 11 juin, le lendemain du débarquement mené avec vigueur. D'habiles intelligences intérieures nouées de longue date en ont à tel point facilité le déroulement que Caffarelli peut dire : "Nous sommes heureux qu'il y ait eu quelqu'un dans la place pour nous en ouvrir les portes", et Larrey ajouter que la population maintenue "en esclavage par les chevaliers" les a bien accueillis.

Il a disposé son ambulance auprès du quartier général à Berkarkara mais ne déplore que 3 morts et 12 blessés. Bonaparte lui confie le soin de créer une école de chirurgie et libère de la servitude 800 Barbaresques à la grande joie de son chirurgien qui avait éprouvé tant d'émotion devant la misérable condition des bagnards toulonnais. La flotte doit rester une semaine pour refaire les pleins d'eau et de vivres. Larrey se promène. Il voit dans la magnifique cathédrale l'installation, d'après les directives de Berthollet, des fours destinés à fondre l'or des églises, l'argenterie des chevaliers alors que sont desserties les pierres précieuses des autels et des statues. Cette conduite choquante est atténuée à ses yeux par les créations de Bonaparte : écoles primaires, hôpitaux, bibliothèque, musée d'histoire naturelle et botanique, travaux de voirie.

Malte, devenue possession française, en possède avantages et inconvénients.

Il visite les multiples bassins du port de La Valette, bien protégé des vents par la hauteur des rochers qui le surplombent ; ces dispositions naturelles en amphithéâtre se retrouvent sur les terrasses des maisons de campagne, "ces plates-formes sont autant de jardins garnis d'orangers, de citronniers, de cédrats, de figuiers, et généralement de tous les arbres fruitiers de l'Europe (...) ces jardins sont parsemés des fleurs les plus belles et les plus rares (...) l'air de l'île et de la cité est bon et pur (...)". Si le sirocco malsain prédispose à l'invasion de la peste, les vents habituels apportent une telle humidité que la nuit, "lorsqu'on reste une heure dehors, on est trempé comme par une forte pluie". Revenant d'une excursion pratiquée avec ses confrères, Larrey est témoin d'un incident insolite. Des cris dans la campagne alertent les chirurgiens qui s'approchent et distinguent deux chasseurs à cheval égarés aux prises avec des partisans maltais. Décidés à les capturer, ceux-ci prennent la fuite à l'approche des autres Français. Larrey relève les chasseurs porteurs de simples contusions mais remarque vite que le deuxième est une femme, suffisamment choquée pour qu'il la transporte à son ambulance.

Une femme, grands dieux ! et en uniforme ! alors que Bonaparte a sévèrement interdit à Toulon d'embarquer des femmes, à l'exception des vivandières de l'armée. Lui-même s'est séparé de Joséphine partie prendre les eaux de Plombières. En fait, quelques femmes se sont déguisées en mousses, en soldats, ayant l'habitude de suivre leurs maris aux armées. A condition que les perruques cachent bien leur chevelure naturelle, la supercherie peut se prolonger, mais là, le chasseur a roulé dans l'herbe. Larrey est un homme discret (il parle de Mme F...), les autres moins, l'incident remonte ainsi aux oreilles de Bonaparte. Déjà furieux d'apprendre l'existence de partisans, le général pique un vif accès de colère en voyant ses ordres transgressés et décide de rapatrier la blessée par le premier bateau en partance pour la France. Superbe blonde originaire de Carcassonne, où elle était modiste, Marguerite s'est mariée au lieutenant Fourés du 22e chasseurs à cheval, le neveu de sa patronne.

L'histoire aurait pu s'arrêter là et ne dit pas si Marguerite a reçu la visite de Bonaparte à l'hôpital de Larrey. C'est fort possible car, sans cela, pourquoi aurait-elle été finalement autorisée à suivre l'armée en Egypte, rendu Bonaparte tellement amoureux d'elle qu'il songera à divorcer pour l'épouser ?

La semaine s'est écoulée. Le 17 juin 1798, la flotte disposée en convoi à 8 kilomètres de l'île reçoit l'ordre d'appareiller progressivement en deux jours. Larrey embarque parmi les derniers dans la même chaloupe que Bonaparte, après avoir organisé le service chirurgical des 3 000 hommes et des 5 compagnies d'artillerie laissés en garnison à Malte. Favorisée par un beau temps frais de nord-ouest, l'escadre file plein est, visant la côte sud de la Crète. Ce faisant, l'amiral Brueys sauve la flotte car la logique eût voulu qu'on prenne la route sud-est menant directement à Alexandrie. En effet, le même jour, 20 juin, Nelson croise le détroit de Messine et apprend la prise de Malte. Aucun doute dans son esprit, les Français se dirigent vers l'Egypte, vers Alexandrie. Il se précipite sur cette route sud-est directe et va tellement vite que, dans la nuit du 22 au 23, il dépasse la flotte française sans la voir.

Cette dernière se trouve encore au sud de la Crète, empêtrée, dispersée par un coup de vent orageux qui la retarde. Deux hommes sont tombés à la mer. En proie à un violent mal de mer, Larrey demeure "plusieurs jours sans boire ni manger".

Nelson arrive à Alexandrie le 29 juin pour découvrir, stupéfait, que le port est vide ! Où ont bien pu aller ces satanés Français ? Sans s'attarder il remonte vers Chypre et, de là, vers Syracuse durant les trois premières semaines de juillet.

La flotte française a repris sa progression ; un peu plus de 300 kilomètres séparent la Crète de l'Afrique, le secret peut enfin être levé.

"On a fait tous les préparatifs nécessaires pour la descente en Egypte", note Larrey sur son journal. Il réunit ses collaborateurs, leur précise que la peste se rencontre en Egypte, leur décrit les symptômes et les mesures prophylactiques à prendre sitôt les troupes débarquées. Il fait imprimer en ce sens une notice à l'usage des médecins navigant sur les autres navires afin de préserver l'unicité des soins. Sous la direction du jeune Jean-Joseph Marcel, imprimeur et spécialiste des langues orientales à vingt-deux ans, les typographes de l'*Orient* travaillent d'ailleurs sans relâche afin d'éditer les proclamations de Bonaparte, en français pour les soldats, en arabe pour les Egyptiens :

A bord de l'*Orient*, le 4 messidor an VI

Soldats !

Vous allez entreprendre une conquête dont les effets sur la civilisation et le commerce du monde sont incalculables. Vous porterez à l'Angleterre le coup le plus sûr et le plus sensible, en attendant que vous puissiez lui donner le coup de mort.

Nous ferons quelques marches fatigantes ; nous livrerons plusieurs combats : nous réussirons dans toutes nos entreprises ; les destins sont pour nous. (...) Les peuples avec lesquels nous allons vivre sont mahométans ; leur premier article de foi est celui-ci :

IL N'Y A PAS D'AUTRE DIEU QUE DIEU ET MAHOMET EST SON PROPHETE. Ne les contredisez pas (...) ayez pour les cérémonies que prescrit l'ALCORAN, pour les mosquées, la même tolérance que vous avez eue pour les couvents, pour les synagogues, pour la religion de Moïse et de Jésus-Christ. (...)

Vous trouverez ici des usages différents de ceux de l'Europe ; il faut vous y accoutumer. Les peuples chez lesquels nous allons traitent les femmes différemment que nous ; mais, dans tous les pays, celui qui viole est un monstre. Le pillage n'enrichit qu'un petit nombre d'hommes ; il nous déshonore ; il détruit nos ressources ; il nous rend ennemis les peuples, qu'il est de notre intérêt d'avoir pour amis.

La première ville que nous allons rencontrer a été bâtie par Alexandre. Nous trouverons à chaque pas de grands souvenirs dignes d'exciter l'émulation des Français.

IX

LE RENDEZ-VOUS DES PYRAMIDES

L'expédition débarque dans l'anse du Marabout, à deux milles à l'ouest d'Alexandrie, la nuit du 1er au 2 juillet 1798. L'obscurité, la force du vent qui ramène les embruns des vagues décapitées par les récifs tout proches incitent la marine à retarder l'opération mais Bonaparte est impatient de mettre pied à terre. Les espions qu'il possède sur place lui ont appris à l'instant le passage de Nelson quatre jours avant, ainsi que les travaux défensifs qu'opèrent les mamelouks de Mourad Bey.

Il saute le premier dans le canot de débarquement, suivi de quelques officiers, de Larrey – toujours en première ligne – et de Caffarelli. Ce dernier glisse sur sa jambe de bois, va tomber à la mer lorsque Larrey le reçoit dans ses bras. Le canot arrive sur la plage, Larrey encore plus impatient que son chef s'apprête à sauter le premier lorsque la main de Bonaparte se pose sur son épaule. Un amical sourire lui fait comprendre que c'est au général en chef de mettre, le premier, pied à terre.

Le lendemain, auront débarqué les divisions Kléber, Bon et Menou, une ambulance à chaque aile, Larrey au centre avec la sienne. Après quelques kilomètres de marche, l'armée ne tarde pas à entourer Alexandrie dont la prise semble, pour Larrey, aussi facile que celle de Malte.

"Trois cents Arabes à cheval occupaient les hauteurs qui entourent la ville. Ils firent feu sur nous, nous tuèrent deux hommes, et se réfugièrent aussitôt derrière les fortifications... Nous reçûmes quelques coups de canon qui nous firent connaître que les assiégés comptaient se défendre. (...) Sans s'arrêter à cette résistance, les troupes escaladent les murs. Menou reçoit six blessures et est précipité du haut des remparts. Kléber reçoit une balle au front qui le renverse. Sulkowski – l'aide de camp favori de Bonaparte – est deux fois culbuté du haut de la brèche. Mais

Planche de la *Description de l'Egypte*, par Panckoucke (2e éd.).

rien n'arrête l'élan des soldats, qui pénètrent dans la ville. (...) Plus de cinq cents Arabes ou Turcs furent tués. (...)"

Pris sur le vif, ce récit apporte également un précieux témoignage – trop peu souligné – sur les sentiments humanitaires qui animent Bonaparte :

"La lutte, au milieu d'une ville aussi populeuse, aurait pu être plus meurtrière sans l'habileté diplomatique de Bonaparte. Il tenait à ménager le sang de ses soldats, et il n'entrait pas non plus dans ses idées de verser à flots celui des Egyptiens. (...) Il leur fit dire que ce n'était à eux qu'il faisait la guerre, mais aux mameluks qui les opprimaient ; leur promit que leur religion et leurs propriétés seraient respectées. Sur ces assurances, toute résistance cessa."

Entré dans la ville avec les troupes, Larrey installe son ambulance au pied de la colonne dite de Pompée, dernier vestige du Serapeum, temple immense destiné à unir les religions grecque et égyptienne, le dieu Sérapis tenant à la fois de Zeus et d'Osiris. Vers cette éminence bien visible de tous les combattants, affluent bientôt deux cent cinquante blessés ; seul avec Dubois, Larrey manque autant de chirurgiens adjoints que d'infirmiers restés avec les autres divisions. Peu importe, il opère sans discontinuer : Kléber, sans connaissance, n'a en fait qu'une commotion ; la balle arrivée obliquement a seulement sectionné peau et muscle frontal. Avec un pansement à plat, il va guérir ; sa convalescence le verra commandant de la place d'Alexandrie avec 3 000 hommes détachés. L'autre général, Menou, présente une plaie pénétrante de l'épaule sans gravité. Sulkowski n'a que des blessures légères et la joie d'être fait général sur le terrain par Bonaparte. Les premiers soins une fois prodigués, les blessés sont évacués sur le proche couvent des Capucins dont les locaux ont été reconnus comme pratiques et salubres. Les moines s'étant proposés d'assurer le service infirmier, Larrey décide, avec le concours de Desgenettes, la transformation du couvent en hôpital militaire définitif.

Dès ces premiers jours en terre égyptienne, Larrey est frappé par la rapidité avec laquelle cicatrisent les plaies sous ce climat chaud et sec tandis que plusieurs soldats piqués par des scorpions guérissent facilement "par la seule application de l'eau marinée, des acides ou des substances alcalines". Bivouaquer sur les ruines semble pratique mais risqué.

Malgré son désir ardent de marcher sur Le Caire au plus vite, Bonaparte se préoccupe des conditions sanitaires dans lesquelles il va laisser les 3 000 hommes de Kléber : il réquisitionne une des plus belles propriétés des mamelouks pour en faire un lazaret modèle, le premier du genre établi en Orient. En moins de cinq jours, l'établissement fonctionne, accueille les premiers contagieux auxquels Bonaparte rend visite puis s'informe des désirs des médecins et s'entretient familièrement avec tous. Avant de quitter Alexandrie, le général, soucieux d'un retour offensif des Anglais, ordonne de compléter les fortifications de la ville, d'assurer des feux croisés d'artillerie et prescrit à l'amiral d'aller s'embosser à Aboukir, voire de remonter à Corfou pour plus de sécurité ! Larrey s'apprête à suivre l'état-major et laisse à la tête du service son élève Masclet, "chirurgien de première classe, jeune homme d'un rare mérite, qui mourut de la peste peu de temps après, victime de son dévouement et de son zèle".

Pour investir Le Caire où, estime Bonaparte, lui seront opposés les principaux foyers de résistance, on adopte un plan de progression à la fois stratégique et pratique.

Une manœuvre frontale tout d'abord : la division d'avant-garde Desaix partira avec vingt-quatre heures d'avance par la route directe Alexandrie-Damanhour-Le Caire, trajet le plus court mais – on s'y attend – combien le plus pénible à travers le désert libyen ! Le gros de l'armée suivra le lendemain, aussi Larrey a-t-il échelonné ses ambulances en conservant sous sa direction l'ambulance centrale avec un corps de réserve de chirurgiens.

Une manœuvre d'enveloppement ensuite avec la division Dugua qui marchera sur Rosette pour remonter le Nil jusqu'aux environs du Caire à bord d'une flottille chargée des équipements lourds, artillerie, réserves de munitions, vivres et l'équipe médicale de Desgenettes. Les deux colonnes feront leur jonction au nord du Caire.

Le 7 juillet, au coucher du soleil, l'armée se met en marche. Premier déboire pour Larrey : des Bédouins lui ont volé les deux chameaux accordés par Bonaparte pour porter le matériel chirurgical lourd. Force est d'improviser en remplissant des sacs de toile d'instruments et d'appareils à pansements que chaque chirurgien, y compris le chef, portera sur ses épaules.

L'ambulance démarre avec deux heures de retard, à 8 heures du soir, sans escorte et sans guide alors que la nuit est tombée. En observant la position des étoiles, se rappelant la carte qu'il avait consultée la veille, Larrey peut guider ses compagnons. Bientôt ces précautions ne seront plus nécessaires car la rencontre périodique des cadavres encore chauds de soldats attardés, égorgés comme des moutons par les cavaliers bédouins, leur montre malheureusement le vrai chemin et la proximité des périls.

“Aussi, s’exprime Larrey, notre préservation fut-elle un véritable miracle.”

Au petit matin, les chirurgiens aperçoivent enfin les drapeaux d’une armée dont le rythme de marche s’est considérablement ralenti. Le moral est catastrophique, la seule vue de Bonaparte tassé, voûté sur son cheval, la tête enroulée dans un mouchoir, leur fait comprendre que la douleur de l’armée est la leur. Larrey s’écrie :

“Quelle privation et quelle souffrance ! Accablés sous un soleil brûlant, nous marchons à pied sur un sable plus brûlant encore, parcourant des plaines immenses d’une effrayante aridité, sans un seul arbre ni un brin d’herbe, ne rencontrant que rarement quelques cloaques d’eau bourbeuse et fétide, presque solide, pour étancher notre soif, et encore en quantité trop insuffisante. Les soldats, dès la première étape, accablés par la chaleur, s’étaient allégés, en les jetant, des biscuits dont ils étaient munis pour quatre jours, en sorte qu’aux horreurs de la soif se joignirent les souffrances de la faim. (...) Des plaines aqueuses (effet du mirage) semblaient nous offrir le terme de nos maux ; mais ce n’était que pour nous replonger dans une

Soldats découvrant les monuments pharaoniques. Illustration de Job.

plus grande tristesse, d'où résultaient l'abattement et la prostration des forces, que j'ai vu portés au dernier degré chez plusieurs de nos braves. Appelé trop tard pour quelques uns d'entre eux, mes secours devenaient inutiles et ils périssaient comme par extinction. (...)

Des hommes ont succombé de soif, de fatigue et de faim, d'autres se sont tués de désespoir. Chez ceux qui succombaient, la mort m'a paru douce et calme, et l'un d'eux me disait au dernier instant de sa vie se trouver dans un bien-être inexprimable."

Des esprits solides, des constitutions résistantes comme Lannes ou Murat sont affectés voire désespérés. Personne n'a même plus le goût de se moquer des savants qui, juchés sur leurs ânes, jouent les trotte-menu. Ils sont pourtant logés à la même enseigne mais la découverte progressive de vestiges archéologiques stimule leur curiosité et atténue leur détresse. En longeant l'ancien canal du Calidi qui joignait Alexandrie au Nil, Monge n'a-t-il pas découvert les fondations d'une auberge contemporaine de la construction des Pyramides où marins et voyageurs se rafraîchissaient avec le célèbre vin blanc des rives du lac Maréotis ! Amère découverte pour qui souffre de la "langue de perroquet".

A l'instar des savants, Larrey court d'un bout à l'autre de la colonne des troupes, le sens du devoir envers les autres lui faisant oublier ses propres misères. Prévoyant, il s'est muni d'une outre de cuir revêtue de drap de laine, remplie d'eau de source additionnée d'eau-de-vie. Dès qu'apparaît une flaque bourbeuse, il la plonge dedans et maintient ainsi un parfait degré de fraîcheur. Quelques gouttes sur la langue suffisent à redonner goût à la vie :

"Cependant j'en ai ranimé un assez grand nombre avec un peu d'eau douce aiguisée de quelques gouttes d'esprit-de-vin sucré que je portais constamment avec moi dans une petite outre de cuir. J'ai employé aussi avec avantage l'éther sulfurique alcoolisé ou liqueur minérale d'Hoffmann, incorporé dans du sucre. Le général Bonaparte vint m'en demander, et je possède encore la noix de coco dans laquelle je lui versais à boire à différentes reprises."

Arrivant en vue de Damanhour, l'armée espère à juste titre voir le terme des souffrances accumulées pendant les 70 kilomètres parcourus depuis Alexandrie. Les savants ont parlé de l'antique ville d'Horus dédiée au dieu à tête de faucon, devenue l'Apollinopolis des Grecs entourée de riches plaines cultivées,verdoyantes où tout doit abonder. Las ! ce n'est plus qu'un misérable village dans le désert, permettant de boire, de restaurer les réserves d'eau mais non de manger à sa faim. Les soldats, qui accusent le Directoire de les avoir déportés dans le désert pour les faire mourir, s'en prennent maintenant aux savants, ces bouches inutiles : non seulement ce sont eux qui ont suscité cette funeste expédition mais voilà qu'ils nous trompent ! Officiers et généraux ne sont pas loin de penser comme eux, seule la protection vigilante de Bonaparte leur évite d'être abandonnés à la discrétion des cavaliers mamelouks qui tournoient au loin pour décapiter traînards ou fuyards. On ne craint pas plus ces cavaliers que des chiens qui aboient à reculons mais leur présence devient si habituelle que l'avant-garde en arrive à négliger parfois ses règles de sécurité.

A la sortie de Damanhour, tout le monde presse le pas pour arriver au plus tôt à la proche localité de Rahmanieh. Là, on en est sûr, ce sera la halte aux bords du Nil, le rendez-vous avec la flottille remontée de Rosette, chargée de ravitaillement. Tout à coup, Larrey et ses blessés au milieu de l'avant-garde sont assaillis par une nuée de mamelouks, perdent quelques hommes et voient Bonaparte en difficulté en contrebas d'une dune qui le masque encore aux regards des cavaliers ennemis. Desaix s'en est aussi aperçu. Avec sa cavalerie d'élite des guides, futurs chasseurs à cheval, il charge les mamelouks, les disperse au loin et ne revient que pour reprocher à Bonaparte son imprudence. Ce dernier tente en vain de calmer les écarts de son cheval effrayé. François l'entend répondre à Desaix :

"Il n'est point écrit là-haut que je doive être pris par des Arabes. Ah ! si c'était des Anglais !" Larrey ajoute que "le général en chef reçut (...) un coup de pied d'un cheval arabe, qui lui fit à la jambe droite une contusion assez forte pour qu'on dût craindre des accidents consécutifs : je fus assez heureux pour les prévenir et le conduire en très peu de temps à la guérison, malgré sa marche pénible et son activité naturelle qui l'éloignait du repos."

Le Nil, enfin ! par 40 degrés à l'ombre, soleil au zénith !

Les soldats envoient au diable leur lourde tenue d'hiver, le paquetage, le sabre, le fusil, soit près de vingt-cinq kilos, et se jettent à plat ventre sur la berge pour boire, boire, boire à n'en plus pouvoir avant de se baigner longuement sans penser un instant au danger des crocodiles. Larrey donne l'exemple puis note avec simplicité : "Ces bains nous délassaient et fortifiaient nos muscles." Les deux journées de repos des 10 et 11 juillet ont permis la résurrection de l'armée. Oubliés les morts, les souffrances, le désespoir.

La gouaille et la bonne humeur reviennent dans les rangs dès que l'armée apprend que quatre mille mamelouks se tiennent en embuscade à la prochaine étape de Chebreiss [Shubrâkhît] : croient-ils nous intimider, ces matamores ? nous, les meilleurs soldats d'Europe ? Demain, nous irons à "la fête" et, après avoir fait "tousser" le canon, ces enturbannés "poulailleront du corps" et "salueront de la tête" tandis que nous les "rafraîchirons d'un coup de sabre" ou "d'un déjeuner à la fourchette" [attaque à la baïonnette] ! Ces conversations de bivouacs s'enrichissent bientôt des confidences des plus lettrés qui se prennent pour les plus avertis. Au Caire nous attendent les palais des *Mille et Une Nuits*, les grands yeux de velours cachés derrière les moucharabiehs des harems, les grands coussins moelleux, les parfums subtils des jardins intérieurs, les saveurs épicées des pâtisseries.

Ils ne trouveront que poussière d'Orient faite de sable, d'étoiles et d'illusions.

Le combat attendu à Chebreiss va accroître la popularité de Larrey dans l'armée et l'estime que lui accorde Bonaparte. Le 12 juillet, le camp est levé, les musettes remplies de pastèques, concombres, fèves et dattes abondantes sur la rive gauche du Nil qu'on remonte d'un pas plus assuré car l'eau ne pourra

Après la bataille des Pyramides. Coll. part.

plus manquer, cette “eau du Nil, que nous trouvons bonne et douce comme du vin de Champagne”. La flottille venue de Rosette est au rendez-vous. Composée de bâtiments rapides et légers, elle navigue un moment côte à côte puis dépasse l’armée et arrive la première à Chebreiss pour essuyer le feu et les manœuvres d’abordage des mamelouks. A bord d’une chaloupe canonnière, Monge et Berthollet mettent le sabre à la main, pointent les pièces d’artillerie. Monge voyant son inséparable ami remplir ses poches de grosses pierres, s’étonne :

“Ne voyez-vous pas que nous sommes perdus ? C’est afin de rester au fond de l’eau si je suis tué”, répond Berthollet !

L’armée, ayant marché au pas de charge au bruit du canon, arrive juste pour les dégager et se disposer en carrés qui reçoivent les charges désordonnées des mamelouks.

La vingtaine de blessés est immédiatement relevée par les infirmiers. Larrey commence ses opérations après avoir classé ses blessés : d’abord les plaies délabrantes, ensuite les fractures puis les plaies légères. Un seul décès à déplorer, celui d’un soldat victime d’une volumineuse hernie étranglée due à la marche forcée, compliquée en deux heures d’une gangrène intestinale qui empêche toute intervention.

Arrive Bonaparte, toujours soucieux de l’état de ses blessés :

“Mais comment faites-vous, Larrey, pour opérer ? On vous a volé chameaux et matériel !

— Citoyen-général, nous avons porté instruments et pansements sur notre dos.

— Et d’où sortez-vous cette eau-de-vie que vous distribuez à chaque blessé ?

— De l’unique baril de l’armée ! Encore appartient-il au général Bessières qui vient de le donner aux blessés sur ma demande.”

Impressionné par l’ingéniosité et le dévouement de son chirurgien, Bonaparte enfourche sa jument et repart en s’écriant : “Bessières est un homme de cœur ; quant à vous, Larrey, vous faites toujours des miracles de prévoyance.”

L’armée a repris sa marche vers Le Caire à travers les sables brûlants. Pris de suffocations, de coups de chaleur, des hommes tombent chaque jour.

“On aurait dit que l’on passait devant la gueule d’un four très chaud.” [François]

Certains se suicident, désespérés par l’angoisse du désert et l’hostilité soutenue des villageois. On arrive péniblement à négocier l’achat de grains qui sont ensuite moulus entre deux pierres chaudes pour en faire des galettes, car de tous temps le Français n'a jamais su, avec raison, manger sans pain. Dans chaque compagnie, il y a un "nez" habile et dégourdi pour "trouver" poulets, pigeons, œufs et même moutons ou vaches qui accompagneront désormais la marche. Les transactions sont payées avec les boutons blancs en étain des uniformes que les Arabes apprécient beaucoup, persuadés qu'il s'agit d'argent. Tout le monde y trouve son compte, mais trois demi-brigades arrivent près du Caire les vêtements flottant au vent car elles n'ont plus de boutons pour les tenir. Si quelqu'un s'était avisé de rappeler que nous sommes en thermidor, le 3 précisément, on lui aurait ri au nez tant la chaleur est intense, la lumière éclatante, les brumes du Nil encore épaisses.

Et pourtant, assure Larrey en parlant de l'armée :

"Le coup d'œil qui s'offrit alors à elle était saisissant et ne sortit jamais de la mémoire des soldats d'Egypte."

A gauche coule le Nil parmi les derniers contreforts du désert libyen, enserrant au lointain Le Caire, la ville aux trois cents mosquées dont étincellent les minarets.

A droite, la masse gigantesque des Pyramides, dont un poète arabe a dit : "L'Eternité a peur du Temps, mais le Temps a peur des Pyramides."

En face, la cavalerie des 6 000 mamelouks à qui leur chef, Mourad Bey, a promis de "couper les têtes des infidèles comme des pastèques dans les champs" !

Chacune des cinq divisions françaises s'est disposée en carré, manœuvre de combat totalement inédite dont les mamelouks ne peuvent imaginer la terrible puissance. Qu'on en juge : chaque côté du carré est long de 150 mètres avec en profondeur six rangs de fantassins. Les premiers rangs, un genou en terre, croisent obliquement en haut leurs baïonnettes, les seconds assurent le feu de file roulant, les troisièmes tirent ou rechargent les armes. A chaque angle, un canon. Au centre du carré, l'état-major, les réserves en hommes et en munitions, l'ambulance.

Il est 2 heures de l'après-midi ce 21 juillet 1798.

Depuis 6 heures du matin, chacun a compris qu'une très grande bataille comme on en a vue en Italie se prépare et Larrey a parcouru chacune des cinq ambulances afin de s'assurer que le service d'urgence est prêt. En regagnant le centre du carré de la division Desaix, il entend Bonaparte :

"Soldats, vous allez combattre aujourd'hui les dominateurs de l'Egypte ! Songez que du haut de ces Pyramides quarante siècles vous contemplent !"

Le témoignage de Larrey est précis, indiscutable car, en toutes occasions, fidèle. Les soldats se sont redressés et répondent : "Vive la République ! Vive Bonaparte ! Vive notre Père !" C'est ensuite un silence total, pesant, inquiétant que rompt peu à peu le roulement du galop de la cavalerie mamelouke, le cliquetis aigu des sabres dégainés, les cris rauques des assaillants. "J'ai vu, dit Larrey, ces fiers cavaliers, couverts d'armures resplendissantes d'or et de pierreries, brandissant leurs sabres, se précipiter en poussant des cris affreux sur nos divisions. Les carrés furent assaillis de tous côtés. C'est à peine si le feu roulant et ininterrompu de nos soldats pouvait les arrêter. Ils se précipitaient sur les baïonnettes avec une sorte de fureur et de délire désespérés. Des grenadiers eurent le canon de leurs fusils tranchés par le fil de leur damas."

Empalés sur les baïonnettes, décimés par les feux croisés de mousqueterie des carrés disposés en échiquier, brûlés par les bourres des armes lors des corps à corps, les mamelouks refluent vers le Nil après avoir perdu 3 000 hommes, la moitié de leur force.

Le camp retranché d'Embabeh où ils pensaient se réfugier est pris, la retraite vers Le Caire coupée aux bords du Nil en crue dans lequel se noient 2 000 des leurs.

Mourad Bey a le visage ensanglanté par une profonde blessure de la joue. Il contourne le plateau de Gizeh et s'enfuit vers la Haute Egypte avec les débris de son armée.

Larrey compte 30 morts et 150 blessés. Cinquante grièvement par le tranchant des damas : "Leurs damas sont terribles, plusieurs des blessés ont eu les épaules coupées dans toute leur épaisseur (...) les membres entièrement coupés, des portions de tête emportées et les muscles du dos entièrement coupés, plusieurs en avaient 5, 6, jusqu'à 40 coups." Parmi eux, deux généraux et un jeune tambour de quatorze ans, l'épaule arrachée par un boulet de canon. Une fois les premiers soins assurés, Larrey fait transporter tous les blessés dans la fastueuse résidence de Mourad Bey au château de Gizeh qu'il a réquisitionné.

"J'établis un grand et superbe hôpital, et où ils furent tous opérés et pansés avec le plus grand soin. Je fus surtout avantageusement secondé par les officiers de santé de l'ambulance du quartier général." A l'inverse de beaucoup et non des moindres, Larrey n'oublie jamais qu'il est chef d'école, dirigeant d'une équipe chirurgicale unie : s'il ne demande rien pour lui, il n'hésite jamais à courir à l'état-major, chercher Bonaparte pour réclamer récompenses, avancement, distinctions envers ses élèves et collaborateurs, s'assurer que les veuves restées en France ne seront pas dans la gêne ou l'oubli. Cela, l'armée le sait, de même qu'elle l'a vu demeurer vingt-quatre heures sans absorber la moindre nourriture pour opérer ses malades dans les meilleurs délais. Sa réputation d'excellent chirurgien est générale, celle d'homme de cœur va grandissant.

Les soldats qui se rendent au château pour visiter leurs camarades blessés trouvent enfin une demeure digne des fastes de l'Orient qu'on leur avait fait miroiter : parmi les jardins ombragés rafraîchis par fontaines et jets d'eau, les vergers de citronniers, grenadiers, bananiers, ils retrouvent leurs amis installés délicatement dans de magnifiques divans, protégés de l'humidité du soir par les châles somptueux des mamelouks et boivent ensemble les jus de fruits ou l'excellent café du bey.

Le reste de l'armée resté sur le plateau s'adonne à une pêche au trésor quelque peu singulière que raconte François, dit "le dromadaire d'Egypte", sergent-fourrier.

"Nous fîmes un butin immense, les mamelouks, comme généralement tous les Orientaux, portant, les jours de combat, leurs plus beaux habits, leurs plus belles armes, presque toutes garnies et montées en argent et gardant sur eux leurs plus beaux bijoux et leur argent.

Plusieurs soldats ont trouvé sur le corps des mamelouks des ceintures contenant de 600 à 1 500 marabouts, pièces d'or de la valeur de 6 livres 9 sous de France. (…) Pour ma part, je me suis approprié un beau sabre damassé, le fourreau en argent doré, une paire de pistolets aussi garnis en argent, trois turbans de cachemire et une ceinture dans laquelle il y avait 460 pièces d'or. Cette journée a pu enrichir les deux tiers des soldats des divisions Desaix et Reynier, qui, les premières, avaient éprouvé les charges d'une terrible cavalerie qu'elles réussirent à vaincre."

Le souci de justifier un remords tardif n'affecte pas l'état-major qui ferme les yeux. Les caisses du payeur général sont asséchées, aussi Bonaparte donne-t-il l'ordre d'affecter ce butin au compte de l'armée. Un astucieux Gascon de la 32e demi-brigade s'est même avisé de repêcher les corps des mamelouks flottant sur le Nil à l'aide d'une baïonnette façonnée en hameçon et portée au bout d'une ligne. En un instant, il aura beaucoup d'imitateurs.

La vie est heureusement faite de telle façon que, même en temps de guerre, les grandes choses côtoient les petites. Les mamelouks blessés sont relevés comme les autres et portés à l'hôpital ; comme ils ont coutume d'achever les blessés, ils s'attendent à être égorgés d'un instant à l'autre. Leur incrédulité, leur incompréhension ne cesseront qu'à la vue d'un des principaux lieutenants de Mourad Bey, grièvement blessé par balle à l'abdomen, dont Larrey reprend le pansement qu'il avait disposé au milieu du carré, au plus fort de la bataille ! Avant de mourir, le mamelouk enlève de son doigt une superbe agate en onyx dont le soleil éclaire les multiples cercles colorés et l'offre à Larrey en lui disant :

"Je n'en ai plus besoin, conservez-la précieusement comme un talisman."

Fidèle au vœu de son mourant, il conservera toujours l'agate à son doigt.

Avant d'entrer au Caire, Bonaparte, de sa tente d'état-major, le fait appeler. Quand il se présente, Bonaparte lui donne une chaleureuse accolade de félicitations et lui tend deux lettres.

La première est une citation à l'ordre du jour de l'armée ; l'autre, une lettre pour le Directoire exécutif en date du 6 thermidor an VI :

"Je viens vous prier de faire payer une gratification de mille deux cents livres à la femme du citoyen Larrey. Il nous a rendu, au milieu du désert, les plus grands services par son activité et son zèle.

C'est l'officier de santé que je connais le plus fait pour être à la tête des ambulances d'une armée."

Les Arabes appellent déjà Bonaparte "sultan el-Kebir", le grand sultan ; les Français peuvent entrer au Caire, qui n'est plus "Masr el Qàhira", la capitale victorieuse.

Inscriptions de l'armée d'Orient. Coll. J.-B. Q.

X

“LE CHAR DU MODERNE ALEXANDRE”

Massée sur les terrasses de la ville, la plus grande partie des 250 000 Cairotes assiste à la déroute militaire de Mourad Bey et aperçoit en contrebas, dans les ruelles étroites, tortueuses, encombrées, la fuite éhontée vers Suez d’Ibrahim Bey, leur chef administratif, avec ses femmes et ses trésors.

Dans la nuit du 22 au 23 juillet, éclairée par les torches des voltigeurs, au son des fifres et tambours battant la charge, la colonne du général Dupuy franchit les portes du Caire. “Ce bruit inusité inspirait la terreur aux habitants. (…) Ce fait d’envoyer trois compagnies dans une ville (…) paraîtra fabuleux. Cependant, ce tour de force s’accomplit. On entra dans la ville sans trouver un habitant.” Le lendemain matin, la population est peu à peu prévenue par ses cheiks et ses oulémas des dispositions pacifiques de Bonaparte, de son intention de respecter femmes et mœurs, de préserver biens et religion. Les portes s’entrebâillent, les curieux s’avancent en silence. “Bonaparte souriait à ce peuple nouveau pour nous. La singularité de nos vêtements (…) la douceur naturelle de nos caractères, que laissait deviner nos visages riants, dont l’imagination de ces Turcs s’était faite une toute autre idée ; toutes ces constatations furent autant de causes contribuant à augmenter chez ces gens, dont l’esprit est sans culture, la surprise la plus grande.”

L’état-major suivi d’une partie de l’armée s’installe à l’ouest du Caire, aux alentours de la place Ezbekyeh, à l’intérieur des riches demeures mameloukes abandonnées.

A l’est, d’autres compagnies s’installent dans la vieille citadelle qui domine de ses remparts le quartier de Bab-el-Masr, la porte de la Victoire.

Larrey a vite repéré les bâtiments les plus spacieux, les mieux aérés, dont l’intérieur est salubre et l’extérieur d’accès

Bonaparte monté sur un dromadaire. Coll. J.-B. Q.

facile. Progressivement, il assure le transfert des malades depuis l'hôpital provisoire de Gizeh jusqu'au centre du Caire.

"Cette grande cité, irrégulièrement bâtie, bien qu'elle soit parsemée de décombres, et qu'elle présente l'aspect de la misère, est immensément riche, et nous a offert de très grandes ressources pour l'organisation des hôpitaux que nous y avons successivement établis."

Il veille également à tous les détails d'organisation du service chirurgical de la division Desaix qui s'apprête à remonter le Nil vers la Haute Egypte.

Dans l'immédiat ce sont les dépêches provenant du Delta qui inquiètent Bonaparte. Ibrahim Bey n'est pas seul avec ses femmes, il dispose encore d'une force d'un millier de cavaliers qui campent à Belbeis, à 50 kilomètres à peine du Caire sur la branche la plus orientale du Nil. On ne peut s'installer durablement au Caire sans lever cette hypothèque.

La division Reynier se met en route vers le nord-est, Bonaparte en tête, suivi de Larrey avec son ambulance, direction El-Khankah où une première escarmouche avec des cavaliers mamelouks libère une caravane de cinq cents chameaux qu'ils avaient capturée.

Les mamelouks s'enfuient plus au nord vers Koraïm avec la plupart des dromadaires, tandis que les caravaniers négociants et pèlerins revenant de La Mecque, dirigés par Salah Bey, Emir

Hadji [prince des pèlerins], implorent protection et assistance que leur accorde Bonaparte.

A Koraïm, pas de traces d'Ibrahim, sinon de nombreux ballots pillés sur la caravane, abandonnés pour galoper plus vite. "Venant de l'Inde et de la Perse (...) c'étaient des toiles de coton, des étoffes de soie, des cachemires très fins pour turban, châles, poudre d'or, dents d'éléphants, civette et 2 500 000 francs en or et en argent. J'ai eu pour ma part, dit François, soixante-sept châles de cachemire de première qualité, dont le moindre valait de 60 à 100 louis et que je n'ai pu vendre que de 5 à 12 francs la pièce à mes camarades ou aux Juifs de la ville de Belbeis qui profitèrent de mon peu de connaissance sur la valeur de la prise. Aussi, je préférais mon sac garni de galettes arabes et nos biscuits à des effets qu'il m'aurait fallu, à la première occasion, jeter dans le désert."

Après trois jours de marche forcée, le contact est établi à Salahieh ; Bonaparte n'a que trois cents chevaux fatigués mais décide de charger les mamelouks. A ce combat bref mais d'une violence inouïe s'illustrent des noms déjà célèbres : Murat, Duroc, Lassalle, Auguste de Colbert qui a perdu ses étriers ! Avec sa 9e demi-brigade, François combat à pied et voit avec effroi "un chasseur du 22e fendu depuis l'épaule gauche, jusqu'au milieu des reins. L'on peut juger d'après cela de ce que valent les sabres des mamelouks, et plusieurs fois, j'ai coupé en deux une chèvre, un mouton, un chien, d'un seul coup, sans frapper, mais en coulant mon damas sur les reins et sans trop appuyer".

Larrey s'attendant à soigner d'épouvantables blessures a transformé la mosquée de Salahieh en hôpital de première urgence. Nul sacrilège pour autant, il en a fait de même avec les couvents, les églises qui sont, au même titre, des lieux d'asile et d'humanité.

En ce moment, il est agenouillé sur le sable, sa trousse d'instruments ouverte à ses côtés et s'affaire à panser Destrée. Cet officier du 7e hussards souffre de sept coups de sabre profonds, notamment "deux aux épaules avec division des muscles et d'une partie des os, un troisième au dos avec division des muscles et de deux apophyses épineuses[1] des vertèbres dorsales (...)". Avec, en outre, une balle dans la poitrine qui oblige Larrey à drainer un début de pleurésie purulente. "Sa guérison peut être considérée comme un phénomène extraordinaire." Sulkowski, aide de camp de Bonaparte, guérira aussi

1. Eminences osseuses postérieures des vertèbres, saillantes sous la peau du dos.

malgré ses dix coups de sabre, comme d'autres cavaliers qui accusaient quarante blessures.

Larrey a donc pu sauver tous ses blessés, seuls quatre d'entre eux périront plus tard du tétanos. Il a aussi la satisfaction, pour un blessé de l'épaule, d'avoir pu extraire la tête de l'humérus en conservant le bras et se dit que, de retour au Caire, il lui faudra établir un mémoire sur son procédé de médecine opératoire.

Le soir venu, en sortant de la mosquée, il aperçoit le marché improvisé qu'ont établi les soldats avec les marchandises de la caravane ; l'intègre Larrey ne "trouve" pas, ne prend pas, il achète pour sa femme : "Le général en chef avait d'abord eu l'intention de faire porter au Caire toutes ces marchandises pour les faire vendre régulièrement au profit des soldats. Mais comme (…) on manquait de moyens de transport, cette mesure ne put être prise et la vente se fit sur le terrain même où la caravane avait été arrêtée et pillée par les mamelouks. J'achetais six beaux châles de cachemire et plusieurs pièces d'étoffe en mousseline de l'Inde pour six louis en or. Les soldats coupaient ces riches et rares étoffes et ces beaux châles pour se faire des bretelles, des ceintures et des bonnets de nuit. Les cantinières se firent surtout de précieux magasins. On trouva aussi dans les caisses de cette caravane beaucoup de perles fines et de pierreries, qui furent gaspillées et vendues à vil prix. On n'en connaissait pas la valeur."

Cette courte détente ne signifie pas la fin des horreurs, des souffrances, des deuils, des journées exténuantes et des nuits sans repos.

Après avoir opéré un demi-tour pour regagner Le Caire, la division s'attendait à trouver l'étape de Belbeis préparée par le génie, les boulangers et les sapeurs envoyés en avant-garde.

François est horrifié du spectacle qu'il découvre : "(…) ils furent pris en partie et les paysans et les Arabes après les avoir sodomisés, leur coupèrent aux uns le nez, les oreilles, les bras, les jambes, etc (…) jusqu'aux parties même. Ceux échappés à la mort après ces opérations, furent forcés de faire chauffer les fours qu'ils avaient établis, et furent mis dedans par ces cannibales. A notre arrivée, j'ai vu ces malheureuses victimes rôtir dans un four. (…)

L'on peut juger d'après de telles horreurs, à quelles natures barbares nous avions affaire."

L'arrivée des estafettes parties du Caire apprennent à Bonaparte la nouvelle du désastre naval d'Aboukir survenu six jours avant, le 1er août. Ayant connu fin juillet la chute de Malte, l'amiral Nelson a compris que son intuition primitive ne l'avait pas trompé et s'est dépêché de retourner en Egypte pour apercevoir la flotte française mouillée à Aboukir. Par une manœuvre restée célèbre chez les marins, il arrive à s'insinuer entre les files des navires français, pris entre deux feux, contraints de combattre à l'ancre, la pire des situations.

La magnifique escadre partie de Toulon est maintenant réduite à l'état d'épaves qui brûlent avant de sombrer peu à peu dans les hauts fonds. L'*Orient* a été victime d'une gigantesque explosion, suivie d'un incendie épouvantable, avant de disparaître.

Les marins ont fait leur devoir, combattu avec héroïsme. A bord du *Tonnant*, Dupetit-Thouars a vu sa sombre prédiction se réaliser. Grièvement blessé, perdant son sang en abondance, il ordonne à ses marins de l'installer dans un baril de son en guise de pansement et continue à diriger le combat avant de mourir – comme il l'avait dit – à son banc de commandement.

Dans le désert, l'état-major est consterné par la nouvelle tandis que Bonaparte en mesure les immenses conséquences politiques et militaires. L'extrême rapidité de son esprit pragmatique en tire immédiatement deux conclusions. La première est représentée par le blocus de l'Egypte que la Royal Navy va instaurer sans hésitation et qui va le couper des approvisionnements, renforts, nouvelles en provenance de France. La seconde idée consiste à assurer la survie de l'expédition en utilisant tous les moyens du bord ou à les fabriquer s'ils manquent. Par la même estafette, il envoie à Kléber, commandant la place d'Alexandrie, une lettre d'instructions commençant ainsi : "Les Anglais nous obligeront peut-être à faire de plus grandes choses que nous ne voulions faire" et, de retour au Caire, il déclare pour rassurer ses officiers plus inquiets que les soldats : "Nous n'avons plus de flotte. Eh bien, il faudra rester dans ces contrées, ou en sortir grands comme les Anciens !"

Les soldats de la 9e demi-brigade reviennent du désert et racontent :

"Bonaparte était arrêté à peu de distance de nous. Nous l'avons vu, les mains derrière le dos, écoutant le récit de l'aide de camp, avec une apparente impassibilité. Cette nouvelle malheureuse fut bientôt connue. (...) Mais la présence du général en chef, sa noble assurance dans le malheur commun et la confiance qu'il devait si bien nous inspirer, fit dissiper nos premières alarmes auxquelles succédèrent bientôt le calme et l'espérance."

Pragmatique, Larrey résume tout, d'une phrase : "Le besoin donne de l'industrie", quand il apprend que deux des trois navires-hôpitaux ont sombré avant qu'on ait pu terminer le déchargement du matériel hospitalier lourd. Le 14 août au soir, il a regagné Le Caire avec Bonaparte, l'état-major et le gros de la division Reynier car des détachements échelonnés sont maintenus dans cette partie orientale du delta afin d'assurer une sécurité sans cesse remise en question par les Bédouins nomades ou les sédentaires.

Bien que cette trêve apparente soit précaire, fragile, incertaine, elle va offrir au contraire pendant six mois les aspects d'une intense production scientifique, industrielle, agricole, artistique de la part des Français.

Au milieu de cet été 1798 se situe le changement évolutif de la campagne d'Egypte.

Au départ de Toulon, il s'agissait d'une expédition lointaine dont la composition à la fois militaire et scientifique était gage d'originalité, de nouveauté, d'inédit.

L'impression d'isolement indéfini qui prévaut à cette heure contribue puissamment à cimenter les esprits, harmoniser les passions humaines, stimuler les énergies créatrices, solidariser les destins de ce qui est devenu une petite colonie du génie européen en terre d'Islam. Rien ne pourra se faire si l'armée n'est pas convenablement nourrie, soignée, équipée, rien de ce qu'on fera ne sera "grand" s'il n'est le fruit de l'humanisme du siècle, à commencer par les fondements de l'égyptologie contemporaine.

L'Institut d'Egypte sera le merveilleux outil de cette singulière aventure.

Le 15 vendémiaire (6 octobre), le courageux Larrey avoue à sa femme un moment de faiblesse : "Si tu connaissais, ma chère Laville, nos privations et nos misères, si tu savais tout ce que j'ai souffert dans cette malheureuse expédition (...) et ce que les destinées nous préparent encore !" Mais faiblesse ne signifie pas défaillance pour un homme de sa trempe et, parlant d'un éventuel retour en France, sa lettre continue sans que la note emphatique à la mode puisse altérer la puissance de sa profession de foi :

"L'heure n'est pas arrivée, je suis un de ceux qui sont attachés par des chaînes indestructibles au char du moderne Alexandre, et tant qu'il lui plaira de le faire rouler, tout ce qui est cohérent doit suivre ce mouvement ; je vais donc partager sa carrière, sans savoir où elle pourra me conduire, ni quels sont ses limites et ses écueils."

XI

DU CLUB DES ÂNES AUX DEVINS DU CAIRE

Le calme et la douceur de l'automne égyptien n'affectent en rien la vitalité de la colonie française civile ou militaire dont les multiples travaux sont gouvernés par deux principes fondamentaux : rapidité et efficacité.

D'abord étonnés, puis stupéfaits, les Egyptiens assistent de jour en jour à un véritable jaillissement de techniques inconnues, d'idées nouvelles, de réalisations inédites.

Le regroupement progressif des savants au Caire ne cesse de les intriguer : que peuvent bien faire ces hommes curieusement sanglés dans leurs habits noirs étriqués, coiffés de petits chapeaux haut de forme, en redingote courte à petites basques, lourdement chaussés, alors qu'ici on ne porte que de larges et amples gandouras claires, un chèche ou un turban sur la tête et de souples babouches aux pieds ?

Arrivés d'Alexandrie puis de Rosette, les savants et artistes sont tous réunis dans la capitale.

Depuis qu'ils ont fait le coup de feu et dégainé leurs sabres dans les moments critiques sans demander assistance, les officiers comme les soldats les reconnaissent à présent comme des leurs et consentent enfin à les considérer en camarades. Fini le temps où l'on entendait au moment de la formation en carré, l'ordre méprisant "Les savants et les ânes au milieu !" qui faisait tant sourire Larrey. Dans les étroites ruelles du Caire, sinueuses, encombrées, malodorantes, il est devenu habituel de croiser, juchés sur des ânes, les savants qui ont adopté ce moyen de locomotion simple, rapide, si commun en Orient. Certains soldats plaisantins qui cultivent encore la dérision affectent désormais de n'appeler les ânes que par le terme de "demi-savants" !

Pendant leur quartier libre, ils ont inventé une nouvelle distraction, la course d'ânes, objet de paris passionnés, qui trouble la vie des Egyptiens. Aussi, le diwan, conseil municipal institué par Bonaparte avec le concours des notables de la ville, se voit-il contraint de réglementer mode de circulation et vitesse : “Il est arrivé plusieurs accidents dans les rues du Caire par la vitesse avec laquelle on fait courir les ânes ; tous les Français, et notamment les militaires, doivent aller plus doucement à travers la foule pour les éviter ; ils sont prévenus qu’en cas d’accident et de plainte, ceux qui auront causé quelque dommage seront condamnés à le payer.”

Entre-temps, Larrey a retrouvé avec joie tous ses amis qui ont navigué avec lui sur l’*Orient* ; au cours d’une soirée particulièrement gaie, entre deux parties de billard, il est décidé de sacrifier à la couleur locale en fondant le “club des Anes”. Chaque membre prendra un nouveau nom avec un préfixe invariable “âne à” qui sonnera “ana” et un suffixe signalant sa spécialité. Pour Dominique Larrey, ce sera “âne-à-peste”, allusion bien sûr à l’endémie menaçante mais pouvant signifier aussi qu’il est poète à ses heures puisqu’en poésie ancienne un anapeste est un pied composé de deux brèves et d’une longue. On se serait plutôt attendu à “âne-à-tomie”. Monge devient “âne-à-thème”, le chimiste Berthollet aurait pu devenir “âne-à-lyse” et le naturaliste Geoffroy Saint-Hilaire “âne-à-nas”... Ce club, fréquenté aussi par le général Lannes, sait allier le sérieux et l’humour.

Savants au combat, juchés sur leurs ânes. Coll. J.-B. Q.

Outre l'agrément et l'enrichissement que lui procure la fréquentation des scientifiques, ses amis, Larrey vient se délasser lors de ces réunions des travaux harassants qu'il ne cesse de mener depuis son arrivée au Caire.

Sa première tâche consiste, en collaboration avec Desgenettes, à aménager, organiser, équiper des hôpitaux dignes de ce nom. Dans le quartier de la citadelle, Larrey ne retrouve que les vestiges délabrés de ce qui fut le merveilleux et fameux hôpital du Môristan fondé peu avant l'an mille par les califes fatimides avant d'être vaincus par les croisés. Le pauvre était soigné aussi bien que le riche, musiciens et danseurs distrayaient les malades tandis que chaque convalescent percevait à sa sortie cinq pièces d'or afin de pouvoir se reposer quelques jours encore !

A présent les murs s'écroulent, les immondices s'accumulent, Larrey entend les fenêtres dépourvues de vitres battre à tout vent et voit avec effroi, comme seul aménagement des immenses salles, des anneaux scellés aux murs auxquels sont enchaînés les malades mentaux.

Qu'est devenue cette prestigieuse médecine arabe qui fit autorité en Europe jusqu'au XVIIe siècle ? Qui a retenu le nom du célèbre Avicenne [Ibn Sina] auteur du *Canon de la médecine* ? Que reste-t-il des splendeurs de Saladin Ier ?

Larrey et Desgenettes y pensent avec amertume et tristesse en n'apercevant que pratiques barbares, ignorance et saleté. En présence du cheikh El-Cherkawi, président du diwan, ils libèrent aussitôt les malheureux aliénés, demandent à Bonaparte d'ordonner les réparations nécessaires et désinfectent les locaux par les habituels badigeonnages à la chaux et vaporisations soufrées. Dès lors, les malades égyptiens ne seront plus abandonnés au sort misérable promis par des sorciers aussi cupides que superstitieux mais seront l'objet des soins attentifs et gratuits des médecins français. La réputation de l'hôpital du Môristan sera d'ailleurs telle qu'il faudra ouvrir rapidement une maternité où Larrey formera les premiers accoucheurs modernes.

Parmi les palais des beys mamelouks déclarés vacants et réquisitionnés par l'armée, celui d'Ibrahim Bey est assurément le plus vaste, le plus commode pour y installer l'hôpital militaire central. Après l'avoir visité, Larrey estime que les conditions de salubrité et de confort sont si satisfaisantes que l'ouverture est immédiate et qu'on y admet près de cinq cents malades. Qu'on juge de la magnificence de ce palais : vastes et nombreuses salles richement dallées, hauts plafonds voûtés, décorés de stuc coloré et sculpté à l'infini, murs garnis de faïences polychromes, immenses fenêtres, nues pour celles qui reçoivent les vents du nord rafraîchissants ou dotées au sud de moucharabieh en bois précieux pour filtrer les effets du redoutable khamsyn[1], le vent de sable à l'haleine de four venu du désert. Admirablement situé au cœur de Roudah, l'une des trois îles qui séparent le Nil à proximité du Caire, ce qui fut la maison de campagne du bey Ibrahim et qu'on appelle désormais l'hôpital de "la Ferme d'Ibrahim" est un haut lieu. La tradition place dans ces berges garnies de roseaux l'endroit où s'arrêta le berceau de Moïse avant qu'il ne soit recueilli par la fille de Pharaon, la légende en fait le lieu où s'abritèrent les amours de Cléopâtre et d'Antoine, un poète des *Mille et Une Nuits* y déroula ses vers. En venant de la rive droite du Nil, les visiteurs y accèdent facilement grâce au pont de bateaux édifié par le génie.

Larrey incite ses opérés convalescents à respirer l'air frais, à prendre un peu d'exercice pour accélérer leur guérison, et leur recommande de conserver sur la tête le bonnet de police en laine, sur les épaules la capote en coton qui, avec le pantalon bouffant également en coton, viennent d'être fabriqués sur place pour adapter enfin l'habillement à ce climat nouveau. Il les met sans cesse en garde : la douceur des journées d'automne ne doit pas leur faire oublier les méfaits des soirées humides ou des matins brumeux, propices, selon lui, aux infections générales ou ophtalmiques.

Desgenettes se promène aussi à Roudah : "C'est dans cette île vraiment délicieuse que j'ai vu les plus beaux sycomores de l'Egypte ; il y en a une belle ligne sur la côte occidentale, qui forme une arcade majestueuse et impénétrable aux rayons du soleil. Les dattiers, les orangers, les citronniers, les tamaris, les grenadiers, les acacias, les bananiers et les arbres qui donnent la casse[2], sont les arbres qu'on observe le plus communément en Egypte : ils sont tous réunis dans cette île, et plantés sans ordre et sans distribution ; ils forment ces forêts et ces vergers que les gens du pays appellent improprement jardins. On y cultive la canne à sucre, le coton et l'indigo avec assez de succès : cette terre infatigable ne se refuse à rien."

Larrey n'est pas insensible à ces beautés de la nature mais son caractère pragmatique le tient sans cesse sur le qui-vive.

1. Khamsyn : cinquante en arabe. Ce vent (sirocco) de cinquante jours ne souffle heureusement pas d'affilée ; apparu à la fin du printemps, il s'étale presque sur deux mois.
2. Pulpe de la gousse du cassier, à vertu purgative.

Pour ses malades rien n'est jamais assez bien, rien n'est jamais suffisant. Petit dormeur, il met à profit une partie de ses nuits pour écrire sans relâche aux commissaires de guerre pour se plaindre, menacer, réclamer davantage de médicaments, de couvertures, de savons, de désinfectants, de boissons hygiéniques. Lorsque les réponses tardent ou que les approvisionnements s'avèrent insuffisants, Larrey se rend au quartier général de la place Ezbekyeh pour en informer Bonaparte et le ramène à l'hôpital pour une inspection-surprise. Constamment soucieux de la santé de ses hommes – et de la conservation des effectifs que nul renfort ne peut désormais accroître – le général en chef donne l'ordre suivant à l'ordonnateur en chef Sucy :

"L'hôpital du Grand Caire manque d'eau, d'eau-de-vie et de toute espèce de médicaments. Je vous prie de vouloir bien vous rendre compte si le pharmacien en chef a trouvé au Caire de quoi l'approvisionner. (...) Vous sentez que cela est d'autant plus utile dans un pays où tout homme malade est obligé d'aller à l'hôpital."

Les résultats sont à la hauteur des efforts : en deux mois et demi, sur 1 500 entrées on déplore 60 décès, soit une mortalité de 1,5 % par mois, chiffre exceptionnel en 1798.

Entre-temps, soucieux de parfaire les connaissances des autres chirurgiens, Larrey fonde une école de chirurgie pratique, la première d'Egypte. Anatomie, médecine opératoire, chirurgie générale sont régulièrement enseignées, les anciens élèves devenant les nouveaux professeurs. Exigeant envers lui-même, Larrey peut l'être autant de ses élèves qui l'entourent d'une affectueuse sollicitude car ils savent que le "patron" les protège d'une administration toujours tatillonne, souvent bornée, réclame leurs promotions auprès de Bonaparte et veille à leur condition matérielle comme à celle de leurs familles restées en France.

Alors que les bases d'une puissante infrastructure sanitaire sont édifiées, que la pacification apparente de la Basse Egypte a fait disparaître les plaies de guerre, un autre que Larrey se serait contenté de la routine habituelle : soins et pratique le matin, enseignement théorique l'après-midi, tâches administratives le soir. Il faut croire au contraire qu'il a fait sienne la devise de son contemporain Beaumarchais (qui n'a plus qu'un an à vivre) : "La difficulté de réussir ne fait qu'ajouter à la nécessité d'entreprendre."

Animé de cet esprit, il publie son fameux et retentissant *Mémoire sur l'ophtalmie endémique en Egypte*, fameux par la description minutieuse de ce qu'on n'appelle pas encore le trachome, retentissant car il s'agit d'une première sur la question.

Jardins de l'île de Roudah, par Moritz Busch. *Bilder aus dem Orient*.

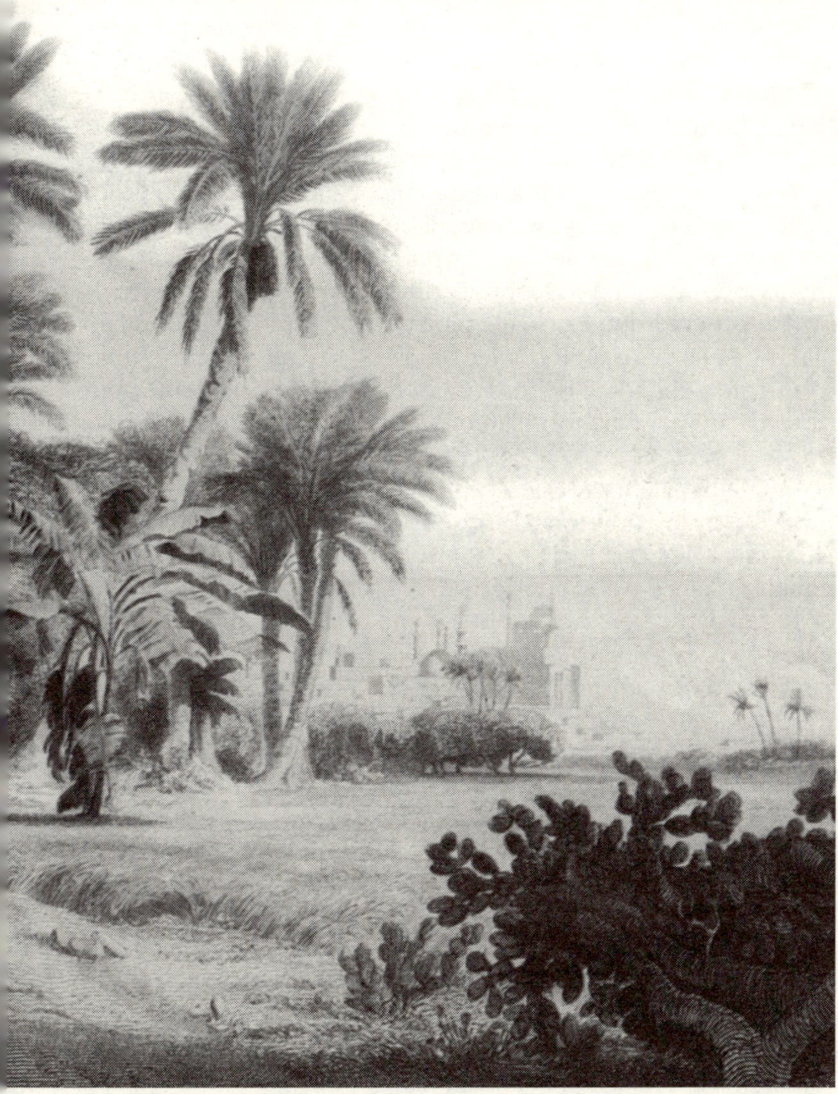

Dès le départ d'Alexandrie, il est frappé par le nombre de soldats qui se plaignent de maux oculaires : "engorgement des paupières, de la conjonctive, et quelquefois des tuniques de l'œil ; douleur locale extrêmement forte, attribué par le malade à la présence de grains de sable (ce sont des vaisseaux variqueux) ; obscurcissement de la vue, et impossibilité de supporter la lumière vive". Après en avoir distingué les divers aspects cliniques, l'évolution fréquente vers les ulcères et perforations cornéens, l'apparition de taies cornéennes responsables de cécité, les suppurations et rétractions palpébrales, il s'interroge sur les causes possibles amenant à un débouché thérapeutique efficace. Cette procédure de raisonnement scientifique est déjà révolutionnaire en elle-même, à une époque où empirisme, tâtonnements obscurs, dogmes philosophiques sont encore de mise.

"J'ai observé que les sujets blonds étaient plus fréquemment atteints de cette maladie que les bruns (...). Cette maladie est plus fréquente pendant le débordement du Nil que dans toute autre saison. (...) La chaleur brûlante du jour, la réfraction des rayons du soleil par la blancheur des corps répandus sur le sol d'Egypte, ce qui fatigue et irrite les parties sensibles de l'œil, l'usage immodéré des liqueurs spiritueuses et des femmes, la poussière entraînée par l'air (...) surtout la suppression de la transpiration cutanée par le passage subit du chaud au froid, l'humidité et la fraîcheur des nuits pour les militaires qui bivouaquent ; telles sont les principales causes de l'ophtalmie." L'évocation de l'usage immodéré des femmes aurait pu faire sourire amèrement nos jeunes soldats devenus presque aveugles au cours de leurs marches accablantes dans le désert, à grand-peine guidés ou portés par ceux qui restaient encore valides. En fait, Larrey parle pour la garnison du Caire qui, depuis trois mois, a su organiser ses délassements au risque d'être piquée par "le venin de l'amour", terme du siècle qui n'est autre que la *calda pissa* des vieux auteurs latins. Mû par un pressentiment[1], Larrey observe, décrit pour la première fois la fréquente association de l'ophtalmie et de la blennorragie, le balancement entre les deux affections. Les pansements oculaires à base de blancs d'œufs battus mélangés à l'eau de rose, au sulfate d'alumine et camphre, s'avèrent de précieux sédatifs anti-inflammatoires que relayent ensuite collyres astringents et pommade à l'oxyde jaune de

1. Il faudra attendre les années 1980, soit cent ans après les découvertes de Pasteur, pour identifier la bactérie responsable : Chlamydia, présente dans le pus conjonctival et urétral.

mercure[1] ; le chirurgien n'hésite pas à pratiquer des mouchetures sur les abcès palpébraux et même à réséquer les taies épaisses à l'aide de petits bistouris très minces.

"Il en est résulté que, sur trois mille et quelques ophtalmiques, il n'y en a pas eu un seul qui ait perdu la vue."

De façon assez surprenante, la blennorragie, si elle est associée, ne semble poser aucun problème : "(...) nous possédons un remède spécifique pour guérir la gonorrhée en fort peu de jours ; c'est le baume de La Mecque (...)." Encore appelé baume du Grand Caire ou baume de Syrie, il est composé de résines végétales semi-liquides analogues aux térébenthines, mélangées à du miel. Bien qu'il n'ait pas discerné le caractère contagieux du trachome, Larrey résume ses conclusions dans une circulaire adressée à tous les officiers de santé du corps expéditionnaire : "Pour se garantir de l'ophtalmie en Egypte, il faut éviter l'impression directe de la lumière et de la poussière sur les yeux pendant le jour, être bien couvert de la tête aux pieds pendant la nuit, se mettre un bandeau sur les yeux, s'éloigner autant que possible des endroits humides et marécageux, entretenir la transpiration et la sueur par les bains égyptiens, dans la bonne saison, et par l'exercice. Il faut éviter l'usage déréglé du vin et des liqueurs spiritueuses, s'abstenir des aliments échauffants (...) et soutenir les forces (...) par l'usage de quelques toniques, tels que le café et une infusion amère qu'on prend le matin ; enfin se laver souvent les yeux et toute la tête avec de l'eau tiède et du vinaigre."

Son mémoire terminé, Larrey range les nombreux feuillets dans son maroquin de cuir qu'il dispose sous le bras et presse le pas en direction du palais de Kassim Bey, siège de l'Institut d'Egypte, où les résultats de ses travaux sont attendus pour une communication à la société savante avant d'être imprimés. Marcher est un plaisir car les rues du quartier ont été nettoyées. C'est la période de la crue du Nil que le Mikyâs ou nilomètre de l'île de Roudah indique de quinze coudées, bienfaisante, ni trop, ni trop peu. En présence de la population égyptienne massée sur les berges, Bonaparte et les notables du diwan ont présidé la cérémonie rituelle de l'ouverture des digues séparant le fleuve de la ville, aux sons des fifres, tambours et cuivres de la musique des grenadiers d'élite.

Reconnaissables à leur bonnet à poil d'ourson au plumet rouge, à leur long tablier de buffle blanc, à leurs deux haches de

1. Toujours utilisé.

laine rouge croisées sur le bras gauche, les sapeurs ont brisé les digues à coups de pic et chargé les déblais sur leurs brouettes à hauts pans. Les Egyptiens ne connaissent pas encore la brouette : le scepticisme indolent des premiers instants a cédé la place à la stupéfaction puis à l'admiration pour cet appareil qui soulage l'effort et accélère les travaux. Ils voient les eaux s'engouffrer violemment dans la brèche, purger le Khalig, canal qui traverse Le Caire du sud au nord, se répandre enfin dans les ruelles tortueuses et les impasses qui seront nettoyées de leurs immondices de toute sorte jusqu'à l'an prochain !

Les bottes de Larrey sont trempées mais enfin ! se dit-il, un acte d'hygiène salutaire ! Bonaparte sera peut-être de méchante humeur car il n'apprécie pas le jeu d'équilibre qui consiste à arpenter les passerelles dressées autour de la place Ezbekyeh inondée ou à se déplacer dans les barques à fond plat ! Pourquoi se croit-il obligé d'assister à toutes les séances de l'Institut que l'armée appelle “la maîtresse favorite” du général ? En fait de maîtresse, tout le monde a bien ri lorsque la belle Marguerite-Pauline Fourès a retrouvé Bonaparte, puis ses bras, puis son lit, tandis que son lieutenant (ou tenant lieu) de mari s'est vu opportunément éloigné par une mission dans le delta !

L'esprit occupé par ses pensées, Larrey a parcouru les 2 kilomètres qui séparent le quartier général du faubourg de Nasrieh : c'est ici, au bord du Nil, que Caffarelli et les deux inséparables, Monge et Berthollet[1], ont découvert un ensemble architectural de quatre vastes palais adjacents, entourés de jardins magnifiques. Vivant Denon, “l'artiste antiquaire”, l'homme au goût sûr, a déjà dressé dans ses planches de nombreux dessins de cette superbe cité des arts et des sciences où il jouit d'une “paix délicieuse” alors que Geoffroy Saint-Hilaire s'enthousiasme d'avoir trouvé “peut-être plus de commodité et au moins autant de magnificence qu'on en trouve au Louvre”. Après avoir traversé les jardins botaniques, aperçu la ménagerie, les volières aménagées par les naturalistes, Larrey franchit quelques marches avant de déboucher dans la grande salle des séances, l'ancien harem aux baies quadrillées et aux niches garnies de bois précieux. On y a disposé de profonds tapis, des meubles de prix, des pendules, des vases japonais. Quelques jours encore et les salles attenantes seront converties en cabinets de physique, archéologie, chimie, astronomie, histoire naturelle, ateliers de recherche

1. Beaucoup de soldats parlent d'ailleurs de “Monget-berthollet”, persuadés qu'il ne s'agit que d'une seule personne.

mécanique et Larrey se dit qu'un cabinet d'anatomie pourrait aussi abriter les collections de crânes et de momies qu'il constitue depuis peu. Mais si le palais est immense, la place prise par l'abondante bibliothèque risque de contrarier ses projets ! Tout va si vite sous l'impulsion de Bonaparte ! Nous sommes rentrés de l'expédition contre Ibrahim Bey le 14 août et le 20 a paru le décret du général en chef :

> Il y aura en Egypte un Institut pour les sciences et arts, lequel sera établi au Caire.
>
> Cet établissement aura principalement pour objet :
>
> 1°) le progrès et la propagation des lumières en Egypte ;
>
> 2°) la recherche, l'étude et la publication des faits naturels, industriels et historiques de l'Egypte ;
>
> 3°) de donner son avis sur les différentes questions pour lesquelles il sera consulté par le gouvernement.

Analogue à peu de choses près à l'Institut national de Paris, l'Institut d'Egypte comprend quatre sections de douze membres choisis au sein de la Commission des sciences et des arts qui, depuis Toulon, regroupe l'ensemble des savants et artistes. On retrouve notamment :

Section de mathématiques : Bonaparte, Fourier, J. M. Le Père, Monge.

Section de physique : Berthollet, Dolomieu, Conté, Geoffroy Saint-Hilaire, Desgenettes.

Section d'économie politique : Caffarelli, Sucy.

Section de littérature et arts : Vivant Denon, Dutertre, Redouté, Rigo.

Larrey n'éprouve aucune amertume à ne pas siéger, il a tant à faire, tant à produire. Le Service de santé est très bien représenté par son ami Desgenettes qu'il estime et apprécie, c'est là l'essentiel. En outre, Desgenettes est non seulement président de séance mais encore rédacteur en chef de *La Décade égyptienne* qui publie régulièrement, en toute indépendance, les travaux de l'Institut sur les sujets les plus divers : retentissant mémoire de Monge sur les mirages du désert, mémoire de Berthollet sur *La Formation du sel ammoniac dans plusieurs substances où l'on n'en avait pas soupçonné l'existence* ainsi que ses fameuses *Recherches sur les lois de l'affinité* qui feront date dans l'histoire de la chimie.

Le mémoire de Geoffroy Saint-Hilaire sur l'aile d'autruche, inapte au vol, préfigure sa théorie génétique de l'évolution tandis que Fourier propose *Une nouvelle méthode de résolution d'équations algébriques*.

Larrey se réjouit de ce bouillonnement d'idées, de ces colloques interdisciplinaires, du travail acharné de tous ces jeunes hommes d'une trentaine d'années comme lui. Desgenettes et lui peuvent rédiger à l'usage de tous les officiers de santé des circulaires d'information sur l'hygiène, la prophylaxie, la thérapeutique, ils savent que les imprimeurs de J. J. Marcel peuvent tirer en quelques heures à plusieurs centaines d'exemplaires qui seront aussitôt distribués dans le delta par les courriers postaux. Larrey invite ses élèves et collaborateurs, où qu'ils soient, à lui adresser le résultat de leurs observations ou recherches qu'il se charge de publier.

Bonaparte lui-même participe à cette effervescence sans que rien ne paraisse constituer un harcèlement de sa part, car chacun a compris que les réponses à ses questions sont le garant de la survie des Français. Comment construire des fours de boulangerie ? estimant que sans pain "la meilleure chère ne peut plaire aux Français". Comment rendre potables les eaux du Nil ? Vaut-il mieux construire des moulins à eau ou à vent ? Pourra-t-on fabriquer de la poudre noire, des fusils voire des canons ? Kléber vient de demander si, sans houblon, il est possible de produire de la bière. Connaissant les talents de nutritionniste de Larrey, sa franchise parfois brutale, son indépendance d'esprit, Bonaparte ne manque jamais de l'interroger et de mettre ses conseils à profit alors qu'il a déjà distingué des arrière-pensées chez d'autres savants. Il croise Desgenettes dans les couloirs de l'Institut :

"Eh bien ! citoyen Desgenettes, qu'est-ce que font les savants dans le quartier de l'Institut ?

— Général, je ne sais trop, je passe mon temps dans les hôpitaux ou dans ce quartier-ci…

— Ils ressemblent beaucoup aux femmes, n'est-ce pas ?

— Général, on s'amuserait un peu mieux avec les femmes.

— Oh ! mais c'est pour le chuchotage que j'en parle, et pour les rivalités et les prétentions."

En sortant de ces longues séances de travail qui requièrent application et tension prolongées, Larrey ressent la vive nécessité de délasser son corps autant que son esprit, aussi décide-t-il de se diriger vers les quartiers excentrés du Caire pour se rendre à son habituel établissement de bain turc. A la veille du Mouloud, fête de la nativité du prophète Mahomet, le spectacle de la rue est déjà une puissante distraction : dresseurs de singes et d'ours, charmeurs de serpents, jongleurs, danseuses se voient chaque jour mais ce soir les rues sont illuminées par des groupes portant des torches, déclamant des versets du Coran. Ils précèdent les confréries religieuses des derviches chanteurs ou tourneurs dont

Travaux de l'Institut d'Egypte. Coll. J.-B. Q.

certains tombent, victimes de leur extase mystique. Ils apportent avec eux les odeurs de cuir chaud, de friture rance, de menthe et d'encens, de caroube et de safran, venues des profondeurs de l'Orient. Par une porte étroite, Larrey accède aux thermes. D'abord dans la grande salle illuminée par une coupole vitrée, puis dans les appartements revêtus de marbre et de porphyre où il se déshabille. Commence ensuite le bain de vapeur "où se mêle l'odeur suave des parfums qu'on y brûle" suivi d'un savonnage assuré par le serviteur attaché à chaque client. "Une demi-heure après, le même serviteur revient armé d'un gant d'étoffe. (...) Par ces frictions actives (...) la peau devient douce et unie comme du satin." Après les ablutions d'eau chaude et froide fournies par deux robinets, il s'enveloppe de linges chauds et se rend au massage : "Vous entrez en repos ; la pipe, le café ou les sorbets vous sont apportés pour que vous en fassiez usage selon vos goûts. (...) Parfaitement massé et comme régénéré, on sent un bien-être universel (...) on éprouve une souplesse, une légèreté jusqu'alors inconnues : il semble que l'on vient de naître et que l'on vit pour la première fois (...) l'âme qui en a la conscience jouit des plus agréables pensées ; l'imagination se promenant sur l'univers qu'elle embellit, voit partout de riants tableaux, partout l'image du bonheur."

Place Ezbekyeh au Caire et l'ancien palais de Mourad Bey, par L. Mayer. *Views in E*

Londres, 1805.

Ayant appris que Le Caire compte trente-cinq centenaires, il n'a aucun doute sur les effets conjugués des bains, d'un régime sain et du climat salutaire pour contribuer à la longévité et se hâte d'en faire part à ses amis qu'il retrouve au café italien, à l'angle des quartiers copte et grec. Il leur raconte qu'il a pu visiter le bain des femmes, interdit aux hommes sous peine de mort, car "connaissant intimement une des principales matrones du Caire, femme médecin et propriétaire d'un des grands bains, j'obtiens d'elle la facilité d'y pénétrer, et de voir, à travers une très petite ouverture de communication de sa chambre dans la grande salle de bains, tout ce que les femmes y faisaient". Il faut y voir – en tout bien, tout honneur – l'œil de l'anatomiste car il promet de ne rapporter que ce qui mérite d'être publié dans sa prochaine livraison à *La Décade égyptienne* sur "L'origine et la constitution physique des Egyptiens". Selon lui, ces bains "embellissent les formes extérieures et favorisent la fécondité. J'ai vu plusieurs femmes de l'armée, n'ayant jamais eu d'enfant en Europe, devenir enceintes en Egypte, après en avoir fait usage". Thermaliste convaincu, Larrey propose à ses amis dont certains sont architectes de faire construire des bains analogues à Paris, pourquoi pas dans les jardins du Tivoli ? Il verrait volontiers des salles particulières avec une fontaine d'eau chaude

Le Bain des femmes, par Moritz Busch. *Bilder aus dem Orient.*

jaillissant au centre : pour les dermatoses, les rhumatismes, les contractures musculaires, ce serait parfait d'autant qu'il assurerait la formation technique des masseurs.

La conversation s'arrête net lorsqu'ils entendent des cantiques chantés par la procession d'un mariage copte et qu'ils voient à travers les vitres du café s'avancer en premier les hommes au turban noir caractéristique.

"Qui sont ces gens, que faut-il en penser ? demandent ses amis à Larrey. Ils sont chrétiens, ont gardé la liturgie de l'Eglise primitive, ils sont financiers ou administrateurs, mais encore ?"

En baissant le ton par égard pour eux, Larrey fait part de ses idées basées sur de récentes recherches.

"Si vous les examinez bien, leur dit-il, vous remarquerez que leurs traits sont similaires à ceux des statues antiques, surtout celles des sphinx ; passant récemment près d'un cimetière copte en démolition, j'ai pu obtenir suffisamment de crânes pour les comparer à ceux de plusieurs momies que j'ai ramenées du puits de Saqqarah. Je peux vous affirmer que la saillie des pommettes et des arcades dentaires, la grande ouverture des fosses nasales, la proéminence des angles de la mâchoire sont identiques dans les deux cas. Tout ceci tend à prouver que les Coptes descendent des Ethiopiens, eux-mêmes issus des Chaldéens si on se remémore également la similitude architecturale de leurs temples. J'en déduis que la civilisation égyptienne s'est propagée de Haute en Basse Egypte en suivant le cours de fertilisation du Nil.

Mes amis, conclut-il, nous n'allons pas terminer cette journée si riche en émotions sans un bon repas ! Préférez-vous souper assis, avec service «à la française», liqueurs douces en apéritif, vin de Chypre ensuite ou carrément manger «à l'égyptienne» ?

— A l'égyptienne, à l'égyptienne ! répond en chœur l'assistance en ajoutant : Toi, Larrey, qui soignes et connais tant de Cairotes, amène-nous où bon te semble !

— Je n'aurai droit ensuite à aucun reproche ?

— Promis !

— Vous tenez à être dépaysé ?

— Si nous ne rentrons jamais en France, autant s'habituer tout de suite !"

Vivant Denon raconte le repas égyptien : "Une maison publique, qui presque toujours avait appartenu au Mamelouk (...) se trouvait en un moment meublée, à la mode du pays, en nattes, tapis et coussins ; un nombre de serviteurs apportait d'abord de l'eau fraîche parfumée, des pipes et du café ; une demi-heure après un tapis était étendu (...) dont tout le centre était couvert de petits plats de fruits, de confiture et de laitage (...) deux heures après d'autres pains et d'immenses plats de riz au bouillon gras et au lait, des demi-moutons mal rôtis (...) des ragoûts aromatisés, herbes, gelées, confitures et miel non préparé.

Point de sièges, point d'assiettes, point de cuillers ni de fourchettes, point de gobelet ni de serviettes ; à genoux sur ses talons, on prend le riz avec les doigts, on arrache la viande avec ses ongles, on trempe le pain dans les ragoûts, et on s'en essuie les mains et les lèvres ; on boit de l'eau au pot : celui qui fait les honneurs boit toujours le premier (...) pour vous faire voir combien il est occupé de votre sûreté et le cas qu'il fait de votre personne.

On ne vous présente une serviette qu'après le dîner, lorsqu'on apporte à laver les mains ; ensuite l'eau de rose est versée sur toute la personne ; puis la pipe et le café.

(...) Par principe de religion un pauvre mendiant était admis, ensuite les serviteurs, enfin tous ceux qui voulaient, jusqu'à ce que tout fût mangé."

"Eh bien ! dit Larrey en fin de repas, allons à présent nous amuser, nous les «ânes», à écouter ce que peuvent nous raconter les devins et d'ajouter en italien : *«Se non è vero, è bene trovato !»*"

Homme de science formé à ne considérer que les résultats expérimentaux, il est persuadé à juste titre que ces devins ne peuvent pas "voir" plus loin que le bout de leur nez et que leurs déclarations sentencieuses ne sont jamais que le fruit du "fanatisme et de la superstition". Républicain convaincu comme tous ses camarades, il n'y attache pas plus de crédit qu'aux "capucinades" de l'Ancien Régime. Mais enfin ! tout cela le fera bien rire et il pourra écrire à sa si chère, si sensible Elisabeth : "Au surplus je ne désire de la fortune que pour vous deux et certes j'en aurai. Les devins du Caire me l'ont prédit."

"Vous deux" ? Larrey a quitté Paris alors qu'Elisabeth était enceinte. Elle n'a pu ainsi l'accompagner à Toulon. Il est sans nouvelles en raison du blocus anglais mais espère en recevoir car les navires marchands vénitiens, génois ou grecs peuvent encore s'infiltrer.

D'après ses calculs, leur enfant est né : "Mes nombreuses observations faites en Egypte, où la nature est rarement troublée dans sa marche et dans ses opérations, m'ont prouvé que les principales opérations naturelles des plantes et des animaux ont des périodes avec des phénomènes relatifs ou des crises plus ou moins marquées, lesquels se trouvent en rapport avec les phases de la lune comme autant des résultats de son influence sur l'organisme et la vitalité de ces êtres." Poussant son raisonnement sur la durée de la gestation, il écrit, dans la même lettre : "(...) neuf lunes complètes et non pas neuf mois comme le pensent tous les accoucheurs. (...) J'avais déjà fait la même remarque chez beaucoup d'autres femmes et surtout en Egypte."

Les devins ne risquent rien à prédire la fortune à un membre éminent de l'état-major d'une armée victorieuse, mais sont incapables d'annoncer le sexe de l'enfant ! Peu lui importe, il a décidé qu'il ne pouvait s'agir que d'un garçon, d'un gros garçon joufflu qu'il se voit faire sauter sur ses genoux. Prédire de même la santé à un homme jeune et athlétique n'a rien de sorcier, mais, se dit-il, je l'écrirai aussi à Laville pour la rassurer et l'apaiser. Je lui dirai aussi et elle me croira : "Dans le jour, je ne crains aucun danger et il ne m'est jamais rien arrivé pendant la nuit – en effet les devins d'Egypte me l'avaient dit – il ne t'arrivera jamais rien pendant la nuit."

Quand on sait que les musulmans ne combattent jamais après le coucher du soleil, les devins peuvent facilement jouer les prophètes alors qu'ils se gardent bien d'annoncer ce qu'ils discernent sans peine : la fermentation grandissante des esprits, la haine attisée envers les infidèles, le rejet du poids matériel d'une armée d'occupation, tous les ingrédients d'une nouvelle tempête.

XII

A LA RECHERCHE DU “FLEUVE DE TRAJAN”

Bonaparte fait tout pour s’attirer les bonnes grâces des religieux musulmans. Habillé parfois à l’orientale, il assiste à toutes les fêtes musulmanes, tout récemment à l’Aïd-el-Séghir, la grande fête qui clôt le Ramadan.

Il a lu le Coran, peut en réciter les versets par centaines, sa religiosité l’attirant davantage vers le dogme unitaire de l’islam que par le mystère trinitaire de la chrétienté.

L’armée pourrait bien accepter, après tout, de se convertir à l’islam à condition de ne pas être soumise à la circoncision et de continuer à boire du vin ! Ces réserves ont même été soumises aux oulémas qui n’ont pas émis d’objections car la circoncision, réservée aux enfants, n’a pas été instituée par le Prophète mais simplement recommandée par mesure d’hygiène. La version primitive du Coran n’interdit pas l’usage des boissons alcoolisées – *stricto sensu* – mais leur abus – la frontière est mince – et leur consommation avant la prière. Le musulman buveur de vin est en état de péché que seule peut racheter une aumône égale au cinquième de son revenu au lieu du dixième qu’exige le Coran.

Bonaparte est optimiste et déclare lui-même : “Mais à la fin d’octobre, les chaleurs cessèrent d’être incommodes ; les belles journées de l’automne répandirent la satisfaction dans l’armée. Elle était enfin accoutumée au pays, elle avait de très-bon pain, du riz, du vin de Chypre, de l’eau-de-vie de dattes, de la bière, de la viande, des volailles, des œufs et toute espèce d’herbages. La solde des officiers et des soldats, payée sur le même pied qu’en France, était d’une valeur quadruple, vu le bon marché de toutes les denrées. L’ordonnateur d’Aure faisait donner régulièrement des distributions de café moka ; chaque escouade avait sa cafetière. Pour remplacer les fourgons et les voitures d'équipages militaires, il avait donné à chaque bataillon des chameaux en suffisance pour porter l'eau, les vivres, les ambulances et les équipages. Les officiers généraux et supérieurs avaient leurs lits, leurs tentes, leurs chameaux. Tout le monde était enfin organisé selon la mode du pays. Le soldat était revenu à son esprit naturel ; il était plein d'ardeur et du désir d'entreprendre. S'il faisait entendre quelque plainte, c'était sur l'oisiveté dans laquelle il vivait depuis plusieurs mois. Ce changement dans ses dispositions en avait opéré un plus grand encore dans sa manière de voir le pays."

Cette évolution n'a pas échappé à l'esprit fin des Egyptiens qui ressentent le risque de voir se pérenniser la présence des "Roumi[1]", descendants des croisés fondateurs du royaume franc d'Orient. Deux choses irritent de plus en plus les Egyptiens : le comportement social des Français et les impôts nouveaux qu'ils exigent alors qu'on pensait être débarrassé des taxes arbitraires des mamelouks. Passe encore que certains soldats comme les dragons portent un habit vert, couleur traditionnellement réservée aux étendards du Prophète, mais qu'ils se promènent dans les rues du Caire avec des femmes dévoilées à leur bras risque d'entraîner de fâcheuses velléités d'émancipation chez les Egyptiennes.

L'établissement du cadastre pour servir d'assiette à l'impôt foncier est non seulement perçu comme une nouvelle charge insupportable de la part d'une armée au trésor asséché, mais encore comme une grave indiscrétion, une atteinte à la vie privée. Le comble est atteint lorsque les Cairotes voient les sapeurs du génie abattre, par mesure de sécurité militaire, les portes qui séparent les différents quartiers en autant de bastions indépendants et qu'on oblige les habitants à aérer leurs locaux avec le risque d'apercevoir leurs femmes à l'intérieur.

Le 21 octobre 1798, à la pointe du jour, Bonaparte est parti inspecter l'île de Roudah en compagnie de Caffarelli. Au même moment, Larrey sort de son domicile pour assurer la visite du matin dans son service de l'hôpital central. Sa surprise est totale – comme celle de toute l'armée – lorsqu'il aperçoit la foule des émeutiers, "ces bandes effrénées" se diriger vers le palais d'Hassan Kachef et le quartier français. Excités en sous-main par les émissaires clandestins du commodore Sir Sydney Smith, des chefs mamelouks insoumis et, depuis peu, par ceux

1. "Romains", nom donné aux chrétiens.

du sultan de Constantinople, les imams à la prière du vendredi et les muezzins du haut des minarets de la grande mosquée d'El-Azhar appellent ouvertement au djihâd. C'est la "guerre sainte" de défense de leur religion, de leurs personnes, de leurs biens, l'"effort suprême" des musulmans, la lutte du croyant contre les forces du mal. Aux cris de "Combattez dans la voie de Dieu ceux qui vous combattent !", "Que Dieu fasse triompher l'Islam !" se rassemblent des milliers d'émeutiers armés de gourdins, de barres de fer et de lances. Le quartier de l'Institut est déjà cerné. Prévenus par la générale que battent les tambours, les officiers et ingénieurs se sont barricadés dans ce palais d'Hassan Kachef où sont centralisés les mémoires scientifiques comme les caisses de matériel de précision. Après quatre heures de combat, les défenseurs sont massacrés, les instruments scientifiques mis en pièces.

Par chance, Larrey arrive à se frayer un chemin à travers la foule et les ruelles encombrées. "Les troupes de révoltés, ces dangers ne m'effrayèrent point." Première épreuve pour lui, la rencontre de son ami le général Dupuy, gouverneur militaire du Caire, grièvement blessé : "(...) une des premières victimes ; il fut atteint d'un coup de lance à l'aisselle gauche, lequel pénétra dans la poitrine et lui coupa l'artère axillaire. Je venais de traverser la horde de ses assassins, lorsque je le trouvai, sans connaissance, étendu dans la rue et entouré de ses soldats. J'étanchai son sang, fermai sa blessure par une forte compression et le fis transporter ensuite chez son ami, le général Junot, où il expira peu de moments après." Larrey a ligaturé l'artère mais l'hémorragie a été trop abondante. "De là je me rendis aux hôpitaux, pour y réunir mes collaborateurs et faire assurer le secours nécessaire aux blessés : mais de quel étonnement ne fus-je pas saisi, lorsqu'arrivé à la porte de l'hôpital n° 1, je trouvai les cadavres sanglants de deux dignes camarades, Roussel et Maugier, chirurgiens de première classe, qui venaient d'être égorgés avec plusieurs braves militaires, pour avoir voulu défendre l'entrée de l'hôpital ! Ils firent à la vérité respecter l'asile des malades, mais ce fut aux dépens de leur vie. Je courus moi-même les plus grands dangers dans cette fatale journée, qui nous donna une quarantaine de blessés." Le martyrologe, l'hécatombe du personnel de santé de l'armée d'Orient n'ira dès lors qu'en s'amplifiant !

Plus chanceux, une centaines de civils résistent toujours dans le quartier de l'Institut où ils se sont barricadés. Afin de ne pas abandonner la bibliothèque, les collections, les ateliers ou laboratoires, Monge a décidé de refuser l'évacuation et organise la défense.

Aidé par Berthollet, Fourier et Costaz, ils distribuent sabres, pistolets, fusils, renforcent portes et fenêtres. Des couteaux ou des compas montés sur des tiges de fer font office de lances, des éléments mécaniques transformés servent d'armure. Dans la maison voisine, Dolomieu et Vivant Denon ont piégé l'escalier, prêt à s'écrouler en cas d'assaut des émeutiers. "Ayant toujours pensé que, dans les cas périlleux, déclare Denon, dès que la prévoyance est inutile elle n'est plus qu'une vaine inquiétude (...) j'allai me coucher."

La nuit est en effet venue. Bonaparte rentré précipitamment a approvisionné les civils en armes et munitions, disposé troupes et artillerie aux carrefours stratégiques. On n'entend plus que les you-you des femmes sur leurs terrasses et les aboiements sans fin d'une multitude de chiens errants. La ville est tôt réveillée le lendemain par les canons de la citadelle qui tirent sur les quartiers insurgés, relayés dans la basse ville par les batteries prenant les rues en enfilade. A 11 heures, Lannes et ses grenadiers libèrent l'hôpital de Larrey et le quartier des savants, les derniers insurgés se réfugient à la mosquée El-Azhar avant de demander l'aman. Les deux chirurgiens égorgés sont enterrés près de l'amphithéâtre de l'hôpital où une plaque commémorative décrit leur martyre.

"Désormais, dit Vivant Denon, nous ne marcherions plus qu'à travers nos ennemis."

La répression est aussi impitoyable que brève. Les agitateurs sont décapités, leurs corps jetés au Nil par la milice du redoutable Barthélemy-le-Grec, tandis que l'armée profane inutilement la mosquée d'El-Azhar, ce haut lieu de la civilisation islamique du Moyen Age, en pénétrant à cheval dans un lieu saint, en y buvant des boissons alcoolisées puis en souillant les lieux de déjections diverses. Malgré les avis contraires de son entourage, Bonaparte accorde un large pardon, l'aman, à la masse de la population qui n'a pas bougé.

Sans illusion désormais sur l'hostilité ambiante, il a "sauvé la face" sans envenimer davantage la situation.

Il y tient d'autant plus qu'il s'apprête à gagner Suez et repérer les vestiges de l'antique canal. "Je reçus, le 2 nivôse (22 décembre), dit Larrey, l'ordre de suivre le général Bonaparte, avec son état-major, à Suez (...)." Le canal des Pharaons, tracé par Séthi Ier et son fils Ramsès II, reliait la mer Rouge à la branche la plus orientale du Nil par les lacs Amers et le lac Timsah.

D'après une inscription du temple de Karnak, il s'appelait alors "la Coupure". Sous le règne des empereurs romains, il devint "le Fleuve de Trajan" mais la navigation était intermittente. Le calife Omar Ier le fit curer et entretenir pour qu'il devienne "le canal du Prince des fidèles" jusqu'à ce qu'une révolte de la ville de Médine incite son successeur à laisser péricliter le canal afin de ruiner le commerce des turbulents Hedjazites[1].

Les caravanes ont remplacé les bateliers. Des Indes elles ramènent soieries, perles et saphirs, du Yémen café et épices vers la Méditerranée, pour Venise et Gênes. Dans l'autre sens transitent vers la mer Rouge les métaux et produits manufacturés d'Occident, riz et natron[2] d'Egypte.

Suez n'est qu'un petit port au commerce très actif aux mains des Grecs, produisant des droits de douane aussi élevés que réguliers. C'est la raison pour laquelle, depuis novembre, un détachement de la division du général Bon occupe Suez.

Le 24 décembre, Bonaparte quitte Le Caire en direction de Birket el-Hadji [le puits des pèlerins] à 30 kilomètres au nord de la "vallée de l'Egarement" qu'ont toujours évitée les caravanes. Pour se prémunir des rezzous[3] des Bédouins, une escorte forte de 100 chasseurs à cheval, 200 chasseurs à pied, une pièce d'artillerie attelée, protégera la caravane de 500 dromadaires assurant dix jours de vivres et à peine cinq jours d'eau car les guides arabes connaissent l'emplacement des puits.

Larrey amène une ambulance légère avec une caisse de matériel à pansements et de médicaments, sa trousse chirurgicale d'urgence étant toujours disposée à portée de main sur le portemanteau de son cheval. Il chevauche au milieu de l'état-major avec Berthier, Caffarelli, le contre-amiral Ganteaume et Bourrienne, secrétaire et ami intime de Bonaparte. Au milieu des dromadaires, la berline du général en chef tirée par six chevaux semble un bizarre vestige d'un Occident lointain.

Prévue au départ pour recevoir Monge et Berthollet, la voiture est bourrée de rouleaux de cartes et d'instruments scientifiques de précision, du moins les rares exemplaires sauvés des cales du *Patriote*[4] lorsque ce dernier a sombré à Aboukir. Les deux

1. Habitants du Hedjaz, chaîne montagneuse d'Arabie, surplombant la mer Rouge.

2. Carbonate de sodium cristallisé ayant les mêmes propriétés que le sel. Utilisé dans l'Antiquité pour conserver les momies.

3. Raids de pillards nomades.

4. Son épave est aujourd'hui l'objet d'explorations sous-marines, sa cargaison de matériel scientifique est partiellement renflouée grâce au concours d'EDF.

savants ont préféré, tout compte fait, voyager à cheval avec leurs amis polytechniciens J. M. Le Père, ingénieur en chef des Ponts et Chaussées, Costaz le géomètre, qu'accompagnent le chimiste Descotils et André Dutertre. Six ans de moins que Denon, Dutertre en est l'égal par la qualité et la finesse de ses dessins au trait qu'on pourrait presque prendre pour des pointes sèches. Son porte-feuille est rempli des profils de la plupart des personnalités de l'expédition. Si un décès survient inopinément, il fouille vite ses cartons et s'exclame parfois en guise d'oraison funèbre : "Quel dommage ! celui-là je ne l'ai pas, ou au contraire d'un ton rassuré "Ah ! bien, celui-là je l'ai."

Le lendemain de l'étape de Birket-el-Hadji on pénètre véritablement dans le désert que Larrey voit ainsi en ce jour de Noël : "(...) après avoir traversé une plaine immense, aride (...) nous ne découvrîmes qu'un seul arbre à notre deuxième station (c'était un if, d'une odeur désagréable et d'un lugubre aspect) (...) recouvert des haillons de ceux qui ont péri dans le désert (...) où les pèlerins s'arrêtent pour faire des prières à Mahomet." Au contraire, les caravaniers le trouvent grand et noble car, visible de très loin, l'arbre de Hamra [Djamaâţ Hecharamît] constitue un précieux repère, aussi demandent-ils à Bonaparte d'établir sa tente au-dessous afin que personne ne soit tenté de couper ses branches pour allumer le feu.

"Le chemin de ce désert était tracé, sans interruption, continue Larrey, par des ossements d'hommes et d'animaux de toute espèce. Si les cadavres y échappent aux aigles ou aux vautours qui les dissèquent très promptement, et les convertissent en squelettes, les sables et les chaleurs brûlantes les dessèchent en quelques heures, et les réduisent à l'état de momie.

(...) Nous sentîmes, dans cette traversée, l'extrême différence de la température du jour d'avec celle de la nuit, pendant laquelle le froid était si vif qu'il nous privait du sommeil. Il fallait se promener ou s'agiter sans cesse ; car à peine étions-nous au repos, que nos membres tombaient dans un état d'engourdissement. Cependant, le besoin donnant de l'industrie, nous imaginâmes de réunir en tas les ossements dont il vient d'être parlé, et d'y mettre le feu. Nous eûmes d'abord quelque peine à les allumer, mais nous parvînmes à nous en chauffer le reste de la nuit." Monge lui-même a prêté la main pour recueillir des têtes d'animaux alors que l'odeur épouvantable et les fumées âcres qui se dégagent de ce foyer insolite en ont fait fuir plus d'un.

Dès son arrivée à Suez, le premier soin de Bonaparte est d'inspecter le port, qui, au dire de Larrey, "n'est autre chose qu'un canal tortueux entrecoupé par des digues de sable qui empêchent la navigation même des plus petits bâtiments". Au mouillage, un seul caboteur venu de Pondichéry. Bonaparte ordonne des travaux défensifs et reçoit en même temps les représentants du Yémen et du Hedjaz arabique dont il souhaite une bienveillante neutralité.

De son côté, Larrey, durant cette seule et même journée, a organisé un hôpital de cinquante lits pour la nouvelle garnison et prescrit à ses officiers de santé de strictes précautions d'hygiène et de prévention car il a aperçu dans le désert plusieurs tribus de Bédouins en état de misère physiologique, en proie aux attaques de l'affreuse maladie qu'est la lèpre.

Le lendemain, 28 décembre, escorté par un détachement de cavalerie, Bonaparte décide de visiter les "sources de Moïse", situées à une vingtaine de kilomètres de l'autre côté de la mer Rouge, où l'attend une délégation du monastère du mont Sinaï qui désire inscrire son nom sur leur livre d'or "(...) à la suite d'Ali, de Saladin et d'Ibrahim (...)" et le remercier de les avoir exonérés de tout impôt ou droit de douane.

Larrey et les officiers l'accompagnent à cheval et traversent sans peine le gué à marée basse pour retrouver les savants qui ont préféré utiliser une felouque. La journée durant, la petite troupe visite ce lieu légendaire d'où sourd par plusieurs orifices une eau saumâtre qui permet une maigre végétation de buissons et de palmiers attirant gazelles et autruches.

Le livre d'or des moines du mont Sinaï. Coll. J.-B. Q.

"Le général Bonaparte fit faire un cinquième puits qui fut rempli d'eau comme les autres en moins de quatre heures. Les Arabes vivent dans des cabanes faites de roseaux ou de tiges de maïs, ont une très mauvaise farine qu'ils pétrissent à l'eau froide pour en faire des espèces de biscuits cuits au soleil." Les femmes et les enfants ? "Ces créatures sont plus malheureuses que les bêtes sauvages avec lesquelles elles habitent."

Monge se livre à de nombreuses observations et en déduit que la "fontaine de Moïse" représente un remarquable phénomène "d'hydrostatique" qui fera l'objet d'un mémoire à l'Institut et d'une publication dans *La Décade égyptienne*.

Survient pour Larrey un premier incident. Son cheval arabe s'avère ombrageux à l'usage, finit par s'emballer, emporte son cavalier au loin. Rapidement désarçonné, Larrey chute, reçoit un coup de sabot au-dessus du sourcil gauche et s'évanouit. Quand il revient à lui, il se retrouve seul dans le désert, à la nuit tombante. Il ne peut que panser la plaie avec son mouchoir et tâcher de retrouver à pied le campement. Là-bas, le retour du cheval sans son cavalier a donné l'alarme. Très inquiet pour son chirurgien, Bonaparte a envoyé à sa recherche des guides arabes qui le ramènent épuisé, soutenu de part et d'autre.

Emu par l'état de son ami, Bonaparte s'attache à ce qu'il soit étendu sur son propre lit de camp sous sa tente et, malgré la tombée de la nuit, retarde l'heure du départ jusqu'à ce qu'il ait récupéré ses forces. Encore insiste-t-il pour que Larrey ne remonte pas à cheval mais rentre à Suez par la felouque ; il l'y accompagne en le soutenant par le bras et le confie à Monge et Berthollet avec les plus extrêmes recommandations. Cette grande marque de sollicitude, qui a profondément touché Larrey, l'attache plus encore au général et fera date entre les deux hommes.

Ce qui ne devait être qu'une excursion d'agrément risque de tourner au drame.

La nuit est à présent complète et empêche de discerner la rapide montée de la marée. La felouque est désemparée par les tourbillons et manque de sombrer plusieurs fois :

"Nous avons passé en allant la mer Rouge à gué. Le retour faillit nous coûter la vie", estime Larrey qui a l'expérience des navigations difficiles. Bonaparte et ses cavaliers mesurent eux aussi le péril lorsque les chevaux ont perdu pied et commencé à nager avec difficulté.

En tête les chasseurs désemparés s'affolent et ne rient plus. Pas autant qu'au dîner où ils se sont amusés à enivrer d'eau-de-vie les guides arabes qui maintenant ne verraient rien même de jour.

Les chevaux s'enlisent ; gêné par sa jambe de bois, Caffarelli glisse de son cheval, manque de se noyer en perdant sa prothèse et n'est sauvé *in extremis* que par deux cavaliers.

"Serions-nous venus ici pour périr comme Pharaon ?" s'inquiète Bonaparte, qui a de l'eau jusqu'à la selle.

Dieu merci, quelqu'un trouve le passage pour gagner la terre ferme, et la troupe rentrera à Suez sans perte. Pour rassurer les siens, Bonaparte ajoute, avec une pointe d'humour noir :

"Caffarelli en fut quitte pour sa jambe de bois ; ce qui lui arrivait du reste toutes les semaines !"

Après une journée de repos, le gros de la caravane se dirige au nord-ouest vers Adjeroud. Bonaparte et ses compagnons, dont Larrey, piquent au nord vers la pointe des lacs Amers afin de repérer les vestiges de l'ancien canal. Quelques heures de parcours sur les sables se sont écoulées lorsque Larrey entend Bonaparte interpeller Monge, qui chevauche aux côtés du général :

"Monge ! mais nous sommes en plein canal !" – en fait, à la tête des anciennes digues.

Pendant cinq heures, ils en suivent facilement les traces avant d'arriver aux lacs Amers.

Le *Courrier de l'Egypte* va pouvoir titrer : "Ces traces furent effectivement retrouvées, le général Bonaparte les reconnut le premier, la troupe marcha quatre lieues dans le canal même."

"Les ruines du canal des deux mers sont bien marquées. Les deux berges sont éloignées de vingt-cinq toises[1]. Un homme à cheval est caché et couvert au milieu du canal", ajoutera le général, qui charge l'ingénieur Le Père de revenir plus tard afin d'établir les indispensables relevés géodésiques[2].

Il est grand temps de regagner Le Caire par la prochaine étape de Belbeis.

Le désert de nouveau, les horizons sans limites que Bonaparte montre du doigt à Larrey et à Monge.

"Que pensez-vous de ceci, citoyen Monge ?

— Je pense que si jamais on voit ici autant de voitures qu'à l'Opéra, il faudra qu'il se soit passé de fameuses révolutions sur le globe."

1. Une toise équivalait à près de 2 mètres.

2. Le Père retournera au canal le mois suivant. Malgré l'absence d'instruments de précision et la menace constante des Bédouins, il ne commettra qu'une erreur de 10 mètres sur le niveau respectif des deux mers. Il préconisera un canal direct à écluses, sans emprunter le Nil, géré par une compagnie indépendante. Son mémoire sera à la base des travaux de F. de Lesseps.

Larrey, qui a des projets plus immédiats, est impressionné par le charme et la variété des propos inattendus de Bonaparte, insensible à la chaleur, son habit bleu bien boutonné sur la poitrine. On évoque, bien sûr, la poursuite des Hébreux par Pharaon et le passage de la mer Rouge, mais aussi Alexandre le Grand toujours accompagné dans son itinéraire par des savants ou des géographes afin de mesurer l'ampleur de ses conquêtes. Son aventure n'a cessé de fasciner l'esprit de Bonaparte.

L'état-major a appris que le sultan de Constantinople envoie une puissante armée en direction de la Syrie pour reprendre l'Egypte. Une nouvelle campagne va donc s'ouvrir.

Larrey connaît suffisamment le général pour se douter qu'il va prendre les devants et remonter en Syrie affronter les Turcs sur la même route qu'empruntaient jadis les pharaons pour arrêter les envahisseurs. Durant cette monotone traversée du reg[1], il réfléchit.

"Les moyens de transport furent le premier objet de mon attention ; car il ne suffisait pas de panser les blessés sur le champ de bataille, il fallait encore les mettre hors de l'atteinte des Arabes, et les soustraire aux horreurs de la faim et de la soif auxquelles ils auraient été exposés, si l'on n'avait été prompt à les enlever ; il s'agissait à cet effet d'employer les chameaux, seules montures du pays, et de rendre les moyens de transport aussi commodes pour les blessés que légers pour ces animaux."

Par une singulière similitude de pensée qu'explique le commun réalisme de leurs caractères, Bonaparte envisage de son côté l'utilisation militaire des dromadaires. Impressionné par la rapidité, l'endurance, la merveilleuse adaptation de cet animal aux exigences du désert, le général en chef a décidé de créer, dès son retour au Caire, un régiment de cavalerie d'élite mobile et puissamment armé.

Avec son langage imagé, l'armée le baptisera "régiment des Dromadaires".

1. Forme de désert caillouteux.

XIII

LE RÉGIMENT DES DROMADAIRES

Pour Magali

Aux questions de Larrey, Geoffroy Saint-Hilaire a répondu, en naturaliste averti :

"Vous verrez, cher ami, quel animal étonnant est le dromadaire !"

En cette saison d'hiver, il peut résister six jours à la soif car il urine peu et ne transpire qu'au-delà de 40° ; les 15 kilos de graisse contenus dans sa bosse lui permettent de perdre sans dommage un tiers de son poids au cours d'une longue randonnée. Monté par un cavalier, il parcourt plus de 200 kilomètres par jour dans le sable grâce à ses pattes palmées et, même si vous le chargez lourdement, 250 kilos par exemple, il accomplira sans peine 70 kilomètres.

De retour à son hôpital, Larrey a pris le parti de transformer ses ambulances volantes hippomobiles lentes, s'ensablant facilement, en structures rapides, souples et légères, en un mot adaptées au désert de Syrie qu'il faudra bientôt traverser. Remplacer le cheval par le dromadaire, s'adapter au pays et au climat, telles sont les données du problème. La simplicité de la réponse est à la hauteur de l'intelligence de conception de Larrey.

"Je fis construire cent paniers, deux par chameau, disposés en forme de berceau, que l'animal portait de chaque côté de sa bosse, suspendus par des courroies élastiques. Leur construction était telle, qu'ils ne gênaient ni sa marche, ni ses mouvements : ils avaient pourtant assez d'étendue, au moyen d'un prolongement à bascule, pour porter un blessé couché dans toute sa longueur." Comme le montrent les dessins et planches de Larrey, il faut entendre sous le terme de paniers l'équivalent de corbeilles d'osier en palmes tressées assurant la circulation de l'air. Le couvercle rabattable muni d'une cale protège le malade du soleil tout en permettant également l'aération. Des garnitures

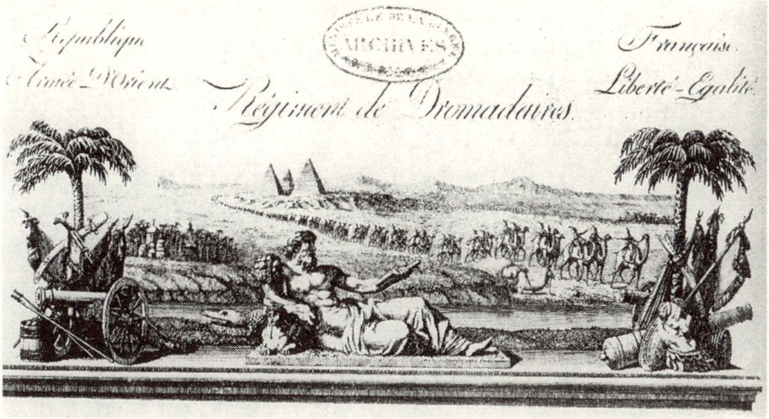

Le régiment des Dromadaires. Musée de l'Empéri, Salon-de-Provence.

en toile de coton garnissent les parois. Déroulées et fixées elles isolent le malade du froid nocturne ou au contraire d'une attaque de vent de sable. Confortablement installé sur matelas et oreiller, le blessé tient entièrement dans la corbeille s'il se tient en chien de fusil ou utilise la planchette à bascule, tenue par une tringle à crémaillère, s'il désire étendre ses jambes. Autre avantage pour un blessé, l'absence de fortes secousses due à la douceur avec laquelle le dromadaire se relève en déployant ses 2 mètres de haut ou s'agenouille docilement à la parole. Les nausées sont fréquentes, dues au tangage créé par le pas particulier de l'animal, aussi Larrey a-t-il toujours auprès de lui un flacon de laudanum[1] dont il distribue quelques gouttes, parfois à Bonaparte lorsqu'il est incommodé.

A peine rentré de Suez, le général en chef concrétise le projet qui lui tient à cœur depuis qu'Eugène de Beauharnais et le capitaine comte de Colbert ont expérimenté devant lui la monte des dromadaires. Par ordre du jour du 9 janvier 1799, Bonaparte ordonne la création d'un régiment d'élite de deux escadrons de quatre compagnies de cavalerie montées sur dromadaires, soit cinq cents hommes en tout.

Chaque compagnie comprend une soixantaine d'hommes commandés par trois officiers, dont les ordres sont transmis par un trompette. Tous sont recrutés parmi les meilleurs éléments de l'armée, commandés par le colonel Cavalier, soldés comme les guides de l'escorte personnelle de Bonaparte. Comme ce dernier

1. Teinture alcoolique d'opium, soporifique, calmante, anti-nauséeuse.

veut les utiliser à la fois comme estafettes, escortes, éclaireurs et agents de renseignements sur l'ennemi, il demande à l'intendance : "Je veux surtout que cette tenue n'ait aucun rapport avec nos uniformes français. Tâchez de la rendre aussi originale que cette cavalerie l'exige."

La réponse vient de l'ami François, fraîchement nommé maréchal des logis-chef dans le corps des "Dromadaires" pour qui Larrey est loin d'être un inconnu. "Au corps de dromadaires, chaque soldat était monté sur un de ces animaux. Cet animal, très doux, avait une selle qui entravait sa bosse, sanglée à l'estomac et aux flancs. En place de bride, un licol garni de drap bleu ciel. Il avait sur le nez un morceau de fer attaché à une des courroies du licol. (...) Aux vicieux, on mettait une courroie dans la narine, correspondant à une des rênes ; deux grandes sacoches étaient de chaque côté de la selle et pouvaient contenir des vivres pour huit ou dix jours pour le dromadaire, et pour quinze ou vingt jours pour le cavalier.

Celui-ci était coiffé d'un turban blanc avec un panache de plumes noires d'autruche, un dolman[1], une ceinture comme les hussards, où beaucoup de nous passaient des pistolets, sans compter ceux dont les fontes de la selle étaient garnies. Notre pantalon était large, à la mamelouk, en toile de coton ; nos bottes étaient en maroquin jaune.

Pour arme, nous possédions un fusil à la dragon, un sabre (...) porté à la mamelouk avec des cordons de soie rouge. (...) Beaucoup parmi nous avaient des damas plus ou moins bons et riches. Cette tenue était la petite ; pour la grande nous avions une tunique d'un drap bleu de ciel, boutonnée devant avec des boutons blancs. Les manches étaient rouges avec une espagnolette[2] sur chaque épaule."

Larrey est prêt à affronter la nouvelle campagne que tout prédit difficile et périlleuse ; aussi a-t-il adressé à tous les chirurgiens de l'armée ses dernières directives concernant l'organisation des nouvelles ambulances dromadaires, la conduite à tenir pendant et après les combats, la disposition des hôpitaux de campagne durant la progression des troupes.

Il se sait d'autant mieux écouté par ses confrères qu'il vient d'obtenir de Bonaparte une décision d'assimilation de grades jusqu'ici vaguement envisagée mais jamais réalisée par une intendance obstinée à garder la main sur le Service de santé.

1. Veste à brandebourgs, de cavalerie.
2. Etoffe de laine alors fabriquée en Espagne.

Les médecins de première classe assimilés aux commandants, ceux de deuxième ou troisième classe aux capitaines, sont assurés d'obtenir un brevet qui authentifie leur situation, les intègre officiellement dans les cadres de l'armée avec une solde régulière. Au milieu de l'agitation, du tumulte des préparatifs, Larrey vient de susciter une véritable révolution professionnelle au bénéfice de ses jeunes confrères, élèves ou amis.

Un de ceux qu'il estime le plus, envers lequel il est très attaché est Masclet, le chirurgien-chef d'Alexandrie, dont la correspondance s'avère pessimiste. En effet, depuis septembre dernier, Masclet suspecte une épidémie de peste, s'en ouvre à Larrey comme à Marmont qui commande la place. Les mesures d'isolement et de désinfection prises par ce dernier portent temporairement leurs fruits, malheureusement la dernière lettre de Masclet, datée du 30 janvier, annonce l'entrée à l'hôpital de 91 pestiférés, dont 31 sont décédés, parmi eux 5 médecins de la marine et de nombreux infirmiers. Un règlement stupide oblige les médecins du lazaret à demeurer enfermés dans les locaux des contagieux s'en pouvoir en sortir, autant dire que leurs jours sont comptés.

Ils le savent, sans que cela les décourage d'accomplir leur mission :

Je désire que mon sacrifice personnel puisse être de quelque utilité à ceux dont l'existence nous est confiée.

Quant au danger, je ne le calcule pas, c'est le moyen de ne pas le craindre.

Salut et fraternité,

MASCLET

Bouleversé et inquiet, Larrey s'en ouvre à Desgenettes qui a reçu également des rapports alarmants en provenance de Damiette et Mansourah.

Tout concorde, la peste se propage dans le delta du Nil.

Aussitôt prévenu, Bonaparte ordonne à l'intendance de faciliter les mesures préventives que Larrey diffuse à tous les chirurgiens militaires pour assurer leur survie :

"Il faut être vêtu, en entrant dans le séjour des malades affectés de peste (...) d'une tunique de toile cirée (...) où on aura mis un peu de vinaigre. Il faut avoir pour chaussures des sandales ou des sabots vernissées en dehors avec l'esprit de térébenthine, (...) se laver les mains avec du vinaigre, se couvrir le visage d'un masque de toile trempée dans le vinaigre. Pour le chirurgien qui panse et opère (...) en faisant le pansement il doit tremper souvent ses mains dans le vinaigre. (...) Au sortir de l'hôpital, il faut (...) changer tous les vêtements, en mettre promptement de nouveaux (...) laver ses instruments avec l'eau-de-vie (...) faire brûler au fur et à mesure tous les linges et charpie qui auront servi aux pansements. (...) Il ne faut pas négliger surtout de porter les cheveux les plus courts possibles et de se les laver avec de l'eau et du vinaigre, car il est à remarquer que tous les corps capillaires et poreux, tels que la laine, les poils, etc., sont très propres à humer les miasmes délétères[1]."

Se basant sur l'observation de Baldwin, ancien consul d'Angleterre à Alexandrie, Desgenettes confirme à Larrey que les porteurs de jarres d'huile ne sont jamais contaminés et tous deux recommandent vivement les frictions d'huile à titre préventif. Pour l'instant on n'est sûr que de l'extrême contagiosité d'une maladie difficile à diagnostiquer car polymorphe dans ses traductions cliniques.

Quoi de commun en effet entre la peste bubonique, inflammation des ganglions de l'aine ou de l'aisselle, hautement fébrile avec délire hallucinatoire, et la peste pneumonique à toux sanglante qui tue en deux à quatre jours comme la peste noire hémorragique, ou pire, la peste sidérante décrite par Larrey : "Le vice pestilentiel agit quelque fois avec une telle force que l'individu qui promène se trouve renversé comme d'un coup de foudre" ?

Ces difficultés ou incertitudes diagnostiques se ressentent dans les rapports médicaux qui affluent au Caire où Bonaparte, préoccupé du moral de l'armée, défend que l'on parle de "peste" mais de "maladie". Si Desgenettes, diplomate, s'y plie, Larrey d'esprit entier s'y oppose et profite de quelques jours de répit avant le départ en Syrie pour écrire à son ami Masclet, le féliciter et lui apprendre que Bonaparte lui offre une récompense de 600 francs[2] avec citation à l'ordre de l'armée.

"Que sont devenus les prisonniers anglais de la frégate échouée devant Alexandrie il y a quelques jours ?" demande Masclet.

Larrey entame des recherches qui le mènent aux cachots de la citadelle du Caire pour découvrir les malheureux entassés sans

1. Le bacille de la peste ne fut découvert qu'en 1894, presque cent ans après, puis la chaîne de transmission : du réservoir de virus essentiellement constitué par les rats, mais aussi chiens et dromadaires, à la puce. Infectée à son tour, celle-ci devient agent vecteur vis-à-vis de l'homme.
2. Environ 12 000 francs.

hygiène, sans air ni lumière, malades pour la plupart. Indigné de cet état de fait, il court chez le général en chef plaider leur élargissement. Bonaparte n'est pas dénué d'humanité, les preuves abondent, et puis comment résister à ce Pyrénéen tenace, obstiné, qui tient tête à quiconque dès qu'il se sent dans son bon droit ?

"J'obtins du général en chef Bonaparte, et contre la volonté du général gouverneur de la citadelle du Caire, le renvoi en Angleterre de l'équipage et de l'état-major d'une frégate anglaise qui avait échoué sur la côte d'Alexandrie et que Dupas faisait languir dans les souterrains de la citadelle. Je regrette d'avoir oublié le nom du capitaine de ce vaisseau, qui me rendit l'important service de porter à ma femme quelques secours pécuniaires que je lui remis sans en vouloir de reçu ; la somme fut exactement rendue à Mme Larrey peu de jours après l'arrivée de ces Anglais à Londres." Avec un paquet de lettres qu'il lui rédige deux à trois fois par semaine. Il n'oublie pas Elisabeth, les Anglais se souviendront de la chevaleresque humanité de Larrey.

La division Reynier, régiment des Dromadaires en tête, forme l'avant-garde de l'armée de 13 000 hommes qui marche vers la Syrie. D'un pas lent mais régulier, les dromadaires se dirigent vers Salahieh, au nord-est du Caire, pour rejoindre la côte méditerranéenne. Nous sommes le 23 janvier 1799, pour les soldats de la République le 4 pluviôse an VII. Pluviôse ! Quelle ironie des mots, quelle dérision des circonstances !

Ici ce ne sont que chaleur et soif, sables brûlants et mouvants. On avance à la boussole pour ne franchir que 20 kilomètres par jour car il n'y a plus trace de piste au milieu des dunes. On a donné six paquets de cartouches et quatre jours de vivres mais oublié de distribuer des bidons pour les provisions d'eau. Les dromadaires portent le bois, la paille, le fourrage, quelques-uns des outres d'eau où peuvent à peine se désaltérer les soldats munis de chalumeaux.

"L'on nous dit que Bonaparte s'occuperait sans délai de conduire une partie de son armée sur de nouveaux champs de bataille, et comme on parlait de la Syrie[1], tous les soldats brulaient de voir un pays si connu par les hauts faits du Christ et des croisés."

Les croisades ! Le mot est lâché par les soldats avec la justesse du bon sens populaire. Il ne s'agit plus d'une croisade religieuse, spirituelle pour délivrer les Lieux saints mais bien au

1. On appelait alors "Syrie" un ensemble regroupant Palestine, Israël, Jordanie, Liban et l'actuelle Syrie.

Cavalier dromadaire.

contraire d'une croisade politique franco-arabe contre l'Empire ottoman. L'armée a parfaitement compris le sens profond de cette nouvelle expédition dont Bonaparte ne fait d'ailleurs pas mystère. Les premières tentatives d'islamisation des Français ont laissé trop de sceptiques de part et d'autre, c'est une carte dont il convient de se défausser pour jouer l'atout majeur de l'arabisme. Mieux que d'autres, les "Dromadaires" estafettes s'en aperçoivent lorsqu'ils reçoivent du quartier général des dépêches à l'adresse du sultan du Maroc, des deys ou beys d'Alger, de Tunis, Tripoli, du chérif de La Mecque, des sultans du Soudan, d'Oman. Ils ne s'étonnent pas davantage quand le courrier s'adresse à Tippoo Sahib, sultan de Mysore au sud de l'Inde ou au chah de Perse. Les sympathies qui se nouent, les appuis qui se précisent entre le général français et le monde arabe n'ont pas échappé aux espions de "l'Etat sublime" comme se qualifie sans modestie le gouvernement turc. Déjà affaibli par son immensité, l'Empire ottoman se sent contourné, bientôt encerclé par les menées de Bonaparte. L'alliance avec l'Angleterre une fois resserrée, Constantinople, "le Seuil sublime" [antichambre du Paradis ?], envoie une armée forte de 50 000 hommes renforcer la grande place forte de Saint-Jean-d'Acre[1], seul verrou à opposer à la petite armée française.

Comme tous les membres de l'état-major, Larrey enfourche son dromadaire au petit matin du 10 février. Par Belbeis, Koraïm, il arrive deux jours après au rendez-vous de Salahieh où l'on pense rejoindre l'avant-garde de Reynier. Celle-ci a dû s'avancer jusqu'à El-Arich contenir les troupes du pacha de Damas renforcées par les mamelouks rebelles d'Ibrahim Bey. Larrey apprend que l'affaire[2] s'est soldée par 20 morts et 300 blessés. "Aussitôt je demandai au général en chef la permission de me détacher du corps d'armée pour me rendre auprès d'eux. Je profitai du départ d'une compagnie de cavaliers dromadaires, pour être escortés dans les déserts que nous traversâmes en trois jours et trois nuits. Je fis cette route pénible, monté moi-même sur un dromadaire. (...) Nous eûmes beaucoup à souffrir de la soif et de la fatigue."

Un triste spectacle l'attend près du fort d'El-Arich qui vient de se rendre aux Français : les nombreux blessés gisent sans abri alors que, oh ! miracle, le temps est devenu froid et pluvieux, le sol humide. Il demande à ses infirmiers d'édifier rapidement des cabanes de palmes tressées qui serviront d'hôpital de campagne et trie les blessés dont les blessures sont les plus graves, opère sans relâche avec l'aide des autres chirurgiens de la division pour tenter de sauver les malades du tétanos ou de la gangrène qui sont apparus.

"Nous étions au dépourvu d'aliments légers, et de viande pour la confection du bouillon. Cette dernière nourriture était néanmoins indispensable à l'existence de ces blessés. Quoique les Français n'eussent pas encore fait usage de la viande de chameau, j'en demandai au général Reynier. Ma demande fut accueillie, et le général donna l'ordre que les chameaux, hors d'état de

1. Aujourd'hui Akko, non loin d'Haïfa.

2. Nom couramment donné à l'époque pour bataille, combat.

servir à cause de leurs blessures, fussent consacrés à la nourriture des malades.

Le bouillon et la viande de ces animaux étaient nourrissants et assez agréables au goût."

La plupart des blessés sont ainsi amenés à la guérison mais Larrey est en face d'une réalité qu'il redoute depuis deux mois et envers laquelle il dispose de peu de moyens. En visitant l'intérieur du fort d'El-Arich, il découvre une quinzaine de blessés turcs abandonnés par les leurs dans des souterrains obscurs, gisant sur des nattes pourries, recouverts de vermine. Leurs plaies sont gangrenées, mais infiniment plus grave est la présence de plusieurs malades porteurs de bubons pestilentiels en voie de suppuration. "Tous ces signes étaient suffisants pour me prouver l'existence de la peste parmi les troupes de cette garnison ennemie." Il prévient Bonaparte, incise les bubons, panse les blessures des Turcs avant d'organiser leur isolement. Les cadavres d'hommes et de chevaux sont ensevelis au loin, tous les haillons et objets infectés des Turcs sont immédiatement brûlés. Larrey fait aménager des petits feux de soufre dans les différents appartements afin de brûler également "les insectes nombreux qui y étaient répandus[1]" et demande qu'on blanchisse les murs à la chaux afin que les meilleures conditions d'hygiène soient offertes au détachement qu'on y laissera.

La division d'avant-garde repart, mais dans quelles conditions ! "Notre artillerie ne peut avancer, car elle s'enfonce dans le sable jusqu'aux essieux. Il nous faut traîner les pièces à bras, corvée à laquelle toute la division est employée. (...) Des ordres sont donnés de se procurer ce qui est nécessaire pour emporter de l'eau. Faute de ressources, nous nettoyons les boyaux des moutons et des chèvres qui nous avaient été distribués et, la veille de notre départ, nous les remplissions d'eau. Plusieurs sous-officiers et soldats en avaient des aunes[2] en sautoir ; mais cette eau devint imbuvable." La meilleure solution reste d'aller, le chalumeau à la main, boire aux outres portées par les dromadaires quand on a la chance de les apercevoir car le khamsyn, vent de sable brûlant, disperse les dunes et rougit les yeux. Même la fraîcheur de la mer auprès de laquelle on est arrivé n'apporte pas de soulagement : "Des soldats, pour apaiser la soif qui les dévorait, se sont jetés dans les flots ; plusieurs ont péri et

1. Observation princeps de Larrey concernant les rapports possibles entre les insectes et la peste.
2. Ancienne mesure de longueur valant 1,20 mètre.

d'autres, ayant bu une grande quantité de cette eau salée, et ne pouvant supporter le feu qu'elle leur avait mis dans le corps, se sont brûlés la cervelle." Grâce à sa perspicacité le général Reynier apporte le salut. Apercevant non loin un bois de dattiers, il creuse le sable et trouve de l'eau ; chacun l'imite et découvre ainsi sa citerne personnelle en peu d'instants. De même, les palmiers sont coupés, fendus, et la sève tendre qu'on trouve à l'intérieur s'avère aussi rafraîchissante que nourrissante. Une fois rétablis, les Français se redécouvrent gourmets : "La cime du palmier est tendre et ressemble pour le goût à l'amande de la noisette."

A El-Arich, on attend toujours l'arrivée de la division Kléber et du gros de l'armée avec Lannes et Bon. "Notre position sur des monticules de sables brûlants, le manque de tout nous rendaient fort inquiets. Les chevaux et chameaux, jeûnant ainsi que nous, crevaient, et leurs carcasses décharnées nous servaient de nourriture." Une attaque de la cavalerie mamelouke tourne à son désavantage et la capture de leur campement permet de ramener une caravane de cent cinquante dromadaires chargés de vivres et munitions sans compter la ceinture de leur chef, Gazy Bey, lourde de mille pièces d'or[1]. "Les Turcs cessent le combat (...) leur opinion étant qu'une fois le soleil couché, tout ce qui vit doit l'être. Quant à nous, les vingt-quatre heures que comprend le jour et la nuit étaient autant d'heures de combat et de gloire", s'écrie François.

Le 18 février, l'armée s'est entièrement réunie sur les dunes qui séparent El-Arich de la mer.

Après quatre jours de repos, l'avant-garde, division Kléber cette fois, s'ébranle pour faire étape près du village de Kan-Younès au très beau puits d'eau douce de Raphaël où deux colonnes de granit d'un seul bloc de 10 mètres indiquent les limites de l'Afrique et de l'Asie et annoncent la route de Jaffa à Saint-Jean-d'Acre.

Apercevant au lointain les coteaux verdoyants de la Palestine, les anciens d'Italie pensent revivre le rêve que leur avaient apporté les riches plaines lombardes.

A travers les nuages de sable que laisse retomber le khamsyn à présent apaisé, au milieu des brumes marines qui montent lentement, comment pourraient-ils discerner le spectre sinistre de la mort noire qui marche à leur rencontre ?

1. Cent quarante mille francs.

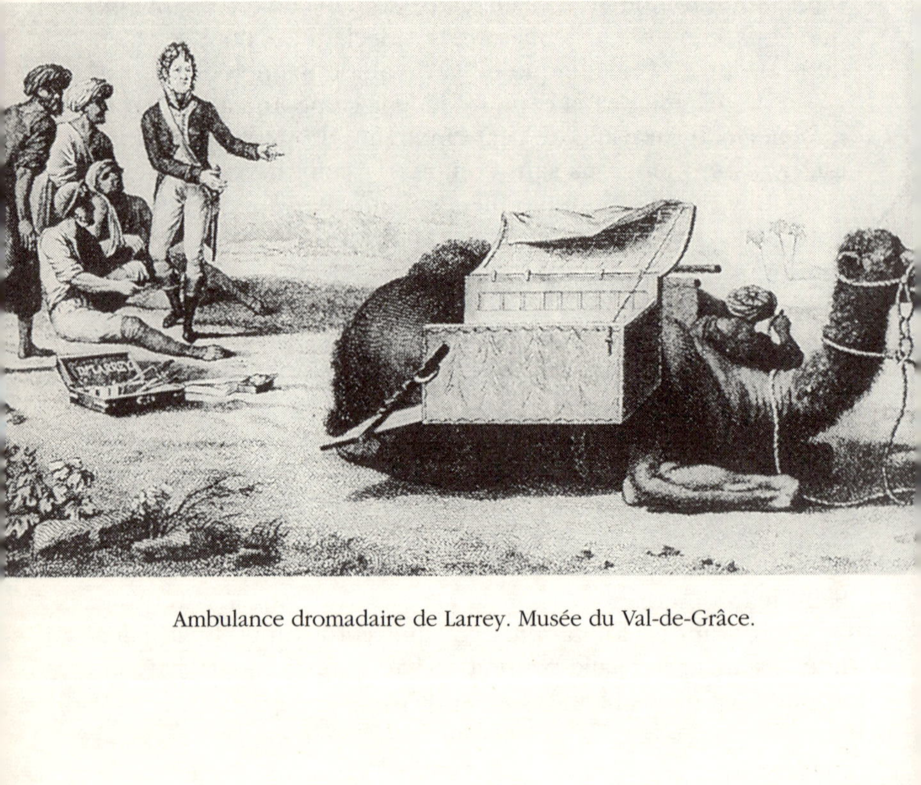

Ambulance dromadaire de Larrey. Musée du Val-de-Grâce.

XIV

LA MORT NOIRE

Cris de joie et acclamations ont salué l'arrivée de Bonaparte au sein de ses soldats.

Il leur parle des légions romaines qui, soumises aux mêmes misères, en étaient venues à manger leurs sacs de peau ! ("Encore en avaient-elles", s'écrie un facétieux au milieu de l'hilarité générale.)

"Nous sommes partis gaiement, en chantant des hymnes qui retentissaient dans ces mêmes vallons où les croisés européens faisaient entendre les cantiques de la foi chrétienne. (...) L'amour de la liberté, la gloire de la Patrie, provoquaient dans nos cœurs l'élan qui chez nos aïeux faisait naître l'espoir de conquérir le Saint-Sépulcre et l'ardent désir de faire triompher la religion du Christ."

Dans un registre différent, leurs pensées rejoignent celles de Bonaparte.

Saint-Jean-d'Acre une fois tombée, se dit-il, la porte de Constantinople est ouverte.

En soulevant les Druzes puis les chrétiens maronites, en les renforçant des légions maltaise, copte, grecque, noire levées en Egypte, sera alors compensée l'érosion des effectifs due aux maladies et à la nécessité d'échelonner de petites garnisons sur le parcours. Cette armée d'élite ne craint pas les combats à un contre six, voire contre dix, que peuvent opposer les Turcs. La maîtrise du Bosphore assurée, rien n'empêchera plus de se mettre dans les pas d'Alexandre le Grand, redescendre vers la Mésopotamie, gagner les rives de l'Indus et tendre la main aux révoltés hindous de Tippoo Sahib. La route des Indes définitivement coupée étranglera mortellement l'économie britannique.

Tout concourt à cet optimisme ambiant. "Gaza, dit Larrey, vint offrir les clefs de ses portes et de ses tours au général en chef.

Le Khamsyn, vent du désert, par H. L. Fischer. Coll. N. Bahu, Athènes.

Cette ville, si célèbre dans l'antiquité, est entourée de campagnes riantes, bien cultivées, et de forêts immenses d'oliviers." Il y installe sans tarder un petit hôpital destiné davantage à des malades qu'à des blessés car le nombre de fiévreux à caractère pestilentiel augmente dangereusement. L'armée reste insouciante, heureuse d'avoir trouvé à Gaza de la nourriture fraîche et abondante, des citrons pour parfumer les boissons et des munitions en abondance.

Par Ashdod, on arrive à Ramleh où deux couvents catholiques sont aménagés par Larrey en hôpitaux de 300 lits. Le chirurgien qu'on y laisse a déjà 200 malades à soigner.

Le 3 mars, les tours de Jaffa[1] sont en vue, le siège est établi.

Bonaparte envoie un parlementaire. Pour gagner une ville qu'il considère comme "une bicoque", autant économiser le sang des soldats en exigeant une reddition immédiate. La tête dégoulinante de sang du parlementaire, fichée sur une pique, apparaît bientôt sur un rempart, son corps est jeté à la mer : cette réponse barbare a été vue de toute l'armée dès lors en proie à une indignation féroce. A un assaut furieux succède une résistance opiniâtre, d'atroces combats de rue puis le massacre de la garnison traduit par François :

"Aussi, quand nous en prenions, nous ne leur faisions point grâce. Ils étaient fusillés ou passés par nos baïonnettes, qui étaient aiguisées de la pointe à la douille."

Larrey a établi son ambulance dans une tranchée près des remparts et observe que plusieurs blessés présentent en outre des tumeurs bleuâtres suspectes aux aines. Tout l'attriste et l'accable ; pour la première fois, il comprend avec effroi qu'une boucherie aveugle peut remplacer de loyaux combats. "Je me dispenserai de parler des suites horribles qu'entraîne ordinairement l'assaut d'une place. J'ai été le triste témoin de celui de Jaffa.»

Avec ses collègues, il opère, panse, soigne 242 blessés qu'il évacue dans un vaste couvent sans négliger une vingtaine de femmes blessées qu'il traite plusieurs jours de suite. De son côté, Desgenettes a ouvert un second hôpital où affluent les "fiévreux".

"Je me refusai à prononcer jamais le nom de peste", dit-il, fidèle en cela aux consignes de Bonaparte. Sur le plan psychologique, ce mensonge officiel soigneusement entretenu est bénéfique car les malades peuvent garder l'espoir de guérir, le reste de l'armée conserver l'insouciance d'un moral élevé.

1. Tel-Aviv.

Larrey, en homme de pratique, observe que sur dix malades frappés de peste, cinq à huit en meurent malgré le courage et le zèle qu'il accorde à Desgenettes. A ce rythme, toute l'armée risque de périr par ignorance du péril : "Que l'on ne croie pourtant pas que le nom de peste ait beaucoup effrayé nos soldats. Ils étaient trop accoutumés à recevoir sans émotion toutes sortes d'impressions. Leur sensibilité morale et physique était, pour ainsi dire, émoussée par les chocs divers qu'elle avait reçus dans les pénibles campagnes qu'ils avaient déjà faites. Il eût donc été à désirer que, dès les premiers jours de l'invasion de la peste, on eût présenté au militaire, toutefois sous les couleurs les moins défavorables, le vrai caractère de cette maladie ; on aurait diminué le nombre des victimes, au lieu que le soldat, imbu de l'opinion qui fut d'abord répandue, que cette maladie n'était pas pestilentielle, n'hésitait pas, dans le besoin, de s'emparer et de se couvrir des effets de ses compagnons morts de la peste : *le germe pestilentiel ne tardait pas alors à se développer chez ces individus qui subissaient souvent le même sort*[1]."

Pendant la traversée de la Méditerranée, Larrey avait lu la relation de la peste de Marseille de 1720 et il se rappelle que Chirac, alors médecin du Régent, avait érigé en dogme que cette prétendue fièvre maligne n'était point contagieuse jusqu'à ce que les rues jonchées de 50 000 morts lui apportent un démenti tragique. Larrey s'échine à exiger que les bivouacs de l'armée soient établis hors de la ville, qu'on brûle dans les rues les vêtements, objets, débris divers abandonnés par les Turcs et susceptibles d'être contaminés. A son grand déplaisir, on lui annonce la visite de Bonaparte au quartier des contagieux. Doit-il la considérer comme le point d'orgue à mettre sur cette politique de l'autruche ?

Allant de lit en lit, Bonaparte questionne chaque malade, plaisante avec lui et le réconforte ; arrivé au milieu de la salle, il s'arrête et, durant une heure et demie, discute avec Larrey, Desgenettes et les médecins-majors des conditions de salubrité, d'organisation à améliorer. Cette visite se prolonge trop, estiment les médecins. Dans un milieu aussi dangereux, on ne peut se permettre d'exposer davantage la tête de l'armée, celui sur qui tout repose, aussi l'entourage se déplace-t-il de façon à le conduire discrètement vers la sortie.

La manœuvre allait réussir lorsque Bonaparte aperçoit un infirmier soulevant un pestiféré dont les vêtements sont encore

1. Nous soulignons la prémonition bactériologique de Larrey.

souillés de pus. Sans que personne puisse le retenir, le général s'élance, prend le malade dans ses bras, presse un bubon pour extraire le pus, puis laisse terminer l'infirmier[1].

Pour Desgenettes, c'en est trop ; il pousse Bonaparte vers la porte.

"Qu'avez-vous fait, général, n'avez-vous pas mesuré le danger ?

— Mais je ne fais que mon devoir, ne suis-je pas le général en chef ?"

L'exploit fait le tour de l'armée après avoir déclenché l'enthousiasme des officiers de santé, bien que l'on reproche à Desgenettes son apparente légèreté. "Ceux qui me blâment le connaissent bien peu, dit-il en parlant du général, s'ils croient qu'il est des moyens faciles de changer ses résolutions ou de l'intimider par quelque danger."

Bonaparte veut aussi se rendre dans les salles des blessés où sévissent quelques cas de peste. En bougonnant comme il sait si bien le faire, en hochant la tête, Larrey obéit mais désapprouve cette imprudence et s'arrange pour écourter au mieux cette visite qu'il juge intempestive comme Daure, le commissaire de guerre, qui a assisté à toute la scène.

Le soir venu, Larrey dresse le bilan de ses journées, réfléchit, collige ses fiches, classe ses observations ou autopsie les morts récents pour percer le mystère de ce qu'on ignore.

Il accumule les faits bien vérifiés. Douze à quinze décès quotidiens prouvent le caractère épidémique et contagieux ; si la maladie débute par une forte fièvre, un état délirant, un purpura[2] charbonneux, les bubons n'ont pas le temps d'apparaître car la mort survient en moins de vingt-quatre heures. Si au contraire les bubons se manifestent en premier, donnent une bonne suppuration et si la fièvre ne s'allume qu'au bout de deux jours, le pronostic est bien meilleur. "Il est probable aussi que ce germe pestilentiel agit à la manière de quelques autres virus, tels que la petite vérole, la rougeole et la scarlatine. (…) Pendant la campagne de Syrie, j'ai voulu rechercher, jusque dans les entrailles des morts, les causes et les effets de la peste." D'un corps

1. Dans le célèbre tableau de Gros, *Bonaparte visitant les pestiférés de Jaffa* (salon de 1804), exposé au Louvre, le général indique du doigt l'aisselle du pestiféré d'un geste quelque peu théâtral, comme l'imposait l'académisme pictural de l'époque. Une esquisse de Gros, ayant appartenu à Larrey, montre Bonaparte prenant le malade à bras-le-corps pour l'aider à se soulever.

2. Hémorragies sous-cutanées se manifestant par des taches "pourpres", lie-de-vin, d'où le nom de peste noire.

parsemé de purpura, il dit : "(...) il exhalait une odeur nauséabonde que je ne supportais qu'avec la plus grande peine (...) le grand épiploon [repli du péritoine] jaunâtre et marqueté de taches gangreneuses ; les intestins étaient boursouflés et de couleur brunâtre ; l'estomac affaissé et gangrené (...) la vésicule pleine d'une bile noire et fétide ; les poumons, d'un blanc terne, entrecoupés de lignes noirâtres (...) les bronches, remplies d'une liqueur roussâtre et écumeuse."

Ces recherches ne sont pas sans risques ; Betheil, le jeune chirurgien qui a aidé Larrey à pratiquer cette autopsie, contracte la peste et mourra quelques jours après !

Saint-Jean-d'Acre, l'ancienne forteresse des croisés, est toujours une place forte redoutable avec sa double rangée de remparts, ses bastions étagés, ses grandes tours d'angle. Bâtie sur une presqu'île, les trois quarts de ses murs solides baignent dans la Méditerranée, le seul accès terrestre est défendu par un profond fossé inondé, renforcé par les marécages adjacents. Au sud, le mont Carmel ; à l'est Nazareth et le mont Thabor.

Régiment des Dromadaires en tête, l'armée y parvient le 20 mars 1799, transportant aussi, sans que certains le sachent alors que d'autres ne le savent que trop, les "germes pestilentiels". Le siège est aussitôt établi, les premières tranchées creusées pour abattre la "Clef de la Palestine" mais du général au soldat, chacun mesure en silence la difficulté à réussir, les périls à endurer, le temps à gaspiller.

Djazzar Pacha, le "Boucher" de Saint-Jean, n'est pas qu'un barbare. Si cet ancien esclave originaire de Bosnie a assis son pouvoir de la Galilée jusqu'à Naplouse en Samarie, c'est bien par la terreur. En affectant d'obéir au sultan de Constantinople, il mène un jeu personnel qui lui permet de contrôler tout le commerce régional, de rançonner aussi bien les pèlerins de La Mecque que les chrétiens de Palestine en se présentant comme leur commun "protecteur". Prévenu de l'avance de Bonaparte, il a considérablement renforcé ses retranchements ainsi que son artillerie lourde, admirablement conseillé par deux Occidentaux, Sir Sydney Smith et Phélippeaux.

Le commodore Smith est un gentleman accompli autant qu'un audacieux marin.

En 1793, il est le responsable de l'incendie de l'arsenal et de la flotte de Toulon ; il dirige actuellement, au nom de Sa Majesté, le blocus des côtes égyptiennes. Avec ses deux vaisseaux de haut bord, le *Tigre* et le *Theseus*, il assure les approvisionnements de Saint-Jean depuis Rhodes ou Chypre et tient les côtes sous le feu de ses batteries.

Phélippeaux est d'un tout autre genre. Condisciple de Bonaparte à Brienne, officier d'artillerie comme lui, il a émigré, déjà porté les armes contre les siens. Depuis qu'il a favorisé l'évasion de Smith, incarcéré à Paris à la prison du Temple, il est devenu son âme damnée.

Larrey a établi son hôpital avancé dans les anciennes écuries de Djazzar. Séparés de la ville par un petit bras de mer, les malades seront protégés des tirs. Rien pour les coucher, sinon de méchantes nattes de jonc, pas de couvertures ni de vinaigre, ni de médicaments en quantité suffisante. Larrey est furieux après Royer, le pharmacien chargé d'acheminer ces fournitures depuis Le Caire.

"Mais qu'a-t-il pu donc faire de ce matériel ?"

En cours de route, Royer n'a rien trouvé de mieux que de décharger les dromadaires, vendre les produits pour les remplacer par liqueurs, vins fins, primeurs qu'il a revendus également !

Il est promis au conseil de guerre, qui le livrera au peloton d'exécution. Larrey, bon prince, s'en émeut : "Le général en chef pouvait lui faire grâce, mais il n'y songeait pas. Je me rendis en toute hâte auprès de lui et le suppliai d'épargner le prévaricateur, par considération pour les officiers de santé, si ce n'est pour lui même.

— Eh bien, soit ! Larrey, je vous le livre ; faites-en ce que vous voudrez. Mais que je ne retrouve jamais cet homme nulle part, entendez-vous ?"

En cherchant çà et là, on arrive à retrouver un peu de linge, de la charpie ; Bonaparte donne son vin aux malades. Larrey et Desgenettes établissent également deux hôpitaux à l'arrière, l'un au château de Chefamer pourra recevoir 600 malades, l'autre à l'ermitage du mont Carmel précédera l'évacuation des blessés pour l'Egypte.

Ses arrières assurés, Larrey retourne aux combats qui s'éternisent. Les assauts français n'entament pas la résistance des assiégés qui se permettent même d'opérer de fréquentes sorties. Il place son ambulance centrale à 60 mètres des remparts, la dirige en personne lors de chaque attaque, secondé par tous les officiers de santé qui ont l'ordre de s'y rendre dès qu'ils entendent "tousser" les canons.

Les assauts se succèdent depuis huit jours, en vain. Caffarelli, le général du génie, harangue ses sapeurs pour qu'une brèche soit creusée à la mine dans la tour est, la plus facile d'accès. Bonaparte et son état-major piétinent dans la tranchée d'approche. Rien n'y fait, les grenadiers sont fusillés à bout portant par la précision des tirs, leurs échelles d'assaut renversées. Le soir, les Turcs descendent dans les fossés, décapitent morts ou blessés puis exposent leurs têtes en haut des remparts afin d'horrifier les soldats français qui jurent en retour de ne plus jamais faire de quartier.

Au lieu d'apprendre l'arrivée de la grosse artillerie de siège qui manque cruellement car elle seule viendrait à bout des retranchements fortifiés de l'"infâme traître" Phélippeaux, ce sont les mauvaises nouvelles qui s'accumulent. Les vivres manquent et on subsiste grâce aux apports des Druzes et des maronites, au prix fort toutefois. Les munitions s'épuisent de même ; Bonaparte en est réduit à faire ramasser les boulets ennemis par ses soldats, en leur disant qu'ils seront payés selon le calibre du boulet, comme le raconte François : "Moi et mes camarades, nous allions au dessous des batteries de la place et sur le rivage narguer l'ennemi, leur demandant de nous envoyer des boulets. (...) L'ennemi, ayant eu connaissance de ce commerce, tirait moins malgré nos provocations. (...) Moi, j'y allais plus par fanfaronnade que par besoin. J'ai toujours eu ce caractère d'entreprendre des choses extraordinaires et périlleuses. (...)"

C'est le résumé parfait de l'esprit public de cette "armée de frères" qu'aime tant Larrey, dont il partage les peines et les joies.

Devant la recrudescence des cas de peste, il se décide à adresser le 22 mars une circulaire à tous les chirurgiens de l'armée afin d'unifier et de codifier partout le traitement prouvé par l'expérience : "Je vous prie, messieurs, de vouloir bien me rendre compte, tous les cinq jours, du nombre des malades qui se trouvent dans vos corps respectifs, du caractère de la maladie régnante, de sa marche et de sa terminaison : (...) veuillez y mettre la plus scrupuleuse exactitude. L'expérience m'a appris que les vomitifs, administrés dès l'invasion de la maladie (...) produisent de très bons effets (...) mais remarquez bien que presque toujours la saignée générale est mortelle dans cette maladie. (...) il faut mettre le malade à l'usage d'une tisane acidulée avec le citron ou le vinaigre, entretenir le ventre libre (...) les amers en décoction, que vous trouverez en grande quantité dans cette contrée (...) conduisent ordinairement les malades à la guérison, lorsqu'ils en sont susceptibles.

(...) Si ce sont des bubons, il faut seconder la nature par tous les moyens connus, pour en accélérer la suppuration, tels que

(...) les cataplasmes d'oignons de scilles[1], qui abondent dans ce pays et qu'on applique très chauds, (...) si la collection des matières a lieu, il faut se hâter de lui donner issue par une large incision, (...) il faut aussi soutenir les forces du malade, par l'usage des amers et du café. (...) Si, au lieu des bubons, il se manifeste des charbons pestilentiels, (...) il faut les scarifier profondément, emporter les escarres autant que possible, et appliquer immédiatement, dans les incisions, quelques acides concentrés (...)."

Citron, vinaigre, jacinthe, café et bistouri, Larrey se contente des moyens du bord et y trouve bien souvent le succès !

Mais s'annonce déjà une nouvelle "affaire" : 4 000 cavaliers turcs descendus de Damas pour aider les assiégés de Saint-Jean-d'Acre ont contourné le lac de Tibériade, traversé le Jourdain pour se heurter à Nazareth aux 400 hommes de Junot, détachés par Kléber pour leur barrer la route. Larrey arrive, après avoir parcouru au galop les 40 kilomètres de distance. Il assiste à la manœuvre des petits carrés français, à l'efficacité de leur feu qui disperse la cavalerie ennemie ; ce combat, qu'il compare à celui des Thermopyles, cause une vingtaine de blessés aussitôt pansés dans le couvent de Nazareth qu'il a transformé en hôpital. Du haut des défilés qui commandent la plaine, Kléber a tout vu mais surtout compris qu'il ne s'agit que d'une escarmouche. Le pacha de Damas revient, cette fois avec 30 000 hommes. Kléber, après en avoir averti Bonaparte resté à Acre, redescend vers la plaine, s'infiltre avec ses 2 000 hommes entre le mont Thabor et la rive droite du Jourdain. L'ambulance avancée de Larrey est établie à Cana en prévision de la bataille.

Le 16 avril à 6 heures du matin, la petite division Kléber formée en deux carrés affronte les charges de 20 000 cavaliers turcs. A un contre quinze, il faut économiser les munitions, conserver courage et sang-froid pour ne tirer qu'à bout portant, oublier la soif car le Jourdain est tenu par l'ennemi. A 1 heure de l'après-midi, la situation devient sans espoir, les anciens d'Allemagne ou d'Italie ne se sont jamais vus entourés d'une pareille multitude ennemie mais, abrités par un rempart de chevaux et cavaliers morts, ils épaulent méthodiquement, visent juste et ne peuvent qu'attendre le coucher du soleil qui les délivrera des incessantes charges turques.

Tout à coup, le canon se fait entendre au lointain vers le nord, puis une nouvelle salve encore ! Le doute n'est plus permis : c'est Bonaparte qui arrive, il vient les délivrer et les prévient

1. Jacinthe sauvage.

ainsi ! Il débouche en effet par le nord pour fermer la tenaille que Kléber tient encore au sud. Drapeaux déployés, tambours en tête battant la charge, les troupes de renfort avancent en deux carrés qui, avec ceux de Kléber, forment un triangle équilatéral au centre duquel l'ennemi se trouve pris entre trois feux. Les bicornes dressés au bout des baïonnettes sont agités en signe d'allégresse, les applaudissements crépitent, cette fois c'en est fait des Turcs. Leur armée, partout annoncée comme "aussi innombrable que les étoiles du ciel et le sable de la mer", est déconcertée, se décompose, fuit vers le Jourdain par l'étroit pont de Jacob tenu par Murat. Les fuyards sont sabrés, beaucoup sautent dans le fleuve en crue et s'y noient.

Cette victoire du mont Thabor consacre le triomphe de la stratégie de Bonaparte mais aussi de la ténacité de Kléber à qui vont, ce soir, tous les hommages, à commencer par celui du général en chef. Verdier, le second de Kléber, annonce à tout l'état-major que sa femme "les prie à souper ce soir" à Nazareth. Quand on le prévient, Larrey ne peut s'empêcher de sourire, car il sait que Bonaparte a déjà succombé au charme de Mme Verdier, la belle Italienne aux yeux noirs, et qu'ils se connaissent… au sens biblique du terme !

Elle a pu suivre son mari car elle est cantinière officielle, très populaire dans l'armée, bien reconnaissable dans son élégant uniforme bleu foncé à revers rouges du 7e *bis* de hussard. Encore à Cana, Larrey termine ses pansements, surveille les évacuations vers le couvent de Nazareth. Chez Mme Verdier, l'heure de passer à table est arrivée : Bonaparte, qui n'aime pas attendre, s'avance, s'apprête à s'asseoir lorsqu'il s'aperçoit de l'absence de Larrey et déclare alors qu'il ne dînera pas sans lui.

"Citoyen-général, lui dit-elle, Larrey est encore auprès de ses blessés, vous savez bien que les médecins n'ont jamais d'heure !

— Non, madame, qu'on envoie un aide de camp le chercher !"

Une heure se passe, tout le monde l'a attendu. Si le chambertin de Bonaparte a pu se chambrer, la fricassée de poulet, son mets favori, risque fort de brûler.

"Ce ne fut, dit Larrey, qu'à mon arrivée qu'on se mit à table. Le général Bonaparte me fit asseoir à sa droite et Mme Verdier à sa gauche. C'est une nouvelle preuve de l'estime particulière et de l'amitié dont ce grand homme m'honorait."

A Nazareth, les Français ont été bien accueillis par les habitants obligés d'habiter des "grottes et labyrinthes troglodytes pour se protéger des persécutions des tyrans". Larrey voit aussi "une colonne brisée où Marie était appuyée, dit-on, lorsqu'un prétendu envoyé de Dieu lui annonça la conception du roi des juifs, cette colonne fut coupée dans la suite par les Turcs dans l'espoir de trouver dans son épaisseur un trésor".

Le surlendemain, l'armée retrouve Saint-Jean-d'Acre, les mêmes assauts infructueux, la même résistance opiniâtre des assiégés, la profusion de blessés dont les jours sont doublement comptés car la peste se développe chez eux avec prédilection.

Larrey court d'un bout à l'autre des remparts, opère sans relâche au pied de la brèche sous le feu de l'ennemi, reçoit une seconde blessure par coup de feu[1]. Il continue néanmoins son service, sous les acclamations des soldats et de ses confrères.

"On peut (...) se figurer tout ce que nous avons eu à souffrir pendant le siège de cette ville. Je n'y ai jamais goûté un instant de calme et de parfait repos. Il fallait être sans cesse à l'ambulance, ou en marche du camp à la tranchée, de la tranchée à l'hôpital, ou occupé à parcourir les divisions ou nous avions presque autant de blessés et de malades qu'à l'ambulance. Ce siège a produit environ deux mille blessés. En général toutes les blessures étaient graves, doubles ou triples, et reçues de fort près. Il fut fait soixante-dix amputations (...)." Ce sont les "fusils de rempart" qui créent les plus graves blessures car leur calibre impressionnant en fait de véritables petites pièces d'artillerie légère.

Le général Caffarelli du Falga, le populaire "père La Béquille", en a été victime : marchant le poing sur la hanche pour trouver son équilibre dans la tranchée, seul son coude gauche a dépassé et une grosse balle lui a causé un fracas avec désordres articulaires profonds. Avant de partir pour Nazareth, Larrey propose l'indispensable amputation que Caffarelli réclame et subit sans émettre la moindre plainte.

Dès son retour, Larrey s'inquiète de l'état du général auquel il est vivement attaché, comme Bonaparte qui lui rend visite deux fois par jour. Alors que l'état du moignon est satisfaisant, que le malade demande la lecture de la préface de Voltaire à *L'Esprit des lois*, se développe au treizième jour une fièvre d'infection profonde. Il meurt trois semaines après l'amputation, victime d'un abcès du foie ouvert dans la cavité péritonéale comme l'observeront à l'autopsie Larrey et Desgenettes. "Toute l'armée versa des larmes sur la tombe de ce digne compagnon

1. Blessure mentionnée dans les états de service de Larrey, probablement légère puisque non invalidante.

du général Bonaparte, déclare Larrey, et mes regrets pour lui seront éternels. Il m'honorait de son estime et de son amitié ; il avait même conçu le projet de faire améliorer le sort de la chirurgie militaire. (...) l'autopsie (...) fit connaître la véritable cause de la mort, à laquelle l'amputation, quoi qu'on en ai dit, était étrangère."

Chaque jour augmente les soucis de Bonaparte. Les effectifs de la troupe diminuent régulièrement et bientôt ce sont les généraux qui manquent à l'appel. Bon, atteint d'une balle dans la vessie, refuse par crainte de la douleur l'opération projetée par Larrey et meurt. Arrighi, cousin de Bonaparte, reçoit une balle dans le cou, le sang jaillit en saccades par les deux orifices de l'artère carotide externe perforée. Par son intelligence et sa présence d'esprit, le canonnier Pélissier le sauve en enfonçant ses index dans les plaies et suspend l'hémorragie. Larrey arrive, pratique les ligatures sur le blessé blafard, en quasi-syncope, et le guérit. "Pendant mon opération une boîte de mitraille éclata sur nos têtes, et, par une sorte de miracle, aucun des biscaïens[1] ne nous atteignit." Par contre, le chapeau de Larrey, resté à terre, est criblé de balles. Eugène de Beauharnais, le fils de Joséphine, a la tempe droite labourée par une balle qui lui brûle la peau et les muscles superficiels. Duroc, l'ami intime de Larrey, présente une grave blessure de la face externe de la cuisse droite avec dilacération musculaire, rupture de vaisseaux et de rameaux nerveux. Avec patience, méthode, minutie, Larrey nettoie la vaste plaie, excise les fragments désorganisés, débride les étranglements, suture, reconstitue et sauve Duroc de l'amputation. Sauvé également Auguste de Colbert, blessé aux deux cuisses de la même balle tirée à bout portant par le Turc qu'il avait sabré en voulant protéger Murat. Lannes est donné comme mort par ses soldats. Une balle logée derrière l'oreille le laisse inanimé pendant un assaut. Pour ne pas le voir décapité par les Turcs, ses hommes le traînent par les pieds sur 200 mètres vers l'ambulance où Larrey le réanime et a la joie de constater que la balle n'a fait que glisser le long du crâne et pointe sous la peau de l'occiput.

En dépit de l'insalubrité des camps, de la pénurie de médicaments, du climat lourdement humide dont se plaint Larrey, il a la satisfaction de voir ses malades évoluer dans l'ensemble vers une guérison favorable. Il les évacue en Egypte sans difficulté majeure, 800 par le désert, 1 200 par mer, dans les meilleures conditions.

1. Balle de mitraille de gros calibre.

La mouche bleue de Syrie est devenue une surprenante alliée malgré la répugnance naturelle qu'elle inspire. Les vers qu'elle pond dans les plaies causent des démangeaisons agaçantes mais, constate Larrey, "malgré l'importunité de ces insectes, ils ont accéléré la cicatrisation des plaies, en abrégeant le travail de la nature, et en provoquant la chute des escarres celluleuses qu'ils dévoraient[1]".

Pour la seconde fois, Bonaparte le récompense. Par lettre du 9 floréal (28 avril), Daure, le commissaire ordonnateur, le lui apprend :

Le général en chef, citoyen, satisfait des services que vous rendez journellement à l'armée, voulant vous donner une marque de sa satisfaction, me charge de vous prévenir qu'il vous accorde une gratification de deux mille livres que vous pourrez toucher à votre volonté au Caire ou à Paris. (...) Soyez persuadé que le général en chef ne pouvait choisir un intermédiaire qui s'acquittât de cette commission avec plus de plaisir que moi.

Un mauvais vent chaud venu du désert agite les vagues qui frappent les remparts d'un rythme barbare. Son haleine de feu exhale une brume lourde et plombée qui transporte jusqu'ici les effluves méphitiques du royaume des morts.

Le baiser maudit de la peste noire vient d'entraîner 86 décès à Jaffa, 55 à Gaza en cinq jours. Médecins et infirmiers y ont été exterminés. A l'hôpital du Mont-Carmel, proche d'Acre, 54 morts en quinze jours. L'intrépide François, qui est de tous les assauts et se couvre de gloire chaque jour, laisse deviner son découragement :

"La peste étendait ses ravages parmi nous et nous remplissait d'une sombre terreur. Cette maladie, qui régnait depuis quelque temps déjà, devenait d'autant plus terrible que l'infection des cadavres des Turcs et de nos malheureux frères d'armes qui pourrissaient dans les fossés augmentait de jour en jour. (...) Nous avions constamment nos mouchoirs sous le nez, cette odeur épouvantable nous empêchait de boire et de manger pendant ces vingt-quatre heures."

Survient à ce moment, de façon on ne peut plus opportune, l'acte de Desgenettes qui est aussitôt largement connu de l'armée entière.

"Il paraît que le médecin en chef s'est inoculé la peste, dit-on partout sous les tentes du camp.

1. L'utilisation d'asticots, dans le même but, était prévue dans l'officielle Nomenclature des pharmacies hospitalières jusqu'au milieu du XXe siècle.

— Et voyez-vous, les amis, il ne lui est rien arrivé !

— Si Berthier, le chef d'état-major, a cité ceci dans l'ordre du jour, on peut y croire dur comme fer !"

Davantage élément de propagande destiné à remonter le moral de l'armée, à appuyer la position de Bonaparte, que véritable tentative médicale, l'auto-inoculation de Desgenettes alimente autant les bavardages que le mutisme agacé de Larrey. Que s'est-il passé ?

"Ce fut pour rassurer les imaginations et le courage ébranlé de l'armée, raconte Desgenettes, qu'au milieu de l'hôpital je trempai une lancette dans le pus d'un bubon, appartenant à un convalescent de la maladie au premier degré, et que je me fis une légère piqûre dans l'aine et au voisinage de l'aisselle, sans prendre d'autres précautions que celles de me laver avec de l'eau et du savon. (...)"

Larrey ne dit rien publiquement. Pour ne pas désavouer un confrère éminent au savoir reconnu, qui, au fond, a les mêmes soucis d'hygiène que lui. N'a-t-il pas vu Desgenettes ramasser dans les souterrains fangeux les vêtements des malades, leurs sacs, leurs chapeaux et les jeter aux feux qu'il avait lui-même allumés ? De retour sous sa tente, Larrey, note, pour s'en souvenir : "Des Genettes ne s'est pas inoculé la peste à Acre. Il en a fait le simulacre en essuyant une lancette imprégnée de pus sur son bras[1]."

Quoi qu'on dise, quoi qu'on fasse, le moral se détériore de jour en jour.

On sait désormais que la grosse artillerie de siège, seule capable d'enfoncer la place, a été capturée par la Royal Navy ; les assauts sont aussi meurtriers qu'inutiles, les ravages de la peste vont croissant. Bonaparte sent que le moment de lever le siège est arrivé, comme celui de voir ses rêves orientaux s'évaporer. Il prévient Larrey d'évacuer ses 550 blessés, Desgenettes ses 250 "fiévreux".

Larrey se fâche tout rouge quand il apprend qu'il n'y a plus de dromadaires porte-brancards car 300 de ses malades ne peuvent être évacués que couchés. L'ordonnateur lui propose quelques chevaux et des ânes.

"Ce n'est pas assez, crie-t-il, j'en préviens le général en chef !

— Comment faire ? demande Bonaparte à Larrey.

1. Si cet acte est réel, il s'agit d'une piqûre superficielle, sitôt désinfectée au savon. Le pus est celui d'un convalescent, riche en anticorps. Cela n'enlève rien au courage physique de Desgenettes, et suppose en outre qu'il avait pressenti la thérapie moderne par sérum de convalescent.

— Général, il n'y a pas d'autres ressources pour ces malheureux que de leur donner les chevaux de l'état-major…

— Comment, comment, les chevaux de l'état-major ! Y pensez-vous ? Et les miens aussi peut-être ?

— Oui, général, les vôtres aussi."

C'est Larrey qui donne les ordres sur un ton déterminé mais persuasif ! La première surprise passée, Bonaparte prescrit la réquisition de tous les chevaux de l'état-major, y compris les siens, pour les affecter au transport sanitaire. Larrey a encore gagné sur l'administration et surtout sur Bonaparte, ce qui n'est ni facile ni habituel. Il n'en éprouve que davantage d'admiration : "Le général en chef marcha longtemps à pied comme toute l'armée."

Lors d'un dernier combat, François est blessé : "(…) je reçois cinq coups de sabre au bras et à la tête, l'un d'eux me décolle la peau du front qui me tombe sur l'œil droit. Je tombe, (…) au moment où j'essaie de me relever, une bombe éclate au dessus de moi et un éclat me casse le bras gauche. (…) Des camarades (…) malgré le danger, viennent à mon secours, m'entraînent et me conduisent à l'ambulance. J'y suis pansé par le chirurgien en chef Larrey, qui me remets le bras et me recoud la peau du front. On manquait de charpie et l'on se servait de coton."

Dans la nuit du 20 au 21 mai, commence la retraite après que l'artillerie ait copieusement arrosé la ville pour donner le change aux assiégés. Larrey, à pied, marche cette fois à l'arrière-garde pour s'assurer qu'aucun blessé ne sera égaré : "C'est à cette précaution que j'ai dû la satisfaction de n'en pas laisser un seul en Syrie." Les souffrances de l'armée sont à leur apogée pendant cette retraite de Syrie. Chaque homme subsiste grâce à quelques galettes de biscuits, un peu d'eau douce, l'eau saumâtre étant réservée au renouvellement des pansements. François, "le bras en écharpe, le front cousu, la tête couverte de coton" témoigne de l'émouvante solidarité qui unit l'armée, depuis Bonaparte qu'il voit marcher à pied jusqu'aux troupiers : "Malgré la situation des plus critiques où nous nous trouvions, les soldats malheureux se soulageaient les uns les autres. Comme beaucoup de blessés, j'ai du la vie à des hommes bien malheureux, eux aussi, mais qui avaient encore assez de forces pour vaincre mille périls, la faim et la soif et le sommeil." Suit son expression de magnifique fierté : "Voilà quels étaient les soldats que commandait Bonaparte." Et, alors que culmine l'épidémie de peste : "(…) la terrible maladie prenait un caractère capable de nous faire trembler si nous avions encore craint la mort."

Marche dans le désert. Illustration de Job.

Par Haïfa, Tandourah et l'antique Césarée, on arrive à Jaffa le 24 mai où l'état sanitaire est préoccupant. Larrey et Desgenettes trient les malades. Les plus graves sont évacués vers Damiette par voie maritime, les autres escortés vers Le Caire à travers le désert.

Reste le cas douloureux des pestiférés en phase terminale. Si on les laisse, ils seront mutilés, décapités par les Turcs ; si on les emmène, ils mourront sûrement en route, car inaptes à affronter les aléas de l'évacuation. Devant l'état désespéré de certains[1] pestiférés grabataires, en proie au délire, aux souffrances de l'agonie, on prétend que Bonaparte, ému de leur condition, se serait interrogé devant Desgenettes sur l'indication d'une euthanasie par administration d'une dose élevée d'opium. Le médecin-chef aurait répondu avec hauteur que son rôle est de prolonger la vie et non de l'abréger. Devant la mine contrariée de Bonaparte, il déclare "se réfugier dans la reconnaissance de l'armée" avec l'effet de manche d'un héros antique qui se drape dans sa dignité offensée car, tout brillant praticien qu'il soit, Desgenettes aime bien occuper l'avant-scène.

Il y a les "dires" et il y a les faits. Larrey n'a ni à plaire, ni à déplaire, ni à se justifier, seule compte pour lui la réalité des

1. Vingt-cinq à 30 selon Desgenettes, 7 selon Larrey et le rapport officiel.

choses observées : un incendie des “magasins à fourrages, contigus à l'hôpital (...) fit périr en quelques instants le petit nombre de pestiférés mourants qui y étaient restés”. Par ailleurs l'acte d'euthanasie s'avère impossible puisqu'il ne reste plus un seul grain d'opium disponible. Enfin, pour ne pas effrayer leurs camarades, tous les pestiférés susceptibles de marcher se bandent bras et jambes afin de passer pour des blessés. Larrey le sait et dit de lui : “Le chirurgien en chef accepta la supercherie et favorisa leur marche ; pendant la traversée du désert, il ouvrit des bubons et extirpa des charbons à plusieurs d'entre eux. *Voilà l'exacte vérité, tout ce qu'on a dit de contraire est faux et calomnieux*[1]”, faisant sans doute allusion aux pamphlets diffamatoires que Sir Sydney Smith, brillant marin mué en propagandiste de basse officine, se charge de répandre en Egypte et en Europe.

Au prix de mille souffrances, l'armée traverse, en sens inverse, les mêmes pays qu'à l'aller. Sans s'arrêter à Gaza, elle gagne El-Arich puis Katieh. La plupart des malades, transportés jusqu'ici à dos d'ânes, de chevaux ou de dromadaires, peuvent enfin se reposer dans les petits hôpitaux aménagés deux mois auparavant, avant d'être évacués en navires-hôpitaux sur le lac Menzaleh en direction de Damiette. A l'arrière-garde de Kléber, Larrey veille à ce que personne ne soit abandonné. S'il n'y a plus de bête de somme, il demande aux soldats de porter leurs camarades sur deux fusils faisant office de brancards.

Arrive Mme Verdier qui a tout donné aux traînards : cheval, eau, biscuits, linge, soins, encouragements. Sa popularité est immense. Elle amène un soldat que l'on croyait perdu dans le désert. Aveuglé par l'ophtalmie purulente, ses gémissements ont attiré Mme Verdier :

“Attache-toi à la queue de mon cheval, il est doux (...). J'aurai soin de toi.”

Le soldat s'exécute à tâtons et s'écrie, émerveillé :

“Est-ce un ange qui me conduit, qui me nourrit ?

— Mais non ! c'est Mme Verdier, une Italienne, la femme de ton général.”

Du “pont des Romains” [Ras El-Kasaroum ?] à Salahieh, ce sont des rafales de khamsyn qui font suffoquer l'armée. Elles durent deux à trois heures : les pores se ferment, la peau se crispe, la respiration devient haletante, certains saignent du nez

1. Nous soulignons ce témoignage indubitable de Larrey : les pestiférés ont péri dans l'incendie et non par une euthanasie qui aurait été décidée par un Bonaparte inhumain... Ce point d'histoire a été la source de nombreuses controverses, apparemment stériles puisque Larrey livre la réponse, simple mais tragique.

même s'ils ont pris la précaution de se voiler la tête ou de l'enfoncer dans le sable, comme les dromadaires. De nombreux chevaux meurent de suffocation.

Larrey, si robuste, si résistant soit-il, tombe en syncope et pense périr. "Ces tristes tableaux dont l'image se retrace sans cesse dans mon imagination qu'elle effraye, idée jamais donnée des misères humaines. Jamais pareils faits ne sont présentés dans les campagnes pénibles et extraordinaires des Grecs, des Romains ou des Macédoniens."

Ses assistants le réaniment énergiquement puis le protègent jusqu'aux oasis de Salahieh, où, dit-il : "La vue des campagnes fertiles de Salahieh, ombragées par des forêts immenses de palmiers, l'eau du Nil, les bons aliments que nous trouvâmes et l'air pur que nous respirions, nous rendirent nos forces."

Les soldats chassent la gazelle, mets particulièrement délicat, ou l'autruche dont les plumes noires vont rafraîchir les chapeaux élimés et jaunis. Des coups de canon tirés périodiquement indiquent le sens de la marche que tracent en tête, à la boussole, les savants et leur escorte.

Le bivouac de Belbeis, à 50 kilomètres du Caire est, pour Larrey, l'occasion d'une bien curieuse observation dont personne n'avait eu connaissance auparavant.

Un soldat de la 69e demi-brigade se présente à l'ambulance crachant le sang, en proie à une toux incessante. Entre deux accès, c'est d'une voix rauque et assourdie qu'il signale de violentes douleurs dans la gorge depuis qu'il s'est jeté à plat ventre pour boire l'eau douce mais bourbeuse des lacs longeant le désert. Intrigué, Larrey cherche, dit-il, "par tous les moyens, à connaître la cause de ces accidents. En abaissant la langue avec une cuiller, je découvris la sangsue, dont la queue se présentait à l'isthme du gosier ; elle était de la grosseur du petit doigt. J'introduisis de suite la pince à pansement pour la saisir ; mais, au premier attouchement, elle se rétracta, et remonta derrière le voile du palais. Il fallut attendre une rechute pour la découvrir, et alors, avec une pince à polype, recourbée sur sa longueur, je l'arrachai du premier coup". Les mêmes cas se multipliant, il invente un ingénieux système pour anesthésier les sangsues en les attouchant avec du vinaigre dilué.

A El-Merg, à16 kilomètres de la capitale, l'ordre est donné à l'armée de se laver, de désinfecter tous les vêtements ou de brûler tout objet suspect d'amener la peste au Caire. Chacun doit se faire examiner. Bonaparte commence le premier pour donner l'exemple et réduire le risque d'une pénible quarantaine. Afin d'impressionner les esprits chagrins qui auraient pu douter du succès de la campagne de Syrie, il a soigné son entrée au Caire qu'il veut triomphale.

Musique en tête, les "Dromadaires" se dirigent vers la grande mosquée pour y déposer les trente-trois drapeaux pris à l'ennemi. Bonaparte entre au Caire par la porte Bab-el-Nasr, la porte de la Victoire, sous les applaudissements et les vivats des Egyptiens qui couvrent de palmes la rue qu'il doit emprunter. Une délégation du diwan vient à sa rencontre pour le féliciter. "Le cheik El-Bacry, le premier et le plus respecté de la nombreuse famille issue de Mahomet, offrit comme présent au général en chef un superbe cheval arabe noir, couvert d'une housse brodée d'or, de perles et de pierres fines." Ce cheval que monte aussitôt Bonaparte est tenu par un jeune esclave du cheik, un ancien mamelouk, nommé Roustan. L'armée défile ensuite devant ses camarades restés au Caire.

Leur seul aspect témoigne du drame vécu. Vêtements en lambeaux, parfois pieds nus, le visage et la peau tannés et brûlés par le soleil, les joues creuses et les yeux profondément cernés signent les souffrances endurées. Les chirurgiens en place au Caire s'avancent dans les rangs pour avoir des nouvelles de Larrey, car depuis sa syncope, une rumeur persistante l'a donné pour mort. On l'a même écrit à sa femme ! Ils aperçoivent parmi l'état-major une silhouette insolite, un genre de Bédouin drapé d'une étoffe dont la couleur écarlate rappelle peut-être son appartenance au corps de santé, serrée à la taille d'un châle de cachemire.

De sa tête noircie revêtue d'un insolite casque à la Périclès, ne brille que le blanc des yeux et des dents découvertes par un sourire facétieux.

"Eh ! l'ami ! Connais-tu Larrey ? Où est-il ? On prétend qu'il est mort !

— Non, non ! Il n'est pas mort ! Va plus loin, tu le trouveras au centre de l'armée !"

Ce n'est qu'à la vue de ses élèves inquiets courant à sa recherche que Larrey cesse sa galéjade, les rappelle, se fait connaître et leur donne une émouvante accolade.

La garnison du Caire a préparé un immense repas champêtre pour fêter et arroser le retour de ses frères.

"Votre arriéré de solde vous sera réglé dès demain !

— Vive la République ! Vive Bonaparte !

— Quelle distance avez-vous parcourue ?

— Quatre cent soixante-dix-huit kilomètres à raison de vingt-huit par jour.

— Et nos pertes ? tandis qu'on fait cercle autour des médecins.

— Cinq cents au feu, répond Larrey et parmi mes 800 blessés, 25 durant la traversée du désert.

— Et la peste ?

— Sept cents morts", précise Desgenettes.

Son propos fait le tour des tables du banquet. Avec la philosophie attristée de ceux qui reviennent de l'enfer, on traduit en argot militaire : "Ils ont épousé la veuve", mais cette fois la veuve porte encore la robe noire tenue par la broche du mauvais œil.

En remontant peu à peu les marches de la vie, Larrey et ses compagnons veulent oublier les maléfices ; il faut respirer, regarder ailleurs, se hisser au bonheur et entrouvrir les portes du paradis d'Allah pour voir couler les fleuves de lait et de miel.

Bonaparte et Larrey à Jaffa. Coll. J.-B. Q.

XV

LES DOUZE BELLES ODALISQUES

Dieu ! que la vie au Caire est devenue douce et paisible !

La chaleur est vive en cette mi-juin 1799, la splendide et bienfaisante crue du Nil n'arrivera que dans un mois mais on peut se rafraîchir dans la journée en savourant l'excellent café que sert l'apothicaire italien à l'angle de la place Ezbekyeh ou le choix d'eaux-de-vie fabriquées rue Vénitienne par le docteur Wolmar, médecin civil, en fumant d'élégantes pipes à eau posées sur leur socle en cuivre repoussé. Le soir venu, sous les ombrages des bords du Nil, on se distrait au "Tivoli" égyptien où alternent concours de billard, concerts, pièces de théâtre données par des artistes venus d'Italie.

Alors que l'abondance règne dans la ville, Larrey retrouve son hôpital dans le dénuement et la saleté. Une fois de plus, l'insouciance de l'intendance, sa volonté d'économiser sur le dos des patients a amené la dégradation du merveilleux outil qu'il a forgé. Qui plus est, on a mélangé des prisonniers anglais et turcs à des malades suspects de peste. Il prend sa plume et écrit à Daure, l'ordonnateur en chef :

L'intérêt des malades de l'hôpital et la santé comme la sûreté des prisonniers commandent impérieusement que ces deux classes d'individus ne soient pas confondues et qu'ils soient isolés. Il a été proposé des mesures pour cet objet qui n'ont pas été exécutées. Veuillez donner des ordres en conséquence.

LARREY

Sa colère envers l'administration grandit à l'annonce de la mort de la plupart de ses chirurgiens en poste dans le delta, victimes du devoir en soignant les pestiférés sans qu'aucune mesure de prophylaxie n'ait été prise à leur égard. Pour Masclet, à Alexandrie, “nous eûmes aussi la douleur de perdre en lui l’ami de l’humanité le plus dévoué, le collègue le plus zélé, et peut-être aussi le plus instruit”. Fort du crédit qu’il possède désormais sur Bonaparte, Larrey pousse la porte de son bureau et lui réclame gratifications et pensions pour les familles des confrères disparus, des ordres pour améliorer la condition hospitalière, la création d’une école de chirurgie indigène afin qu’une vingtaine de jeunes chirurgiens égyptiens, formés par ses soins, puissent relever les effectifs amaigris des officiers de santé. Bonaparte approuve tout et s’engage à soutenir Larrey dans son projet d’école en lui demandant un projet d’organisation[1]. A l’instant il le prie de suivre le quartier général aux Pyramides, au pied desquelles on va établir un camp d’observation.

Après avoir dépassé Guizah et gravi le plateau, Larrey, comme ses compagnons, est stupéfait, envoûté, par la splendeur des Pyramides “ces prodigieux monuments, dont la construction paraît remonter aux temps les plus reculés (…) [et] suppose l’existence de machines dont la méchanique sera longtemps difficile à expliquer. (…) Je parcourus toutes les sinuosités des souterrains de la grande Pyramide, et gravai, comme tant d’autres, mon nom sur la pierre qui en termine extérieurement le sommet. A raison de sa haute élévation, la montée en est aussi pénible que la visite de son labyrinthe est difficile. Je parcourus également les nombreuses catacombes qui se voient aux environs”.

Bonaparte a déjà visité les Pyramides, il ne s’agit pas d’un déplacement d’agrément mais bien d’une manœuvre militaire car ses espions ont signalé la présence de Mourad Bey dans le Bahireh, c’est-à-dire la partie occidentale du delta. Chassé de Haute Egypte par Desaix, poursuivi par Friant, l’irréductible chef mamelouk reste encore dangereux avec ses quelques centaines de cavaliers.

Le 15 juillet, une estafette dromadaire arrive d’Alexandrie, portant une dépêche dans laquelle Marmont annonce que l’escadre anglaise de Sir Sydney Smith a débarqué à Aboukir une armée de 20 000 Turcs renforcée de quelques officiers anglais. Le fort d’Aboukir est tombé, Marmont s’est vu obligé – prétend-il – de s’enfermer à l’intérieur d’Alexandrie plus facile à défendre. Pour Bonaparte, l’action est combinée avec celle de Mourad ! Il retourne dans la nuit au Caire, rassemble les trois divisions Rampon, Lannes, Murat.

1. Le projet de Larrey, en six articles, sera à l’origine de la création ultérieure de l’Ecole de santé militaire, d’abord à Strasbourg, puis à Lyon.

Larrey confie les hôpitaux du Caire à son adjoint Casabianca, désigne les chirurgiens prêts à partir, vérifie le contenu des caisses de matériel et inspecte ses ambulances.

Grâce à son énergie, son initiative, le Service de santé est, comme d'habitude, opérationnel en quelques heures. Le départ a lieu le 16 juillet, à 4 heures du matin. Le temps presse.

C'est à marches forcées, 25 kilomètres par jour, que l'armée débouche à Alexandrie le 23 juillet après avoir traversé le désert en sept jours ! Chemin faisant, Larrey a prévu un hôpital d'évacuation à Rahmanieh, dans le désert au sud des lacs, un autre à Berket non loin d'Aboukir où devrait, pense-t-il, se livrer la bataille. A Alexandrie, il a tout préparé pour assurer le tri et l'évacuation des blessés, grâce à une flottille de bateaux à fond plat pourvus de brancards, d'appareils à pansements et d'eaux-de-vie pour le réconfort des malades.

Le 25 juillet a lieu la bataille terrestre d'Aboukir dont le déroulement stratégique impressionne tous les participants. Dispersée sur une très longue ligne de dunes qui sépare la mer du lac Madieh, l'infanterie turque s'avère si vulnérable, si mal disposée que Bonaparte décide de combiner la progression de ses troupes en ligne, et non plus en carrés, avec les mouvements de cavalerie de Murat et Davout. En deux phases, les Turcs mauvais manœuvriers sont séparés les uns des autres, fusillés de face, sabrés sur les côtés par la cavalerie de Murat qui les a contournés. Ils refluent désespérément vers la mer où certains, torturés par la soif, boivent l'eau salée : "Ils restaient morts ou se crispaient ensuite ayant le ventre tuméfié." La plupart se noie. De ceux qui étaient imprudemment sortis de leurs retranchements pour couper, contre récompense, des têtes de Français, il ne reste plus rien. Un soldat s'écrie : "La mer est couverte de turbans." Sydney Smith, sur le point d'être fait prisonnier, est vivement amené à son vaisseau par ses marins. Lorsque Murat pénètre à cheval dans sa tente, le général turc Mustapha Pacha dégaine son damas. Murat l'arrête d'un coup de pistolet dans la main mais reçoit lui-même une balle dans la bouche. Pour les Turcs, 10 000 morts, 300 prisonniers. Pour l'armée d'Orient, 150 tués, 730 blessés.

Avant d'établir cette triste arithmétique, Larrey a noué son long tablier blanc qui lui tombe aux chevilles et pratiqué une quarantaine d'amputations. "Pendant la bataille, nos ambulances, distribuées sur les trois points principaux de la ligne, donnèrent les premiers secours aux blessés ; je les réunis ensuite à celle du centre, que je plaçai le plus près possible du fort. (...) Les blessés reçurent, dans cette affaire, de la part de tous les chirurgiens des corps et de l'ambulance, les secours les plus prompts et les plus efficaces : pas un ne resta plus d'un quart d'heure sans être pansé."

Dit avec naturel et simplicité, c'est un exploit d'organisation technique.

Dans son rapport à Bonaparte, Larrey, après avoir détaillé le pronostic général qui s'attache à chaque catégorie de blessés, en profite pour défendre une fois encore ses jeunes confrères :

J'ai l'honneur, citoyen général, de vous demander pour eux au moins un mois d'appointements, qui leur est indispensable pour subvenir à tous leurs premiers besoins.
Je vous prie de le leur faire payer.
Salut et respect.

Plusieurs blessés de marque lui donnent du souci.

Lannes, à peine remis de son "coup de balle" de Saint-Jean-d'Acre, a reçu une autre balle dans la jambe : pas de dégâts osseux, ni vasculo-nerveux, mais se déclare un tétanos que Larrey guérit avec difficulté en nettoyant régulièrement les orifices d'entrée et de sortie du projectile. Pour le remercier, Lannes lui offre un superbe damas garni d'or.

Murat ne peut plus parler ni manger car sa balle reçue obliquement lui a sectionné un fragment d'épiglotte qu'il a d'ailleurs recraché ; pendant trois semaines, Larrey lui injecte des liquides nutritifs par sonde œsophagienne en caoutchouc mou. L'état du général Fugières semble désespéré : un boulet a complètement désorganisé le bras droit, Larrey l'a opéré sur le sable par amputation-désarticulation immédiate en présence de Bonaparte. Fugières se soulève et murmure à l'oreille du chef : "Un jour peut-être, vous envierez mon sort" et, lui tendant un magnifique damas :

"Acceptez cette arme, dont je ne pourrai plus me servir.

— Oui, je l'accepte pour en faire présent au chirurgien en chef qui vous sauve la vie".

Et, en se relevant, Bonaparte remet la lame à Larrey en prescrivant à Berthier : "Vous y ferez graver en lettres arabes et en or, d'un côté le nom de la bataille d'Aboukir, de l'autre le nom de Larrey !"

En dépit de cette lourde amputation, pratiquée dans les pires circonstances, Fugières vivra pendant vingt ans encore.

Quant à Mustapha Pacha, son premier infirmier est Bonaparte sous la tente duquel il a été conduit. Après lui avoir offert du café, le général prend dans sa cantine un de ses mouchoirs de fine batiste et commence le pansement que finira Larrey à l'ambulance.

De retour au Caire, Bonaparte, pour célébrer cette éclatante victoire, décide de donner une fête grandiose à laquelle seront invités généraux, officiers, fonctionnaires civils, savants.

L'insistance particulière que met le général dans son invitation au chirurgien en chef intrigue d'autant plus ce dernier que des rumeurs souterraines circulent à l'état-major.

Lors d'une négociation d'échange de prisonniers, le commodore Sydney Smith s'est fait un malin plaisir de remettre aux Français une liasse de journaux tels que *La Gazette française de Francfort* et *Le Courrier français de Londres* afin de démoraliser l'armée d'Orient et susciter – qui sait ? – le départ de Bonaparte. Qu'y lit-on ? La chute de l'Italie libérée par Bonaparte deux ans auparavant, la présence des Cosaques aux frontières des Alpes, la nouvelle révolte de la Vendée, l'incapacité du Directoire aux abois à maîtriser la banqueroute de l'Etat comme l'anarchie intérieure. Comble de disgrâce : des lettres transportées par des commerçants génois et espagnols révèlent que Joséphine a succombé aux avances d'un freluquet pommadé, le capitaine Charles.

Bonaparte s'interroge : qu'est-il devenu en cette mi-août 1799 ?

Un mari trompé et ridiculisé, toute l'armée le sait et rit sous cape.

Un général en chef condamné désormais à la défensive, pis encore à l'immobilité stratégique.

Un politique perplexe : ce deuxième proconsulat en Egypte, après celui d'Italie, l'a confirmé dans son possible rôle d'homme d'Etat.

Sa décision est prise, et, comme toujours, exécutée immédiatement dans le plus grand secret. Seuls au courant : le contre-amiral Ganteaume, Berthier, Monge, Berthollet et Denon.

La grande fête du 17 août n'a pas encore commencé, il n'est que 6 heures du soir lorsqu'un message du contre-amiral annonce que l'escadre anglo-turque en sentinelle devant Aboukir a fait voile vers Chypre afin d'y refaire ses provisions d'eau. La voie est libre pendant quelques jours. Afin de donner le change, Bonaparte annonce, au cours du dîner de gala, qu'il s'apprête à inspecter les côtes de Damiette, puis se penche vers Larrey et lui murmure :

“Soyez prêt, vous aussi, cette nuit à 4 heures.

— Je puis être prêt dans deux heures, s'il le fallait, général, répond Larrey, mais si ma présence ne vous est pas indispensable, il serait peut-être plus important que je reste auprès de mes nombreux blessés.

— Vous avez raison, mon cher Larrey, vous resterez."

Personne n'est dupe. Bonaparte, connaissant l'esprit aiguisé de Larrey, sait qu'il a compris mais qu'il peut compter sur sa discrétion. Larrey, de son côté, n'est pas homme à revenir sur sa parole ou sa décision, quoi qu'il lui en coûte.

A cette heure, qui ne désirerait rentrer en France ? Par lassitude d'une situation précaire, d'un éloignement interminable, de cette Egypte même qui devient une prison dorée.

Larrey avoue : "Je partageais d'autant plus vivement ce regret que j'avais refusé en quelque sorte de le suivre ; mais je me devais à l'armée et aux nombreux blessés que j'avais dans les hôpitaux, et le général Bonaparte lui-même se félicita plus tard de m'avoir laissé auprès de son armée."

La soirée s'avance, les convives étouffent des bâillements, lorsque Bonaparte, l'esprit serein, relance la conversation en s'adressant tout fort à Monge :

"Nous avons du loisir, Monge, passons ce temps à faire de la philosophie, et pour y fournir matière, je vous raconterai mes pensées du premier âge. Le métier des armes est devenu ma profession ; ce ne fut pas de mon choix et je m'y trouvai engagé du fait des circonstances. Jeune, je m'étais mis dans l'esprit de devenir un inventeur, un Newton.

— Que dites-vous, général ? réplique Monge, nul n'atteindra à la gloire de Newton !

— Oh ! que m'opposez-vous là, monsieur Monge ? (...) Qui a fait attention au caractère d'intensité et de traction à très courte distance des actions des particules, dont nous sommes témoins journellement ? Cela ne serait-il pas (...) plus profitable à la société qu'une spéculation philosophique ? (...) mais que moi j'eusse appris aux hommes comment s'opère le mouvement qui se communique et se détermine dans les petits corps, j'aurais résolu le problème de la vie et de l'univers[1]. (...) Voilà cet autre monde, et c'est le plus important de tous, que je m'étais flatté de découvrir. D'y penser, j'en suis toujours au regret ; d'y penser me fait mal à l'âme."

Larrey et Geoffroy Saint-Hilaire n'ont rien perdu des confidences du général, ni de la profondeur de ses pensées. Cette confession inattendue signe bien le moment des adieux inavoués, leur intuition ne les a pas trompés. Il est tard dans la nuit lorsque

1. Savant atomiste ou généticien avant l'heure ?

Bonaparte raccompagne ses invités. Sans rien dire, Geoffroy lui remet un paquet de lettres pour les siens et le Muséum d'histoire naturelle. Larrey en a-t-il fait autant ? Comment justifier aux yeux d'Elisabeth ce qui est davantage le désir de rester en Egypte que le refus de retourner en France ? Ici, il a certes des malades à suivre, mais les rares assistants qui lui restent sont compétents et ont toute sa confiance. Il a "ses" hôpitaux, "son" école de chirurgie, un pays neuf où tout est à faire, où un immense champ d'observations médicales s'offre à lui. L'Institut d'Egypte ne demande qu'à publier ses travaux scientifiques à peine esquissés et le hisser ainsi au faîte de la notoriété. Perdrait-il tout cela ? Pour qui ? Pour une femme qu'il aime, à qui il est profondément attaché, mais qui ne lui a écrit que deux lettres en quinze mois alors qu'il lui en a adressé plus de quarante ? Pourquoi ce silence dont Bonaparte s'est parfois saisi pour le taquiner amicalement ?

Une des deux lettres lui a appris la naissance d'Isaure, lui qui désirait tant un garçon !

Girodet, à qui il a confié la protection de sa femme, n'est-il resté que l'ami de la famille ?

De retour chez lui, Larrey ne trouve pas le sommeil, s'agite, sent venir les prémices de sa migraine habituelle, retourne ces questions, n'y trouve que des réponses incomplètes ou insuffisantes. Bien sûr, Elisabeth peut croire qu'il est mort en Palestine… Bien sûr, le courrier passe difficilement, irrégulièrement ou est détruit par les Anglais… Peut-être sa douce Laville s'est-elle détachée progressivement de lui après une si longue absence ? A-t-il été assez tendre avec une femme aussi délicate, aurait-il dû lui dire : "J'ai fait plus que de vous aimer, je n'ai jamais cessé de vous aimer[1]" ?

Dans la moiteur de cette nuit d'été, la migraine devient intolérable et le conduit dans un mauvais sommeil agité de rêves douloureux et de réveils angoissés.

Cette même nuit, Bonaparte descend le Nil avant d'embarquer dans la soirée du 22 août sur l'ex-frégate vénitienne la *Muiron* avec Beauharnais, Lannes, Murat et les savants. Quarante-cinq jours de traversée, de chance inouïe, le mènent à bon port c'est-à-dire en face de la magnifique plage de Saint-Raphaël[2].

L'accueil délirant des Raphaëlois qui se jettent à l'eau pour escalader le bâtiment, acclamer et embrasser Bonaparte aux cris

1. Déclaration qu'aimait faire Lord Byron à chacune des femmes qu'il séduisait, en la quittant généralement au début de chaque semaine…

2. Voir, du même auteur, *Bonaparte débarque à Saint-Raphaël. Traversée depuis l'Egypte, débarquement, suites varoises*, Imprimerie nouvelle, Saint-Raphaël, 1999.

de “Vive notre Père !”, “Vive notre Sauveur !” lui fait comprendre qu’à Saint-Raphaël, il a reçu le baiser de la France.

Il n’aura plus qu’à la prendre dans ses bras en brumaire.

“Le général Bonaparte partit pour la France à l’insu de l’armée”, note Larrey sur son journal. D’abord désappointée, désorientée, par le départ de son chef, elle reprend sa bonne humeur en apprenant la nomination du populaire général Kléber à sa tête. Elle sait bien qu’une fois en France, Bonaparte ne l’oubliera pas mais, aux bivouacs, on ne l’appelle plus désormais que le général “Bonattrape” !

Dans les hôpitaux, Larrey est satisfait des améliorations apportées par Kléber qui réunit régulièrement la Commission de salubrité publique. Il dresse la liste des invalides à rapatrier en prenant toute précaution pour éviter la propagation de la peste non seulement à leur retour en France mais encore en Egypte même.

La relative tranquillité de cet automne 1799 est mise à profit pour mettre en forme son retentissant *Mémoire sur le tétanos traumatique* qu’il pourra présenter à l’Institut d’Egypte en sa qualité de membre titulaire, élu dans la section de physique depuis le 4 juillet dernier. Les balles employées par les Turcs sont de très gros calibre et présentent des aspérités, des ergots, qui entraînent de profondes dilacérations tissulaires propres à favoriser l’apparition du tétanos. Devant la fréquence de cette complication, Larrey s’aperçoit rapidement de l’inanité des dogmes en cours, de l’inefficacité des traitements jusqu’ici proposés. Son long mémoire de trente-huit pages analyse scrupuleusement les symptômes, remarque – le premier – la propagation du tétanos sur le trajet des nerfs, sa fréquence plus grande à partir d’une plaie par arme à feu, plus rare par arme blanche.

De même observe-t-il que si la plaie devient, au huitième jour, sèche et douloureuse au lieu de donner une franche suppuration, le pronostic est généralement fatal. “Je n’oserai hasarder aucune explication sur le défaut de communication au cerveau du principe morbide des nerfs affectés.” La conséquence thérapeutique apparaît lumineuse devant “l’irritation déterminée par la présence de corps étrangers, et le reflux de matières purulentes, causes ordinaires du tétanos”. Il faut donc d’emblée débrider largement la plaie, en assurer la toilette, y appliquer caustiques ou vésicatoires pour “rappeler” la suppuration. “Je me suis convaincu depuis, que le cautère (…) appliqué immédiatement sur la plaie qui a déterminé le tétanos, produit de très bons effets." En face de grands fracas des membres, il s'interroge s'il "ne vaudrait pas mieux emporter par l'amputation le membre blessé au moment où les accidents du tétanos se déclarent, que d'attendre des ressources de la nature et de remèdes très incertains, la guérison qui a lieu si rarement". En ajoutant, avec la modestie de l'homme de science : "Qu'il me soit permis, sans prétendre résoudre la question importante que je viens de présenter, d'essayer de produire quelques raisons qui me paraissent militer en faveur de l'amputation."

Foin des dogmes archaïques, des poncifs jaunis, il suffit d'ouvrir les yeux, de tirer les leçons de l'expérience, de raisonner avec méthode par étapes logiques.

"Je désire que ces observations puissent fixer l'opinion des chirurgiens des armées sur le traitement du tétanos traumatique ; que le succès d'une opération, dont je ne connaissais pas d'exemple, les encourage à la pratiquer, et, en les éloignant d'une route où l'on doit craindre à chaque pas de rencontrer la mort, leur fasse suivre désormais celle où il est encore possible de sauver la vie à quelques dignes citoyens."

L'année 1799 s'achève peu à peu, emportant avec elle un siècle si brillant, si riche en progrès des arts et des sciences. Le contraste est fort avec la situation actuelle des Français en Egypte. Sont-ils de passage, sans cesse sur le qui-vive ou vont-ils enfin fonder une véritable colonie durable ? C'est la question lancinante qui hante tous les esprits, bien que Kléber, dans sa proclamation, ait parlé "d'une paix glorieuse, une paix digne de vous et de vos travaux, [qui] va vous ramener dans votre patrie".

Survient l'affaire d'El-Arich le 22 décembre. Un nouveau corps d'armée ottoman est parvenu à assiéger le fort pratiquement imprenable depuis les travaux effectués par Marc Geoffroy Saint-Hilaire, le frère du naturaliste. Lassée, démoralisée, la garnison se rebelle, se rend, assurée d'avoir la vie sauve. Le vent du désert emporte les paroles et, dit Larrey : "La plus grande partie de nos soldats fut égorgée ; on ne respecta pas même l'officier de santé, (...) M. Barbier, chirurgien de deuxième classe (...), à qui ces barbares tranchèrent la tête au moment où il pansait un blessé." Cette malheureuse et pitoyable rébellion incite Kléber à poursuivre les négociations d'armistice avec les Anglo-Turcs afin d'enrayer la décomposition prochaine d'une si belle armée. Le 24 janvier 1800, la convention est signée à bord du *Tigre*, le navire amiral de Sir Sydney Smith. L'armée française, libre, avec armes et bagages, sera rapatriée par les soins de la marine turque. Smith engage sa parole de gentilhomme, la Royal Navy n'y fera pas obstacle ! A Londres, Pitt, le premier ministre, Keith, premier lord de l'Amirauté et Nelson ne l'entendent pas de cette oreille. Il faut au contraire détruire l'armée de la Révolution, la capturer et l'envoyer mourir à petit feu au fond des cales des sinistres pontons de Plymouth. Les contrordres traversent la Méditerranée et provoquent un effet contraire sur Kléber et l'armée. L'indignation, la colère devant une telle traîtrise soudent la discipline et la valeur combative des 13 000 Français qui se regroupent sous les ruines de la ville antique d'Héliopolis, à moins de 10 kilomètres au nord-est du Caire, pour attaquer les 40 000 hommes du grand vizir.

Larrey progresse en tête de ses ambulances, "la marche et l'attitude de nos soldats étaient imposantes et terribles : tous brûlaient du désir d'en venir aux mains".

L'action combinée de l'artillerie à cheval et des mouvements de l'infanterie se montre si vigoureuse que les troupes du grand vizir, épouvantées, s'enfuient en désordre vers la Syrie sans prendre de provisions et périssent pour la plupart dans le désert.

Larrey relève 50 blessés légers qui ne lui donnent pas de souci. Seul un mamelouk, serviteur favori de Mourad Bey, présente une blessure grave, "(...) le bras gauche emporté par un boulet de canon ; déjà les accidents primitifs s'étaient déclarés, et le bras, qui ne tenait que par quelques portions de téguments, était menacé de gangrène. Je lui fis l'extirpation du reste du bras à l'articulation scapulaire".

En rentrant au Caire, qui s'est soulevé entre-temps pour la seconde fois, l'état-major est pris à partie par 2 000 cavaliers ennemis postés en embuscade pour créer des ravages avant de se disperser.

Larrey a cru périr : "Je fus exposé dans ce combat à de très grands dangers. Mon domestique eut la tête tranchée à mes côtés ; elle fut enlevée avec celles d'une vingtaine de canonniers ou hussards (...) et nous les vîmes le lendemain (...) au camp du grand vizir, où elles avaient été apportées. (...) Je ne dus mon salut qu'au hasard ou peut-être à l'ardeur de mon cheval."

Vingt-cinq jours après son amputation, le mamelouk de Mourad Bey est guéri et rendu à son maître qui a signé, grâce à l'entremise de sa femme, une convention de neutralité avec Kléber. D'une rare beauté, d'une classe exceptionnelle, Sitt Nafissa a eu assez d'influence sur Bonaparte pour conserver son palais au Caire alors que son mari était poursuivi par Desaix à travers "la Thèbes aux cent portes". Larrey l'a déjà soignée avec succès. Si heureux d'avoir retrouvé sa femme et son mamelouk guéris,

Mourad tient absolument à gratifier Larrey d'une importante somme d'argent. Refus poli de Larrey, il a opéré en qualité de chirurgien de l'armée et non comme praticien privé. Mourad ne peut se tenir pour quitte et imagine un présent digne du grand seigneur qu'il est toujours.

Rentrant chez lui après la visite du matin, Larrey aperçoit une procession de femmes voilées amenées par un gardien. Ce dernier s'incline respectueusement et, dévoilant progressivement le visage de chaque femme, annonce à Larrey que son maître, Mourad Bey, lui offre ces douze esclaves. Leur teint clair est d'une blancheur de lait – caractère recherché en Orient –, leur longue chevelure brune accentue l'amande des yeux dont la couleur varie du vert lumineux de l'émeraude au bleu profond du saphir. Allant plus loin, le serviteur dévoile des corps d'albâtre aux lignes pures, aux proportions harmonieuses. Originaires du Nord Caucase qui surplombe la mer Noire, ces Tcherkesses amenées à grands frais depuis la Turquie et la Syrie ont fait l'objet des plus délicates attentions et d'une éducation irréprochable qui ont exalté leur douceur naturelle.

"Elles sont à toi, oh ! effendi[1], si tu veux bien les accepter de la part de mon maître."

En Orient davantage qu'ailleurs, refuser un cadeau est autant une marque de goujaterie qu'un profond outrage envers le donateur. D'ailleurs pourquoi envisager un refus ?

"Je les accepte en effet, va dire à Mourad que je suis bien aise des guérisons obtenues dans son entourage et que je reste ébloui par la magnificence de son présent."

Que va faire Larrey de son harem ?

La rumeur officielle prétend que, ne pouvant toutes les garder, il place et répartit la plupart des femmes chez ses amis ou collaborateurs parmi les rires étouffés de l'armée.

N'en a-t-il pas gardé chez lui, dans un pays où un homme comme lui, un effendi "(…) ne doit pas vivre seul, (…) il est toujours honorable de nourrir une femme et de lui faire quelque bien. Il est encore mieux d'en nourrir plusieurs[2]" afin de ne pas inquiéter les voisins musulmans dans leurs traditions. A trente-quatre ans, robuste et viril, dans un pays chaud, séparé depuis deux ans de la femme qu'il aime, doit-il être condamné à l'ascèse d'un ermite ? Rien ne court plus vite qu'un ragot, et Larrey ne compte pas que des amis au Caire ou à Paris. Une des rares lettres de Mme Larrey, datée de brumaire an IX (novembre 1800), lui

1. Seigneur, en turc.
2. Cf. Gérard de Nerval, *Voyage en Orient*, "Les femmes du Caire", chap. IV.

La Danseuse du harem, par Lecomte du Noüy.

apprend qu'elle est déjà au courant. Du mécontentement au courroux, de la jalousie au chagrin, rien n'est épargné à la sensibilité de son pauvre mari. Sa réponse ne manque ni de grandeur ni de romantisme. "Il n'aurait tenu qu'à moi, étant le médecin des grands seigneurs du pays, allant dans les sérails, d'avoir les plus belles esclaves circassiennes ou géorgiennes. (...) Je n'ai jamais voulu ; ton image, ma tendre Laville, m'est infiniment plus agréable. J'aurais manqué à mes devoirs, oublié ma Laville, mon enfant, et à présent il ne me resterait que des remords. Je ne pense pas devoir te faire de nouvelles protestations de mon amitié. Elle est inaltérable."

Rien ne permet de douter de sa sincérité mais fallait-il pour autant tenter de se justifier d'une façon quelque peu naïve ?

Dans ce nouveau contexte égyptien, il a bien fallu s'organiser. Les mauvaises langues pourraient rappeler que Bonaparte avait trouvé les Circassiennes trop "grasses" et trop "odorantes" avant de retrouver la blonde Pauline Fourès, devenue, depuis son

1. Soixante-douze mille francs.

départ, la maîtresse de Kléber. L'ingénieur Girard a acheté une Caucasienne 3 600 livres[1] et depuis, ne tient pas plus à rentrer en France que François le Dromadaire, sentimental sans états d'âme superflus, exprimant fidèlement l'esprit du troupier : "Il suffit d'aller au bazar où l'on en achète de tout âge et de toutes les couleurs." Précision utile et pratique : "Les bazars du Caire sont tous les jours ouverts depuis 10 heures du matin jusqu'à 3 heures de l'après-midi. (…) Au bazar où se vendaient les esclaves, tous les soldats depuis les généraux jusqu'aux tambours s'y rendaient pour voir la vente." Depuis plusieurs mois, il "possède et honore une petite demi-princesse (…) jeune et jolie comme l'amour (…) une femme que j'aimais et dont j'étais aimé".

Pour d'autres, plus matérialistes, seule compte l'après-vente. Ils se seraient ralliés sans peine à l'opinion d'un écrivain tunisien classificateur : "Les Syriennes [sont] les plus affectueuses. (…) Les Nubiennes ont (…) des corps plus harmonieux, et elles suscitent un désir renouvelé. (…) Les Egyptiennes savent tenir les doux propos qui conviennent. Leur caractère est avenant et elles s'abandonnent aisément aux joies de l'amour. Les plus agréables (...) sont les femmes du haut Nil. Celles du bas Nil (...) sont les plus insatiables."

Dans sa sollicitude Mourad Bey pensait-il affranchir Larrey d'un choix ô combien douloureux ? S'il n'est pas exposé aux remords, comme il l'écrit, n'en est-il pas moins soumis aux regrets, ce qui est pire ?

L'armée d'Orient vient d'apprendre avec joie, en ce printemps 1800, que Bonaparte dirige la France. Le moral est au plus haut, car avec Kléber la solde est régulière, la nourriture satisfaisante comme l'habillement et les cantonnements. Grâce à Desgenettes et Larrey, les hôpitaux fonctionnent aussi parfaitement que le dispensaire ou la maternité créés pour les Egyptiens. Ayant appris que Berthier est devenu ministre de la Guerre, Larrey utilise leur ancienne amitié pour promouvoir la réforme nécessaire du Service de santé qu'il ne cesse de défendre. Dans sa lettre au citoyen-général et ministre, il écrit : "Vous pouvez, par une nouvelle organisation, assurer à la chirurgie militaire le degré d'honneur et de considération que lui méritent ses difficiles et importantes fonctions. (...) Les services importants rendus par les ambulances légères, depuis l'époque où je les ai formées en 1792, à l'armée du Rhin, peuvent en donner une idée. (...) Le peu d'attention que l'on a porté jusqu'à présent sur le sort et l'existence des officiers de santé me fait craindre que les lois et les règlements qui nous asservissent depuis longtemps sous l'autorité des commissaires de guerre soient conservés. (...) L'honneur de la chirurgie, l'intérêt de l'humanité et les progrès de l'art veulent qu'on organise le corps de ceux qui l'exercent, à l'instar des autres corps spéciaux de l'armée, tels que l'artillerie et le génie par exemple. (...) Pour moi, citoyen ministre, je ne cesserai de donner le fruit de mes veilles, de mon expérience et de mes moyens à mes collaborateurs et à la conservation de la santé de l'armée ; je m'estimerai trop heureux si le succès répond à mes efforts." Il résume ainsi les leçons cliniques qu'il dispense à son hôpital de la ferme d'Ibrahim Bey et les rédactions de ses nombreux mémoires.

Le *Mémoire sur la fièvre jaune, considérée comme complication des plaies d'arme à feu* est écrit à la suite de la bataille d'Héliopolis car le nombre anormalement élevé de blessures mortelles, 260 sur 600 blessés, fait craindre un instant l'existence de balles empoisonnées. Ce syndrome de fièvre ictéro-hémorragique avec évolution gangreneuse des plaies intrigue Larrey. Son caractère encore inconnu l'incite à pratiquer systématiquement l'autopsie à la recherche d'un indice méconnu. C'est ainsi qu'il inaugure en Egypte la grande méthode, dite anatomo-clinique, qui va peu à peu révolutionner la médecine française, puis européenne. En relation avec Desgenettes, avec le docteur Witman, médecin anglais arrivé à Jaffa, il suspecte une cause contagieuse, transmise par la literie, favorisée par les temps chauds et humides.

Suit le mémoire *De l'hépatitis* qu'il faut interpréter comme une étude de l'abcès, vraisemblablement amibien, du foie. Larrey en décrit l'évolution habituelle : s'il s'ouvre en haut, c'est la pleurésie purulente, en bas, la péritonite. Aussi prescrit-il d'inciser l'abcès au bistouri le plus tôt possible, si on a la chance de sentir l'abcès près de la paroi abdominale.

Dans *L'Atrophie des testicules*, étudiant ce phénomène survenu chez plusieurs soldats, Larrey s'interroge : "Surpris de ce phénomène, dont je n'avais pas vu d'exemple, je fis des recherches pour reconnaître la cause et la marche de cette singulière maladie. Les testicules (...) diminuent de volume de manière graduée, et paraissent se dessécher. (...) on le trouve rapproché de l'anneau, sous la forme et la grandeur d'un haricot blanc." Avec l'affaiblissement de la libido, "les extrémités inférieures maigrissent et chancellent dans la progression ; le visage se décolore, la barbe s'éclaircit, l'estomac perd son énergie, (...) et les facultés intellectuelles [sont] dérangées". Larrey met en cause tout ce qui peut augmenter la chaleur organique du testicule, mais aussi l'usage immodéré de l'eau-de-vie de dattes, dans laquelle les Egyptiens ajoutent des fruits de belladone. Quand on sait que cette plante vénéneuse, à baies noires, est le précurseur de l'atropine, alcaloïde ralentisseur des sécrétions, dépresseur génito-urinaire, tout semble s'expliquer.

Une interrogation reste toutefois sans réponse de sa part : de nombreux militaires urinent du sang – "les soldats avaient de véritables menstruations". Il a remarqué aussi que la plupart des paysans égyptiens du delta présentent des hématuries avec grosse rate. Il doit bien exister un lien, mais lequel[1] ?

Chargé par Kléber d'inspecter les hôpitaux du delta, de proposer à l'avancement les chirurgiens méritants, Larrey part pour Alexandrie début juin en essuyant durant le trajet plusieurs tempêtes de vent de sable suffocant. D'Alexandrie, Larrey poursuit son inspection à Rosette qu'il s'apprête à quitter pour

1. Il s'agit de la bilharziose urinaire, due à un ver parasite (découvert en 1851), présent dans les marigots d'Egypte et d'Afrique tropicale encore de nos jours.

Le Marché aux esclaves du Caire, par L. Mayer. Londres, 1805.

Damiette, lorsque tombe la nouvelle de l'assassinat du général Kléber, le 14 juin 1800. Encouragé par le grand vizir, un fanatique musulman nommé Souleyman-el-Haleby, rôdait depuis un mois autour du palais du général en chef et de la place Ezbekyeh. Caché dans une citerne désaffectée, en contrebas de la terrasse fleurie où Kléber a l'habitude de se promener après déjeuner, il en jaillit subitement et plonge son long coutelas à plusieurs reprises dans le cœur de Kléber. Le chagrin de l'armée n'a d'égal que son indignation qu'il faut tempérer au plus vite. Rappelé précipitamment au Caire, Larrey est chargé d'embaumer le corps car, après avoir étudié les techniques de momification des Egyptiens anciens à base d'injections de bitume, il a inventé sa propre technique fondée sur les lavages internes à forte pression d'eau saline, suivis d'injections de chlorure de mercure suroxygéné, que l'on termine par l'application d'"un vernis légèrement coloré qui anime les teintes de la peau, et lui conserve l'aspect de la fraîcheur. (...) L'on perpétue ainsi, pendant des milliers d'années, le souvenir et l'image des héros ou des grands hommes de l'Etat".

Les obsèques de Kléber sont grandioses. Devant l'armée rassemblée, drapeaux en berne, tambours voilés, défile lentement le char funèbre recouvert de velours noir. Chaque demi-brigade le salue d'une salve de mousqueterie, le canon tonne toutes les demi-heures et Fourier, président de l'Institut d'Egypte, prononce l'oraison funèbre. Au retour de la cérémonie, le conseil de guerre, appliquant les lois égyptiennes, condamne Souleyman à avoir la main brûlée avant d'être empalé. Pendant les quatre heures que dure le supplice, Souleyman n'émet aucune plainte. Fiché sur le pal, il a encore la force de prononcer :

"Il n'y a pas d'autre Dieu que Dieu, et Mahomet est son prophète."

Probablement curieux de connaître les dégâts anatomiques, Larrey autopsie le corps : "(...) par l'inspection que je fis, quelque temps après, de son cadavre, quoique déjà desséché : j'en ai déposé le squelette au Muséum d'histoire naturelle."

Le même jour et à la même heure, Larrey perd un second ami, le général Desaix. Rappelé en France par Bonaparte à la faveur de la convention d'El-Arich, Desaix le pacificateur de la Haute Egypte, parvenu à Assouan au pied de la première cataracte du Nil, est tué d'une balle en plein cœur à "la célèbre bataille de Marengo" qu'il a contribué à gagner[1]. La douleur de Larrey est extrême. "L'estime particulière et l'amitié dont Desaix m'honora

1. Eloigné de Marengo par son ordre de marche, Desaix eut la présence d'esprit de "marcher au canon", de revenir sur ses pas, en opérant ainsi un véritable Waterloo à l'envers.

à l'armée du Rhin, dans les courses que nous fîmes ensemble en Italie, lorsqu'il visita les champs de bataille où Bonaparte avait remporté ses victoires, et dans les campagnes d'Egypte, m'ont rendu plus sensible la perte de ce grand homme."

A Kléber succède maintenant Menou, uniquement en sa qualité de général le plus ancien dans le grade le plus élevé. Intelligent, habile administrateur, son but est d'organiser en Egypte une colonie française durable. Sa conversion à l'islam pour épouser une Egyptienne conduit l'armée à ne jamais l'appeler, avec une ironie méprisante, que le général Jacques Abdallah, son nouveau prénom. Esprit vaniteux, irrésolu, sans talent militaire, jaloux de ses prédécesseurs, sa nomination entraîne des divisions dans l'armée à la limite de la rébellion. Attristé mais discipliné, Larrey reste optimiste. Homme de terrain, d'esprit pratique, il trouve la sérénité dans l'observation quotidienne de la vie. "L'armée se trouvait dans un état de bien-être et de tranquillité qu'elle n'avait pas encore éprouvé : elle était habillée et équipée à neuf, la solde était au courant ; les casernes étaient salubres et parfaitement distribuées ; des ateliers de manufacture de tout genre étaient déjà dans la plus grande activité ; et le soldat ne manquant de rien, n'était plus tourmenté du besoin de retourner dans sa patrie."

Parlant de manufactures, Larrey veut faire allusion aux inventions multiples de l'infatigable Nicolas-Jacques Conté dont Monge a résumé les talents en une seule phrase :

"Il a toutes les sciences dans la tête et tous les arts dans la main."

Fondateur, avec Costaz, du Conservatoire des arts et métiers, il a inventé sous la Terreur les crayons à mine de graphite, remplaçant avantageusement la plombagine commercialisée par les Anglais. Aérostier, il est aussi chimiste et fabrique de l'hydrogène pour ses ballons. L'explosion d'un réservoir d'hydrogène le rend borgne, "boiteux d'un œil" disent les soldats. Il est spécialiste de la fabrication des machines-outils pour la frappe des monnaies et le bleuissement des armes contre l'oxydation, des moulins et fours pour le pain, de machines à tisser et de pompes à eau. La poudre noire qu'il produit est supérieure à celle de France, ses brasseries livrent de la bonne bière, la qualité de ses bougies est irréprochable.

Son titre d'artiste-mécanicien est un raccourci admirable de son génie. Dessinateur, aquarelliste, homme de goût, il a été chargé récemment d'imaginer la cérémonie des obsèques de Kléber. Cette universalité d'esprit et de pensée, cette curiosité du monde se sont rarement rencontrées depuis la Renaissance.

Larrey n'est pas étranger à ce courant, n'est-il pas féru d'ornithologie ? Il s'est fait aménager une vaste volière dans sa résidence ; visitant le lac Menzaleh, il est frappé du grand nombre d'oiseaux qu'il y trouve et relève les différentes espèces d'oiseaux migrateurs venus d'Europe. Au Caire, il a repris ses cours à l'école de chirurgie et a organisé un prix d'émulation pour le meilleur élève chirurgien.

En cet automne 1800, deux choses fixent son attention : l'extension de la syphilis et la médecine des Egyptiens anciens. La contagion syphilitique se répand depuis les harems, c'est un comble, on ne peut jamais être sûr de rien ! Ce mal, qui existait déjà du temps de Moïse, est une punition du ciel pour les Egyptiens, explication bien pratique évitant à chacun de perdre la face ! Larrey a identifié l'origine de la contagion qui frappe les casernes mais “priver de la société des femmes le militaire acclimaté qui avait repris toutes ses forces et sa vigueur, c'était le conduire à l'ennui et à la nostalgie.” Il persuade le commandement d'ouvrir un dispensaire anti-vénérien où sont soignés indistinctement civils et militaires, Egyptiens et Français par Casabianca, chirurgien-chef adjoint. La syphilis égyptienne lui semble moins grave qu'en Europe, du moins réagit-elle très bien aux préparations mercurielles surtout quand Larrey associe l'inoculation de la blennorragie[1].

Par rapprochements aussi, Larrey se convainc que la chirurgie des Egyptiens anciens connaissait la césarienne comme l'opération de la cataracte. “En examinant avec soin les bas-reliefs et les peintures des plafonds et des parois intérieures des temples de Tentyra, de Karnak, de Luxor et de Medynet-Abou (...) on sera convaincu que la chirurgie se pratiquait avec méthode chez les anciens Egyptiens. (...) c'est surtout sous les Pharaons, les Sésostris, les Ptolémées, que la chirurgie semble avoir été portée au même degré de perfection que les autres arts.” Par contraste, la médecine égyptienne, telle qu'il l'observe, apparaît complètement décadente et ne traite que les maladies externes par mouchetures sur la face, le thorax ou les membres inférieurs selon le siège du mal. Quelques tisanes, des bains tièdes suivis de massages, café, poudre d'opium ou de camphre résument la pharmacopée. L'eau du Nil, après quelques heures de séjour dans une coloquinte vidée, fait office de purgatif !

1. Cela correspondrait à l'abcès de fixation contemporain, ou à une stimulation intense du système immunitaire dans la même région du corps. Par inoculation, mot employé par Larrey, faut-il sous-entendre qu'il existait un “laboratoire” apte à conserver le pus blennorragique ?

Si la circoncision se présente pour Larrey comme un acte d'hygiène immémorial, son humanisme se révolte devant l'excision pratiquée sur les fillettes : "Quant à la résection des parties génitales des jeunes filles, laquelle a pour effet d'émousser l'aiguillon de la volupté, elle n'a que des inconvénients, et doit être regardée comme un acte de cruauté et de barbarie. Ce n'est pas le seul moyen que la jalousie des Turcs ait inventé : l'infibulation et la suture servent aussi à satisfaire la cupidité des marchands d'esclaves[1]."

Malgré tout, il ne perd pas espoir dans la destinée de l'homme orientée par les travaux des Français, et rejoint ainsi la politique du général Menou. "Déjà la sympathie s'était établie entre les Français et les habitants de ce pays. Déjà on était parvenu à dissiper chez ce peuple (...) une partie de ses préjugés et de son fanatisme. (...) On avait établi des ateliers de tout genre, et des manufactures, à l'aide desquelles on se serait bientôt passé des denrées d'Europe. (...) Enfin, à la troisième année de notre séjour en Egypte, cette contrée avait changé de face, et nous assurait de la récompense des peines, des fatigues, des privations que nous avions essuyées, et des sacrifices que nous avions fait pour sa conquête." La perception du bonheur enfin établi, la satisfaction d'un travail utile et bien fait, la fierté du pionnier novateur au milieu de "la plus riche et la plus belle colonie" est la fidèle traduction de l'esprit général en cette fin d'année 1800.

C'est précisément le risque d'installation définitive que veut écarter à tout prix le gouvernement anglais. La rancune des défaites subies semble exalter sa ténacité. Les espions envoyés par le Premier Consul, qui a toujours l'œil sur l'Egypte, les capitaines de bateaux grecs apportent les mêmes renseignements que ceux obtenus par Mourad Bey, passé de la neutralité à l'alliance. Ils sont précis et concordants pour affirmer que 20 000 Anglais ont été embarqués à bord de la flotte de l'amiral Keith entre Rhodes et la Turquie.

Le *White Ensign*, pavillon de combat de la Royal Navy, a été hissé !

1. Cet "acte de cruauté et de barbarie" si bien résumé par Larrey fait encore, deux cents ans après, 130 millions de victimes en Afrique, au Moyen-Orient et en Asie, et 23 000 en France selon les statistiques de l'OMS, alors qu'il n'est nullement mentionné dans les lois coraniques, soucieuses au contraire de la conservation et de l'intégrité de la personne humaine. Faudra-t-il attendre autant pour le déclarer crime contre l'humanité ?

XVI

LES BUISSONS DE CÂPRIERS

Dès novembre 1800, le Premier Consul avait ordonné à l'amiral Ganteaume de diriger sa division navale, avec un renfort embarqué de 7 000 hommes, au secours de l'armée d'Orient. Sortie de Brest en janvier 1801, l'escadre franchit le détroit de Gibraltar mais doit changer de cap et revenir sur Toulon afin de réparer de nombreuses avaries. Les frégates l'*Egyptienne*, la *Justice*, la *Régénérée*, chargées de vivres, de munitions et de troupes, continuent courageusement leur route vers Alexandrie sans l'escorte des vaisseaux de ligne et y arrivent le 2 mars.

Menou, "notre piteux général en chef" disent les soldats, a tout dans sa main, renforts, renseignements, matériel. Infatué de sa personne, méprisant à l'égard des autres généraux comme à celui des savants qu'il verrait bien "empaillés", il n'écoute personne et disperse ses troupes dans le delta. Le 3 mars, la ligne du télégraphe optique Chappe que les ingénieurs ont dressée d'Alexandrie au Caire ressemble à un fantôme. Ses bras s'agitent pour annoncer que de nombreuses voiles anglaises sont vues au large d'Aboukir.

Menou n'en a cure, hésite et rêve à l'intérieur de son palais du Caire, entouré du gros de l'armée alors que 20 000 "habits rouges" ont débarqué. Le valeureux général Friant n'a que 1 600 hommes et 10 canons à leur opposer. Contraint de se replier, il abandonne le fort d'Aboukir et accuse 600 morts et blessés, chiffre dramatique, supérieur aux pertes de Bonaparte ou de Kléber au cours de toutes leurs batailles !

Arrivé avec l'état-major le 19 mars au soir, à marches forcées depuis Le Caire, Larrey réquisitionne dès le lendemain fournitures de lit, ustensiles, provisions, appareils à pansements et dispose différents locaux à usage d'hôpitaux de première urgence.

"(…) je me rendis au camp pendant la nuit (…) pour placer les ambulances, et les disposer selon l'ordre de marche. Je rentrai avant le jour au quartier-général, pour accompagner le général en chef, et diriger l'ambulance du centre que j'avais établie à la suite du corps des guides. J'avais distribué mes paniers légers d'ambulance dans chaque division, pour pouvoir au fur et à mesure enlever les blessés avec toute la célérité possible. Ces moyens particuliers de transport furent, en effet, dans cette circonstance, d'une très grande utilité."

Le 21 mars à Canope, située entre Alexandrie et Aboukir, Menou lance ses colonnes en assaut frontal contre des Anglais bien retranchés derrière les ruines du camp de César, protégés sur leurs flancs par des chaloupes canonnières et sur leur centre par des redoutes hérissées de canons. L'attaque française menée sans stratégie, sans manœuvre d'ensemble, est brisée. Si la célèbre 21e demi-brigade perd son drapeau, une charge du 14e dragon parvient à blesser mortellement Sir Ralph Abercromby, général en chef de l'armée anglaise.

La défaite française est profonde. Presque tous les généraux et officiers sont tués ou blessés.

Le général Lanusse, que Larrey avait assisté au cours d'un duel au sabre avec Junot, du temps de Bonaparte, s'écrie à l'adresse de Menou avant de mourir : "Jamais un homme comme toi n'aurait dû commander en chef l'armée française, tu n'étais bon qu'à diriger les cuisines de la République !"

Trois cent cinquante morts restent sur le terrain. Mille neuf cents blessés, dont la plupart gravement, affluent dans les ambulances de Larrey qui fonctionnent avec ordre et méthode.

Les fracas des membres sont tels que les amputations immédiates se succèdent. "Les bons chirurgiens savent parfaitement que l'amputation ou l'extirpation d'un membre n'est pas une opération aussi simple et aussi facile qu'on l'a prétendu, surtout lorsqu'elle se fait sur le champ de bataille. (…) Au surplus, passé les premières heures de ces coups de feu, il est rare que les blessés survivent (…) or l'humanité reprochera toujours à celui qui doit être son véritable ami, de ne pas sacrifier la prévention et son intérêt personnel à la conservation de beaucoup de généreux citoyens, atteints de blessures qui nécessitent l'amputation immédiate."

Le dogme est formulé, il ne variera plus.

Le double sauvetage du général Silly par Larrey tient de l'aventure, du romanesque, de l'exceptionnel. A plus de soixante ans, ce général de brigade est encore solide. Sa jambe gauche est

Charge de dragons. Coll. J.-B. Q.

arrachée par un boulet de canon. Le choc, l'hémorragie, le rendent inconscient au point qu'il ne s'aperçoit de sa blessure qu'après l'amputation pratiquée par Larrey. L'évolution immédiate n'est pas mauvaise ; Larrey, accroupi, termine la confection du moignon, dispose le pansement terminal. En se relevant, il entend le grondement d'un galop et aperçoit au loin un corps de dragons anglais chargeant l'ambulance, sabre au clair.

Larrey se retrouve seul avec Silly, les infirmiers et assistants ont rejoint en courant l'armée qui bat en retraite. Que faire ? Pas question d'abandonner le blessé, pas question non plus d'être sabré, piétiné ou fait prisonnier ! L'escadron anglais se rapproche, Larrey réunit à la hâte ses instruments épars sur le sable, soulève le général amputé et le met sur ses épaules.

Sa forte musculature, sa robuste résistance lui permettent d'avancer ainsi en courant, mais que peut-il contre des cavaliers lancés au galop ? Il peut opposer à la force brutale et aveugle son intelligence rapide, sa présence d'esprit infaillible, son sens de l'observation de la nature.

Il avait déjà remarqué qu'un champ de câpriers cultivés se trouvait en bordure de l'ambulance. C'est là qu'il va trouver son salut. En effet, les câpriers, arbrisseaux aux grandes fleurs d'un blanc rosé, se cultivent au fond de profondes cuvettes comme le veut la traditionnelle culture en terre sèche. Séparées les unes des autres d'une trentaine de centimètres, ces cuvettes rendues invisibles par les fleurs de l'arbrisseau constituent un piège idéal contre les poursuivants. De très loin, l'arrière-garde française voit Larrey courir en zigzag, courbé sous le poids de son amputé, se montrer puis disparaître. Quel est donc son manège ? Il a pu franchir tout le vaste champ de câpriers quand déboulent les dragons anglais. Les premiers chevaux trébuchent dans les cuvettes, s'y brisent les jambes, font chuter à leur tour les suivants qui s'agglutinent au milieu des hommes désarçonnés.

La charge est rompue, l'escadron disloqué ne peut plus désormais inquiéter Larrey qui rejoint l'armée au milieu des vivats. Arrivé à Alexandrie, Silly, placé à l'hôpital, sera parmi les premiers guéris sans complications ! La nature humaine est ainsi faite que le poids de la reconnaissance s'avèrera pour lui plus lourd que celui de son corps porté par Larrey. Ce dernier note avec tristesse : "Comme tant d'autres guerriers qui me doivent leur existence, Silly ne m'a laissé aucune marque de souvenir. (...) Ce général a joui de sa retraite en France pendant de longues années."

A ce propos, Larrey se remémore en parallèle un souvenir de la prise de Jaffa.

Un marin de la brigade nautique suivait l'armée avec son singe. Lors des combats, le singe, voulant défendre son maître, reçoit un coup de sabre sur la tête. Larrey opère et panse le singe qui se laisse faire sans broncher. Mieux, il accourt chaque matin à l'ambulance pour qu'on lui refasse le pansement parmi les rires des chirurgiens. Bien plus tard, le singe parfaitement guéri, dès qu'il voyait Larrey, courait pour sauter sur ses épaules et lui manifester gratitude et attachement !

Escomptant recevoir des renforts, Menou n'imagine rien mieux que de se retrancher dans les ruines de l'antique Alexandrie, entre la colonne de Pompée et les obélisques de Cléopâtre. Il se laisse ainsi enfermer par les Anglais. Les chirurgiens travaillent sans relâche, les jours et les nuits, à parachever les premiers soins donnés en urgence. Le 20 mai, Larrey présente la situation, non sans fierté : sur 1 900 blessés, 1 000 sont déjà rentrés dans leur corps respectif, 600 sont en voie de guérison parmi lesquels 300 seront considérés comme invalides.

Le blocus d'Alexandrie installé par les Anglais amène rapidement la disette. Quand Menou décide de réduire les rations des officiers, Larrey s'insurge en déclarant que ses chirurgiens épuisés ne peuvent s'y soumettre. Le scorbut apparaît, vieil et redoutable ennemi qu'il connaît bien depuis sa campagne sur la *Vigilante*. Il en discerne vite les symptômes habituels chez les 1 500 malades qui entrent en peu de jours dans les hôpitaux : asthénie intense, gingivite hémorragique, douleurs dans les jambes, œdèmes des membres inférieurs, larges ecchymoses spontanées. Le scorbut, dit-il à ses confrères, n'est pas contagieux comme on pourrait le croire, il est simplement épidémique, dû aux conditions climatiques mais surtout au fait que "le soldat fut bientôt privé de légumes aqueux et de viande fraîche[1]". Pour la viande fraîche, la solution est sous la main : il faut abattre les chevaux mais le général Menou, comme les intendants-ordonnateurs, s'y oppose. Larrey a alors avec eux une violente altercation. Compte tenu de la situation sans issue que crée ce blocus indéfini, faut-il laisser périr hommes et bêtes ? Faut-il donc végéter dans cet état stupide ? Ne voient-ils pas que, pour un cheval abattu, ce sont des dizaines de vies humaines sauvées ? Le comprendront-ils à la fin ? "L'expérience m'avait appris, dans plus d'une occasion, que la viande de ces animaux, surtout lorsqu'ils sont jeunes, comme l'étaient nos chevaux arabes, était salubre, très bonne pour la confection du bouillon, et assez agréable à manger, moyennant quelque préparation. (...) Cette innovation excita d'abord le murmure de quelques personnes pusillanimes et peu éclairées. (...) Je fus néanmoins assez heureux pour fixer, par mon exemple, une entière confiance sur cet aliment frais, le seul que nous possédions. Les malades s'en trouvèrent fort bien, et j'ose dire que ce fut le principal moyen à l'aide duquel nous arrêtâmes les effets de la maladie." Le bouillon de cheval est donc distribué journellement, de même que les citrons amenés par un petit bâtiment grec et de l'eau de tamarins fabriquée sur place. Café ou quinquina sont recommandés, comme les bains de bouche vinaigrés. Grâce à ses sages improvisations, Larrey ne déplore que 272 décès sur 3 500 scorbutiques.

Entre-temps, la situation militaire, de critique, est devenue intenable.

Après la chute de Rosette, prise par les Anglo-Turcs, celle de Rahmanieh coupe les communications avec Le Caire. La capitale, encerclée elle aussi, à court de vivres et de munitions, capitule le 26 juin devant la supériorité numérique d'un ennemi renforcé par des contingents venus des Indes et d'Arabie, débarqués dans le golfe de Suez.

1. Le scorbut était connu depuis les Croisades et sa nature carentielle soupçonnée. L'origine exacte – l'avitaminose C – ne fut affirmée qu'en 1928 par le biochimiste hongrois Szent-Györgyi lorsqu'il découvrit la vitamine C, sa présence abondante dans les légumes ou fruits frais et l'impossibilité pour l'organisme humain d'en assurer la synthèse. Il obtint, pour cela, le prix Nobel de médecine en 1937. Le paprika, légume le plus riche en vitamine C, fut de tout temps cultivé en Hongrie.

L'armée bloquée à Alexandrie tient encore deux mois. Le 30 août 1801, Menou se rend à l'avis unanime de ses généraux et propose aux Anglais une capitulation, de prime abord honorable, avec les honneurs de la guerre et le rapatriement par les soins de la marine anglaise avec munitions, armes et bagages. Les fiers vainqueurs du mont Thabor, d'Aboukir, d'Héliopolis oscillent à présent entre le dégoût et l'indignation.

François entend le général Donzelot déclarer qu'"il faut se hâter de profiter du moment opportun pour sortir avec honneur d'un pays qu'on ne pourrait quitter plus tard sans infamie". Le "Dromadaire" pare au plus pressé : "(...) mon intention avait été d'emmener en France la belle Anif et d'en faire ma femme" car "(...) toute femme musulmane reconnue comme ayant habité avec un infidèle, est mise dans un sac de cuir, cousu des deux bouts, et lancée dans le Nil." Aussi confie-t-il sa protection à son "valet turc" dont il est sûr. Généreux, il veut renflouer la caisse du régiment des Dromadaires et y dépose sa "petite" fortune de 60 000 francs[1]. Chargé d'escorter les parlementaires, il est fait prisonnier, assommé, obligé de porter en collier une corde à laquelle sont attachées deux têtes de ses camarades décapités. La campagne d'Egypte est finie pour lui, il ne peut que se parler à lui-même : "Tu as toujours aimé quand les choses allaient mal. Tu aimes ce qui est extraordinaire, mais tu es peut-être trop bien servi."

Aucune clause ne protège les travaux des savants, leurs dessins, leurs plans ou relevés topographiques et surtout les merveilleuses collections archéologiques constituées au prix d'un labeur exténuant au milieu de tant de dangers ! Menou, qui était jusqu'ici le chantre des "colonistes", est prêt à tout céder, tout brader, tout abandonner y compris les blessés et les invalides ! Médiocre général, le voici piètre psychologue s'il pense que Larrey va l'approuver. Au milieu du conseil de guerre s'élève la voix grave du chirurgien, assourdie par une émotion indignée mais renforcée aussi d'une autorité rayonnante :

"Ce que vous voulez, c'est éviter une longue quarantaine en arrivant à Toulon, et présenter une armée brillante et en bon état. (...) Du reste, les malades seront embarqués à part. J'indiquerai les intransportables ainsi que ceux ne pouvant exécuter ce voyage sans danger. Pour les autres, je réclame, non seulement leur embarquement, mais je désire que les meilleurs bâtiments soient mis à leur disposition et qu'ils partent les premiers."

1. Un million deux cent mille francs.

Le rapport du Service de santé est annexé à l'acte de capitulation et reçoit le soutien de l'amiral Keith qui affrète aussitôt douze navires-hôpitaux. Larrey en prend acte : "Je dus au général Stuart et à l'amiral Keith, faisant partie du conseil supérieur des deux armées (...) l'avantage de faire embarquer les blessés de l'armée avant les troupes bien portantes, contrairement aux prétentions émises par les généraux français." Avec Savaresi, remplaçant Desgenettes déjà rapatrié, ils organisent ainsi dans les meilleures conditions de sécurité l'embarquement progressif de 1 338 blessés ou malades sans compter les invalides. Tous continueront d'être soignés en mer et arriveront guéris ou presque à Marseille. "Cent trente blessés, ou scorbutiques très graves, furent laissés à Alexandrie à la sauvegarde des Anglais, jusqu'à leur entière guérison, et spécialement confiés à la bienveillance de l'inspecteur général Yonck."

L'arrêt des hostilités a permis en effet à Larrey de faire la connaissance de ses confrères anglais et de confronter attitudes diagnostiques ou thérapeutiques. L'armée turque est dépourvue d'ambulances, les blessés sont abandonnés alors que rien ne manque dans les camps britanniques. Par contre, les techniques chirurgicales anglaises sont archaïques, les résultats médiocres. Larrey s'en étonne et conclut : "Cela prouve encore la supériorité de la chirurgie française sur celle des autres nations, même les plus civilisées." Il indique également les mesures à prendre pour enrayer la nouvelle poussée de peste qui sévit au Caire, envers laquelle les médecins anglais sont mal préparés.

Un autre combat se livre, du côté des savants cette fois, afin de ne pas abandonner aux prétentions anglaises les fruits de trois années de travail.

Larrey se sent solidaire et s'inquiète du destin de ses propres collections de crânes et de momies, dont certaines ont été disséquées par ses soins pour le futur musée d'anatomie qu'il envisage de créer. Plusieurs de ses malles sont remplies des manuscrits de mémoires qu'il escompte publier en France pour faire connaître différents aspects de la pathologie observée en Egypte, encore inconnus en Europe.

Quoi ? Tout ceci serait perdu, confisqué, plagié par des gens qui n'ont connu ni nos souffrances, ni nos périls ? Geoffroy Saint-Hilaire se met à la tête de la rébellion des savants abandonnés par Menou et se dirige d'un pas décidé vers la tente d'un des principaux plénipotentiaires anglais, le général Hutchinson. L'ingénieur des Ponts et Chaussées Villiers-du-Terrage, un ancien de la Haute Egypte, l'accompagne et partage sa colère.

"Vous nous enlèverez, s'exclame Geoffroy, nos collections, nos dessins, nos plans, nos copies de hiéroglyphes ; mais qui vous donnera la clef de tout cela ? (...) Sans nous, ces matériaux sont une langue morte, à laquelle vous n'entendez rien, ni vous ni vos savants. Nous avons passé trois années à conquérir une à une ces richesses, trois années à les réunir de tous les coins de l'Egypte, depuis Philae jusqu'à Rosette : à chacune d'elles s'attache un péril surmonté, un monument aperçu et gravé dans nos mémoires. (...) Plutôt que de laisser accomplir cette spoliation inique et vandale, nous détruirons notre propriété, nous la disperserons au milieu des sables libyques, ou nous la jetterons dans la mer. (...)"

Devant le refus hautain de l'Anglais, Geoffroy le prend encore de plus haut, tempête et menace : "Hutchinson ! Vos baïonnettes n'entreront que dans deux jours dans la place ; nous leur livrerons alors nos personnes ; mais, d'ici là, ce que vous demandez sera détruit. Notre sacrifice va s'accomplir. Nous brûlerons nous-mêmes nos richesses."

La détermination du pacifique naturaliste a finalement raison de la rapacité britannique qui se contentera de quelques beaux sarcophages et surtout de la fameuse pierre de Rosette.

Découverte peu avant le départ de Bonaparte par le capitaine François-Xavier Bouchard, officier du génie, cette pierre de granit noir offre la particularité – vite remarquée par tout le monde – d'être gravée en trois langues : hiéroglyphique, grecque et démotique.

Tiendrait-on la clef du mystère des Egyptiens anciens ? Correspondant de l'Institut d'Egypte, Bouchard s'empresse de transférer la pierre au Caire, où l'imprimeur J. J. Marcel en fait des copies sur papier, par un procédé qui préfigure la lithographie. Les Anglais peuvent bien transférer la pierre au British Museum, "ils n'auront eu que la peine de la demander", nous avons la copie du texte, se dit-on en guise de consolation, à nous d'en trouver la signification[1] !

Rassuré sur l'avenir de ses malades et de ses collections, Larrey demande à un de ses chirurgiens de s'embarquer sur le premier navire en partance pour la France et lui confie trois lettres urgentes afin de préparer au mieux l'arrivée des malades et la continuité des soins. Berthier, le chef d'état-major général,

1. Un autre surdoué, Jean-François Champollion, s'appuiera sur les inscriptions de la pierre de Rosette pour publier en 1824, à l'âge de trente-quatre ans, son célèbre *Précis du système hiéroglyphique*.

Un savant et l'armée à Karnak.

le chirurgien en chef de la marine, le chirurgien en chef des hôpitaux militaires de Toulon sont ainsi prévenus des mesures d'organisation à prendre. Du 23 septembre au 17 octobre 1801, les soldats embarquent unité par unité sur les convois qui se succèdent à destination de Toulon où ils passeront la quarantaine obligatoire pour ne pas propager la peste en France.

Arrivé parmi les premiers sur la terre d'Egypte, Larrey monte le dernier jour sur le dernier bateau, la frégate anglaise la *Diane*, enfin assuré de ne laisser personne derrière lui. Il est logé avec l'état-major mais l'état de santé du général Menou l'inquiète. Peu de jours avant, les premiers signes d'une peste bubonique se sont manifestés. Que fallait-il faire ? Le laisser à Alexandrie dans un milieu infecté ? Le Premier Consul désire certainement s'entretenir avec lui des problèmes politico-militaires. En le ramenant, ne risque-t-on pas de contaminer équipage et bâtiment ?

La décision de Larrey s'avère insolite mais astucieuse. Il embarque Menou, l'isole dans sa cabine, s'enferme avec lui pour le soigner, et élimine ainsi tout risque de contagion.

Le général vaincu est à présent un pauvre homme pitoyable mais Larrey lui est reconnaissant d'avoir toujours défendu et soutenu l'indépendance du Service de santé.

Pour cette raison peut-être, par conscience professionnelle à coup sûr, il le soigne d'une façon si efficace que Menou arrivera guéri à Toulon.

Jusqu'au large de la Crète, la navigation se déroule sans encombre mais les vents contraires obligent à un long louvoiement le long des côtes tunisiennes. En voyant s'éloigner le littoral africain dans les brumes de l'automne, Larrey sent tout à coup monter en lui le tumulte des sentiments, la troublante nostalgie qui en frappera bien d'autres… "Ce ne fut pas sans émotion, et sans un sincère regret, que je vis insensiblement s'éloigner de nous les rivages (…) d'un pays où les Français avaient, en peu de temps, opéré tant de prodiges, où ils laissaient l'empreinte de leur génie. (…) Je formais des vœux pour notre prochain retour dans cette riche et merveilleuse contrée." Ce désordre affectif ne saurait altérer la sérénité de son esprit visionnaire : "Combien il serait à désirer, me disais-je, que toutes nos colonies fussent réunies en Syrie, en Egypte et sur la côte d'Afrique (…) leur possession procurerait les plus grands avantages à la France, la seule contrée d'Europe, d'ailleurs, la plus à portée d'en jouir."

Arrivée au nord de la Sicile, la *Diane* essuie une énorme tempête qui met un instant en danger la sécurité du bâtiment.

Une partie des voiles est déchirée, plusieurs vergues se cassent, la poupe est endommagée par le passage des lames déferlantes au-dessus du pont. A l'horizon, les explosions et les flammes de l'Etna se montrent plus violentes que d'habitude. Après trente jours de traversée, la rade de Toulon est en vue, la frégate reçoit le salut au canon du fort de Saint-Mandrier où doit se passer la quarantaine.

Lorsqu'il s'agit de lui-même, Larrey est discret, pudique, réservé, sans être pour autant secret, mais à ce moment précis il laisse éclater ses sentiments. "Pour moi, je restai longtemps dans une telle extase, que mes sens, presque interdits, avaient peine à saisir ces douces réalités. Comment pouvais-je ne pas éprouver cet espèce de trouble ! (...) Je regarde comme la plus belle circonstance de ma vie et la plus douce récompense de mes services le moment où je reçus (...) de tous les soldats de l'armée et de mes camarades, les témoignages touchants de l'amitié et de la reconnaissance. Mon cœur sera toujours sensible à leurs regrets et à leur souvenir."

L'Egypte a bouleversé sa vie.

Pour les soldats qui sont un peu ses enfants, il ne sera plus jamais que Larrey l'Egyptien !

Que pensent-ils en ce moment, ces braves "Dromadaires" ou ces héros de la 21e demi-brigade légère qui, découvrant les ruines de Louxor, s'étaient arrêtés d'eux-mêmes, avaient présenté les armes et fait rouler les tambours devant la splendeur de l'art humain ?

Qu'éprouvent-ils ceux qui avaient gravé leur nom, leur unité, leur province d'origine sur les temples d'Edfou ou de Philae d'une main maladroite mais avec la noblesse du cœur, associant le souvenir de leur passage fugace à l'éternité immobile ?

Le troupier Jean-Charles Vaxelaire répond pour eux.

Amputé d'une jambe à la dernière bataille d'Alexandrie, il claudique sur ses béquilles et remonte à pied (!) la vallée du Rhône pour regagner son village des Vosges. Gardant à tout jamais l'empreinte de l'Egypte non seulement dans son esprit mais aussi dans son corps meurtri, il n'aura pas abandonné un instant la gouaille, l'humour des armées républicaines quand il racontera :

"Je vous ai beaucoup de fois réitéré que j'avais eu bien des fatigues à l'armée ; j'en ai presque autant eu depuis que je suis marié. C'est dire que j'ai bien quitté la gaieté que j'avais."

XVII

LES CHEMINS CONTRARIÉS DE LA GLOIRE ET DE L'AMOUR

Le rendez-vous général des "Egyptiens", ainsi se nomment entre eux les vétérans de l'armée d'Orient, est fixé à Lyon au plus tard le 10 janvier 1802 où ils seront passés en revue par "leur" général, devenu Premier Consul de la République, soucieux de manifester son affection et son soutien à ses anciens compagnons d'armes. Les premiers contingents arrivés d'Egypte, ayant terminé leur quarantaine à Toulon, sont regroupés peu à peu à Marseille en novembre et décembre 1801. Larrey, parvenu à Toulon le 18 novembre, calcule que son isolement et celui de ses compagnons ne s'achèvera qu'à la fin de l'année. Un vaste camp de toile a été dressé à Porquerolles afin d'abriter et de séparer les pestiférés éventuels, les autres fiévreux et les convalescents. Les deux frégates vénitiennes, la *Carrère* et la *Muiron*, qui avaient amené Bonaparte d'Egypte à Saint-Raphaël, étant hors d'état de reprendre la mer dans l'immédiat, on a décidé d'utiliser leurs voiles pour couvrir les carcasses des tentes pour hôpitaux. Quand l'administration peut faire de petites économies, pourquoi se gênerait-elle pour les accomplir au détriment du Service de santé ?

Encore un mauvais exemple à signaler à Bonaparte, se dit Larrey dans un moment de colère que dissipe vite l'arrivée du vaguemestre. Un imposant paquet de lettres porteur de bonnes nouvelles parmi lesquelles il recherche fébrilement l'écriture de Laville ! Enfin une lettre d'elle, mais une seule alors qu'il lui en a adressé plus de quarante !

Elle lui apprend la naissance d'une fille, alors qu'il avait "décidé" que ce serait un garçon, un "gros garçon joufflu" et qu'il s'appellerait Hippolyte. Baptisée Isaure, en souvenir de la lointaine mécène des Jeux floraux de Toulouse, cette petite fille devra attendre quelques semaines pour susciter l'affection d'un père quelque peu autoritaire, déçu dans son orgueil de Latin à présent imprégné de traditions orientales.

Les lettres officielles lui apprennent sa nomination de chirurgien en chef de la garde consulaire, corps d'élite attaché à la personne du Premier Consul, et l'estime dans laquelle on le tient à Paris. Plusieurs lettres de Berthier, ministre de la Guerre, le comblent d'éloges et augmentent sa satisfaction. "Le général en chef de l'armée d'Orient a fait connaître au gouvernement, monsieur, le dévouement sans bornes et le succès avec lequel vous avez concouru jusqu'ici, avec vos collègues, à la conservation de cette précieuse armée. (...) En applaudissant à vos efforts, aussi glorieux qu'utiles, il ne peut que vous inviter à une persévérance constante, dont le terme doit accumuler sur vous la reconnaissance de l'armée (...) et celle du gouvernement. (...)" Dans une autre lettre, Berthier traduit l'opinion de Bonaparte :

"Vous avez rendu, monsieur, aux militaires blessés de l'armée d'Orient, des services trop marquants pour ne point fixer sur vous l'attention particulière du Premier Consul. Il est satisfait de votre zèle, et c'est avec bien de l'empressement que je remplis l'ordre qu'il m'a donné de vous le témoigner" avant d'exprimer ses sentiments personnels : "Le gouvernement n'a laissé échapper jusqu'ici aucune occasion de faire connaître à la France entière les services que vous avez rendus, et que l'armée d'Egypte, à la gloire de laquelle votre nom est désormais associé, réclame encore pour quelque temps. Votre épouse, qui jouit d'une bonne santé, vient de toucher une somme de quinze cents francs, à titre de récompense nationale. (...) Je n'y ai point laissé ignorer qu'on vous avait vu *souvent, à la tête de vos dignes confrères, panser les malheureux blessés sous le feu de l'ennemi, au pied même de la brèche*[1]. J'ai contracté par là l'engagement de faire valoir, dans toutes les circonstances, vos droits à la reconnaissance nationale ; je les remplirai avec exactitude. Je vous salue." Signé : "Al. Berthier."

"Attention particulière du Premier Consul", "gloire", "reconnaissance nationale" sont certes des termes qui réchauffent le cœur de Larrey mais l'amènent à méditer sur son avenir et, en lisant entre les lignes, à comprendre qu'il se trouve à la croisée de ses destinées. La dernière lettre qu'il décachette avec joie est celle de son vieil ami Ribes.

Né un an plus tôt que Larrey à Bagnères-de-Bigorre, il a suivi la même carrière chirurgicale à Toulouse puis à Paris. Ils se sont

1. Souligné par Larrey dans ses Mémoires.

retrouvés à l'armée des Pyrénées mais Ribes n'a pu, à son grand regret, participer à l'expédition d'Egypte. Demeuré à Paris, il a veillé sur la santé de Mme Larrey à la demande de son mari. D'Alexandrie, Larrey lui a écrit en le priant de lui indiquer la conduite à tenir "(...) en rentrant dans une société dont les usages, après une si longue absence, [lui] sont devenus étrangers". Ribes répond très chaleureusement, d'abord sur un ton désabusé puis tend la perche sur laquelle Larrey devrait s'appuyer :

"(...) il n'y a rien de changé relativement aux usages. Ici vous serez citoyen, monsieur, capitaine, commandant général ou chirurgien en chef de toutes les armées du monde, selon que les personnes qui vous qualifieront auront espoir d'obtenir de vous une faveur plus ou moins grande. Il y a ensuite tout plein de grimaces que je n'ai jamais pu supporter, et que je n'ai jamais pu me résoudre à faire à personne. Aussi, comme c'est un moyen de parvenir, suis-je resté dans l'obscurité, et je ne m'en plains pas. (...)" Bien qu'il connaisse assez Larrey pour savoir qu'il n'est pas homme à "grimacer", il lui conseille toutefois d'utiliser le crédit constitué pour solliciter la fonction de premier médecin de Bonaparte puis, à cette position, assurer la renaissance de l'Académie de chirurgie. "A l'entrée de cette nouvelle carrière, termine-t-il, mesurez-en d'un coup d'œil tout l'espace et choisissez la lice qui conviendra le mieux à votre caractère. (...) Vous pouvez sans doute briller dans l'une et dans l'autre carrière, mais suivez l'impression de votre esprit et surtout votre étoile."

En dépit des conseils et des arguments d'un ami aussi intime, aussi sincère, Larrey dès qu'il est libéré de la quarantaine, n'a que le désir brûlant de retrouver Elisabeth. Il part pour Marseille, y reçoit les ovations triomphales des autres "Egyptiens" qu'il précède maintenant sur la route de Lyon. Bonaparte attendu dans cette ville a écrit à Larrey qu'il compte bien le retrouver au milieu des soldats de l'armée d'Orient. La lettre n'est pas encore parvenue ; par impatience probable ou par un possible fatalisme appris au contact des musulmans, Larrey pique sa monture afin de parvenir au plus vite à Paris. A Etampes, il croise sans le savoir Bonaparte parti de Paris le matin du 8 janvier 1802, sans imaginer que ce dernier tient à l'attacher à sa personne en qualité de médecin personnel. Il n'est plus le citoyen-général, mais un souverain de trente-deux ans dont la jeunesse aiguise l'ambition, qui n'a plus que quatre mois à attendre pour devenir "Napoléon" Bonaparte, Consul à vie, et mettre en place sa maison.

Larrey a retrouvé sa femme dans leur appartement de l'impasse Conti. Dans quel état d'esprit peuvent-ils être tous deux après trois ans et demi de séparation, rude épreuve du temps susceptible d'affecter le meilleur, le plus uni des couples ? Mme Larrey a eu la charge de tenir leur ménage en affrontant les difficultés matérielles causées par les retards considérables de paiement de solde et le souci d'élever, seule, la jeune Isaure. Elle a eu vent de l'affaire des douze odalisques offertes à son mari, n'en a-t-il vraiment pas gardé une ou deux à son service ? Peut-être sait-elle aussi qu'il a connu "intimement" une femme médecin, propriétaire des bains turcs où il allait régulièrement se délasser ? Ceci aurait pu engendrer une légitime acrimonie de sa part, déjà exprimée par l'arrêt de sa correspondance.

Aurait-elle désapprouvé le départ en Egypte ? Eprouverait-elle une certaine lassitude en face d'un mari en déplacement permanent qui écoute avec complaisance l'appel de l'aventure ? Elle lui a donné l'enfant qu'ils désiraient depuis leur mariage, pourquoi ressent-il tant de tiédeur devant cette charmante petite fille ? De son côté, il peut manifester, avec d'indiscutables accents de sincérité, le profond attachement qu'il éprouve toujours pour elle, lui reprocher fermement de ne pas lui avoir écrit, mais le tendre respect qu'il porte à la délicate nature de sa femme l'autorise-t-il à lui raconter que ses amis et même Bonaparte le taquinaient amicalement sur le silence de sa femme ? Encore ignoraient-ils l'omniprésence de Girodet et jusqu'où aurait pu se prolonger cette amitié d'artistes ?

Habituée à vivre seule depuis si longtemps, Mme Larrey le voit s'installer avec sa collection de crânes, de momies, de statuettes égyptiennes de bronze, ses piles de manuscrits, ses sabres orientaux. Que doit-elle faire pour qu'il n'ait plus l'esprit ailleurs, pour qu'il oublie la riche lumière devant la grisaille de l'hiver parisien, pour qu'il détache son regard de l'ocre infini des grands espaces au risque de voir l'horizon étriqué de la petite impasse ? Quand elle regarde avec grand intérêt la collection des dix-huit profils des compagnons d'Egypte que Dutertre a dessinés à la mine de plomb, Dominique se penche sur son épaule, devient volubile et lui commente, avec une passion accrue par l'émotion, les événements de cette merveilleuse aventure sans précédent et, pense-t-il, sans postérité.

La sécurité matérielle du foyer est à présent assurée, il a perdu ce souci constant. Elle doit le laisser rêver encore, se dit-elle, ne pas le lasser par l'étalage des petits tracas quotidiens et, au contraire, prévenir ses désirs. Des passages des lettres de Dominique lui reviennent en mémoire :

"*Tu pourrais peindre dans ma chambre où tu feras bien de faire mettre un gros tapis pour l'hiver car autrement elle serait glaciale.*

C'est vrai, il craint tant le froid, comment va-t-il réagir après la tiédeur de l'Egypte ?

Fais enlever les rideaux de l'alcôve qui sont pleins de punaises et avec de l'eau-de-vie camphrée, faire lotionner les endroits où elles se sont réfugiées ; enfin organise ton intérieur le mieux que tu pourras et...

Comment terminait-il, je ne m'en souviens plus ? Ah ! oui ! et son sourire s'élargit :

... et avec le plus d'économie possible... ma bonne amie."

Il lui parle aussi du projet d'édition de la "Description de l'Egypte" commandée par le Premier Consul et de l'article qu'on lui réclame. Elisabeth le sait déjà, tous les ateliers d'artistes sont sollicités pour assurer la réalisation de cet ouvrage qui promet d'être superbe. De nombreux ébénistes s'affairent à créer des armoires d'acajou spécialement conçues pour abriter et consulter cette collection aux dimensions imposantes[1].

"Pourquoi ne pas faire la surprise de lui en offrir une ?"

Disposant de deux mois avant d'occuper son service à l'hôpital de la garde consulaire, Larrey les met à profit pour réaliser deux choses qui lui tiennent à cœur. Il écrit d'abord sa *Relation chirurgicale de l'expédition d'Orient* dont la qualité fait d'emblée grand bruit. Son ancien maître, Sabatier, le couvre d'éloges : "Je l'ai dit dans toutes les occasions, mon illustre confrère, je l'ai dit à l'Ecole de médecine, à l'Institut et à vous-même, votre relation chirurgicale de l'expédition d'Egypte est le meilleur ouvrage de chirurgie qui ait été publié depuis plus de vingt ans."

Une autre affaire est de prendre en charge l'avenir de ses collaborateurs démobilisés, la campagne terminée. Ils se retrouvent sans emploi, sans solde, sans même indemnités de route ! Larrey en héberge quelques-uns à son hôpital, multiplie lettres de protestations et démarches personnelles auprès des bureaux du Conseil de santé, du ministre Berthier, qui se perdent dans les méandres de la routine et de l'inertie administratives. Décidément, rien n'a changé, il faut viser la tête et puisque Bonaparte veut le voir, il lui soumettra ce lourd dossier.

Introduit aux Tuileries dans le cabinet de travail du Consul, Larrey reçoit l'accolade affectueuse et amicale d'un homme qui

1. In-plano format Tellière de 44 x 68 cm.

lui reproche tout de même de ne pas l'avoir attendu à Lyon. C'est pour obéir à un moment d'humeur qu'il a nommé Corvisart comme médecin personnel alors qu'il a pleine confiance en Larrey.

"Mais aussi, mon cher Larrey, pourquoi diable négligez-vous les occasions d'assurer votre fortune ?"

Léger nuage vite dissipé dès que réapparaît l'Egypte sous la forme de la volumineuse *Relation chirurgicale* que Larrey tire de sa serviette pour la dédier au Premier Consul. Emu, troublé par tant de souvenirs, ce dernier appelle aussitôt son secrétaire et donne l'ordre d'en assurer la publication dans la "Description" qui doit assurer la gloire de Bonaparte auprès du monde des arts et des lettres. Interrogé sur l'état de santé des camarades d'Egypte, des blessés, sur la convalescence de Menou, Larrey raconte l'essentiel comme les détails qui passionnent tant Bonaparte et en profite pour plaider la cause de ses collaborateurs oubliés. Timide quand il s'agit de lui, il n'hésite pas à réclamer comme un dû légitime pour eux, récompenses pécuniaires, distinctions et promotions, places réservées dans les hôpitaux.

Connaissant assez Bonaparte pour savoir que ses décisions sont d'autant plus rapides qu'on lui apporte des solutions de bon sens et argumentées, Larrey pousse sa requête en revendiquant la priorité des nominations aux places vacantes des hôpitaux pour les jeunes chirurgiens d'Egypte ou leur maintien dans l'armée, voire un départ aux colonies pour ceux qui le désirent. Le Consul le suit entièrement et ce 17 mars 1802 appose sur le dossier présenté par Larrey une note personnelle enjoignant de prendre sans délai les mesures nécessaires.

La puissance de son vaste esprit lui accorde une prodigieuse facilité à traiter aussi bien les grandes affaires que celles d'apparence mineure. Les grands dossiers sont réglés. Pacification intérieure avec le retour des émigrés et la mise en place des préfets ; redressement financier et création de la Banque de France ; Concordat religieux signé avec Pie VII ; préparation du Code civil. Dans dix jours, pourrait-il dire à Larrey en repensant aux problèmes de l'armée, il signera le 27 mars la paix d'Amiens avec l'Angleterre, offrant enfin à la France la paix extérieure qu'elle attend depuis dix ans !

Lorsqu'il raccompagne Larrey, ce dernier émet la requête qu'il a réservée pour la fin, celle de voir renaître l'Académie de chirurgie qui avait si puissamment brillé de Louis XV à la Convention. Déjà sollicité par les médecins de Paris qui réclament le rétablissement des corporations professionnelles, Bonaparte sent qu'il lui faut réorganiser les structures médicales imprudemment balayées par des révolutionnaires dogmatiques coupés des réalités de la vie.

Dans son esprit, toutes les structures d'enseignement général doivent être repensées avant d'être reconstruites. S'il cherche partout à simplifier, il a constamment en vue d'unifier afin de mieux tenir les choses en main. Des corporations ? Des sociétés savantes ? Où d'autres que les fidèles Larrey ou Desgenettes pourraient contester, contrarier son action ? S'il projette la création d'une université centralisée, sa réflexion n'a pas encore mûri.

Avant que l'huissier ouvre la porte à deux battants, il arrête Larrey en posant sa main sur son bras et le prie de lui soumettre prochainement un double projet organisant à la fois l'enseignement de la médecine et l'exercice de la pratique. De retour chez lui, Larrey rédige les *Projets d'arrêtés pour les différentes parties de l'art de guérir présentés au premier Consul* dans lesquels il propose la création de deux sociétés académiques de chirurgie et de médecine. Chacune serait composée de son corps professoral respectif augmenté d'une vingtaine de praticiens nommés par le gouvernement, de 15 associés résidants, de 80 membres correspondants et de 20 associés étrangers. Les conditions d'exercice sont d'une évidente simplicité, il suffit d'avoir satisfait à l'ensemble des examens probatoires.

Bonaparte reprend les projets en les modifiant sensiblement. Une seule société de médecine-chirurgie, le maintien des "officiers de santé", sorte de sous-médecins n'ayant effectué que la moitié des études nécessaires mais utiles pour combler les vides de l'armée et du milieu rural civil. Ainsi naît la loi organique du 19 ventôse an XI (10 mars 1803) qui fixe les règles d'enseignement et de pratique de l'exercice médical, stipulant notamment que la soutenance d'une thèse en fin d'études est obligatoire, ne serait-ce que pour s'assurer de la maturité médicale du candidat.

Malgré sa célébrité, l'autorité de ses travaux scientifiques, Larrey ne croit pas pouvoir se mettre au-dessus d'une loi qu'il a largement contribué à édifier et, devant Sabatier entouré du collège professoral, soutient sa thèse comme un simple étudiant.

Son travail intitulé *Des amputations des membres à la suite des coups de feu* est accueilli triomphalement par le jury, sous les applaudissements d'une nombreuse assistance.

En sortant, il prend sa plume et écrit à Bonaparte :

Général, Premier Consul,

Pour montrer l'exemple de ma soumission aux lois qui viennent d'être rendues sur l'exercice de la médecine, je me suis empressé, aussitôt leur promulgation, de présenter à l'Ecole spéciale de médecine de Paris la thèse dont j'ai l'honneur de vous adresser un exemplaire et d'après laquelle cette faculté vient de me recevoir docteur.

Daignez, général, l'accepter comme une marque de mon admiration pour vous et de l'attachement inviolable que je vous porte.

Salut et respect,

D.- J. LARREY

Les principes généraux de sa thèse posent les jalons d'une conduite opératoire vis-à-vis de laquelle on hésitait depuis la bataille de Fontenoy de 1745 !

"Si l'on vient nous dire que l'amputation d'un membre est une opération cruelle, dangereuse dans ses conséquences, et toujours fâcheuse pour le blessé qu'elle met dans un état de mutilation, que par conséquent il y a plus d'honneur à conserver un membre qu'à l'amputer avec dextérité et succès, nous répondrons victorieusement, en établissant que l'amputation est une opération de nécessité qui offre une chance de bonheur au malheureux dont la mort paraît certaine par un autre traitement (...) nous avons sauvé plus de trois quarts de nos amputés, dont quelques uns ont même perdu deux membres. Nous attribuons cet avantage,

1° à ce qu'on sait mieux saisir l'indication et le temps propice à l'amputation ;

2° aux pansements plus méthodiques ;

3° au mode d'opération plus simple, moins douloureux et plus prompt que le mode usité jusqu'à nous.

(...) Dans toutes les circonstances, l'amputation doit être la dernière ressource ; mais lorsque la nécessité en est bien reconnue, il ne faut pas hésiter de la pratiquer sur-le-champ, c'est-à-dire avant l'invasion des accidents primitifs. S'ils sont déclarés lorsque le chirurgien est appelé au secours du blessé, il doit attendre qu'ils soient dissipés. Enfin, le génie et l'expérience peuvent seuls faire tourner au profit du malade l'application des préceptes de la bonne chirurgie."

S'appuyant sur les nombreuses observations qu'il possède et dont il cite le détail évolutif, il établit longuement, méthodiquement, les indications "Des cas où l'amputation doit être faite sur le champ" : quand le membre est emporté, bien sûr ; en face du risque d'hémorragie secondaire ; s'il existe de grands fracas osseux, articulaires ou musculaires car la gangrène guette ; les larges plaies des vaisseaux ou des gros troncs nerveux ; les grandes dénudations osseuses même sans fractures. Plus intéressantes pour lui sont les lésions produites "si un boulet qui est à la fin de sa course, ou qui a ricoché, vient à frapper obliquement un membre, sans produire de solution de continuité à la peau, comme cela arrive souvent". En avançant des arguments balistiques, de physique mécanique, d'autopsies, il réfute sans peine la théorie en vigueur "(...) que l'on a cru pendant longtemps être l'effet de la commotion que produit l'air mis en mouvement par le boulet (...)" alors que le boulet, en fin de course, roule sur lui-même et écrase les parties du corps qu'il rencontre. "Au premier aspect, toutes les parties semblent être dans l'état d'intégrité ; mais des recherches attentives ne permettent pas longtemps de douter du désordre intérieur. L'ecchymose, dans cette circonstance, ne peut se manifester à l'extérieur .(...) Je reviens à mon objet. Je pense que le cas dont il s'agit exige l'amputation sur-le-champ : le plus léger retard compromet la vie du blessé. On reconnaît, ai-je dit, le délabrement intérieur du membre par le toucher."

Une thèse se "soutient" par des arguments positifs mais, si nécessaire, il ne faut pas hésiter à désarçonner les contradicteurs. A leur attention il termine sa démonstration de l'utilité de l'amputation immédiate : "(...) je les inviterais à se transporter sur le champ de bataille, le jour d'une action ; ils seraient bientôt convaincus que, sans l'amputation primitive, un grand nombre de guerriers perdraient nécessairement la vie. C'est surtout en Egypte que cette vérité s'est bien démontrée." Citant un rapport de Masclet écrit d'Alexandrie, il peut marteler que sur onze amputés précoces, tous ont guéri alors que trois amputés tardifs sont tous morts. "Vous voyez, monsieur, que l'expérience a bien confirmé vos principes dans cette occasion", lui a écrit Masclet.

En ce joli mois de mai 1803, tout semble sourire aux trente-sept ans de Larrey.

Son avenir médical et militaire est fixé car Bonaparte, pour le remercier de sa *Relation* et de sa thèse, lui a offert une tabatière en or décorée de son portrait, contenant six mille livres à l'intérieur, et lui a laissé entendre qu'il serait nommé sous peu inspecteur général du Service de santé comme Desgenettes. L'affection retrouvée de sa femme qu'il espère ne plus quitter, la tendresse que lui manifeste la petite Isaure lui font apprécier, savourer même les joies d'une vie familiale qu'il n'a jamais connue jusqu'ici. Quand ils ne sont pas invités à l'extérieur, les Larrey reçoivent tous les jours. Le salon de Mme Larrey ne désemplit pas. Des amis de son mari, comme Ribes, Dubois, Percy, le respectable Sabatier, le fidèle Villemanzy ou, de son côté, d'artistes ou de poètes qu'elle connaît bien. Demoustiers continue toujours à faire la cour à sa sœur Emilie et, peu avant de mourir, lui enverra cette lettre admirable : "Je sens que je n'ai plus la force de vivre, mais j'ai encore celle de vous aimer."

Il y a aussi Campenon, ancien émigré entré au bureau des Théâtres, Collin d'Harleville dont les pièces sont régulièrement jouées à la Comédie-Française, Legouvé, membre de l'Institut, célèbre sur le moment par son poème intitulé "Le Mérite des femmes". Par contre Elisabeth n'aime pas beaucoup Marie-Joseph Chénier. Le frère cadet du grand André Chénier, guillotiné sous la Terreur, est agréable mais cauteleux. Auteur des paroles du *Chant du départ*, cet ancien conventionnel n'a rien fait pour sauver son frère. Mieux, quand l'inspiration lui fait défaut, ce "poète" se penche sur la coupe remplie de sang – animal – qui orne son bureau et en hume l'odeur ! Il a "l'âme méchante", dit-elle en parlant de lui à son mari. Le succès relatif de ses pièces n'a pas empêché Bonaparte de l'écarter du Tribunat dès 1801 et l'opinion publique de le considérer comme un fratricide. Girodet est toujours leur grand ami et vient de terminer un portrait de Larrey qu'il a commencé dès le retour d'Egypte.

Joséphine Bonaparte vient moins à Paris depuis qu'elle a acheté le château de la Malmaison et son parc de 260 hectares. Accompagnée de sa fille Hortense, elle reçoit avec une chaleur qui ne se dément pas les Larrey qui, à chaque visite, s'émerveillent des embellissements qu'elle ne cesse d'apporter malgré les foudres de Bonaparte chargé de régler des factures de 600 000 francs[1]. Accueillis dans le grand salon aux murs tendus de velours vert, au plafond blanc et or décoré aux initiales de Joséphine, ils passent devant la cheminée italienne à mosaïques à côté de laquelle a été disposée une grande toile de Girodet et prennent place dans les confortables fauteuils d'acajou du salon de musique attenant, orné de colonnes habillées du même bois précieux. Ils parlent de peinture, de

1. Environ 12 millions de francs.

musique, mais également de botanique et d'animaux dont Joséphine veut enrichir ses fermes.

Arrive le Premier Consul, toujours pressé par le temps, maugréant devant ces aménagements qu'il juge somptuaires. A la vue des Larrey, son visage s'éclaire et son amabilité naturelle revient lorsqu'il plaisante avec Mme Larrey, une des rares femmes envers qui il manifeste toujours une déférente admiration. Sa grâce, sa distinction, son talent d'artiste en imposent suffisamment pour qu'elle puisse se permettre, songe-t-elle, de demander à Bonaparte, le moment venu, des faveurs que son mari n'osera jamais solliciter. Elle continue à bavarder avec Joséphine alors que le Consul prend Larrey à part pour l'amener vers les fenêtres ouvertes sur le parc et lui fait part de ses préoccupations.

Les rapports d'ambassades concordent avec ceux des agents secrets pour montrer que la paix d'Amiens n'est, aux yeux du cabinet anglais, qu'une trêve provisoire. L'Angleterre refuse de rendre Malte aux chevaliers de Saint-Jean et n'arrive pas à admettre que nous ayons la maîtrise des grands ports de Belgique et assis notre protectorat sur la république batave. Cette constante menace qui pèse sur son commerce européen a incité Londres à prendre discrètement contact avec Vienne, Stockholm et Saint-Pétersbourg afin d'édifier une nouvelle coalition que la Grande-Bretagne se chargerait de financer.

"Mon cher Larrey, les hostilités peuvent reprendre d'un jour à l'autre, je risque d'avoir encore besoin de vous !

— Où donc, citoyen-consul ?

— A Boulogne !

— Vous reprendriez les préparatifs du débarquement que vous aviez envisagé en 1801 ?

— C'est cela. Vous l'ignorez peut-être, vous étiez encore en Egypte, les Anglais angoissés avaient envoyé Nelson détruire la flottille en formation et ce fut lui qui essuya un échec total ! Je ne cherche pour l'instant qu'à intimider l'Angleterre..."

Larrey connaît bien le camp de Boulogne où il avait assuré une inspection en décembre 1802. Il fait les cent pas avec Bonaparte, son esprit s'évade, les termes de son ancienne lettre à Elisabeth lui reviennent en mémoire à l'époque où il espérait retrouver son amour.

O femme divine, pourquoy n'écrivez-vous pas toujours ainsi, de quels sentiments délicats ces phrases ne sont-elles pas ornées ? avec quelle sensibilité ton cœur a dicté cette charmante lettre ! (...) j'avais entendu autrefois ce touchant langage, aujourd'hui il me rappelle les tendres amours qui semblent renaître avec plus de force que jamais. (...) Pauvre Laville, tu as bien souffert au physique et au moral, que de peines je t'ai causées, que de tourments tu as eus et quand viendra-t-il enfin le temps où nous pourrons rester en paix et dans la certitude de ne plus nous séparer ? Je n'ose le fixer ce temps, mais le siècle où nous vivons est bien malheureux.

(...) et d'ailleurs je tâcherai de ne plus me mettre en voyage car je commence à fléchir sous le poids des vicissitudes de ces campagnes que mon physique ne supporte plus facilement et mon moral en est trop ébranlé. Quoiqu'il en soit, ma bonne amie, j'espère te revoir d'ici au Carnaval, j'espère recevoir tes caresses et tes tendres embrassements (...).

Adieu, aimable Laville, aimes moi comme je t'aime et crois moi pour la vie,

TON MEILLEUR AMI ET FIDÈLE MARI

Quelques jours plus tard, les Anglais reprennent les hostilités. Sans déclaration de guerre préalable, ils saisissent par piraterie brutale les bateaux français au mouillage dans leurs ports ou croisés en mer, provoquant l'indignation et l'émoi de l'opinion publique française encore à la joie de la paix retrouvée !

Napoléon se rend à Boulogne dès juin 1803 puis en novembre afin de dresser les plans de marche et d'embarquement d'une armée de 250 000 hommes qui serait transportée avec son immense matériel par une flotte de 2 000 bâtiments légers du type des chaloupes canonnières. Installé avec son état-major au château de Pont-de-Briques, il reçoit avec Monge plusieurs ingénieurs qui lui présentent des rapports insolites par leur modernisme. L'un préconise le percement d'un tunnel sous la Manche et lui en déplie les plans, l'autre veut réactiver les compagnies d'aérostiers en proposant une opération combinée aéronavale.

Le dernier, Fulton, est un ingénieur-mécanicien américain qui propose la construction de sous-marins armés de torpilles capables de détruire aisément l'escadre anglaise qui croise au large de Boulogne. Mieux, la pose de puissantes mines sous-marines maintenues au fond par des grappins serait autant de pièges mortels si les escadres de Nelson arrivaient en renfort.

L'esprit mathématique de Bonaparte envisagerait favorablement ces nouvelles techniques de combat jugées peu chevaleresques, voire contraires aux lois de la guerre par son entourage mais les sollicitations du moment se font plus pressantes que les perspectives d'avenir. A Paris, Cadoudal, le chef chouan dont la tête est mise à prix, reste insaisissable et cherche avec ses hommes à assassiner le Premier Consul tout en fomentant un complot politique avec les généraux Moreau et Pichegru.

A Boulogne, Bonaparte inspecte chaque jour les constructions navales, les arrivées incessantes des troupes et multiplie exercices et manœuvres afin de rompre l'inaction des soldats. Leur désœuvrement au milieu de cet immense camp a attiré une foule de prostituées sans cesse chassées, toujours de retour. Larrey est là pour enrayer les maladies vénériennes, comme il a su si bien le faire en Egypte, et la gale qui affecte une part importante des effectifs. Il pourra ensuite regagner Paris où il passe l'année 1804.

Le matin à l'hôpital de la garde consulaire, l'après-midi à ses cours de chirurgie militaire expérimentale et d'anatomie. Le soir venu, "(...) je m'occupai de mettre en ordre les notes que j'avais faites sur les différentes maladies observées et traitées en Egypte pendant le cours de notre expédition (...)". Les publications scientifiques de Larrey ont désormais pour le public médical parisien l'attrait de l'inconnu, de l'insolite, de la variété, de la richesse des faits qu'il expose.

De l'éléphantiasis : "L'éléphantiasis paraît tenir du caractère des maladies lymphatiques : il attaque la peau, le tissu cellulaire des extrémités inférieures, et donne à ces membres un volume monstrueux et une forme si hideuse, qu'on les a comparés aux pieds de l'éléphant (...) l'impression du doigt n'y reste pas comme dans l'œdématie (...) le tissu cellulaire s'épaissit et se durcit comme du lard (...) La maladie glandulaire des Barbades a de l'analogie avec l'éléphantiasis. (...) Les travailleurs des rizières et ceux qui habitent les lieux marécageux sont les plus sujets à cette maladie" qu'il n'a observée qu'en Basse Egypte et qu'il distingue très nettement de la lèpre[1].

Du sarcocèle procède du même esprit, "(...) cette maladie, qui distend outre mesure les enveloppes extérieures du testicule (...) et donne aux bourses un volume et une forme extraordinaires". Larrey précise bien que les testicules sont indemnes et ne participent en rien à cet épaississement fibreux monstrueux, "une substance couenneuse". Deux de ses observations sont

1. Il s'agit d'une des formes de la filariose due à un ver cylindrique, la filaire, de 25 à 40 mm, dont les embryons (microfilaires) sont injectés à travers la peau par le moustique et vont parasiter les vaisseaux lymphatiques. Identification par Manson en 1883.

tellement extraordinaires qu'il a demandé au peintre Redouté, membre de l'Institut d'Egypte, de réaliser les dessins[1] de Mohamed Ibrahim, porteur d'un sarcocèle d'un poids de 50 kilos et de Fatoumi, une femme de trente ans qui présente l'équivalent féminin sous la forme d'un épaississement couenneux des grandes lèvres d'un diamètre de 35 centimètres. Tous les deux souffrent d'un éléphantiasis associé qui fait suggérer à Larrey l'unicité des deux affections méritant le même protocole opératoire.

Les particularités de cette pathologie subtropicale, encore inconnue, ne sauraient longtemps distraire son esprit de praticien d'une question majeure, d'observation quotidienne, à laquelle sa réponse a valeur de dogme impérissable.

Des plaies de poitrine, "(...) des plaies pénétrant dans la poitrine avec lésions des poumons", est, de manière certaine, le chef-d'œuvre de la pensée chirurgicale de Larrey.

"Depuis Ambroise Paré jusqu'à nous, tous les praticiens et les auteurs qui ont écrit sur les plaies de poitrine, ont recommandé de ne point fermer ces plaies pénétrantes, lorsqu'elles sont surtout accompagnées d'hémorragie, afin de prévenir l'épanchement. (...) Je vais essayer d'expliquer comment les accidents qui ont lieu dans le cas d'une plaie pénétrante de la poitrine avec hémorragie, provenant de la lésion des vaisseaux pulmonaires, cessent promptement par la réunion de cette plaie." Suit une éblouissante démonstration biomécanique sur les dangers de la fuite de l'air inspiré, de la pénétration indésirable de l'air extérieur, de l'entretien de l'hémorragie. "J'ose conclure de ces principes, que, dans les plaies pénétrantes de la poitrine, faites par des instruments tranchants, et accompagnées d'hémorragies (...) il faut fermer les plaies.

Tel est le résultat des observations que j'ai eu occasion de faire en Egypte sur les plaies pénétrantes de la poitrine. Cette doctrine est maintenant professée à Lyon par M. Petit ; et à Paris, par MM. Pelletan et Boyer", ajoute-t-il non sans une légitime fierté devant ses collègues et ses étudiants[2].

Autre sujet propre à flatter son amour-propre, la nouvelle Légion d'honneur que Napoléon, proclamé empereur des Français

1. Peintre d'histoire naturelle déjà célèbre par ses illustrations des poissons du Nil, H. J. Redouté dessine à ce moment les planches de la *Description de l'Egypte*. Son frère, aquarelliste, a décoré la Malmaison et présenté les cent vingt planches de son *Jardin de La Malmaison*.

2. Le dogme "Il faut transformer les plaies à thorax ouvert en plaies à thorax fermé" reste toujours d'actualité depuis Larrey.

le 18 mai, lui remet de ses mains car il figure parmi les premiers décorés de ce qu'on appellera longtemps "la Croix d'Honneur".

"L'ordre de la Légion d'honneur avait été institué ; admis un des premiers au nombre des membres, et bientôt après au rang des officiers de cette légion, j'en reçus la décoration des mains de Sa Majesté l'Empereur, le 26 messidor an XII (15 juillet 1804), lors de la première distribution solennelle qu'il fit de cette glorieuse récompense dans l'église de l'hôtel des invalides : le spectacle d'un nombre infini de drapeaux, et autres trophées pris sur les nations ennemies, et suspendus aux voûtes de ce temple, ajoutait singulièrement au caractère majestueux de cette cérémonie à jamais mémorable."

A Boulogne les choses avancent, mais pas aussi rapidement que Napoléon le souhaite. Aussi s'y rend-il à la mi-août 1804, accompagné de sa garde qui, de consulaire, est devenue impériale. Larrey arrive avec elle, non sans tracas et le soir même écrit à sa femme à 9 heures du soir : "(...) le charron qui m'a procuré la voiture m'a joué un tour perfide, les brancards et les roues étaient vieux et pourris, de sorte qu'après sept à huit heures de marche, les deux brancards se sont rompus sur l'essieu, les roues démontées et la caisse allait se renverser (...) juge chère amie et de ma peine et de mon embarras, il est vrai que la misère donne de l'industrie (...) depuis mon départ je n'ai bu ni mangé à l'exception d'un mauvais bouillon."

Au camp de Boulogne, chacun est logé à la même enseigne spartiate. Si la troupe fait maigre trois jours sur sept, n'a droit le soir qu'à des légumes secs, du riz et du fromage, l'état-major n'est pas mieux loti au dire de Larrey, encore faut-il ne pas arriver le dernier !

"(...) je vais tâcher d'avoir une soupe à l'oignon, ensuite je me coucherai (...) si j'avais eu seulement un petit réduit pour m'isoler, mais nous sommes ici les uns sur les autres (...) on sonne la cloche pour le souper de la table d'hôte (...) j'oublie d'aller manger un peu de soupe qu'on ne garderait pas." Il n'a vu personne, l'Empereur est "en course", aussi espère-t-il que son absence sera de courte durée puisque sa mission lui demande "d'organiser une ambulance pour la garde impériale". Que leur ami Ribes fasse appeler ce coquin de loueur d'équipages, saisisse le juge de paix afin "d'obtenir une indemnité pour les frais de réparation" et tance "mon domestique que je crois de connivence avec tous ces malheureux. Ma trop aimable Laville, les tendres adieux que tu m'as fait ont rallumé dans mon cœur tous les sentiments les plus purs et un nouvel amour que la mort seule pourra éteindre".

Un nouveau refroidissement que rien n'explique affecte à nouveau les relations du couple. Elisabeth est-elle déçue de cette absence alors qu'elle relève de maladie? Dominique n'a certes pas un caractère facile, deviendrait-il bourru, voire ennuyeux ? Entre-temps elle est partie avec Isaure achever sa convalescence dans la maison de campagne de sa famille à Villeneuve [Villeneuve-le-Roi ? Villeneuve-Saint-Georges ?] d'où elle envoie à son mari, revenu à Paris, lettres, lièvres et sachets de noisettes qui lui rappelleront ses Pyrénées natales. En dépit de ces marques d'attention, il affecte de jouer au malheureux que personne n'aime, vexé en fait qu'elle se soit fait soigner par un autre. "Je n'ai pu lire les premières pages sans verser des larmes d'attendrissement et de plaisir. (...) Que n'étais-je avec toi, tendre amie, au milieu de ces bois tranquilles ! j'aurais préservé tes jolies et rares mains blanches des effets des ronces et des épines, que tu as exposées pour moi..." Il plaide ensuite pour sa paroisse : "jamais je n'aurais pu croire qu'après t'avoir rendue à la santé, tu puisses abandonner ton médecin, le meilleur de tes amis. (...) Je conçois qu'on préfère les variations des cœurs sensibles à cette froide et monotone régularité des personnes insensibles (...) il n'est rien que je ne fasse pour mériter toute ta confiance, veuille bien me l'accorder sans restriction. Je n'ose faire la même demande pour l'amour et l'amitié, le premier sentiment est éteint dans ton âme, peut-être ferais-je de vains efforts pour le rallumer et l'amitié, je le sais, ne se commande point." S'adressant à sa fille, désormais sa petite Lili à qui il a finalement ouvert grand son cœur, envoyé une petite robe, il essaie d'infléchir les sentiments de la mère : "(...) je te dirai sans doute à la fin de mes jours : c'est à toi, digne enfant de la nature, que j'ai dû le peu de moments heureux que j'aurais passés dans le monde ; le ciel t'envoya pour adoucir mon infortune et dissiper mes noirs chagrins." Puis revient à sa femme qu'il traite sévèrement.

"Dieu veuille (...) qu'au lieu d'une compagne indifférente, je possède une épouse tendre et digne amie, je me regarderai dès lors comme le plus heureux des mortels."

Eternelle complainte de deux jaloux qui s'aiment et font semblant de bouder, elle, quand il était en Egypte, lui, quand elle s'absente à Villeneuve ! Rien de bien sérieux au fond malgré ce lyrisme à la mode. Sans cela il ne terminerait pas sa lettre par de petites nouvelles : il dînera après-demain avec Girodet et donnera les lièvres à M. Sabatier !

Ces états d'âme, ces doutes, ces interrogations sont le luxe d'une période de paix générale qui règne sur le continent sinon sur les mers. A la fin de l'année, les Larrey fêtent les six ans d'Isaure puis assistent, le 2 décembre 1804, à la grandiose cérémonie du sacre de l'Empereur. Mû autant par l'attachement profond qui le lie à Napoléon que par ses sentiments républicains, il prend Elisabeth par le bras et, à voix basse au fond de Notre-Dame, cherche auprès d'elle le réconfort face au sombre pressentiment qui vient soudain de l'assaillir :

"C'est avec une affliction profonde, dis-je à mon épouse, (...) que j'ai vu cet illustre guerrier porter le sceptre des rois. Tout me prédit que cet instrument de la tyrannie causera incessamment sa perte et la ruine de la France, tandis que s'il avait su conserver son titre modeste de premier Consul de la République, il aurait été vénéré du monde entier et il serait resté l'idole du peuple français[1]."

On se moque à juste titre des devins patentés, mais qui a jamais écouté un visionnaire ?

L'incendie qu'il devine, qu'il redoute, sera annoncé par les cent mille brandons de paille du bivouac d'Austerlitz.

1. Cette note personnelle a bien été écrite par Larrey le soir du sacre, "au retour de cette cérémonie" comme il le précise, ce qui lui confère toute sa valeur, et non dans ses Mémoires publiés en 1812.

XVIII

AUTOUR DU MOULIN D'AUSTERLITZ, CENT MILLE BRANDONS DE PAILLE

En cet été 1805, tout est prêt à Boulogne pour débarquer en Angleterre. Tout ?

Il ne manque que la clef pour ouvrir le blocus du Pas-de-Calais créé par la Home Fleet.

Napoléon ne demande qu'une chose à la marine. Assurer pendant dix, voire douze heures, la libre navigation à travers les 50 kilomètres du détroit en protégeant par ses vaisseaux de haut bord le défilé de l'immense flottille. Une seule solution, leurrer la croisière anglaise et l'obliger à se disperser en rétablissant l'équilibre des forces navales gravement compromis pour la France depuis le désastre naval d'Aboukir.

Le plan de base mis au point par le brillant vice-amiral Latouche-Tréville peu avant sa mort n'a été qu'à peine retouché par Napoléon. L'escadre de Toulon, amiral Villeneuve, doit forcer son propre blocus, faire croire à Nelson toujours en Méditerranée à une nouvelle descente en Egypte, filer au contraire vers Gibraltar, remonter en Corogne pour se grossir de l'escadre franco-espagnole du Ferrol puis de celle de Rochefort. De là, libérer la flotte de Ganteaume bloquée à Brest par Cornwallis, convaincre l'Angleterre d'une expédition en Irlande avant de rallier Boulogne au plus vite.

Parvenu au large de La Corogne le 1er août, Villeneuve a effectué la moitié de sa mission. Victime d'avaries, de faux renseignements habilement répandus par les Anglais et surtout d'un naturel peu combatif entretenu par un pessimisme outrancier, il rebrousse chemin et se réfugie à Cadix. Agacé d'abord, exaspéré ensuite, Napoléon attend depuis un mois l'arrivée de Villeneuve ou du moins des nouvelles de sa position. A toutes fins utiles, s'il doit abandonner le projet de débarquement pour faire face à la nouvelle coalition continentale, il a dicté le plan de marche détaillé de ses armées vers l'Autriche.

Le 21 août, Larrey est appelé par l'Empereur à l'heure du petit déjeuner et retrouve Monge, Decrès, ministre de la Marine et Daru, intendant général, réunis pour une séance de travail. Ils ne sont pas encore assis que la porte s'ouvre : entre un aide de camp essoufflé qui tend une dépêche télégraphique. Villeneuve ne viendra plus !

La colère de Napoléon éclate, épouvantable. Visage violacé, veines turgescentes, mains tremblantes, il arpente la pièce de long en large, ayant compris que l'expédition d'Angleterre doit être annulée alors que tout était possible si la marine avait rempli, selon lui, sa mission. Il s'en prend à la couardise de Villeneuve, il s'en prend à Decrès qui s'entoure d'incapables, il en veut à chacun. Monge, qui tous les matins prend son petit déjeuner avec l'Empereur, lance quelques mots d'apaisement, mais devant le regard courroucé, subitement glacial de Napoléon, préfère sortir de la pièce. Larrey tente lui aussi d'arranger les choses, sans plus de succès : "Mais, étant de mauvaise humeur (...) il m'engagea à aller retrouver mes Egyptiens comme il m'aurait dit d'aller au diable. Je ne me fis pas prier plus que Monge pour sortir."

Ces "Egyptiens" sont d'anciens musiciens de l'armée d'Orient qui, la veille au soir, ont joué devant le logement de Larrey pour lui faire honneur. Entendant la musique, Napoléon qui prend le frais, s'avance, vient aux nouvelles, rit et félicite les soldats de leur attachement envers leur "Providence". Aujourd'hui il n'y plus de place pour les souvenirs ni pour les sentiments.

Il faut agir vite, très vite car l'Autriche menace de déborder la Bavière et la Russie envoie deux armées, l'une pour soulever la Prusse, l'autre pour renforcer les troupes du kaiser autrichien. L'armée française, qui rêvait déjà de tailler les moustaches de ces sacrés "Goddams", doit quitter les chaloupes dans la grogne. Par ses ordres de marche, Napoléon déverse, comme il le proclame, ses "sept torrents" sur l'Allemagne à travers les routes encore décorées d'arcs de triomphe indiquant fièrement "Route de l'Angleterre".

Les "sept torrents", les sept corps d'armée dirigés par Bernadotte, Marmont, Davout, Soult, Lannes, Ney, Augereau, se jetteront dans le Rhin précédés des 20 000 cavaliers de Murat. Un par un, par des routes différentes et dans le secret absolu. Les dernières phrases de l'ordre du jour font passer sur la troupe le souffle de la Révolution :

"Soldats, de nouveaux lauriers vous attendent au-delà du Rhin. Courons vaincre des ennemis que nous avons déjà vaincus !"

Larrey, chargé le matin par Napoléon d'organiser les ambulances régimentaires de chaque corps d'armée, lui remet son rapport le soir même. Ils partent ensemble avec les 12 000 hommes de la Garde.

La Grande Armée est née, et là où est l'Empereur, là est le garde.

Le 22 septembre 1805, Larrey est parvenu à Strasbourg. Il est souffrant ; fièvre, crise migraineuse, sans doute causée par "la tristesse où je suis plongé, et l'aspect de ces lieux en me rappelant mes premières campagnes l'augmente encore". Le lendemain d'une mauvaise nuit, il écrit à sa femme : "Mais dans quelle inquiétude n'ais-je pas été, ma chère Laville, combien de fois ne t'ais-je pas appelé dans mon délire ! ton image que j'avais sous mes yeux me consolait un peu. Je croyais te voir et il me semblait entendre ta douce voix. (...)

Quoique malade, je fus dîner hier chez le prince Murat qui me combla d'amitiés, je ne mangeais point mais je passais tout le temps du dîner agréablement. J'ai fait la rencontre du général Belliard[1] qui m'a sauté au cou pour m'embrasser avec les démonstrations de l'amitié la plus pure, tu penses combien cette surprise m'a été agréable.

(...) Mais les soldats des régiments d'Egypte surtout, lorsqu'ils m'ont vu passer au milieu d'eux, se sont écriés – voilà M. Larrey – et, par un mouvement commun, ils m'adressaient leur salut."

Larrey cumule provisoirement les fonctions de chirurgien en chef de la Garde et de la Grande Armée, le titulaire de cette dernière, Percy, n'étant pas encore arrivé. Cette confusion lui déplaît, ne serait-ce que par les retards de solde qu'elle implique : "Aujourd'hui je ne sais comme j'existe, les uns me demandant si je suis inspecteur de toute l'armée ou d'une partie, les autres si je suis le 1er chirurgien de la maison de l'Empereur. Que répondre ? (...) j'attendrai patiemment l'arrivée de l'Empereur, le seul en qui j'ai confiance, et tu dois croire que je lui dirai ma façon de penser. (...) Tâche de faire le plus d'économies que tu pourras, ma chère amie, pour t'acheter une petite propriété qui vous assure à toutes deux une petite retraite en cas de malheur. Tu pourrais louer à quelqu'un d'honnête et par mois seulement les chambres de ton atelier, la remise et l'écurie (...) tu dois bien croire que je t'enverrai à fure et mesure [sic] tout

1. Compagnon d'Egypte et ami intime de Larrey qui l'a opéré près du Caire d'une plaie abdominale par balle ayant lésé une anse du gros intestin.

ce que je gagnerai et qui ne me sera pas essentiel. Je tâcherai même de me passer de domestique, car pour ce qu'il fait je n'en ai guère besoin."

Il s'agit toujours de Léger, qui ne se voue ni à l'ascétisme ni à la sobriété.

"M. Léger est fort mécontent de moi. Comme obligé de manger à l'auberge (...) il a déclaré aux gens de la maison où je loge qu'il n'était pas habitué à être traité ainsi et puisqu'on ne voulait pas lui fournir ce qu'il désirait, il retournerait à Paris où ma cuisinière le soignerait comme à son ordinaire, c'est-à-dire avec cinq ou six plats par repas[1] qu'elle lui préparait et avec beaucoup de soin (...) non que cela le dérange de ses plaisirs car il paraît en prendre plus que je n'en aurai jamais dans ce pays." Sans prendre le soin d'une courte convalescence, il achève les préparatifs de son service et écrit encore le lendemain à sa femme, tout heureux d'avoir reçu les nombreuses lettres qu'elle lui a adressées à Boulogne : "Le directeur de l'hôpital est arrivé avec l'ordre de faire faire les préparatifs convenus pour l'ambulance, sous ma surveillance, de sorte que je vais commencer mes travaux et tu penses bien que tout cela va me rétablir complètement.

Les préparatifs de la guerre s'accélèrent avec la plus grande activité. L'ennemi s'avance et il paraît qu'aussitôt l'arrivée de l'Empereur et la réunion de l'armée, nous allons passer le Rhin. Quoiqu'il en soit, tranquillise toi, ma chère Laville, je sens trop le prix et l'importance de me conserver pour toi et notre jolie Ninette pour que je ne m'expose pas, je prendrai toutes les précautions nécessaires pour éviter les accidents et conserver ma santé."

Comme en Italie, il a mis sur pied les ambulances volantes de chaque régiment de la Garde et dessiné sur ses cartes les emplacements des hôpitaux temporaires le long de la ligne de marche présumée. Napoléon arrive à Strasbourg le 25 septembre et a ce mot admiratif qui fait le tour de l'armée :

"Larrey, vous avez failli être prêt avant moi !"

Les soldats ne peuvent souffler, alors qu'en vingt-cinq jours ils ont parcouru environ 550 kilomètres, vingt-deux par jour ! Il faut jeter les brodequins usés, utiliser la deuxième paire de rechange contenue dans le havresac.

1. Il s'agit du service "à la française" où entrées, plats et desserts sont servis en même temps et par petites quantités. On mange d'abord chaud puis tiède ou froid ! Il a été remplacé vers la fin du XIXe siècle par le service "à la russe" durant lequel les plats sont servis successivement et chauds, c'est-à-dire notre service actuel.

On a “trouvé” un bœuf ! Coll. J.-B. Q.

“Si l’on continue à ce rythme, vous verrez qu’on finira par marcher pieds nus !” disent ceux qui commencent à “grogner”.

“L’Empereur fait la guerre avec nos jambes !” s’exclame un autre.

Même la Garde, composée de robustes gaillards soigneusement sélectionnés, dévoués corps et âme à la personne de Napoléon, est épuisée. L’un d’eux écrit aux siens :

“Jamais on n’a fait une marche aussi pénible. On se tenait par rangs les uns aux autres pour ne pas tomber ; ceux qui tombaient, rien ne pouvait les réveiller. Il en tombait dans les fossés. Les coups de plat de sabre n’y faisaient rien du tout.” Ils ont marché de jour, ils ont marché de nuit et n’auraient pu accomplir cet exploit sans des gîtes d’étapes convenablement approvisionnés. En Allemagne les pires épreuves les attendent fin septembre où une fine pluie froide transperce le drap des capotes, la toile des pantalons de route et ruisselle aux deux extrémités des bicornes. Dans le sac, seulement quatre jours de pain de munitions et de biscuits. Il faudra vivre sur le pays normalement en payant mais le plus souvent chaque compagnie possède un “nez” qui “trouve” volailles, bétail, porcelets, riz, légumes secs. Etrange cortège que celui aperçu par les habitants du Bade-Würtemberg.

Des soldats aux uniformes disparates, parfois en habits civils, une cuiller étamée dans la ganse du bicorne, portant deux bouteilles de vin au-dessus du sac ou dans le bonnet à poil des grenadiers, des chapelets de saucisses autour du cou ou de la taille, des boules de pain et des poulets fichés sur les baïonnettes, tandis que brinquebalent sur les côtés des petits sacs de riz attachés aux baudriers. Ils poussent devant eux des bœufs, des porcs, des chèvres, des vaches qui fourniront au fur et à mesure des besoins lait, fromages et viande !

Est-ce un fantassin impérial du 63e de ligne ou un volontaire de l'an II qui écrit à ses parents : "Depuis Strasbourg nous sommes dans l'ennemi. Nous n'avons plus de paie ni de pain. Nous sommes nourris par le paysan qui nous fournit tout[1]" ?

Choyée par l'Empereur, la Garde, avec laquelle Larrey a passé le Rhin, a droit à toutes les faveurs. Bien équipée des meilleures armes de la manufacture de Versailles, confortablement logée et nourrie à chaque étape, soldée régulièrement, elle défile sous d'impeccables uniformes vers le nord par Rastadt et Karlsruhe avant d'obliquer à l'est vers Stuttgart. Route insolite ? Certainement pour les 30 000 Autrichiens du général Mack qui s'attendent à voir déboucher les Français par le sud de la Forêt-Noire et se sont cantonnés dans la cité fortifiée d'Ulm, 50 kilomètres plus au sud, sur les bords du Danube. Ils attendent les renforts russes du maréchal Koutouzov sans savoir que ces derniers n'ont pas encore dépassé la Pologne.

Le calcul de Napoléon est simple, aussi ingénieux que pratique. Donner le change en envoyant le corps d'armée de Lannes dans la direction espérée par les Autrichiens, faire marcher le gros de l'armée d'ouest en est mais très au nord puis se rabattre au sud par un large mouvement enveloppant, prendre les ponts du Danube, couper Mack de Vienne, des renforts russes et l'isoler dans Ulm. Le rendez-vous général est fixé à Donauwörth et Augsbourg, localités entre lesquelles l'armée se réunira en pouvant facilement manœuvrer selon les circonstances. En marches et contre-marches, la Garde a parcouru depuis Strasbourg plus de 300 kilomètres, du 25 septembre au 14 octobre.

Ulm est encerclée, la Garde s'y rend, quitte Augsbourg mais le Danube est en crue.

Larrey raconte à sa femme : "Mais que de souffrances nous avons eu à essuyer, ma bonne amie, nous avons marché pendant trois ou quatre jours dans l'eau et la boue jusqu'au ventre des chevaux accablés, sous une neige fondue qui n'a cessé de pleuvoir depuis notre départ d'Augsbourg jusqu'à présent les combats qui ont eu lieu au passage du Danube et devant Ulm. Les pauvres blessés ont été bien malheureux car à

1. Coignet, emportant par mégarde des éléments du service de table à la fin du repas offert par son capitaine, ne lui déclare-t-il pas : "Je croyais être encore en pays ennemi ; vous savez que si on ne prend rien, on croit avoir oublié quelque chose !"

peine l'armée active avait-elle passé le grand fleuve que les ponts se rompent et les eaux débordent au loin de manière à détruire toutes nos communications ; les voitures refluent sur l'autre rivage et sont obligées de s'enfuir pour éviter la submersion, en sorte que nous avons manqué de tout : point de vivres, point d'effets ni linge à pansement, exceptée la petite quantité que nous portions dans nos porte-manteaux. Cependant je les ai pansés de mon mieux, je les ai consolés et à force de zèle et d'industrie conduits enfin aux ambulances éloignées.

Je ne te dirai pas tout ce que j'ai souffert sous le rapport du physique, je m'en suis peu inquiété mais mon moral a été vivement affecté. (...)"

Le 14 octobre, Ney s'empare à Elchingen du dernier pont en bois, à demi incendié par les Autrichiens, et rétablit les communications des deux rives du Danube. L'affaire n'est pas simple remarque Larrey, "la résistance que nous opposèrent les troupes qui défendaient l'abbaye d'Elchingen, détermina un combat assez sérieux, dans lequel l'ennemi perdit beaucoup de monde. Je fis réunir les blessés des deux nations dans l'abbaye, et je leur donnai indistinctement mes soins. (...)" Définitivement isolé, le général Mack capitule à Ulm, le 20, pratiquement sans combats mais avec les honneurs de la guerre. Tous ces vieux officiers autrichiens aux perruques poudrées de blanc sont prisonniers sur parole, peuvent rentrer chez eux en conservant leurs épées que n'a pas exigées le nouvel et jeune empereur de trente-six ans !

Placé aux premières loges, satisfait du faible nombre de victimes, Larrey s'exclame :

"La sortie de la garnison d'Ulm a fait le plus beau tableau qu'on ait jamais vu, elle a déposé les armes sous les yeux de l'Empereur, j'étais près de lui. (...) J'en rendrai compte à mon ami Giraudet." Effectivement la disposition des lieux, la gravité des circonstances, le comportement des hommes apportent à Larrey tous les éléments d'un récit détaillé de correspondant de guerre. Fortement impressionné par cette scène qui tient à la fois du noble et du tragique selon le goût de l'époque, il devient l'œil et l'oreille du peintre, persuadé que Girodet sera séduit par le sujet.

Il n'a pas remarqué que Lejeune, un genou en terre, a sorti son carnet de croquis, ses crayons, et a commencé à dessiner l'ensemble[1].

1. Le tableau *La Reddition d'Ulm*, conservé au musée de Versailles, fut réalisé par le peintre Charles Thévenin, d'après les croquis de Lejeune.

Larrey écrit à Girodet :

J'ai bien regretté, mon cher ami de ne pas vous avoir près de moi dans plusieurs occasions de notre rapide campagne, surtout devant Ulm, lorsque l'Empereur a fait défiler devant lui toute l'armée autrichienne, trente mille prisonniers qui s'étaient lâchement et bêtement enfermés dans cette ville qu'on était sur le point de prendre d'assaut. Six généraux, dont le général en chef, étaient à leur tête.

Jamais vous n'avez vu de spectacle plus important et plus digne d'un grand peintre.

Ce tableau surpassait tout ce que l'histoire ancienne et moderne a pu offrir d'étonnant.

Figurez-vous une armée de cent mille hommes environ[1]*, qui occupe par échelons et ligne de bataille une colline uniforme, disposée en demi-cercle et embrassant un ravin profond sur la rive gauche du Danube, où se trouve la ville d'Ulm, dont les murs sont baignés par les eaux de ce fleuve. L'Empereur, avec son état-major, en face de la ville, au centre de cette colline, debout sur un rocher escarpé, que la nature semble avoir placé exprès au-devant de la colline, et sur les bords du chemin où les prisonniers devaient passer, pour le mettre en évidence des deux armées. Les prisonniers défilaient en colonne sur cette ligne, déposant au fur et à mesure, à une certaine distance, leurs armes et leurs munitions, et rentraient ensuite dans la ville attendre leur départ pour la France. Nos dragons à pied attendaient au lieu où se faisait le dépôt des armes, pour s'emparer des chevaux que les cavaliers ennemis étaient obligés de quitter.*

Jugez maintenant de l'humiliation des uns et du contentement des autres.

On voyait les glacis de la ville couverts d'armes et d'armures de toute espèce. Beaucoup de soldats ennemis paraissaient insensibles à cette reddition ; d'autres déchiraient leur équipement ou brisaient leurs armes de colère et de désespoir ; quelques uns versaient des larmes sous leur casque et gardaient un profond silence. Jamais des nations différentes, des corps de différentes armes et de différents genres n'ont présenté de plus grands contrastes, de plus grandes variétés. Votre pinceau ou votre crayon, quoique très habile, aurait eu de la peine à tracer les principaux faits de ce grand événement.

Auprès du commandant en chef, l'Empereur, couvert d'une redingote grise, avec son mauvais chapeau, se tenaient ses

1. Il s'agit de l'armée française.

généraux ; son cheval blanc était derrière lui. Les généraux autrichiens semblaient être à des distances immenses de ce grand homme. Son regard semblait les éclipser, et pas un individu ne l'a méconnu. Personne ne l'approchait qu'avec un grand respect. Il était vraiment, ce jour-là, au faîte de sa gloire et de sa grandeur. A ce triomphe ajoutez trente-sept mille autres prisonniers autrichiens, une vingtaine de généraux, dont un prince, cent cinquante pièces de canon et quatre-vingts drapeaux.

Maintenant nous allons à la rencontre des Russes. Dieu veuille que nous ayons les mêmes succès ; de là, on doit aller à Vienne, ensuite en Italie.

Nous partons demain, mon ami, je vous écris à la hâte. Plus tard, lorsque j'en aurai le loisir, je vous parlerai des beaux sites que j'ai vus dans le pays, du costume et des mœurs des habitants.

D.-J. LARREY[1]

Napoléon prend la route de Vienne désormais ouverte, précédé d'une colonne de grenadiers qui déploient les quatre-vingts drapeaux pris à l'ennemi, renouvelant les défilés victorieux des retours au Caire qui ont tant marqué les esprits. Larrey et la Garde font d'abord étape dans la riche ville d'Augsbourg, où sont installés les blessés du combat d'Elchingen. Après sa visite des hôpitaux, il a juste le temps d'écrire rapidement à sa femme : “J'espère, ma bonne amie, que je ne serai pas longtemps sans te revoir, car nos campagnes sont aussi heureuses que rapides ; prends patience et n'aye aucune inquiétude sur mon compte, je suis l'état-major de la Garde qui sera rarement exposé et je le serai encore moins.

Je voudrais écrire à tous nos amis mais je ne sais comment faire, à peine ais-je le temps de me reconnaître dans les lieux où l'armée s'arrête ; nous voilà ici depuis quelques heures et nous recevons déjà les ordres de partir pour Münich. Demain nous serons en marche.

Ne t'effraye point si je ne t'écris avant le premier séjour, car du train où nous allons il me serait impossible de tracer deux lignes. (...) J'ai reçu la pelisse et les deux gilets de laine que tu as eu la bonté de m'envoyer, je regrette bien mes chaussons de laine. Tu ne m'accuses point la dentelle que je t'ai envoyée

1. La lettre de Larrey, devenue un classique, a été reproduite *in extenso*. Ecrite sur le vif elle apporte mouvement et couleur au récit, par comparaison au texte des Mémoires plus bref et synthétique, de ton moins familier.

avec un paquet de quittances[1] (...) réclames-les, ce sont deux objets précieux. (...) Embrasse la charmante Isaure pour son papa et dis lui que je l'aime toujours comme sa tendre mère."

La dentelle de Bavière est appréciée à Paris tandis que deux jours de repos à Munich sont accordés à l'armée. Larrey visite ce qu'il considère comme une des plus belles villes d'Allemagne avec son plan harmonieux, ses superbes fontaines, le palais royal dont il apprécie la riche galerie de tableaux, et rend de nouveau visite à son confrère Soemmering qui lui ouvre son célèbre cabinet d'anatomie.

De retour au cantonnement de la Garde, la surprise est grande de retrouver l'ami Ribes, désolé d'avoir quitté Paris car "il supporte difficilement les fatigues de la guerre (...) pour avoir fait huit à neuf lieues de cheval à côté de moi il était demi-mort ; il a fallu ensuite coucher sur la paille où il s'est trouvé très mal". Serait-il arrivé plus tard qu'il aurait reçu une lettre de Larrey "où je lui démontrais les inconvénients de quitter ses foyers pour courir après de vains honneurs et une fortune qui se montre sans se laisser atteindre".

Qu'est-ce à dire ? Lui-même toujours prêt à partir a toujours été sensible aux honneurs, à la légion qui les concrétise et, sans avoir amassé une fortune qu'au fond il ne recherche pas, a acquis une situation enviable et stable qui satisfait son robuste bon sens de paysan par nature incertain du lendemain. Ribes a été pressenti pour occuper une place près de l'Empereur, y aurait-il une rivalité professionnelle au milieu de l'amitié réelle des deux hommes ?

Les marches reprennent toujours rapides, souvent le ventre creux, même pour l'état-major ! "On a constamment marché nuit et jour sous les intempéries les plus dures et au milieu des plus grandes privations (...) la rapidité de nos marches n'avait jamais permis aux soldats de faire sécher leurs habits : ils avaient été privés aussi (...) parce que les équipages ne pouvaient suivre, et qu'il ne se faisait surtout de distribution régulière de vivres que dans les grandes villes."

A Paris, Elisabeth a deviné les fatigues créées par la rapidité étonnante des mouvements qu'elle suit sur la carte. Ce ne sont plus des lettres qu'elle reçoit, mais plutôt des dépêches télégraphiques. Le 5 novembre, postée de Lintz : "Nous voilà à cinq

1. Dans sa correspondance privée, Larrey emploie souvent le terme de "quittance" pour celui de billet à ordre, signé en campagne par le commissaire de guerre et payable à Paris par le Trésor. Il a sans doute préféré ce système afin que sa femme en bénéficie car la solde pouvait aussi être payée en espèces sur le terrain.

à six lieues de l'ennemi (...) il paraît disposé à nous attendre de pied ferme aux approches de sa capitale, ainsi nous sommes sans doute à la veille d'une grande Bataille. Tout nous promet une victoire complète et notre entrée dans Vienne. (...) Je suis extrêmement pressé pour mon service et me procurer un logement car on est massés dans un château de Beaulieu où nous n'avons aucun moyen d'existence."

De Vienne le 15 novembre, il n'est plus question des Autrichiens dont la valeur combative a disparu, mais bien des Russes finalement parvenus aux bords du Danube.

"(...) la générale s'est fait entendre et il a fallu se mettre en route du même moment. (...) En seize heures nous avons fait vingt-quatre lieues[1]. Les Russes, ennemis de la paix (...) ont rétrogradé sur la rive gauche du Danube et sont venus attaquer un petit corps de troupes que nous avions de ce côté, ce qui a déterminé notre prompt départ et cette marche précipitée qui a continué jusqu'à Vienne où nous sommes arrivés aujourd'hui. (...) Nous voilà donc dans une de ces fameuses capitales de l'Europe. (...) J'ai traversé Vienne par curiosité, mais il paraît que l'Empereur et la Garde n'y logeront pas."

Le 21 novembre, la lettre vient de Brünn[2]. La veille, à Hollabrünn, un violent combat a opposé le corps de Lannes aux Russes de Bagration qui ont incendié le village avant de le quitter. Larrey a arrêté son ambulance et opéré avec Ribes tous les brûlés susceptibles d'être sauvés, avant de poursuivre sa route. "Nous voilà dans la Capitale de la Moravie, ma chère femme, sur les frontières de la Prusse et de la triste et malheureuse Pologne. Notre départ précipité de Vienne ne m'a pas permis de l'écrire une seconde fois pour te l'annoncer. (...) j'ai failli perdre tous mes chevaux dans cette marche forcée. (...) Avant mon départ de Vienne, j'ai reçu une lettre du B. Bro. (Bagnères-de-Bigorre) écrite par ma sœur. (...)"

La lettre du 30, postée du bivouac devant Brünn, sent la poudre.

La belle écriture régulière et légèrement penchée de Larrey a fait place à de grands traits hâtivement tirés ! "A peine avais-je remis ma lettre au Courrier extraordinaire de l'Empereur que tu as du recevoir, l'ordre du départ a été donné et en deux heures nous avons été en marche contre les Russes qui avaient attaqué nos avant-postes pendant que leurs envoyés négociaient chez

1. Quatre-vingt-seize kilomètres.
2. Brno, en République tchèque.

notre Empereur. (...) Ma chère amie, nous attendons d'un instant à l'autre le signal d'une grande bataille qui se prépare. (...) Nous voilà au bivouac.

(...) La nuit a été cruelle, nous avons eu de la grêle, du verglas et des moments de froid excessifs. J'ai passé la nuit accroupi près d'un mauvais feu, enveloppé dans mon manteau sans pouvoir bouger. (...) Pardon, mon amie, (...) j'entends le canon des avant-gardes."

Napoléon le fait appeler et lui confie la direction générale du service de santé de l'armée car Percy est encore retenu à Vienne pour l'organisation des hôpitaux sédentaires.

Larrey a compris qu'il faut utiliser les ressources importantes d'une forte place de guerre comme Brünn pour absorber les conséquences du choc qui s'annonce des plus violents. Il conserve l'hospice de la Charité pour les éventuels blessés de la Garde et aménage couvents et hospices civils pour ceux de la ligne.

Au moulin de Paleny, bâti sur une éminence bien visible des alentours, il installe son ambulance centrale, largement pourvue de matériel sanitaire. Appliquant les consignes que lui a données personnellement Napoléon, il enjoint à Joinville, ordonnateur du quartier général : "Veuillez aussi charger les commissaires de guerre des divisions de se trouver demain matin près des trois ambulances principales que j'ai établies au moulin, troisième ligne de l'armée, – à la ferme, deuxième ligne, – et à la poste, première ligne, – d'où nous ferons partir autant de subdivisions que besoin sera. (...)" Toutes proportions gardées, le dispositif

Au bivouac. Coll. part.

Le moulin de Larrey à Austerlitz. Coll. part.

sanitaire de Larrey est superposable à la stratégie militaire de l'Empereur. Reconnaître le terrain, prévoir une organisation et une réserve de base sur laquelle s'articulent les nécessités du moment selon les mouvements de l'armée.

Personne ne lui disputera son terrain. "Les ambulances, aux jours des grandes batailles de l'Empire, avaient toujours droit aux premiers logements militaires, avant les généraux et les états-majors. L'Empereur l'entendait ainsi et l'armée le savait bien. Il suffisait de faire inscrire en lettres de craie ou de charbon ambulance de la Garde ou ambulance de Larrey, pour que cet asile des blessés demeurât inviolable pour tous, chefs ou soldats, qui cherchaient un gîte ou un abri."

Ces derniers jours de novembre ont été décisifs pour Napoléon, assailli de soucis. La Grande Armée est arrivée épuisée aux contrebas des collines de Moravie, certains régiments ont la moitié de leur effectif qui traîne sur les routes. Les armées russes ne peuvent plus être détruites une par une, car le maréchal Koutouzov les a regroupées avec sagesse sur la route de Brünn à Olmütz[1] en battant retraite en bon ordre.

Le dispositif français est dangereusement étiré. Davout est entre Vienne et Presbourg[2], à 140 kilomètres au sud, Bernadotte à 90 kilomètres à l'ouest, Mortier encore sur la rive nord du Danube, Marmont au sud de l'Autriche pour arrêter les

1. Olomouc.
2. Bratislava.

100 000 hommes de l'archiduc Charles. Avec la Garde, les cavaliers de Murat, les corps de Lannes et de Soult, Napoléon pourrait se sentir isolé au milieu de ses 50 000 hommes menacés d'encerclement par les 100 000 soldats que les empereurs de Russie et d'Autriche ont massés à Olmütz, s'il n'avait décidé de tendre un vaste piège.

Plus qu'autre chose, il faut qu'Austerlitz soit un piège à triple détente articulée, psychologique, diplomatique et topographique.

Psychologique, en feignant d'être désemparé, hésitant, peu sûr de soi, en regroupant un petit noyau de forces tout à l'est de Brünn pour donner l'impression, en lâchant du terrain, d'une retraite sur Vienne.

Diplomatique, par un consentement feint à l'armistice proposé par l'empereur d'Autriche uniquement soucieux de gagner du temps pour voir arriver la troisième armée russe. Le 29 novembre, le plénipotentiaire russe, le général Dolgorouki, ne croit voir en Napoléon qu'"une petite figure fort sale et très mal accoutrée" à la mine apeurée !

Topographique, car Napoléon, en évacuant les terrains précédemment occupés d'Austerlitz et du plateau de Pratzen, a recommandé à ses maréchaux d'observer scrupuleusement les collines, les tertres, la rivière Goldbach, l'étang et les marécages de Satschan.

— C'est là que nous nous battrons, leur a-t-il dit, en désignant le plateau de Pratzen.

Il prépare l'appât qui sera son aile droite volontairement dégarnie, seulement constituée de la division Legrand, bientôt rejointe par la division Friant qui a parcouru 140 kilomètres en moins de deux jours ! Les estafettes, doublées, triplées, crèvent les chevaux pour ramener de l'ouest Bernadotte, du sud Davout et Mortier, afin de tendre fermement le filet.

Le 1er décembre, les colonnes austro-russes s'y jettent, sûres de leur affaire, sans voir les positions françaises enveloppées dans le brouillard d'hiver. Leur progression est si lente que, le soir venu, Napoléon a le temps d'effectuer une ultime inspection des positions françaises. Il y voit mal car est affecté d'une forte conjonctivite qui enfle ses paupières et cause un larmoiement permanent. Ses aides de camp lui commentent le théâtre d'opérations, tandis qu'il manque de trébucher sur des souches dissimulées par les nappes de brouillard. Pour l'aider, un grenadier du 46e de ligne ramasse une poignée de paille, la fixe sur un bâton et y met le feu. D'autres l'imitent de proche en proche et, des hauteurs de son moulin, Larrey saisit la scène pour son oncle Alexis.

Les illuminations d'Austerlitz. Coll. J.-B. Q.

"Figurez-vous les cent mille hommes placés en ligne de bataille et sur trois rangs, occupant les collines, bordant une plaine qui nous séparait de l'ennemi ; figurez-vous, dis-je, tous les soldats portant un brandon de paille enflammée à la main, et l'élevant sur leurs têtes pour saluer l'Empereur : c'était le plus brillant tableau que l'imagination pourrait supposer.

Cette illumination avait été disposée pour la fête ou plutôt l'anniversaire de son couronnement, qui devait avoir lieu le lendemain 12 frimaire (...) illumination la plus belle et la plus majestueuse qu'on ait jamais vue. (...) L'Empereur brûlait d'impatience d'arriver à cette journée. Il entendit dans tous les rangs les cris répétés avec enthousiasme :

Nous vaincrons, nous mourrons, vive l'Empereur ! vive l'Empereur !

(...) Vous pensez bien, mon ami, que le sommeil ne ferma point mes paupières le reste de cette nuit, et déjà je voyais sur le champ de bataille les honorables victimes m'appeler à leur secours. (...) Déjà le temps se fixait au beau, lorsque nous n'avions cessé jusqu'alors de voir tomber la pluie ou la neige, et le lendemain offrit une belle journée de printemps. (...) A peine l'aurore fut-elle annoncée par l'étoile du matin (...) aussitôt les hordes de Moscovites se précipitent sur nos avant-gardes en jetant des cris épouvantables. Ils se croient certains de leur victoire, car ils avaient laissé à leurs bivouacs et leurs sacs et leurs capotes."

La ligne immense des brandons de paille de la veille leur a fait croire que les Français brûlaient leurs cantonnements avant d'amorcer leur retraite, et a involontairement accru l'effet d'intoxication psychologique.

Le choc principal de l'assaut russe qui descend du plateau de Pratzen se heurte à l'aile droite des Français qui le subissent sans broncher car la division Friant, dite "la division de fer", constituée de vétérans d'Italie et d'Egypte, sait qu'un seul de ses hommes en vaut dix d'en face. A 9 heures, le soleil dissipe le brouillard qui a empêché l'état-major coalisé d'apercevoir jusqu'ici la concentration des troupes françaises en bas du plateau.

Dans l'esprit de Napoléon, les Russes ont suffisamment dégarni leur centre, en haut du plateau, pour que les divisions de Soult donnent l'assaut, tronçonnent en deux leur armée prise de flanc. La mâchoire du piège a parfaitement fonctionné et s'est rabattue au bon moment, au bon endroit. Au sud, Friant non seulement résiste mais multiplie les contre-attaques ; au nord, sur la route de Brünn à Olmütz, l'ennemi est stoppé, neutralisé.

En début d'après-midi, Koutouzov, hostile au plan imposé par le tsar, a réalisé la gravité de la situation de son armée coupée en deux, dont chaque tronçon est méthodiquement encerclé. Il fait "donner" les 10 bataillons et les 18 escadrons de la garde du tsar, fleuron de l'aristocratie russe qui, après s'être emparé de l'aigle du 4e de ligne, exulte d'arrogance !

La division Vandamme résiste mais a besoin de l'aide que lui envoie Napoléon.

Lorsque Rapp dégaine son long sabre courbe, les grenadiers à cheval et les mamelouks de la Garde chargent les chevaliers-gardes en s'écriant : "Faisons pleurer les dames de Saint-Pétersbourg !"

A 4 heures de l'après-midi, tout est consommé.

Rapp, tête nue, l'écume aux coins des lèvres, couvert du sang de ses blessures, ramène le prince Repnine prisonnier avec quarante drapeaux qu'il jette aux pieds de Napoléon.

En bas, Friant voit fuir devant lui les "culs-blancs" austro-russes dont certains se noient dans les étangs gelés de Satschan où la glace a cédé sous les boulets de l'artillerie.

Du haut de son moulin, Larrey a tout vu.

Il a vu "l'Empereur, qui commandait en personne, parcourait tous les rangs et se trouvait à toutes les actions. Sa marche était

Les étangs gelés d'Austerlitz. Coll. part.

si rapide que très souvent je l'ai vu seul au milieu des combattants (il montait des chevaux arabes)".

Il a suivi avec son ambulance les mouvements de la Garde : "La charge des chasseurs à cheval et des grenadiers a donné environ trente blessés. (…) Tous, après avoir reçu les premiers secours sur le champ de bataille, ont été transportés avec les voitures suspendues de l'ambulance jusqu'à celle dite du Moulin. (…) Les plus gravement blessés reposent encore dans notre ambulance établie au Moulin, d'où je vais les faire évacuer sur Brünn avec un officier chevalier-noble de la maison impériale de Russie, qui, comme les autres, a été pansé sur le champ de bataille. (…) nous fûmes exposés, mes collaborateurs et moi, aux plus grands dangers."

Il a rencontré Napoléon, à 11 heures du soir, lorsque, avec son équipe de chirurgiens, il achève de relever les blessés et de pratiquer les premiers pansements. L'Empereur, seul, s'arrête auprès de chaque blessé, lui verse un gobelet d'eau-de-vie de sa propre cantine, l'encourage en lui glissant plusieurs pièces d'or puis se rend auprès du prochain qui l'appelle et ordonne qu'un factionnaire veille auprès de chaque blessé.

A 4 heures du matin, Larrey peut retourner au moulin, tous les blessés, français ou alliés, ont été relevés avec les premiers secours.

Deux jours après, il voit arriver au moulin un brillant équipage qui entoure l'empereur François II devenu humble et mortifié : "J'ai vu cet empereur germain presque aux genoux de notre Empereur, après la belle bataille d'Austerlitz, demandant la paix à tout prix."

La lettre minuscule qu'emploie Larrey pour qualifier François II semble bien s'accorder avec celui qui en abandonnant Venise et la Dalmatie, la Souabe et le Tyrol, ne sera plus jamais le Kaiser, le César du Saint-Empire romain germanique[1].

Sur le point de regagner les hôpitaux de Brünn, Larrey est spécialement chargé par Napoléon de "soigner" un mort car sa réputation d'embaumeur le suit depuis Le Caire ! "Le général Morlant, au moment où il exécutait, à la célèbre bataille d'Austerlitz, une charge impétueuse à la tête du régiment des chasseurs à cheval de la Garde impériale, reçut du même coup de feu plusieurs balles à la tête et à la poitrine, qui le renversèrent raide mort au milieu des combattants. (...) Morlant avait paru aux yeux de l'Empereur le héros principal de cette brillante victoire ; aussi Napoléon avait résolu de lui faire faire de pompeuses funérailles : en conséquence, il m'invita à embaumer le corps de ce général et à le faire transporter à Paris." Déposé à la morgue de l'hôpital militaire de Brünn, le corps est préparé par Larrey, aidé de Ribes. Injection bitumeuse dans le tube digestif, selon le procédé des Egyptiens anciens, injection de sublimé (bichlorure de mercure) dans les vaisseaux et dans le crâne préalablement trépané et vidé. Le corps est ensuite plongé dans un bain de sublimé pour trois mois et envoyé à Paris. A ce terme, on sort le corps du bain, on le sèche et l'entoure de bandelettes comme une momie et deux yeux d'émail sont implantés.

Revêtu de son uniforme, il "fut reconnu par plusieurs de ses anciens amis" et (faut-il y voir une pointe d'humour noir de la part de Larrey ?) "par l'une de ses parentes, qui crut l'embrasser vivant. Cette illusion fut suivie d'une syncope qui aurait pu être fatale à cette dame si on ne lui eût donné de prompts secours".

Son service terminé, il écrit à sa femme le 8 décembre une longue lettre faite d'un vivant mélange : "Nous arrivons de ce fameux et horrible champ de bataille, bien fatigués et affaiblis par les privations. Dans l'espace de quatre à cinq lieues que les armées ont occupé pendant le combat, on ne voyait que morts et mourants, nous avons pansé et ramassé ces derniers mais il faudra plusieurs jours pour enterrer les morts. (...)

L'Empereur doit être à Paris pour le premier de l'an. Mon ami Ribes pourra le suivre de près mais moi, ma bonne amie, je me

1. Il deviendra en 1810 le beau-père de Napoléon. Pour l'heure, sa fille Marie-Louise s'est réfugiée en Hongrie où elle erre, avec les siens, dans de mauvaises résidences remplies de punaises...

vois forcé de suivre la garde impériale qui n'arrivera sans doute que deux mois après.

J'ai été chargé par ordre de S. M. d'embaumer le corps du colonel des chasseurs de la Garde qui a été tué à la bataille et je dois le suivre pour continuer mon opération jusqu'à Paris, de sorte que je ne pourrai aller plus vite que la Garde et encore très heureux si, avec le fardeau, je puis la suivre.

(...) j'espère être arrivé avant le Carnaval que nous ferons ensemble ; j'aurai le double plaisir et de te voir avec ma petite Lili et de la promener dans Paris pour lui faire voir les masques. (...) Jusqu'à présent je n'ai pu entretenir l'Empereur de nos intérêts particuliers. (...) Tu devrais donc faire une chose : c'est de finir son portrait pour le lui remettre à son arrivée, tu aurais l'occasion aussi de lui demander de mes nouvelles (...) va le lui offrir, c'est l'occasion la plus favorable et qu'il ne faudrait pas manquer. Demande lui une chaumière et certes il te l'accordera d'autant plus qu'il est content de moi. Fais un effort, ma bonne amie, et tâche de le voir à son arrivée, notre ami Giraudet ne te refusera pas un coup de main. (...) J'espère ne plus te quitter, ma tendre épouse, ton absence m'a causé trop de chagrin et de peine."

Telle est l'ambiguïté de la situation du corps médical aux armées. Au combat, les chirurgiens doivent tout faire et être partout à la fois, c'est certes leur mission qu'on admire et respecte. Passés les périls, on les oublie et l'intendance, pour qui une quelconque indépendance de leur part est hors de question, se montre regardante pour rembourser leurs frais de route, leurs chevaux tués, les diverses indemnités auxquelles ils ont droit. Après Austerlitz, ils sont oubliés alors que de fastueuses gratifications sont largement distribuées à leurs camarades combattants et si un simple général de brigade reçoit 20 000 francs, les sommes attribuées aux maréchaux avoisinent ou dépassent le million ! Larrey et Percy (chirurgien en chef de la ligne) assaillent les bureaux ministériels de leurs récriminations en faveur de leurs collaborateurs. Alors qu'il a la faveur, l'estime de Napoléon, qu'il le connaît depuis si longtemps, le croise tous les jours, Larrey ne demande jamais rien pour lui. C'est une constante. N'ose-t-il pas franchir la réserve d'une certaine timidité ou préfère-t-il conserver la fière indépendance de celui qui attend la reconnaissance de ses mérites ? Quand, à la veille de Noël, il envoie à Elisabeth des mandats pour 2 500 francs, il lui réitère son désir : "(...) je voudrais, mon aimable Laville, comme je te l'ai déjà dit, que tu puisses lui offrir son portrait en arrivant. Tu profiterais de cette occasion pour lui demander une petite métairie que j'ai bien gagnée. Tu t'adresserais de ma part au général Rapp qui se chargerait de t'annoncer ou de présenter ton billet d'audience à l'Empereur. (...)"

Que le portrait de Napoléon soit fini ou pas, Mme Larrey sollicitera l'audience et, sûre du charme qu'elle exerce sur l'Empereur, pourra lui parler avec aplomb et obtiendra au moins que son mari soit indemnisé de ses frais et débours.

Une chaumière ! une métairie ! alors qu'il a risqué plusieurs fois sa vie près du moulin d'Austerlitz non pour pourfendre son prochain mais au contraire pour le sauver !

Est-ce moins honorable ? N'est-ce pas assez ? Faudrait-il de surplus faire vœu de pauvreté ?

Une consolation se profile, celle de regagner Paris pour la dernière semaine de février 1806, "et puisque nous ne pouvons faire le Carnaval ensemble, nous ferons l'anniversaire de notre mariage que nous confirmerons à l'église si tu le juges à propos. Fasse le ciel que les vœux que nous ferons soient mieux exaucés que ceux de cette première cérémonie, Dieu veuille que nous soyons plus heureux à compter de cette Epoque. (...)"

Autre sujet de réconfort, la perspective de voir s'installer l'apaisement et la concorde générale après ces horribles batailles. "A l'époque où je t'écrivais il y a quatre jours, nous étions encore dans l'incertitude de recommencer la guerre contre plusieurs puissances ; aujourd'hui, ma bonne amie, tout a changé de face et, à l'exception de l'Angleterre et de la Russie, on nous assure que la paix est faite avec toutes les puissances continentales. Elle vient d'être signée avec l'Autriche et il paraît qu'il y a des arrangements solides et très avantageux d'arrêtés entre notre Empereur et le roi de Prusse, en sorte que me voilà rentré dans nos jolis projets."

Personne et Larrey moins que quiconque ne peut deviner, ne peut imaginer dans quelles mains réside l'équilibre de la paix. Les mains tremblantes du roi de Prusse ? Celui dont Talleyrand a dit qu'il ignorait "ni ce qu'il devait croire ni ce qu'il devait faire" ?

Ou celles délicates et gracieuses de sa femme, la reine Louise, d'une si grande beauté que le tsar Alexandre Ier n'a d'yeux que pour elle, si violemment anti-française que convergent vers elle toutes les rancœurs politiques, économiques, patriotiques d'une Prusse qui se croit encore la première puissance militaire d'Europe ?

XIX

SOUS LA PORTE DE BRANDEBOURG

"Nous avions à peine réunis dans la ville de Brünn les blessés français et russes, dont le nombre était considérable, qu'il se déclara parmi eux une maladie épidémique, que nous reconnûmes être une fièvre putride, nerveuse, maligne, (...) ou thyphus contagieux..."

En trois mots, Larrey résume la description clinique du typhus puis développe ses observations. L'évolution en trois phases, fièvre délirante d'abord, faiblesse du pouls et abattement profond ensuite, embolies artérielles terminales : "C'était dans cette dernière période que les plaies prenaient un vrai caractère gangreneux, et répandaient au loin une odeur très fétide." Comme cette maladie est nouvelle pour lui, il applique, pour en rechercher les causes[1], son habituelle méthode anatomo-clinique. Le résultat de ses autopsies, s'il confirme la profonde altération cérébrale et les hémorragies digestives, le laisse sur sa soif. Que peut-il donc bien se passer ? Le caractère épidémique est certain, l'aspect contagieux ne fait aucun doute. Il regarde les rapports des hôpitaux, les cartes matérialisant les routes d'évacuation vers la France. Le typhus est partout. La disparition rapide d'un quart des malades s'avère une catastrophe hospitalière, l'épidémie a commencé à Strasbourg après avoir suivi les convois de rapatriés sanitaires.

A cette allure, il y aura bientôt davantage de morts qu'au cours des dernières batailles !

L'évidence lui saute aux yeux, l'épidémie est quasi absente dans les quartiers ou les hôpitaux de la Garde car les locaux

1. Le germe responsable, Rickettsia prowazecki, fut découvert en 1910 par Ricketts, puis par Von Prowasek à Tunis en 1913. Le prix Nobel de 1928 récompensa Ch. Nicolle, de l'Institut Pasteur de Tunis, pour sa découverte de l'agent vecteur, le pou, et les brillants travaux de l'Ecole de médecine nord-africaine quand celle-ci était française.

L'armée défile sous la porte de Brandebourg. Coll. J.-B. Q.

Mort du prince Louis de Prusse. Coll. J.-B. Q.

sont salubres, les hommes soumis à un meilleur régime alimentaire, les patients isolés les uns des autres. Par contre, dès que les troupes sont entassées, mal nourries, la maladie se répand aisément, comme chez les prisonniers russes où "cette opiniâtreté de la maladie tenait à la malpropreté dans laquelle restaient ces individus, malgré les attentions et les soins des infirmiers français, à leur état d'apathie et d'insouciance, enfin à leur encombrement dans les lieux où ils séjournaient sur la ligne d'évacuation".

Que faire ? demande-t-on à Larrey. "Sanifier" linge, vêtements et effets personnels, isoler strictement les typhiques et aménager "depuis Vienne jusqu'en France (...) deux lignes d'évacuation par deux routes différentes, l'une pour les Français, l'autre pour les Russes". Ces Russes, il les soigne avec ses équipes de la même façon, avec un dévouement identique, allant même jusqu'à écrire à Berthier pour que les officiers russes blessés, démunis de toute ressource, puissent recevoir quelque secours.

Dès la signature de la paix de Presbourg, Larrey visite les académies savantes et les universités de Vienne, puis précède la Garde afin d'inspecter les hôpitaux situés sur la ligne d'évacuation. Faisant appliquer les mesures prophylactiques qu'il a édictées, il contribue à diminuer les effets de l'épidémie et bientôt à l'éteindre.

"On profita du court séjour que l'on fit dans cette ville pour faire transporter en France les pièces d'artillerie, les armes et les armures de l'arsenal, regardé avec raison comme un des plus beaux ornements de l'empire autrichien : cet arsenal possédait les armures de la plupart des chevaliers des croisades, et des grands capitaines des premiers siècles modernes (...)." Quand avec une douce candeur, Larrey annonce à sa femme, "cependant j'ai trouvé dans ce qu'on n'a pas voulu un très beau casque antique et une mauvaise armure que je réserve pour Giraudet[1]", elle pourra se demander à quoi va bientôt ressembler son appartement et si Girodet sera vraiment ravi du cadeau !

Le carnaval est passé, un peu tristement pour la petite fille de huit ans qu'est devenue Isaure, qui, avec sa mère guette le retour de l'éternel absent par l'embrasure des fenêtres au milieu des premières giboulées de printemps. Dans sa dernière lettre, il les a prévenues : "Je ne pourrai me rendre à Paris qu'à petites journées (...) faute d'argent pour prendre la poste. Celui que

1. L'orthographe exacte du nom du peintre est "Girodet". Larrey l'écrit toujours "Giraudet".

j'attends de toi m'est nécessaire pour payer le peu de dettes que la perte imprévue de mes deux chevaux m'a mis dans la nécessité de contracter ; mais ne me gronde pas, ma chère Laville, je suis plus affligé que toi." Comme si elle était d'humeur à gronder celui qu'elle attend depuis six mois !

Fin février 1806, comme prévu, son pas résonne dans la maison, la vie va reprendre !

Il a tant de choses à raconter, à sa femme, à la petite qu'il promène le long des quais de la Seine toute proche, puis dans les parterres des Tuileries où tout le monde le reconnaît.

Dimanche ils iront au château de Saint-Cloud où la garde impériale est cantonnée, dans ce parc immense… "Je repris, à l'hôpital de la Garde, le cours de ma pratique et de mes études habituelles." Habituelles, ses études ? Pour lui peut-être, mais pas pour ceux à qui elles sont destinées, car, sans bruit, sans ostentation, il pose les jalons de la chirurgie vasculaire.

Il publie à la société de l'Ecole de médecine un étonnant mémoire intitulé *Notice sur l'anévrisme*[1] dans lequel il expose son sentiment sur cette redoutable affection de la crosse aortique. S'appuyant sur ses observations d'autopsies, il confirme les travaux du célèbre Scarpa mais sait différencier les siens. "C'est dans la vue de m'éclairer moi-même sur les vraies causes de l'anévrisme (…)" qu'il fait table rase des anciennes conceptions erronées car elles ne reconnaissaient que les causes mécaniques (choc, chute, effort violent) alors que, dans sa sagesse, "la nature avait dû prendre les précautions nécessaires pour en prévenir les effets. Dans cette intention, elle a donné aux artères une grande élasticité. (…) C'est ainsi que l'on conserve et qu'on perpétue les erreurs. (…) S'il était possible de remonter aux causes premières des anévrismes internes (…) on serait convaincu que ces causes résident dans un virus particulier. (…) Le virus siphilitique surtout, qui circule sans doute avec nos fluides, (…) peut se fixer sur les parties avec lesquelles il est en contact, et pour lesquelles il a une plus ou moins grande affinité". Les végétations vénériennes qu'il a observées sur les tuniques internes du cœur ou sur les fourches des gros vaisseaux des membres terminent sa démonstration où rien n'est laissé au hasard[2]. Seules les frictions mercurielles longtemps poursuivies

1. "Poche résultant de l'altération de la paroi d'une artère" (dict. Robert).
2. La thèse célèbre de Bouillaud en 1823 confirma les idées de Larrey. Le germe responsable de la syphilis, le tréponème pâle, ne sera découvert que cent ans plus tard en 1905. La description de l'aortite syphilitique sera codifiée ensuite.

peuvent stabiliser, selon lui, l'évolution des anévrismes profonds alors que des amputations réglées peuvent sauver de la rupture dramatique ceux des membres.

Dans le fil de ces considérations, il publie une *Notice sur les causes spontanées de l'hémorragie active artérielle.* S'appuyant sur ses travaux de chirurgie expérimentale sur les animaux, il affirme avec certitude que c'est la rétraction des artères et non la formation d'un caillot qui s'oppose à l'hémorragie, comme on le croyait jusqu'ici. Il n'hésite donc pas à se lancer dans l'abord direct des plaies artérielles, les débride prudemment, évacue les caillots au moment de la toilette de la plaie pour achever selon son protocole : "Convaincu de cette vérité, je ne fais jamais qu'un seul nœud au cordonnet de fil que j'emploie pour la ligature, même des plus gros vaisseaux."

Son travail de pionnier embrasse toute la pathologie, même la plus redoutable ou la moins accessible. Rien ne l'arrête quand le succès est à la clef.

Quand il publie sa *Notice sur une épilepsie cérébrale*, il parle en neuro-chirurgien : "Maintenant, est-il possible d'attaquer avec quelques succès la lésion organique du crâne ou des membranes du cerveau ? Je le pense, et les faits que j'exposerai bientôt me confirment dans cette opinion." Preuves multiples à l'appui, il peut se permettre de prôner, le premier, l'abord chirurgical direct des abcès cérébro-méningés, du moins très superficiels, et leur évacuation.

Servi par une riche expérience et par la puissance de son esprit, il fournit à quarante ans une production scientifique à la fois si abondante, si novatrice qu'au lieu d'en distinguer la modernité, certains ne veulent y voir que le souci d'une gloriole personnelle. C'est un Gascon ! dit-on à Paris, comme Montesquieu avait fait dire : "Comment peut-on être persan ?" Les étiquettes stupides qui résument un homme à son lieu d'origine sont si faciles à coller, si communément admises que les esprits simplistes s'en sont toujours délectés, rassurés qu'ils sont dans la poursuite de leur routine. Pour les cours européennes, Napoléon est-il autre chose que "le Corse", qu'un général de fortune, de petite noblesse par surcroît, à qui la fortune ne cesse de sourire ?

Sa récente création de la Confédération du Rhin, en juillet 1806, bouleverse l'équilibre ancestral des principautés d'Allemagne, risque d'exporter la Révolution française du Rhin à l'Elbe et au Danube. Déjà les nouveaux mariages dynastiques sont perçus comme de dangereuses mésalliances. Se sentant menacée dans ses projets d'expansion permanente, la vieille Prusse a cru un instant tirer les marrons du feu en escomptant une défaite de Napoléon en Moravie. Malgré l'exemple d'Austerlitz, l'armée prussienne se croit toujours invincible. De jeunes aristocrates aiguisent leurs sabres sur les marches de l'ambassade française de Berlin en manière de provocation[1], d'autres clament haut et fort : "Pas besoin de sabres, des gourdins suffiront pour ces chiens de Français !" Avec 200 000 hommes sous les armes depuis août, le roi de Prusse, "grande bête à longue queue[2]", se croit assez fort pour envoyer un ultimatum imposant le retrait des troupes françaises en deçà du Rhin, alors que Napoléon a proclamé qu'il conserverait toujours les frontières que lui avait données la Révolution !

En tirant l'épée dès le début septembre pour montrer la direction du Rhin, le roi de Prusse obtient un avantage immédiat, celui de voir s'ouvrir la porte de la chambre de la reine, obstinément fermée, dit-on, tant qu'il n'aurait pas attaqué Napoléon, "ce monstre sorti de la fange", expression de la belle Louise. Portant casque à cimier empanaché, cuirasse tenue par des épaulières à clous d'or et d'argent sur veste verte et longue robe blanche, bottes rouges à éperons dorés, cette amazone qui monte son cheval comme un homme enthousiasme l'armée prussienne en marche vers la Rhénanie.

En sens inverse, la garde impériale a quitté Saint-Cloud, l'infanterie en charrettes relayées comme les malles-poste la cavalerie en tête que Larrey accompagne avec son ambulance volante. Le rendez-vous général, fixé à Würtzbourg au cœur de la Franconie, rassemble les corps d'armée français prudemment laissés en Bavière après Austerlitz.

Formée en trois colonnes distantes de moins de 30 kilomètres, la Grande Armée remonte vers Erfurt et Weimar pour intercepter les Prussiens que Napoléon souhaite envelopper comme à Ulm. Le 10 octobre, un premier combat d'avant-garde se produit à Saalfeld. Le prince Louis de Prusse, neveu du grand Frédéric, voulant défendre le pont de la Saale, est tué en combat singulier d'un coup de sabre en pleine poitrine par le maréchal des

1. Ce souvenir fut à l'origine d'un chant de la SA de sinistre mémoire, *La Nuit des longs couteaux*.

2. Expression de François. Prisonnier des Turcs, il entre dans la maison militaire du pacha d'Andrinople qu'il accompagne jusqu'à Bagdad ! Devenu familier des harems de Constantinople, il quitte son "paradis" après être entré en contact avec l'ambassadeur de France, pour être réintégré dans l'armée à Boulogne avec le grade de lieutenant que lui vaut sa qualité de "Dromadaire".

logis Guindet du 10e hussards à qui il avait refusé de se rendre. Un prince de sang tué en duel par un représentant de cette armée de paysans et de savetiers ainsi nommée par la cour de Berlin aurait pu donner à réfléchir aux généraux prussiens de vieille école. Non, ils continuent obstinément leur route jusqu'à ce que l'armée française les intercepte, les sépare en deux, avant que Davout à Auerstaedt, Napoléon et Lannes à Iéna, leur inflige une défaite catastrophique.

Deux hussards ont aperçu le riche équipage de la reine Louise, se rabattent sur elle en lui adressant d'abord des quolibets puis des propos salaces lorsque, meilleure cavalière, elle parvient à les distancer. Le duc de Brunswick, grand vaincu de Valmy et néanmoins généralissime prussien, grièvement blessé à Auerstaedt, est évacué sans escorte comme un vagabond, avant de mourir après quinze jours d'agonie. Le poète Heinrich Heine déclare :

"Il avait suffi que l'Empereur sifflât pour que la Prusse n'existât plus !"

La Garde n'a pas donné, beaucoup le regrettent comme Larrey. "Le commandant en chef de la Garde (...) s'étant opposé à ce que je m'éloignasse de ce corps, j'eus à regretter de ne pas m'être trouvé à cette mémorable journée, et de n'avoir pu me réunir à mes autres collègues pour secourir nos braves sur le champ de bataille même." Recevant les blessés des autres corps d'armée, il déplore justement les retards apportés aux premiers soins car "il faut toujours commencer par le plus dangereusement blessé, sans avoir égard au rang et aux distinctions[1]. Les moins maltraités peuvent attendre que leurs frères d'armes, horriblement mutilés, aient été pansés et opérés ; autrement ceux-ci ou n'existent déjà plus quelques heures après ou ne vivent que jusqu'au lendemain, ce qui est encore assez rare".

L'intention de Napoléon étant de se rendre à Berlin pour centraliser la poursuite de ceux qui ne sont plus que des fuyards, Larrey le suit par Halle et Wittemberg. Au moment où l'état-major pénètre en Saxe, éclate un furieux orage d'octobre qui contraint Napoléon, ses généraux et Larrey à trouver refuge dans un pavillon de chasse. Ils entrent, secouent vêtements et

1. Dans une lettre au ministre de la Guerre, Larrey avait déjà protesté : "J'ajoute, et c'est avec peine (...) que les généraux, persuadés que les chirurgiens principaux sont entièrement à leur disposition, les attachent quelquefois à leurs personnes et se font accompagner par eux lorsqu'ils sont blessés. Il me paraît beaucoup plus avantageux de donner à ces chirurgiens principaux une meilleure destination."

chapeaux dégoulinants de pluie lorsque se fait entendre le timbre d'une voix féminine :

"Ciel ! le général Bonaparte !"

Depuis longtemps Napoléon a oublié Bonaparte, seuls les Anglais l'appellent ainsi pour marquer leur mépris. Il se retourne surpris, le sourcil froncé, la mine interrogative vers Larrey qui tient affectueusement dans ses mains celles de la jeune femme.

"Monsieur Larrey, me reconnaissez-vous ? Reconnaissez-vous Mme Cérésole ?"

Il l'a tout de suite reconnue comme la veuve d'un de ses meilleurs élèves, mort de la peste à Alexandrie. Larrey a assuré son rapatriement puis l'a perdue de vue. Celle-ci, sans ressources, avec un enfant à charge, a trouvé un emploi de préceptrice dans une grande famille saxonne. Larrey la présente à l'Empereur, lui rappelle la conduite héroïque de son mari. L'évocation de l'Egypte ravive de si chers souvenirs au cœur de Napoléon. Avec ses compliments, il annonce à la veuve qu'une pension de 1 200 francs lui sera allouée et que l'Etat prendra en mains l'éducation de son garçon au Prytanée militaire de La Flèche nouvellement créé. L'orage s'est dissipé, Napoléon sort et s'avance la mine réjouie vers Larrey : "C'est la première fois que je mets pied à terre pour un orage. J'avais le pressentiment qu'une bonne action m'attendait là !"

La progression sur Berlin reprend au milieu d'un paysage propre à réveiller les nostalgies indéfinissables qui assaillent souvent l'âme de Larrey. "A une journée de Wittemberg, nous quittâmes la terre fertile de la Saxe pour entrer dans le pays sablonneux de la Prusse. Sans les forêts de sapins et de mélèses qui couvrent cette contrée, elle paraîtrait aussi déserte que celle de la Lybie : on ne saurait s'imaginer qu'on approche d'une des plus belles et des plus brillantes capitales de l'Europe…"

Il visite Postdam avec Napoléon, le voit se recueillir au château de Sans-Souci devant le tombeau de Frédéric II, s'emparer de son épée, de sa ceinture, de son grand cordon.

"Je les donnerai, dit-il, au gouverneur des Invalides, qui les gardera comme témoignage des victoires de la Grande Armée.(…)" Moins réaliste, Larrey a conservé la sensibilité des hommes du XVIIIe siècle et le souvenir du maître à penser de sa génération : "Je ne vis pas sans une certaine émotion le fauteuil où le grand Frédéric était mort (…) et la chambre que Voltaire avait habitée."

Mais bien vite, il lui faut revenir aux fastes de l'Empire. "Le 27 octobre, l'Empereur, accompagné de son état-major et de toute sa garde, fit son entrée à Berlin. Une belle journée d'automne, une route superbe, bordée de doubles allées de tilleuls et de platanes, l'élégance et la noble architecture de la porte qui la termine, le magnifique quadrige qui surmontait cette porte, et qui est devenue un des trophées du vainqueur, ajoutaient un nouvel éclat au spectacle de cette marche triomphale. Le corps des magistrats de Berlin vint offrir à l'Empereur les clefs de cette grande cité, et marcha devant lui jusqu'au palais du roi.

Ce jour fut, sans contredit, un des plus glorieux de l'Empereur Napoléon."

La garde prend ses quartiers à Berlin, Napoléon entame la rédaction du décret organisant la mise en place du blocus continental. Il a laissé à ses maréchaux le soin de poursuivre les débris de l'armée prussienne. A l'ouest, Soult et Bernadotte progressent vers l'Elbe, à l'est c'est la course à l'Oder pour Lannes, Murat et Lasalle afin de couper toute jonction avec les Russes arrivés en Prusse orientale où s'est réfugiée la famille royale.

Larrey passe le mois de novembre 1806 au quartier impérial de Berlin. "Je profitai du temps que nous passâmes à Berlin, pour y voir les monuments et tout ce que cette ville renferme de curieux. J'allai présenter mes hommages aux médecins célèbres qui l'habitent ; je visitai l'académie des sciences ; j'eus l'occasion d'offrir à l'académie royale un exemplaire de ma relation sur l'Egypte, et j'en reçus l'accueil le plus flatteur et le plus honorable."

Il voit une rare collection d'animaux, de plantes et de minéraux ramenée d'Amérique par Humboldt, seul associé allemand de l'Académie des sciences de Paris qui à ce titre connaît bien Monge, Berthollet, Laplace et Gay-Lussac. Le Musée anatomique de Berlin renferme l'immense collection des deux mille huit cents pièces que le célèbre Walther a mis cinquante ans à constituer après huit mille dissections.

Connaissant l'attrait qu'exercent les sciences sur Napoléon, Larrey se fait un devoir de lui présenter les savants. Après un long entretien, ils ressortent tous charmés de l'accueil qu'ils ont reçu et de l'intérêt porté par l'Empereur à leurs travaux.

"Que n'êtes-vous venu en Egypte, comme vous l'aviez désiré, dit-il à Humboldt, vous auriez collaboré avec Dolomieu et Rozière !

— Sire, la frégate suédoise prévue pour le voyage avait vraiment pris trop de retard !"

Au-dehors, Larrey continue à flâner dans Berlin, "(...) une des plus belles capitales de l'Europe et des plus régulièrement bâties. Les maisons y sont d'un beau style (...) mais en général elles ne présentent pas intérieurement la richesse que le luxe des habitants paraît commander (...) cette ville n'annonce pas l'opulence. (...) Les habitants sont généreux, affables, hospitaliers. Le sexe y est généralement beau, aimable et gracieux, comme dans toute l'Allemagne[1]. (...) Jusqu'à Berlin, notre armée s'était conservée dans le meilleur état de santé. (...) Mais l'affection la plus grave fut la siphilis, qui se répandit assez rapidement parmi nos soldats".

Plus graves dans l'immédiat se présentent les multiples cas d'intoxication à l'oxyde de carbone dus au mauvais usage des poêles en fonte que font les soldats, car "(...) le cerveau et le système nerveux qui en émane sont presque tout à coup paralysés par la transmission prompte et rapide qui se fait du principe délétère carbonique, d'une part absorbé par le poumon et porté au cerveau par le sang artériel... Comme le gaz carbonique est beaucoup plus pesant que l'atmosphère (...) les soldats qui se trouvèrent le plus près du poêle, couchés sur le carreau et sur une petite quantité de paille (...) furent asphixiés les premiers et le plus dangereusement". En deux phrases est résumé l'essentiel de cette intoxication envers laquelle les mesures préventives prises par Larrey sont aussitôt mises à l'ordre du jour de l'armée.

"Le départ de l'armée pour la Pologne mit un terme à l'invasion des causes de ces maladies, et tous les soldats en général, dès qu'ils furent en marche, reprirent très promptement leurs forces et leur première vigueur."

Ils laissent derrière eux de solides ennemis, mais aussi des compagnes d'un instant qui garderont d'eux le souvenir d'une lettre dont les feuillets jauniront, d'un oiseau apprivoisé ou du bouquet qu'ils leur ont offert. Un mouchoir humide à la main, elles leur glissent une mèche de cheveux, un petit portrait hâtivement dessiné et serré à l'intérieur d'un médaillon...

1. Tous les témoignages de l'époque concordent pour affirmer l'extraordinaire succès remporté par les soldats français auprès des femmes allemandes, qu'elles soient "grasses bavaroises" ou "sèches prussiennes", séduites par une gaieté, une amabilité, en un mot une délicate courtoisie dont elles n'avaient pas l'habitude.

XX

LA GRANGE D'EYLAU

Six cents kilomètres au nord-est, à Königsberg[1], capitale historique de la vieille Prusse depuis les chevaliers teutoniques, le roi de Prusse accueille les troupes du tsar qui ont franchi le Niémen. Pour elles les hostilités continuent.

Il faut les prendre de court.

Le 25 novembre 1806, Napoléon et la Garde quittent Berlin avec les corps d'armée de Davout, Lannes, Augereau, la cavalerie de Murat, en direction de Varsovie où stationnent déjà 50 000 Russes. L'avancée des Français est rapide. Ils défilent le 30 à Posen[2] au milieu de la population polonaise qui acclame en eux les soldats de la liberté apportant la délivrance de leur patrie. Larrey dispose d'un des principaux couvents pour établir l'hôpital de la Garde et, ne pouvant connaître le futur itinéraire de l'armée, dessine par précaution une chaîne d'hôpitaux secondaires d'évacuation susceptible d'être utilisée.

Le 2 décembre, on célèbre l'anniversaire du couronnement et pour la première fois celui d'Austerlitz. Napoléon décrète l'édification à Paris du "temple de la Gloire[3]" et lance une proclamation solennelle qui "fit la plus vive impression sur l'esprit des soldats, qui attendaient avec impatience le moment de se mesurer encore avec un ennemi dont on ne triomphait pas sans quelque gloire".

Dès le 15, la Vistule est franchie alors que les Russes opèrent une large retraite en ordre, non sans avoir emporté ou détruit toutes les subsistances possibles.

"La garde impériale, que je suivais avec notre ambulance, ne s'arrêta point aux passages des rivières. (...) Nous marchâmes

1. Kaliningrad (Fédération de Russie).
2. Poznan (Pologne).
3. Eglise de la Madeleine.

nuit et jour pour joindre le quartier impérial, et notre marche fut extrêmement pénible à cause du verglas et d'une tempête violente, accompagnée de grésil (...).

A ces frimas rigoureux succédèrent des pluies abondantes qui dégradèrent les routes, et les rendirent en peu de temps presque impraticables. (...) nous n'avions cessé d'avoir la pluie sur le corps, et de marcher, jusqu'à la ceinture ou jusqu'au ventre du cheval, dans une boue épaisse où l'artillerie s'embourbait à chaque instant, et où une grande quantité des voitures d'équipage était restée enfoncée. Jamais les armées n'avaient fait une marche aussi pénible et aussi difficile." Les soldats sont obligés de tirer à la main leurs pieds prisonniers de la vase ou de passer une cordelette sous leurs chaussures afin de ne pas les perdre, des chevaux meurent captifs de ces "maudites boues de Pologne" ressenties par tous comme l'ultime avanie du destin. La Garde s'enlise lentement, affaiblie en outre par le manque de vivres. Ce que les Russes n'ont pas emporté, les paysans polonais le cachent pour leur propre subsistance.

Larrey, affectueusement nourri par ses hommes, va de l'un à l'autre, tente de les stimuler, de les encourager en leur versant un peu d'eau-de-vie de sa fiasque garnie de paille.

Si Napoléon vient à passer, un seul cri s'élève, affectant de parler polonais : "Kleba !" Du pain ! Ce à quoi il répond "Niema !"

Les boues de Pologne. Coll. J.-B. Q.

Il n'y en a pas ! Humour tragique qui ne l'empêche pas de qualifier pour la première fois ses fidèles de "grognards" ! L'épreuve s'avère trop forte, même pour des vétérans d'Egypte qui vont jusqu'à regretter les longues marches à travers le désert. Pour certains, les portes de l'enfer se sont ouvertes en face de leur inconscient.

Le claquement sec d'un coup de feu, une petite volute de fumée blanche, un fusil qui tombe, un corps qui s'affaisse peu à peu englouti par le marécage boueux, les autres ont compris et continuent en baissant la tête pour qu'on n'aperçoive pas les larmes glisser sur leurs grosses moustaches.

A moins de 50 kilomètres de Varsovie, des accrochages à Pultusk et à Golymin avec les arrière-gardes russes amènent des blessés à évacuer sur Varsovie. "J'eus lieu de reconnaître, dans cette circonstance, les avantages de nos petites voitures suspendues d'ambulance, montées sur deux roues, qui, à raison de leur élévation et de leur légèreté, passaient plus facilement que les chariots à quatre roues et même que les chevaux de bâts."

La survenue des premières gelées, les immenses souffrances qu'entraîne la poursuite d'une armée russe insaisissable incitent l'armée à prendre ses quartiers d'hiver à Varsovie où "les courses de traîneaux nous dédommageaient un peu de l'ennui qu'inspire toujours ce temps sombre et nébuleux. (...) Les jeunes femmes surtout se livrent à cet agréable exercice. Le sexe se fait généralement remarquer par l'élégance de la taille, la beauté des formes, la blancheur éclatante de la peau, et par une belle coupe de figure".

Que de détails, que de précisions pour celui qui n'est censé avoir d'yeux que pour sa douce Laville ! Les soldats à présent bien nourris, bien logés sont stupéfaits par la beauté slave qui se manifeste fréquemment chez des femmes brunes au regard bleu. Les vétérans restent pantois, ils n'en ont jamais vu. Ils en parlent beaucoup mais savent vite friser leurs moustaches et ressaisir leur esprit conquérant.

Larrey se dispose, avec l'accord empressé du gouvernement polonais, à ouvrir un cours de chirurgie militaire, à créer un collège de chirurgie lorsque le harcèlement continuel des Russes conduit l'Empereur à piquer droit au nord vers leur centre fortifié de Preussisch Eylau[1], près de la Baltique. Sachant que la principale armée russe, commandée par Bennigsen, se dirige vers la Basse Vistule par le nord, parallèlement aux rivages de la

1. Bagrationovsk (Fédération de Russie).

Baltique, Napoléon envisage de frapper comme la foudre le flanc gauche des Russes, diviser leur armée avant d'envelopper chaque division et d'en assurer ainsi une complète destruction. Hélas ! le courrier chargé de prévenir Bernadotte de la manœuvre projetée est fait prisonnier avant d'avoir pu détruire la précieuse dépêche. L'effet de surprise ne jouant plus, Bennigsen fait face à une tentative d'enveloppement entre Allenstein et Guttstadt[1] puis s'esquive prudemment à Eylau. Ce sera donc une bataille de front avec un ennemi déterminé, solidement retranché, le choc statique de deux béliers car les habiles mouvements stratégiques des campagnes précédentes ne se justifient plus.

Le 8 février 1807, l'aube se lève lentement sur la vaste plaine enneigée.

Au lointain le ciel bas et livide roule d'énormes nuages noirs de neige poussés par un mauvais vent d'est. Du monticule sur lequel est bâti le village d'Eylau, émergent seuls des tourbillons de neige le clocher de l'église et plus à gauche le moulin que survolent les ailes noires des corbeaux au cri sinistre. Napoléon se tient là, près du cimetière ; la Garde à pied et à cheval, en contrebas devant lui, essuie le feu des terribles batteries d'artillerie de siège des Russes qui incendient le village, tandis qu'à leur gauche le corps d'armée de Soult et au centre celui d'Augereau ne peuvent que contenir l'ennemi. Décidément cette affaire s'annoncerait mal si, à droite, les fameuses divisions de Davout n'attaquaient avec fougue les troupes de Bennigsen.

Pour soulager Davout, l'Empereur lui envoie Augereau. Mais les troupes de ce dernier doivent progresser dans une aveuglante tourmente de neige qui les fait dévier pour tomber sous le feu de soixante-douze canons de gros calibre qui taillent à bout portant d'épouvantables tranchées faites de chairs et de sang. Une charge de cavalerie russe anéantit les survivants.

Sur un kilomètre et demi, le centre du front français est désormais vide. Comme une affreuse balafre, une vaste brèche écarlate du sang des combattants s'étale sur la neige.

C'est alors que Napoléon fait donner, en masse, en une seule fois, toute la cavalerie de Murat renforcée par celle de la Garde. Quatre-vingt escadrons, 10 000 cavaliers descendent la pente au petit trot, dans un ordre impressionnant. A bonne distance des Russes, la sonnerie des trompettes ordonnant la charge surmonte le cliquetis des longs sabres qu'on dégaine et le martèlement sourd et furieux des chevaux aux naseaux fumants.

1. Olsztyn et Dobre Miasto (Pologne).

Cette "charge des 80 escadrons" est énorme, gigantesque pour qui l'aperçoit, redoutable, effrayante pour les Russes chez qui elle sème le désordre : d'abord les "Casques d'or" des dragons de Grouchy, puis les "Gros frères" des 1er, 5e, 10e, 11e cuirassiers d'Hautpoul et enfin les dragons de Milhaud.

Ouragan d'acier à éclairs de sabres, pluie de sang, vent de mort.

Larrey, posté près du moulin, a compris qu'il faut s'attendre à des scènes inhumaines.

"Cette bataille fut la plus terrible qu'on eût sans doute jamais vue.

(...) J'avais, dès le matin, établi une ambulance dans les granges qui bordent le chemin à gauche, à l'entrée de la ville ; mais malheureusement elles étaient ouvertes de toutes parts, la paille qui les couvrait ayant été enlevée pour les chevaux. Il fallut coucher nos blessés sur les débris de cette paille parsemée de neige, et il s'en trouvait un assez grand nombre de la Garde et de la ligne réunis sous ces mauvais abris. (...) fidèle à mes principes, je commençai par ceux qui étaient le plus grièvement blessés, sans avoir égard au rang ni aux distinctions.

Le froid était si violent[1], que les instruments tombaient fréquemment des mains des élèves qui me les servaient pour les opérations. Je conservai heureusement une force surnaturelle, excitée sans doute par le grand intérêt que devaient m'inspirer ces honorables victimes. Le désir ardent que nous éprouvions tous de sauver la vie à ces braves, nous fit persévérer dans l'exercice de nos fonctions difficiles.

La nuit était déjà arrivée, et nous n'avions pas encore pu satisfaire aux besoins que prescrit la nature. Et au milieu de quelles scènes déchirantes n'avions nous pas eu à remplir notre triste mais utile ministère ! (...) Il est vrai qu'aux plaintes douloureuses de ces intrépides soldats, succédaient, après l'opération, un calme qui tenait du prodige, et une sorte de satisfaction intérieure qu'ils exprimaient par les témoignages de la plus vive reconnaissance. Ils ne paraissaient plus occupés de leurs maux personnels. (...) C'est au milieu des obstacles infinis que nous opposaient la localité et la rigueur de la température, que je pus cependant faire plusieurs opérations délicates et difficiles (...)."

D'Hautpoul avait prévenu l'Empereur de la terrible efficacité de ses cuirassiers : "Sire, vous allez voir mes "gros talons", ça entre dans les carrés ennemis comme dans du beurre !" La charge

1. – 14 degrés.

massive de cavalerie a détruit la première ligne russe, bousculé la seconde qui résiste sachant que la troisième continue à faire feu de façon imperturbable jusqu'à ce que les divisions de fer de Davout leur fasse lâcher prise.

La bataille dure depuis six heures lorsqu'une colonne russe forte de 5 000 grenadiers attaque le mamelon du cimetière d'Eylau où se trouve Napoléon et menace directement la grange qui sert d'ambulance à Larrey. "Au moment où une véritable consolation se répandait dans l'âme de tous nos blessés, un mouvement inopiné fait par l'aile droite de l'ennemi pour déborder notre gauche, précisément sur le point de l'ambulance, faillit jeter le trouble chez tous ces infortunés : déjà quelques-uns, qui pouvaient marcher, avaient pris la fuite ; d'autres faisaient de vains efforts pour les suivre et pour échapper à cette attaque imprévue de l'ennemi : mais nous étions leurs appuis ; nous devions mourir auprès d'eux, plutôt que de chercher un salut ignominieux. Je me hâtai de terminer la section commencée d'une jambe, et j'exprimai avec force, en présence de tous les blessés qui restaient, la résolution que j'avais prise de ne pas abandonner mon poste ; je les assurai que, quel que fût le résultat de cette alerte qui me semblait fausse, ils n'avaient rien à craindre pour leur vie. Tous mes élèves se rallièrent autour de moi, et jurèrent de ne point me quitter. (...)"

Quand la Garde "donne", c'est sans compter.

Le général Dorsenne fait signe à un bataillon de ses grenadiers de charger les Russes à la baïonnette, sans même faire feu. Sabrée sur ses flancs par les chasseurs à cheval de l'escadron de service de l'Empereur, la colonne russe est peu à peu engloutie dans la neige.

L'arrivée du corps d'armée de Ney, à 7 heures du soir, décide les généraux russes à évacuer Eylau et à faire retraite en bon ordre à la faveur de la nuit. Quarante-sept mille victimes, Français et Russes, tués ou blessés, gisent là, innombrables taches rouges bientôt recouvertes de neige, pétrifiées par le froid, éclairées par les flammes des derniers incendies. Le mutisme des vivants répond au silence des morts. "Nous passâmes le reste de la nuit sur la neige glacée, autour du feu du bivouac de l'ambulance. Jamais journée ne m'avait été aussi pénible ; jamais mon âme n'avait été si vivement émue : il m'avait été impossible de retenir mes larmes, dans les moments même où je cherchais à soutenir le courage de mes blessés (...)."

Ils sont arrivés par centaines à la grange, au cours de cette funeste journée. Le général d'Hautpoul, héros de la charge de

Ambulance de Larrey à Eylau. Musée du Val-de-Grâce.

cavalerie, a eu la cuisse droite fracturée et dilacérée par un coup de biscaïen. Ses cuirassiers l'ont amené à Percy qui estime préférable de conserver le membre mais s'en réfère à Larrey. Napoléon, prévenu, lui recommande spécialement le général. Lorsque Larrey découvre la plaie béante, l'amputation est une nécessité évidente en face d'un fracas du fémur, de muscles dilacérés, d'une artère fémorale dénudée. S'en tenant à l'avis de Percy, d'Hautpoul refuse et meurt trois jours après…

Pendant la charge, le général Grouchy, à la tête de ses dragons, sent s'abattre son cheval tué sous lui. Il se relève, prend un coup de sabre avant d'être fait prisonnier. Pas pour longtemps car son aide de camp, le fils de Lafayette, le délivre. Ensanglanté, Grouchy se remet en selle et reprend la charge. Seul l'arrête l'ordre de Napoléon de se faire panser par Larrey !

La blessure est superficielle, vite suturée, comme celle du bras du général Morand, autre héros de la journée.

Le général Rabusson de la cavalerie légère de la Garde a empêché l'ennemi d'investir la grange de Larrey et sauvé la vie des blessés menacés d'être empalés par les baïonnettes russes. Amené par ses compagnons, "l'aspect de ce blessé était effrayant, il n'avait pas figure humaine, il était dans un danger imminent et couvert de blessures ; on en comptait dix-sept : les plus graves étaient à la tête et à la poitrine". Notamment trois coups de baïonnette au crâne, au front, à la joue gauche avec fractures dentaires qu'accompagnent trois coups de sabre au thorax avec plaies pulmonaires soufflantes. Larrey les ferme aussitôt, puis débride les plaies faciales avant de les suturer méthodiquement, "quelques tasses de bouillon et un peu de bon vin le ranimèrent en effet, et je le jugeai en état d'être évacué…" avant de guérir !

Le général Lepic, commandant les grenadiers à cheval de la Garde qui ont également sauvé la grange, n'est pas blessé. L'avant-veille, atteint aux genoux d'une crise de rhumatisme goutteux, il a imploré Larrey : "(…) au milieu de la nuit et me supplia de le mettre dans le cas de pouvoir marcher à la tête de son régiment. Je fus assez heureux pour dissiper presque instantanément cette fluxion ou phlegmasie articulaire, à l'aide des ventouses scarifiées, d'une compression circulaire uniforme faite avec un appareil dont les pièces étaient imbibées de vin chaud camphré. (…) Je lui fis faire deux genouillères en cuir de laine que je lui recommandai de conserver en permanence. Le général fut en état de monter à cheval dès le lendemain et de suivre avec nous le quartier-général".

En début de nuit, Napoléon, fidèle à son habitude de visiter les blessés, arrive à la grange après avoir parcouru les champs couverts de cadavres empilés les uns sur les autres. La mine accablée, il s'efforce de sourire tristement aux malades, les encourage à la guérison, les recommande à Larrey ou promet une pension aux femmes et aux enfants de ceux qui vont mourir. Le lendemain, l'Empereur revient pour trouver Larrey comme la veille, opérant debout dans la neige glacée, dans sa grange battue par les vents.

Insensible à la fatigue et au sommeil, au froid paralysant, à la faim, il poursuit ses interventions l'esprit libre, le jugement sûr, le geste calme, rapide, précis. Ceux des blessés qui le peuvent s'appuient de leurs avant-bras pour se soulever de la paille qui leur sert de lit et font part à l'Empereur, en montrant Larrey du doigt, de ses bienfaits et de son courageux dévouement. Dans une lettre écrite un peu plus tard à Girodet, désireux de peindre la bataille d'Eylau, Larrey consent à parler de lui : "Les granges étaient percées de toutes parts, les toitures en partie enlevées ou dégradées, en sorte que le vent et la neige y pénétraient de tous côtés. Nous étions à peine à l'abri des boulets. (...) Mon courage, mon activité, qui ce jour étaient infatigables, mon zèle et celui de mes camarades devenaient insuffisants pour soulager et consoler ces malheureux ; tous faisaient retentir à la fois l'air de mon nom et des cris de la douleur. (...) C'est au milieu de ces pénibles vicissitudes que j'ai rempli cette tâche si difficile, que l'homme qui voit la mort planer sur sa tête peut seul apprécier. (...) Le froid, qui a gelé les pieds et les doigts d'un grand nombre autour de moi, me fut insensible ; ma main n'a jamais perdu sa sûreté par cette circonstance. Mes opérations ont été faites heureusement, sans nul accident ; la plupart enfin sont parvenues à guérison.

(...) Ces tristes images ne s'effaceront jamais de ma mémoire (...) cette campagne me rappelle du reste celle du siège de Saint-Jean-d'Acre, en opposant le grand froid et les vents nébuleux à l'extrême chaleur et au khamsin de la Syrie."

Cette évocation de la campagne de Syrie n'est pas qu'un rappel nostalgique. Il lui faut évacuer au plus vite et le mieux possible ses malades du village d'Eylau qui n'offre ni abris convenables ni subsistances et où, comme à Brünn, risque d'apparaître une épidémie de typhus dans les granges surpeuplées et sans hygiène. Aux environs de Varsovie, à Inowraklaw, un vaste château a été aménagé en hôpital général bien chauffé, abondamment pourvu de vivres et de médicaments. Le seul inconvénient, il est de taille, réside dans son éloignement de 250 kilomètres mais on dispose heureusement de traîneaux, de voitures légères voire de mauvaises charrettes. Sous la pression de Larrey, Napoléon, qui se souvient de l'évacuation réussie de Saint-Jean-d'Acre, ordonne le départ des premiers convois, persuadé "qu'il valait mieux exposer nos blessés aux vicissitudes d'une évacuation longue, difficile, et toujours très-pénible, que de les voir mourir par des causes auxquelles il serait impossible de remédier. (...) Il est vrai que nos transports se firent avec beaucoup de soin : chaque convoi était accompagné du nombre d'officiers de santé, de sous-officiers et de soldats infirmiers nécessaire pour donner en route aux blessés tous les secours dont ils avaient besoin. Leur gîte et leur soupe étaient préparés à l'avance, à chaque lieu de station, par des sous-officiers qui précédaient les convois."

Malgré gel et dégel, synonymes de routes défoncées et embourbées, malgré la pénurie de vivres, le succès sourit à cette entreprise sans précédent en Europe. Sur les 7 000 Français et 5 000 Russes opérés, 91 % ont non seulement survécu mais sont arrivés guéris à Inowraklaw !

"Je me rappelle avoir placé moi-même sur les voitures plusieurs blessés qui pouvaient à peine se mouvoir sur leur lit, et que l'on craignait de voir expirer dans les vingt-quatre heures ; ils parvinrent cependant à leur destination, sans fièvre, les plaies détergées et en très-bon état."

Ce résultat est également à mettre sur le compte du dévouement inlassable, que Larrey se plaît à souligner, de Percy son collègue de la ligne et de ses amis Ribes et Jouan. Tous sont récompensés par l'Empereur, Larrey est fait "commandant" de la Légion d'honneur.

Fait rare pour être souligné, Napoléon est resté huit jours à Eylau. Pour occuper le terrain et montrer ainsi à l'opinion publique qu'il est bien le vainqueur d'une bataille dont beaucoup estiment le résultat ambigu ? ou pour mieux surveiller l'évolution de l'armée russe renforcée de contingents prussiens ? Il ne remonte en selle que le 17 février, direction Osterode, une centaine de kilomètres au sud, où seront établis les quartiers d'hiver. L'état-major chevauche à ses côtés. Tout à coup, Napoléon vêtu d'un long manteau de fourrure et d'une toque de même tissu, jusque-là silencieux, s'aperçoit qu'il manque quelque chose à Larrey :

"Mais... Larrey ! vous n'avez plus d'épée !

— Sire, les Russes me l'ont volée avec mes bagages quand ils ont attaqué la grange.

— Prenez la mienne, lui dit l'Empereur en la détachant de sa ceinture. Acceptez-la en souvenir des services que vous m'avez rendus à la bataille d'Eylau[1]."

Larrey frissonne d'émotion d'autant qu'il ne porte sur lui que son habit bleu. Il fait – 10 degrés, on lui a volé son linge, ses vêtements, la première lettre de sa fille tracée de manière appliquée "Papa, je t'aime", les lettres de sa femme, les poésies de leur ami Demoustier où il distingue, dit-il à Elisabeth "à travers les ombres, ces deux grands yeux noirs qui me portent, jusqu'au fond du cœur, une impression si vive et si douce".

Le mois de mars 1807 se passe dans le pauvre bourg enneigé d'Osterode. Le froid intense aggrave la disette. Les paysans polonais ont enterré leurs provisions, camouflé leur bétail. A travers les brouillards, les soldats parcourent les landes marécageuses à la recherche de sacs enfouis, la baguette du fusil à la main pour sonder le moindre talus de remblai, les foins des granges, les tombes fraîchement recouvertes qui leur paraissent suspectes. Comble de disgrâce, l'eau est insalubre, pire que mauvaise. Et dire, se lamentent-ils entre eux, que les caves de la grande ville de Dantzig[2] regorgent de fûts où le vin vieillit lentement sous le chêne doré ! La garnison prussienne assiégée ne doit manquer de rien, elle !

Bientôt le manque de ressources, la menace de dégel qui va de nouveau embourber les routes amènent Napoléon à transférer les troupes plus près de la Vistule. Lui-même s'établit au château de Finkenstein, la Garde sur le plateau qui l'entoure, dans de belles baraques où "chaque soldat semblait avoir acquis tout à coup les talents de l'architecte, du menuisier et du maçon".

La fonte des neiges a commencé fin avril ; mai, d'abord doux et beau, s'illumine lorsque Dantzig capitule, ouvrant ses immenses magasins à l'intendance.

Larrey sort un jour du palais impérial[3] de Finkenstein lorsqu'un cavalier, le reconnaissant, manque de tomber pour mettre pied à terre plus rapidement.

"C'est toi, Larrey !

— Jaubert, toi ici ! alors qu'on te croyait prisonnier des Perses !"

Orientaliste distingué, interprète favori de Bonaparte en Egypte, Jaubert a été chargé de mission auprès du Shah de Perse afin de préparer une alliance contre les Russes et menacer leurs intérêts

1. Epée conservée au musée du Val-de-Grâce.

2. Gdansk.

3. Toute résidence de l'Empereur, fût-elle une grange, était indifféremment appelée ainsi.

en Géorgie. Arrêté par un obscur pacha, jeté pendant quatre mois au fond d'une citerne desséchée, il a pu finalement remplir sa mission et accompagne l'ambassadeur Mirza Reza Bey à qui les grenadiers rendent les honneurs à l'entrée du grand salon d'apparat où Napoléon s'apprête à le recevoir. Jaubert raconte ses aventures à Larrey au cours du repas que celui-ci offre à "ses anciens compagnons d'Egypte" Lannes et Duroc. Modeste souper avec pommes de terre, biscuits et un rôti de porc, sorti d'on ne sait où, que Larrey prépare lui-même après l'avoir embroché sur une épée que chacun fait successivement pivoter sur le foyer. A la fin du repas, parmi les quatre-vingts cachemires ramenés de Perse pour l'impératrice Joséphine, Jaubert choisit un grand châle blanc qu'il tend à Larrey pour sa femme avec quelques flacons d'essence de rose. Cela sera-t-il suffisant pour apaiser le ressentiment légitime que Mme Larrey nourrit en ce moment envers Napoléon ? Elle a écrit à son mari pour lui apprendre que la chaire de pathologie chirurgicale est vacante à Paris et qu'elle a instruit le dossier. Coïncidence du destin, le poste de chirurgien-consultant de l'Empereur est également vacant, et Napoléon l'a fermement promis à Larrey. Ne pouvant cumuler les deux fonctions, il choisit le poste de consultant personnel qui lui avait déjà été ravi lors de son retour d'Egypte. Cabale de l'entourage impérial, jaloux du poids de Larrey sur l'Empereur ? Jalousie cauteleuse de confrères tels que Corvisart, Boyer ou Dubois ? Toujours est-il que Napoléon oublie sa promesse et nomme Dubois. Larrey a perdu sur tous les tableaux mais son attachement envers l'Empereur est tellement fort qu'il imagine dans la lettre datée de Reisembourg, 15 mai 1807, mille excuses pour apaiser l'indignation d'Elisabeth et atténuer le reniement, l'ingratitude dont il est victime.

"N'importe, ma chère Laville, je suis content, Sa Majesté est excellente pour moi. Elle ne pouvait me donner une meilleure preuve de sa confiance et de son estime qu'en me mettant dans la classe des dignitaires de l'armée. Par ce nouveau titre de commandant de la Légion d'honneur, je me trouve assimilé aux officiers généraux. J'attends M. Percy pour aller la remercier avec lui." Personnalité complexe que celle de Larrey qui ne peut être pénétrée qu'en gardant à l'esprit ce qu'il avait déjà écrit en Egypte : "(...) je suis un de ceux qui sont attachés par des chaînes indestructibles au char du moderne Alexandre (...)." Si sa femme pense le connaître assez pour ne s'en étonner qu'à moitié, encore n'est-elle pas au terme de ses découvertes ! Elle est tout heureuse de lui apprendre la vacance d'un fauteuil à l'Académie des sciences ; Sabatier, Monge et Berthollet appuieront de tout leur poids sa candidature face à celles de Corvisart et Percy. Certes, Corvisart est un grand clinicien, premier médecin de l'Empereur, mais personne n'a oublié ses récentes intrigues pour écarter Larrey. Par contre se présenter contre Percy lui pose un cas de conscience.

De douze ans l'aîné de Larrey, Percy, chirurgien distingué, a été de toutes les campagnes comme chirurgien en chef de la Grande Armée. Excellent praticien, de personnalité plus effacée que son collègue de la Garde, il est également un novateur.

Si son idée du Wurst[1] pour se porter rapidement au secours des blessés n'a eu qu'une vie éphémère, par contre il est un ardent et imaginatif défenseur de l'autonomie du Service de santé. N'est-il pas allé jusqu'à proposer aux belligérants la neutralisation des ambulances et du personnel sanitaire[2] ?

Par conscience, par scrupule déontologique et aussi par modestie, Larrey, que certaines têtes légères taxent de fanfaron, écrit à sa femme le 29 mai 1807 : "Mon Dieu, ma bonne amie, pourquoi tant de zèle et d'ardeur ? Je viens d'atteindre seulement mon huitième lustre ; je suis à peine connu dans le monde savant, et je n'ai point véritablement encore les titres et les profondes connaissances qu'une aussi honorable distinction exige pour être remplie avec honneur. Non, je ne me sens pas encore digne de cette marque d'estime particulière des grands hommes du siècle. (...) Arrête donc tes démarches, ma chère Laville (...) je serai toujours content en revanche (...) si j'occupe la première place dans ton cœur."

Avec une aussi belle chute, elle acceptera mieux de se résigner en attendant un retour qui s'éloigne car en juin les Russes attaquent à Heilsberg[3]. Ce qui ne devait représenter qu'un combat d'avant-gardes dégénère en un furieux affrontement, un échec pour les Français. Lorsque Larrey arrive, 200 fusiliers grenadiers de la Garde sont blessés, la plupart gravement. Pour parer à l'urgence – qui est la même pour tous – et soigner le maximum d'hommes dans le minimum de temps, il modifie sa technique d'amputation réglée, économe, en adoptant celle de la

1.Wurst, saucisse en allemand. Analogue à un caisson d'artillerie tiré par six chevaux, six à huit chirurgiens s'y tiennent à califourchon. Lent et lourd, cet équipage fut abandonné dès 1799.

2. Cette idée ne verra le jour qu'à la bataille de Solferino en 1859. Reprise par H. Dunant, le fondateur de la Croix-Rouge, elle sera à la base des conventions de Genève de 1864.

3. Lidzbark Warminski (Pologne).

désarticulation à l'épaule ou à la hanche. Pour brutale qu'elle apparaisse, cette méthode prend de court tétanos ou gangrène, est quasi indolore entre ses mains car il n'y a plus d'os à scier et le risque hémorragique est réduit.

"L'amputation fut faite en moins d'une minute, sans effusion de sang ; et ce blessé, que j'évacuai avec les autres, se trouva guéri, à mon grand étonnement, deux mois après. (...) Cet exemple de succès doit encourager les chirurgiens, et il m'a conduit à sauver la vie à plusieurs autres blessés (...)." En moins d'une minute !

Cette dextérité opératoire fait bien entendu des jaloux qui ironisent en face du macabre spectacle qu'offre le tas de membres coupés qu'on n'a même pas le temps de recouvrir.

"Ah ! C'est bien là l'ambulance de Larrey !"

Facile à dire, difficile à faire et face à cet horrible spectacle a-t-on jamais fait le compte des milliers de vies sauvées, même mutilées ? Il est tellement plus simple, avec une indifférente passivité, de compter les morts !

Après le combat d'Heilsberg, l'armée russe, craignant d'être cernée, décroche pour se replier sur Friedland[1]. En la suivant, les Français repassent par Eylau.

"On ne reconnaissait plus le champ de bataille, s'écrie Larrey quatre mois après, les glaces dont il était couvert, ces monceaux de neige sur lesquels les morts et les mourants ressortaient pour ainsi dire en relief, étaient transformés en un superbe lac, bordé d'un côté par la ville, entouré de l'autre par de beaux jardins et des campagnes couvertes de moissons." Entre-temps, Lannes est arrivé au contact de l'armée russe à laquelle Bennigsen, son général, a accordé imprudemment une journée de repos à Friedland après avoir passé les ponts de la rivière Alle. Quand Napoléon y parvient le 14 juin 1807 vers midi, il s'exclame, après avoir jeté un coup de lunette sur les positions russes : "Non, non, on ne surprend pas deux fois l'ennemi en pareille faute !" puis, se retournant à l'adresse des soldats qui défilent devant lui :

"C'est aujourd'hui un jour heureux, c'est l'anniversaire de Marengo !

— Vive l'Empereur !" répondent-ils en jetant leurs chapeaux en l'air avec le geste joyeux et insouciant de la jeunesse.

Tout se déroule dès lors très vite. Attaqués là où ils ne s'y attendaient pas, violemment canonnés dans les étroites ruelles de

1. Pravdinsk (Fédération de Russie).

Friedland, les Russes ont le dos à la rivière et la moitié de leur armée repasse précipitamment les ponts qu'ils incendient trop tôt. L'autre partie est détruite, capturée ou se noie dans l'Alle. Larrey raconte à sa femme :

(...) ce fut une des plus brillantes journées de l'Empereur. (...) Une grande partie de l'armée ennemie a été défaite et taillée en pièces ; le reste a pris la fuite en désordre. (...) Pour cette fois, la garde impériale n'a pas donné (...). Nous avons poursuivi l'ennemi jusqu'au bord du même fleuve qui sépare la Pologne prussienne de la Pologne russe, avec une telle rapidité qu'à peine a-t-il eu le temps de franchir le fleuve et d'en détruire les ponts. (...) Elle [le reste de l'armée russe] s'est arrêtée sur la rive droite du fleuve, où nous voyons les soldats russes comme tu vois les personnes qui passent sur le quai du Louvre ; ce spectacle est vraiment curieux et digne de faire l'objet d'un grand tableau. (...) tout nous fait espérer la paix générale et la fin de nos campagnes. Je le désire bien, ma bonne amie, car je me trouve extrêmement fatigué. J'ai eu le malheur de perdre mon Coco[1] excellent pour la marche ; j'en ai acheté un autre qui, du premier jour, m'a blessé. Ce léger accident ne m'a pas empêché de suivre l'armée avec la même activité, mais j'ai beaucoup souffert et nous avons essuyé de grandes privations.

(...) La poste va s'établir dans cette ville ; j'espère y trouver même quelques lettres de toi. Je t'avoue que je ne saurai jamais m'en rassasier (...). Adieu, ma tendre Laville, à demain (...) embrasse mon Isaure pour moi, tes aimables sœurs et tous nos amis.

Je désirerais voir M. Denon pour écrire à Girodet, et cependant je n'attendrai pas et remplirai ton désir.

Tilsitt, 19 juin 1807.

Il s'agit en effet de demander à Vivant Denon, devenu directeur du musée Napoléon [Louvre], d'intercéder auprès de l'Empereur afin que le peintre soit décoré de la Légion d'honneur.

Friedland est une victoire indéniable et décisive, d'une stratégie pure et élégante, en rien inférieure à celle de Marengo ou Austerlitz. Le tsar et le roi de Prusse ne peuvent que solliciter la paix de Tilsitt. Avec l'état-major, Larrey assiste de près à l'entrevue historique.

1. Son cheval.

"Un ponton, surmonté d'une chambre vitrée était mouillé au centre du fleuve : ces monarques s'y rendirent à la même heure, chacun de son côté, accompagnés de leur état-major respectif. Les deux armées étaient rangées en bataille sur les deux rives (...) vêtues d'uniformes variés : la vue du fleuve et du ponton (...) celle du château fort, bâtie par les chevaliers teutons (...) présentaient le tableau le plus animé et le plus intéressant. (...)

Je profitai de la liberté de communications pour visiter l'armée russe. Les Cosaques, et surtout les Calmouks, excitèrent ma curiosité. Ces derniers étaient armés de carquois et de flèches (...) ils tuaient d'un coup de flèche un oiseau à une assez grande distance. (...) Les Cosaques, qu'on pourrait appeler les Arabes du nord, sont armés comme eux de piques."

Pendant la semaine de négociations, Napoléon appelle Larrey et Percy afin de les présenter aux souverains étrangers car le premier surtout est devenu très populaire dans les armées coalisées en raison de son dévouement et son humanité envers les prisonniers ennemis. Napoléon offre aux deux chirurgiens des tabatières luxueuses garnies de diamants, le tsar Alexandre une bague de merveilleuse joaillerie à Larrey en exprimant le désir de visiter les ambulances volantes en compagnie du couple royal de Prusse. Après cette entrevue, Larrey, qu'accompagne son

Banquet franco-russe à Tilsitt. Coll. part.

ami Duroc devenu grand maréchal du palais, sortent envoûtés par le charme pervers de la reine Louise au point d'oublier sa francophobie congénitale et son refus d'accepter une rose de la main de Napoléon, sinon en échange de la liberté de Magdeburg !

La paix signée, le quartier impérial et la Garde peuvent faire leur entrée à Königsberg.

"En approchant de Königsberg, on est ravi par la beauté et la variété des maisons de campagne qui bordent les deux rives de la Plégel. La ville, traversée dans sa longueur par ce fleuve paisible, qui s'embouche dans le Frischhafen[1] forme un tableau magnifique.

(...) Je parcourus par mer, avec un véritable plaisir, toute la rive occidentale du Frischhafen (...) où l'on pêche l'ambre jaune (ou succin). Les pêcheurs nous vendirent une collection de morceaux bruts de cette substance, dans chacun desquels on observait divers insectes (...) cette substance était jetée sur le bord de la mer lors des orages. (...) On taille ces morceaux d'ambre brut à Königsberg pour en faire toutes sortes de bijoux. Les médecins égyptiens recommandent fortement l'usage de ces bijoux pour les femmes et pour les enfants (...) l'ambre, chez les enfants, éloigne les affections vermineuses (...) chez les femmes les affections vaporeuses. (...) Pour nous, nous pensons aussi que les dames ne sauraient choisir des bijoux plus utiles sous bien des rapports, plus agréables et moins dispendieux."

Ville agréable où "le sexe s'y fait remarquer par sa beauté, son élégance et son extrême urbanité : jamais séjour ne m'avait plu davantage"...

Il se lie d'amitié avec le banquier Jacobi, ancien ami du célèbre philosophe Kant, et tient avec lui des conversations animées jusqu'à ce que Napoléon le charge d'une nouvelle mission.

Les vides causés au sein de la vieille garde par la terrible bataille d'Eylau ont amené à créer une moyenne garde, composée de jeunes fusiliers dont la moyenne d'âge est de dix-huit ans. La plupart boitent après les marches auxquelles ils ont été soumis et la claudication est un cas de réforme définitive.

"Que faire ?" demande L'Empereur à Larrey.

La réponse est simple : à dix-huit ans, les épiphyses[2] des os longs, fémurs et tibias en particulier, ne sont pas complètement

1. Lagune de la Vistule, à l'est du golfe de Dantzig.

2. Extrémités des os longs, séparées du fût osseux ou diaphyse par le cartilage ossifiable, dit cartilage de conjugaison car il permet une croissance harmonieuse.

ossifiées. Si des efforts physiques considérables, répétés, identiques, sont imposés, l'organisme répond par des déformations du col fémoral ou des genoux qui entraînent la boiterie. "L'Empereur m'ayant interrogé, comme le chirurgien en chef de sa garde, sur la nature, les causes et les effets de cette maladie, je n'hésitai point à lui faire une réponse basée sur ce qui vient d'être exposé (...) il était dangereux de soumettre les jeunes gens de cet âge aux fatigues et aux vicissitudes de la guerre (...) il fallait porter la conscription à vingt ans révolus. (...) Napoléon comprit parfaitement mes observations anatomico-physiologiques, et il s'empressa d'en faire l'objet d'un sénatus-consulte. Une loi a porté, en effet, le recrutement à vingt ans sonnés, et cette loi a été observée depuis religieusement."

Lorsque tous les convalescents ont été évacués, Larrey et la Garde les rejoignent début août à Berlin où "les promenades, garnies de peupliers et de platanes, qui bordent le canal majeur, sont fraîches et délicieuses ; elles sont le rendez-vous du beau sexe et de toute la jeunesse de Berlin, qui s'y réunissent au soleil levant et après le soleil couchant".

L'ordre de regagner Paris le fait passer par Leipzig, puis à Iéna où il retrouve d'anciens opérés au cours de la réception tout amicale que lui réservent les professeurs de médecine prussiens. Ils insistent pour le garder quelques jours parmi eux et le recevoir docteur honoris causa de leur université. Flatteuse distinction qui récompense sa réputation européenne, à laquelle s'ajoute celle de chevalier de la Couronne de fer des vieux rois lombards décernée par Napoléon, depuis qu'il a été couronné roi d'Italie.

De l'Atlantique au Niémen, de la Baltique à la Méditerranée, l'Empire français semble suffisamment consolidé pour que l'opinion publique savoure enfin une paix toujours promise mais inaccessible, toujours définitive mais sans cesse remise en question. Oubliant cette punition de Sisyphe, Napoléon, pour la première fois en ce début 1808, tire l'épée le premier sans s'apercevoir que son geste déchaînera la passion des hommes, armée par la colère des dieux.

XXI

LA COLIQUE DE MADRID

Quand elle voit son mari déployer sur ses épaules le magnifique châle de cachemire, lui passer autour du cou un superbe collier d'ambre, Elisabeth pense que le temps des aventures, de l'Egypte aux confins de la Russie, est passé.

Dès son arrivée à Paris, fin octobre 1807, Larrey a repris ses fonctions à l'hôpital de la Garde et la rédaction de publications scientifiques inspirées par ses récentes campagnes.

Le *Mémoire sur la gangrène sèche causée par le froid, ou gangrène de congélation* reprend ses récentes observations faites à Eylau qui recoupent celles déjà effectuées à Terre-Neuve. Contrairement aux idées en cours qui ne reconnaissent dans la formation des gelures que l'action directe du froid, il estime que ce dernier gagne les tissus en provoquant seulement "engourdissement (...) stupeur (...) sans être frappés de mort ; et si ce froid diminue par degrés (...) l'équilibre peut facilement se rétablir avec le jeu des organes, et les dispositions à la gangrène disparaîtront". Tout différent est le passage brutal d'une température glaciale à la chaleur car "il doit nécessairement survenir engorgement à la partie affectée (...) les vaisseaux perdent totalement leur ressort (...) et la gangrène se caractérise". Distincte de la gangrène traumatique secondaire aux plaies de guerre, de nature extensive, la gangrène de congélation "établit une ligne de démarcation entre les parties mortes et les parties saines. (...) La chaleur, subitement appliquée sur les parties que le froid a stupéfiées, peut en être considérée comme la cause déterminante". Frictions de neige, lotions d'eau-de-vie camphrée appliquées le plus tôt possible préviennent les gelures alors que, plus tard, l'amputation réglée est de mise en face d'une nécrose définitive.

Inspiré également par cette campagne de Pologne, le *Mémoire sur la plique*, affection du cuir chevelu où voisinent abcès sous-cutanés et agglutination de mèches de cheveux[1]. Si Larrey n'ose éliminer formellement les causes syphilitiques, il reste persuadé que le manque d'hygiène demeure la cause déterminante. "Nous sommes convaincus que la plique est une affection locale factice, presque indépendante de beaucoup d'autres affections dont on la faisait provenir." Ce mémoire, aux conclusions analogues à celui de Chamseru, autre médecin des armées, est présenté à la première classe de l'Institut à laquelle il inspire des réflexions si élogieuses que l'impression de ces travaux est recommandée afin d'en assurer la diffusion auprès des savants étrangers : "Assurés dans leur doctrine, ils ont, par leur courage, leur constance, opéré une révolution salutaire à la Pologne, et, nous n'hésitons pas de le dire, à l'Europe entière, en dégageant une maladie, redoutée comme endémique, des fantômes effrayants dont l'ignorance, le charlatanisme et une préoccupation servile l'avaient enveloppée, défigurée. (...) Ils ont donc assuré la santé des Polonais, en même temps que la volonté du vainqueur, brisant les fers de leur servitude, les a élevés à la condition d'hommes libres."

Pour les peuples ibériques, "briser les fers de la servitude" n'est certainement pas le motif essentiel du "vainqueur". Ces jours derniers, il a signé à Milan un second texte durcissant le blocus continental du décret de Berlin. Le Portugal, officiellement neutre, poursuit un commerce actif avec l'Angleterre et constitue une large brèche dans le système fermé du blocus. L'Espagne est un pays dont l'alliance est devenue tiède depuis le désastre de Trafalgar, ses richesses en provenance du Nouveau Monde suscitent des convoitises que ne peut défendre la monarchie chancelante des Bourbons. La péninsule Ibérique apparaît comme une proie facile pour la tentation dynastique qui hante l'Empereur après celle de sa légitimité européenne acquise par les armes.

A la tête du 1er corps d'observation de la Gironde, Junot a franchi la Bidassoa et fait son entrée à Lisbonne le 30 novembre. Murat, nommé lieutenant-général de l'Empereur depuis le 20 février 1808, a quitté Paris en direction de Madrid.

Une forte colonne de la garde impériale a déjà pris la route la semaine précédente avec Larrey et son élève Frizac. Un arrêt à Toulouse, où Larrey donne une conférence de quatre heures sur l'anatomie et la physiologie de l'encéphale et reçoit le titre d'associé correspondant de l'académie des sciences de cette ville.

1. Encore appelée "trichoma", la plique semble recouvrir dans son appellation ancienne, la plus grave des teignes, le favus, dû à un champignon microscopique, associé à l'impétigo du cuir chevelu dû au streptocoque.

"Pressés de rejoindre la Garde, déjà rendue à Bayonne, nous nous remîmes en route le 27. Arrivé à Tarbes, je me détournai de mon chemin pour aller embrasser ma mère à Baudean, lieu de ma naissance. Je visitai pour la seconde fois les sources, les bains d'eaux minérales de Bagnères et toute la vallée de Campan. Il n'est point de pays qui offre dans la belle saison des sites plus pittoresques et des objets d'histoire naturelle plus variés. (...) ma pauvre mama et ma bonne sœur avaient préparé le repas frugal que nous fîmes en famille présidé par le vieux curé de mon village, mon premier précepteur – ma pauvre mama perdit momentanément la raison par l'effet de l'enthousiasme et du plaisir – mes pleurs firent couler les siens et les vingt-quatre heures que je passai dans ma triste chaumière s'écoulèrent si rapidement (...) il me semblait que je venais à peine de descendre ou d'arriver."

Refrénant son émotion, il atteint, par Tarbes, Lourdes, Pau, la ville de Bayonne où, avant d'entrer en Espagne, il se retourne pour jeter un regard d'affection aux Pyrénées si chères à son cœur. "Les deux départements des hautes et basses Pyrénées, que nous venions de traverser, étaient ci-devant les provinces de Bigore et du Béarn. (...) Les hommes sont de taille moyenne, bien faits, agiles, robustes. Ils ont le port élevé, l'œil vif et l'attitude fière et hardie. Les femmes, généralement au-dessous de la taille ordinaire, ont les formes belles, les traits réguliers, gracieux, de beaux yeux noirs, de belles dents, et les pommettes fortement colorées. (...) Tous les habitants de ces deux anciennes provinces parlent un idiome très-gracieux, composé d'espagnol, d'italien, d'arabe et de français. Leurs mœurs sont pures, douces et sociales ; ils ont de l'amour-propre, et même de la fierté ; ils ont aussi en partage une grande loyauté et une franchise rare ; ils n'ont aucune idée de la politique, et sont ennemis de la flatterie ; leur caractère est vif, pétulant et très-gai : le courage est commun aux deux sexes." Au physique comme au moral, faut-il y voir le propre portrait de Larrey ?

Au passage il déplore, comme en Maurienne, la présence du goitre endémique dans les vallées reculées, incrimine l'eau de boisson qu'il faudrait selon lui tamiser dans des filtres de charbon. Cet exemple stimule sa hauteur de vues et le fait facilement passer du particulier au général : "Une surveillance bien active, exercée par le premier magistrat du département, éclairée d'ailleurs par les conseils des médecins instruits, préviendrait ou ferait disparaître cette maladie (...) chaque préfet devrait avoir auprès de lui un comité de santé, qui s'occuperait, sous ses auspices, des moyens de soumettre tous les individus aux lois d'une bonne hygiène privée et publique[1]."

Frizac et lui rejoignent la Garde à Tolosa, puis, par Vitoria et Miranda, arrivent à Burgos. Cette ville est une étape importante sur les lignes de communications françaises. Larrey y trouve des hôpitaux déplorables qu'il faut aérer, désinfecter, nettoyer. Les braseros, sources d'intoxication et d'asphyxie, sont éliminés. "Nous voilà donc dans un autre monde et un autre climat, écrit-il à sa femme (...). Pour moi, j'en serai peu affecté car outre la similitude du climat et des mœurs des habitants de l'Espagne avec le climat et les habitants de l'Egypte, nous avons la même qualité d'aliments. (...)" Par contre, ses appointements d'inspecteur n'arrivent pas car la poste n'est pas encore organisée. "J'ai déjà emprunté 30 louis pour l'achat de mes chevaux et tout est si cher dans ce pays qu'aucun officier ne pourra y suffire avec ses appointements."

La population espagnole, jusqu'ici chaleureuse, devient sourdement hostile dès qu'elle a compris qu'il s'agit bel et bien d'une armée d'occupation. Larrey reçoit chaque jour des soldats attaqués au couteau, leur nombre augmente si vite qu'il en avertit Murat afin qu'on leur interdise de sortir seuls. Le piège mortel de la guerre d'Espagne se referme insensiblement. Larrey essaie de rassurer sa femme tant bien que mal en lui déclarant qu'il se porte bien "(...) et malgré les pénibles fatigues, mon embonpoint n'a point diminué. Je fais les deux services [garde et ligne) ce qui doit comme tu penses me donner beaucoup d'occupations que je trouve toujours trop peu considérables".

En fait, il n'a pas l'esprit libre, peut-être des remords d'avoir quitté le foyer familial qui a tant besoin de sa présence. Elisabeth est enceinte et la petite Isaure a déjà dix ans. Sa femme n'a pas apprécié son nouveau départ : "(...) si je te suis encore cher, quelques soient le ressentiment à mon égard ou ton antipathie, je te jure que j'aime toujours avec la même ardeur (...) mon cœur restera navré et plein d'amertume." En s'effaçant habilement, il l'engage à prêter une attention soutenue à l'éducation de leur fillette car "songe qu'elle va franchir l'âge de l'adolescence pour entrer dans celui de la puberté et c'est l'époque de la vie la plus fragile au physique et au moral (...) celle qui exige le plus de soin et d'attention de ta part – c'est dans cette période que se décident pour toujours le caractère et les passions des

1. Cette idée d'avant-garde doit être considérée comme fondatrice de l'actuelle Direction départementale de l'action sanitaire et sociale (DDASS).

hommes". Il termine sa lettre de Burgos en donnant l'image d'une sérénité affermie par l'inattendu : "Au surplus, je ne désire de la fortune que pour vous deux et certes j'en aurai. Les devins du Caire me l'ont prédit."

Le cœur à présent en paix, il donne libre cours à sa curiosité, visite le tombeau du Cid, la Chartreuse des environs, assiste à une corrida. Le profane qu'il est en perçoit chaque phase avec une grande finesse sans toutefois devenir un adepte. "On ne saurait trop désirer de voir proscrire un jour ces sortes d'amusements, que les amis de la tranquillité désapprouvent et que l'humanité condamne." Ce jugement trop péremptoire lui a été dicté par un accident dont il a été le témoin actif. Un soldat pris de boisson a voulu imiter les toreros, a sauté dans l'arène et défié le taureau furieux qui l'a encorné et renversé plusieurs mètres en arrière. "Un cri universel se fit entendre. (...) Je franchis la barrière[1], et courus le premier au secours du malheureux soldat qui était resté sans connaissance au milieu de l'arène." Une large plaie part du sommet de la fesse à l'aine, par bonheur la puissante artère fémorale est intacte, seule apparaît une plaie de la vessie qu'il traite en introduisant une sonde de gomme élastique à demeure et un pansement de contention. Six mois après, la guérison sera complète.

La brève étape de Burgos terminée, s'ouvre la route de Madrid. Le printemps tarde à se montrer, "je regrette bien ma pelisse, car dans ce pays il faut être vêtu comme en hyver à Paris". A la halte, sa contrariété est grande quand il s'aperçoit de l'oubli à Paris de son registre de correspondance dans lequel il reprenait son projet d'organisation des ambulances volantes. Un courrier du gouvernement s'apprêtant à partir pour Paris, Larrey lui confie une lettre écrite à la hâte afin qu'Elisabeth répare l'oubli, remette également ses mémoires à l'Institut d'Egypte, suive la rédaction "de l'insertion dans la 1ère livraison comme d'examiner les épreuves de l'impression (...) il faut aussi que ces dessins soient rendus à cette commission afin qu'ils puissent être gravés en même temps". Un mot pour la rassurer, mais un mot capital qui traduit l'opinion générale : "Ainsi tranquillise-toi, ma bonne amie, nous nous bornerons à une promenade militaire."

Les rappels de solde tardent encore, sa femme ne perçoit que les appointements de base de la Garde et la pension de la Légion d'honneur, mais "si j'avais le bonheur de faire quelque opération

1. Il faut s'être trouvé dans l'arène au moment de la charge d'un taureau de combat pour imaginer le courage de Larrey.

à quelque Grand d'Espagne, je pense que je serais indemnisé pour toute la campagne et tu dois être persuadée que je t'enverrai même de l'argent si j'en avais provisoirement". Ses soucis pécuniaires le taraudent littéralement. Il n'a jamais confondu médecine et argent mais en arrive à cette confession dépitée à propos des riches seigneurs castillans : "Ils sont soigneux de leurs personnes. (...) Ce n'est pas qu'ils soient exempts de maladies mais ils préfèrent les garder comme leurs belles plutôt que de les confier au médecin." En l'absence de Napoléon resté à Paris, l'intendance relève la tête pour mieux humilier le Service de santé qu'elle regarde avec dédain et qu'elle traite avec parcimonie. "Ainsi, ma chère amie, au lieu de me dédommager de mes frais énormes de campagne et de la clientèle que je perds à Paris, on me retranche même dans les appointements de paix plusieurs articles importants. C'est ce qu'on appelle être battu et payer l'amende (...) tous ces gens-là sont bien heureux que je ne voye pas l'Empereur qui assurément n'a jamais eu l'intention de me faire éprouver de pareilles injustices."

Désastreuse impression de flottement, d'indécision, celle qui affecte l'armée parvenue à Madrid sans son chef habituel. Murat, commandant en chef, a bien l'étoffe et le courage d'un prestigieux cavalier mais non l'autorité d'un esprit supérieur ou la clairvoyance d'un politique perspicace, propres à dissiper le désarroi d'une armée qui n'a jamais connu d'attentats de la part des populations civiles. En avril 1808, la fermentation des esprits est telle que des troubles sont signalés un peu partout en Espagne. Les communications avec la France sont perturbées par l'assassinat des courriers ou le vol des correspondances. Une inquiétude tout à fait nouvelle apparaît chez les plus courageux. "Je ne sors point le soir, écrit Larrey à Elisabeth, et mon sabre ou mon épée ne me quittent point dans le jour."

Il a réorganisé les hôpitaux madrilènes, classé ses officiers de santé selon leurs compétences, précisé ses directives avant d'ouvrir une école de chirurgie fréquentée également par les chirurgiens espagnols qu'il croise sur la promenade animée de la Puerta del Sol. "Il faut y voir les grands docteurs de la Faculté avec leurs perruques à trente-six marteaux[1], un petit chapeau à la Basile, le manteau à la Crispin et des bas de soie avec des bouffettes cramoisies, se promener à pas comptés, en tenant de la main gauche une canne à bec de corbin en or. Je les retrouve dans le même costume, allant faire leurs visites dans les rues de la ville. Mais

1. Longue boucle entre deux nœuds.

là, ils sont dignement juchés sur des mules, qui les mènent à pas cadencés à la porte de leurs clients. Celles-ci s'arrêtent d'elles-mêmes et attendent patiemment le retour de leur maître." Avantageusement logé avec Adrien, son valet, chez la marquise de Belgida à qui il ne manque jamais d'offrir des fleurs, Larrey rentre d'une tournée d'inspection lorsqu'éclate l'insurrection du 2 mai déclenchée par l'exil forcé de la famille royale en France.

A 11 heures du matin, il voit Madrid embrasée par la fumée rougeâtre des incendies, assourdie par le claquement grave des coups de fusils tirés des persiennes entrebâillées, des portes entrouvertes, des coins de rues. Aux hennissements des chevaux rendus fous, dont les insurgés ont coupé les traits, répond le tocsin lancinant que font sonner dans chaque église les capucins avides d'en finir avec ces étrangers à la fois républicains et hérétiques, s'ils ne sont pas athées. Les charges de la cavalerie de Murat dégagent les rues mais après leur passage, chaque Français isolé est silencieusement poignardé ou étranglé au garrot.

Larrey n'a qu'une pensée, ses 2 000 malades de l'hôpital qu'attaquent peut-être les insurgés avec la complicité des infirmiers espagnols !

Comme pour la révolte du Caire, sa réaction est vigoureuse, immédiate : il pique des deux, lance son cheval à travers la fumée, assez vite pour échapper aux balles qu'on tire sur lui et arrive hors d'haleine aux portes de l'Hôtel-Dieu. Son pressentiment ne l'a pas trahi, les infirmiers madrilènes veulent achever les blessés français ; il s'interpose avec autorité pour arrêter les insensés. Des rues voisines monte le tumulte créé par une colonne d'émeutiers qui vocifèrent pour s'encourager mutuellement à attaquer ce lieu d'asile qu'est l'hôpital. Sans grand danger pour eux, se disent-ils, il n'y a aucune troupe dans le quartier.

Larrey ne peut compter que sur lui-même, sur son élève Frizac et un chirurgien de l'artillerie, Fabar. Il barricade les porte d'accès en disposant de gros madriers transversaux, fait creuser des meurtrières dans les persiennes et distribue des fusils aux médecins, infirmiers et convalescents qu'il place à chaque fenêtre. Faisant feu de partout, cette équipe de combattants improvisés impressionne les émeutiers qui reculent avant d'être sabrés tard dans l'après-midi par un renfort de cavalerie. A la tombée de la nuit, Larrey aura reçu 300 blessés, Espagnols et Français, dont 70 de la Garde qu'il place au troisième étage de l'hôpital pour les isoler d'une épidémie de gangrène nouvellement apparue. Trois cents morts des deux côtés sont relevés dans les rues de Madrid. Ici, comme à Paris, l'opposition parle de milliers de victimes afin d'assurer une exploitation politique défavorable à ce que l'on appelle désormais la guerre d'Espagne.

Le lendemain 3 mai, Murat commet l'irréparable. Il ordonne de fusiller plusieurs insurgés arrêtés les armes à la main, exécutions sommaires qui révulsent la population.

L'armée espagnole déserte en masse, rejoint les insurgés, organise la guérilla renforcée par les troupes anglaises fraîchement débarquées sur les côtes portugaises. Goya a sorti son carnet d'esquisses et dessine les croquis des scènes de rues qui deviendront les incomparables *Dos de Mayo* et *Tres de Mayo.* A Paris, on a eu vent de l'attaque de l'Hôtel-Dieu au cours de laquelle, dit-on avec fourberie, Larrey a trouvé la mort ! En toute hâte, il rassure sa femme : "Pauvre, quelles secousses n'as-tu pas dû recevoir ! (...) mais comment ne s'affecter en apprenant qu'on a eu l'imprudence de te donner la fausse nouvelle de ma mort, c'est assurément comme tu le penses, ma bonne amie, le même nouvelliste qui l'avait publiée pendant mon séjour en Egypte et cela pour avoir ma place au Gros-Caillou[1] (...) il paraît que tous ces stratagèmes – quoyqu'infâmes lui ont réussi."

Atmosphère délétère, pesante, morose, celle qui règne à Madrid et assombrit peu à peu l'esprit des Français. Cette révolte civile est sans précédent pour eux. Ils réalisent trop tard qu'ils ne sont plus perçus comme les soldats de la Liberté mais bien comme des occupants haïs. Pour la première fois de sa vie si bien remplie, si riche, Dominique sent son âme envahie par un doute profond sur la valeur relative des gens et des choses. Son extrême sensibilité l'amène non seulement à opérer un retour sur lui-même, sur sa profession, ce qui pourrait apparaître banal à quarante-deux ans, mais à extérioriser aussi des idées quasi dépressives préoccupantes. Il supplie sa femme d'accorder grand crédit à ses confidences et de lui fournir en retour le réconfort qu'il attend d'elle : "Tu as épousé un homme né sans doute pour être malheureux. Hélas ! je n'en suis pas cause. Il faut n'accuser que les circonstances et la fortune. (...) Pour moi, il m'importerait peu d'être à Paris ou au Mississipi. Je suis habitué à toutes les vicissitudes des climats et des voyages, mais je m'en inquiète pour vous deux parce que je sens que vos intérêts en souffrent et que votre santé n'est peut-être pas

1. Nom de l'hôpital de la garde impériale que les cartes de Cassini (1790) situent entre l'esplanade des Invalides et le Champ-de-Mars, près de la Seine sur laquelle existait encore "l'île des cygnes", vraisemblablement à l'origine du nom. Vestiges actuels, l'église Saint-Pierre-du-Gros-Caillou et le port du Gros-Caillou en contrebas du quai d'Orsay.

Combat de rues en Espagne. Coll. J.-B. Q.

aussi surveillée. (…) j'ai ce désir et la bonne volonté de t'être agréable, de te rendre heureuse, et point du tout, il semble que je sois destiné à faire ton malheur ; pardonne-moi, généreuse amie, crois que si j'avais pu prévoir tous ces contretemps, ces infortunes, j'aurais suivi une autre carrière où j'aurais pu sans doute, comme plusieurs autres, me distinguer et nous assurer de la fortune pour nos enfants. En effet, nous vivrions plus heureux si j'étais resté chirurgien civil lorsque j'étais un des premiers aux Invalides ; j'y remplacerais sans doute mon illustre maître Sabatier. Au reste, le sort en est jeté, suivons sa destinée. (…) Tout cela me décourage à un tel point que si je ne me souvenais que je suis ton mari et le père de tes enfants, je me livrerai à toute l'impulsion de mon désespoir (…)."

Terribles paroles sous-tendues par des idées suicidaires qui perturbent ses courtes périodes de sommeil. "(…) replongé dans une mélancolie singulière, pendant le jour j'avais constamment froid même à l'ardence du soleil et je passai les nuits dans les rêves les plus sinistres (…) des mouvements de révolte que nous avons eu ces jours-cy à Madrid et dans toutes les parties de l'Espagne n'avaient pas peu contribué à augmenter cette tristesse et véritablement nous avons couru de grands dangers. (…) Je me suis cru endormi sur ton petit canapé, mon Isaure assise sur moi. C'était mon manteau que j'avais mis sur mon lit en plusieurs doubles qui m'a causé cette aimable illusion."

Seule la puissance de son amour envers les siens l'anime et le soutient au milieu des adversités de toute sorte. Le terme de sa femme devient proche, il lui écrit tous les trois ou quatre jours en lui répétant mille conseils de prudence et d'hygiène qui lasseraient toute autre personne que la patiente Elisabeth. "Je prierai Dieu puisque nous voilà dans le pays des prières pour que cet enfant arrive à bon port (...) quelque soit le sexe il sera toujours le bienvenu et dans tous les cas Isaure en sera la marraine et la gouvernante. (...) Tu prendras Giraudet pour le parrain, comme l'ami qui nous est le plus cher." Si c'est un garçon, on l'appellera Félix Hippolyte afin d'attirer le bonheur sur lui. Clémence est retenu pour une fille, là encore en souvenir et en hommage à Clémence-Isaure, fondatrice de l'Académie des Jeux floraux de Toulouse : "(...) elles nous donneront un jour quelques belles fleurs de l'académie de leur patronne. (...) Mon Dieu, tâche de ne point déranger ta grossesse par aucune imprudence. Il faut éviter surtout ta colère et les autres passions vives de l'âme. Il faut te récréer, faire de l'exercice pendant le jour pour dormir la nuit." Les lettres de sa fille jointes à celles de sa mère lui procurent une extraordinaire émotion. "Ces mots m'ont fait verser des larmes d'attendrissement et en effet que veux-tu qu'elle m'écrive cette enfant ? Elle n'a que la conversation du sentiment qui prédomine dans son esprit et il est tout naturel de penser qu'on ne peut le répéter trop souvent, quoiqu'on le sente toujours."

Peu de jours après, de nouvelles lettres d'Isaure et de sa petite nièce, invitées à un mariage, lui apportent enfin la gaieté, la fraîcheur communicative des jeunes enfants. Il se retrouve à Paris. "En effet, j'y ai trouvé sa ruse et son esprit et vraiment ces petites lettres me font rire, mais il paraît qu'elles n'ont pas été contentes de ne pas avoir de bal. Pourquoy n'a-t-on pas loué un violon de bal ? En vérité, cela n'est pas pardonnable."

A ce réconfort si nécessaire s'ajoute une préoccupation professionnelle majeure qui lui permet de redevenir lui-même. En ce début d'été 1808, le mal inconnu qui rampe dans les rangs de l'armée et de la Garde depuis avril atteint une ampleur inquiétante.

Dans la garnison française, il n'est plus question que de la colique de Madrid !

Après une très courte période de constipation, de douleurs dans le bas-ventre, le teint jaunit et apparaissent des coliques épouvantables : algies suraiguës permanentes au paroxysme desquelles surviennent des vomissements bilieux exténuants.

Les patients se roulent par terre en hurlant de douleur tandis que persiste une constipation opiniâtre. Larrey affirme qu'il voit "(...) en grand nombre des malades qui avaient passé sept, huit, neuf et dix jours sans avoir été à la garde-robe[1]".

Dans le pire des cas, la fièvre, la sécheresse brûlante de la peau, les hémorragies intestinales précèdent la mort par épuisement douloureux vers le dixième jour.

Si apparaissent un œdème des membres, un engourdissement avec faiblesse des jambes, l'évolution peut être considérée comme favorable au prix d'une pénible convalescence prolongée sur de longs mois.

Murat, le grand-duc de Berg qui se serait bien vu roi d'Espagne, s'est senti en disgrâce lorsque Napoléon a préféré asseoir son frère Joseph sur le trône. Il se désintéresse dès lors de tout. Déjà sombre et apathique, il subit les attaques d'une violente colique. Tordu de douleur sur le tapis de sa chambre, persuadé qu'on a voulu l'empoisonner, il médite sur sa fin prochaine et appelle Larrey.

De quoi peut-il donc bien s'agir ? Larrey cherche des réponses en classant ses observations. Les autopsies multiples n'ont apporté aucune lumière. Les officiers généraux et supérieurs sont proportionnellement plus affectés que les soldats par cette mystérieuse colique qui ne s'observe qu'à Madrid ou ses proches environs, jamais ailleurs.

Intoxication par le plomb ? A partir des cruches vernissées qu'utilisent les soldats, mais ils prennent la précaution de les rincer à l'eau vinaigrée après usage ! Depuis les canalisations d'eau potable ? Or, elles sont toutes en brique ! Par le cuivre ? Mais les batteries de cuisine sont fréquemment étamées pour éviter justement le dépôt de vert-de-gris !

A un moment donné, Larrey soupçonne assez le rôle possible du vin pour demander une expertise au pharmacien-chef qui ne trouve aucune substance métallique mais abondance de substances narcotiques. Ils donnent un "scrupule" de vin à un chaton de trois mois qui meurt en léthargie profonde et à un chien qui, plus chanceux, s'endort profondément pendant vingt-quatre heures. Troublante coïncidence que l'apparition simultanée à la colique de Madrid d'une "ataxie soporeuse" offrant tous les caractères d'un coma narcotique généralement mortel. De nombreux soldats en sont atteints, sortant des cabarets où ils n'ont bu que

1. Terme devenu désuet qui désignait la chaise percée, remisée après usage dans un placard garde-robe (pratique sinon hygiénique...).

deux à trois verres d'un "prétendu vin d'Alicante". Disparaissent ainsi deux confrères de Larrey, dont son élève Frizac. Plus que son amitié, c'est son affection qui est blessée : "En effet, il est rare de trouver chez un jeune homme de vingt-trois ans autant de qualités et de talents réunis, qu'en possédait le jeune Frizac. (...) Son zèle pour les malades était infatigable ; il les assistait même de sa bourse quand ils avaient des besoins pressants. Une modestie rare, la douceur et l'amabilité de son caractère le faisaient particulièrement chérir de tous ses camarades, dont il a emporté les regrets bien sincères."

Afin d'expliquer les causes de la colique et de l'ataxie soporeuse, Larrey incrimine – à défaut d'autres preuves – les écarts de régime alimentaire et les extrêmes variations de température du climat continental de Madrid auxquelles ne seraient pas habitués les Français. Mais en même temps, il tente de se convaincre lui-même de façon ambiguë qu'il ne s'agit pas d'un empoisonnement criminel car il établit un parallèle avec l'intoxication par le curare avant de reconnaître : "Je me persuade toujours que les Espagnols, qui sont d'une grande loyauté, n'avaient point préparé leur vin dans l'intention d'empoisonner les Français, puisque les naturels du pays boivent les mêmes vins. (...)" Peut-être pas des mêmes fûts[1] ! En tout cas l'idée l'a effleuré mais il ne peut l'approfondir, soit faute de preuves scientifiques, soit pour éviter des complications diplomatiques supplémentaires au sein de ce "guêpier espagnol".

Joseph Bonaparte, arrivé à Madrid le 25 juillet, monte sur le trône d'Espagne et prend en mains la direction des armées. En son honneur on organise une corrida de quinze taureaux où l'ardeur remarquée des toreros illustre singulièrement le courage et la fierté du peuple espagnol, à présent soulevé en masse contre

1. Ces deux affections, colique de Madrid et ataxie soporeuse, ne sont vraisemblablement que les formes cliniques d'une même intoxication qui ne semble pas avoir retenu l'attention. Tous les symptômes minutieusement décrits par Larrey dans ses Mémoires (t. III, p. 170 à 229) correspondent à ceux présentés au cours de l'intoxication par l'alcool méthylique, autrefois appelé alcool de bois, de nos jours alcool à brûler. Selon la dose de vin absorbée, les militaires français souffraient de l'une ou l'autre des deux formes cliniques. L'intention criminelle ne semble pas créer de doute. Seuls étaient atteints les Français, particulièrement les officiers supérieurs ou généraux comme Murat, jamais les Espagnols. L'empoisonnement collectif des cadres dirigeants d'une armée ennemie en assure la complète désorganisation. Quoi de plus facile pour des guérilleros que de mélanger aux vins doux d'Espagne, n'ayant pas encore terminé leur fermentation, de l'alcool de bois qui, de surcroît, apporte du "gras" et de la "rondeur" !

l'occupant français. En Andalousie, à Bailén, l'inexplicable capitulation de Dupont abandonnant 25 000 hommes à la valeur combative intacte fait l'effet d'un séisme qui retentit dans l'Europe entière. Le mythe de l'invincibilité de la Grande Armée est détruit, l'espoir de revanches prochaines n'est plus un rêve impalpable. L'armée espagnole d'Andalousie n'hésite plus à marcher sur Madrid dès qu'elle apprend que Junot perd pied au Portugal devant le corps expéditionnaire anglais de Wellington. Joseph fuit Madrid pour se réfugier à Miranda, non loin de Burgos où campe le corps d'armée de Bessières que doit immédiatement rejoindre la garde impériale.

Privé de l'indispensable présence de Napoléon, Larrey a perdu son prestige auprès de l'intendance qui ne lui fournit rien pour assurer l'évacuation des malades vers Burgos.

Certes la Garde est une grande famille qui sait se serrer les coudes mais ne peut livrer à son chirurgien la pharmacie ou le matériel spécialisé. Tout au plus peut-il acheter à la hâte des mulets garnis de bâts et quelques mauvaises charrettes susceptibles de gravir les sierras abruptes qui ceinturent l'horizon au nord-ouest de Madrid.

Faut-il appeler retraite ce morne mouvement d'une armée qui – pour la première fois – courbe l'échine dans le désordre et la précipitation ? Comme ses amis, Larrey est bouleversé par la montée de la barbarie de part et d'autre car il ne s'agit plus d'une guerre avec ses lois établies telle qu'il l'a toujours connue, mais d'une lutte féroce, sans merci entre un nationalisme fanatisé, exacerbé et une armée désemparée souvent terrifiée. Il voit son compagnon d'Egypte, le général René, scié entre deux planches et le long de la route des arbres portant des soldats crucifiés ou démembrés, mutilés, émasculés. Pour venger ces atrocités, l'armée en commet d'autres, incendie, pille, viole ! Quand il grave ses eaux-fortes des *Désastres de la guerre*, Goya n'invente rien.

Que dire de la débâcle des *Afrancesados*, ces Espagnols ralliés aux Français ? Ils ne connaissent que trop bien le sort épouvantable qui les attend s'ils tombent aux mains des guérilleros. “Ma bonne amie, écrit Larrey le 11 août 1808, nous sommes malheureux il est vrai, mais si tu voyais une quantité de dames de toutes classes et un grand nombre de forts riches qui se sont sauvés de Madrid avec leurs familles éplorées, si tu les voyais, dis-je, la plupart qui ne sortaient jamais de leur maison sans être en voiture, marcher avec la troupe dans le sable et la poussière sous un soleil brûlant, sans subsistance souvent et presque jamais d'asile, presque toutes ces familles

L'exode des femmes *afrancesadas*. Coll. part.

fort riches qui ne peuvent à peine maintenant fournir à leur existence. Mais tu verras sans doute quelques unes de ces malheureuses femmes et elles te diront ce qu'elles ont souffert et ce qu'elles auront sans doute à souffrir. Les unes sont grosses, les autres portent ou traînent leurs enfants ou leur donnent à téter au milieu des camps et au milieu de toutes ces misères humaines. Quelle caravane ! qu'il me sera difficile de la décrire et qui est-ce qui pourra croire à de si étonnantes vérités ?"

A mi-chemin entre Madrid et Burgos, un chirurgien est porté disparu, enlevé sans doute par des partisans. La nouvelle parvient à Larrey qui chemine à l'arrière-garde, sur un cheval claudiquant qu'il soulage souvent en montant dans sa voiture. Il aperçoit soudain sur le bas-côté de la route une Madrilène épuisée, affamée, désespérée d'être séparée des siens.

Après l'avoir soignée et réconfortée, "(…) je lui offris ma place et l'engageai à s'en aller à Burgos avec mon domestique. Je restai derrière avec mon cheval blessé que je montai peu et je faisais les trois quarts du chemin à pied en sorte que cette dame arriva à Burgos quelques heures avant moi, où elle trouva sa famille. On reconnut mon équipage, on ne me vit point et l'on me demanda inutilement ; j'étais en arrière. Sans doute que le bruit récent de la mort de mon confrère joint à cette circonstance leur fit croire que c'était moi qui avait été assassiné dans cette ville d'Aranda... Cette nouvelle peut se répandre d'autant plus facilement que l'armée de Madrid, surtout les administrations et les équipages, continueront leur retraite ou leur course sans interruption, je crois jusqu'en France, car la terreur était extrême".

La rapidité avec laquelle se répand la médisance a toujours défié le temps et l'espace ; à Paris on annonce de nouveau la mort de Larrey d'autant mieux que la place de chirurgien-consultant de l'Empereur n'a pas encore été attribuée officiellement. Il est devenu – malgré lui – suffisamment blasé pour n'attendre de nobles sentiments que de la part de la troupe.

"Oui, je crois surtout que ces pauvres gardes impériales m'auraient bien regretté. J'ai sauvé la vie à un grand nombre d'entre eux. Mais aussi quel plaisir n'aurais-je pas fait à ces curieux qui ne jouissent de la vie qu'aux dépens de leurs semblables. Hé bien, dis-leur qu'ils m'assurent pour moi et ma famille une existence honorable. Je leur donnerai toutes mes places et nous nous retirerons dans une solitude où nous serons étrangers à tous les événements du monde et à ses vaines faveurs. Hélas ! nous serions plus heureux."

Mi-août 1808, il arrive à Burgos en même temps que les 14 000 hommes du corps d'armée du maréchal Bessières, auréolés par leur récente victoire de Medina del Rio Seco, près de Valladolid. Bessières a été jusqu'ici le chef de la cavalerie de la Garde, il a chargé avec énergie à Marengo, Austerlitz et l'an dernier à Eylau. Pourra-t-il dissiper le malaise ambiant et remonter le moral défaillant des troupes venues de Madrid ?

Aux yeux de Larrey, cela ne fait aucun doute bien que l'éparpillement des troupes d'élite de la Garde dans la péninsule fasse encore prévaloir une impression de flottement.

Bessières l'affecte à son quartier général, à l'arrière-garde d'où Larrey effectue des allées et venues fréquentes vers Briviesca, La Puebla, Miranda où réside le roi Joseph Bonaparte, vers Haro et Logrono qui abritent, sur la rive droite de l'Ebre, le camp principal de l'armée.

Son âme d'homme d'action ressent très mal cette impression de désœuvrement qui fait place au désarroi créé par une "existence incertaine. Je ne sais pourquoi S. M. l'Empereur me laisse dans cet état d'isolement, cependant il doit connaître ma position. (...) J'aimerais mieux que l'Empereur me fit appeler auprès de lui s'il ne venait à celle-cy [l'armée] car je ne suis jamais tranquille lorsque je ne le vois pas à la tête des armées où je suis.

Il me semble qu'avec lui on ne peut jamais avoir du malheur."

C'est l'attachement du fils pour le père, la confession d'un sentiment entier et profond qui ne pourrait apparaître naïf ou ingénu qu'auprès de ceux qui auraient oublié que, depuis dix ans déjà, il a décidé de lier son sort à celui de Napoléon, en toute connaissance des causes que lui confèrent son intelligence, sa volonté, sa culture. De la part d'un homme qui partage l'intimité des généraux comme celle des troupiers, le faste des palais comme la paille des bivouacs, qui ne demande rien et n'attend pas grand-chose, ce témoignage capital, majeur, résume les pensées d'une armée qui doit aussi se battre avec les résurgences de ses propres faiblesses. L'Empereur est la bonne étoile des soldats, le stratège invaincu des généraux.

Pour tous, c'est l'éternel gagnant qui pourvoit à tout, le magicien envoûtant d'une chance continuelle ! Mais lorsqu'il n'est plus là, les choses vont à vau-l'eau, les énergies se dissolvent, les initiatives se paralysent d'une façon incompréhensible.

En inspection d'un poste militaire à l'autre, Larrey se sent gagné par une lassitude qui, en d'autres temps, se serait manifestée chez lui par une vigoureuse indignation. "Il semble qu'on n'ait cessé de travailler à la désorganisation de ce service (...) malgré la pénurie de mes moyens, j'aurais donné, je pense, tous les secours nécessaires aux blessés. (...) Enfin, je vais faire tous mes efforts pour remonter encore cette machine. (...) Je travaille à une nouvelle organisation du service qui avait été totalement délabré."

Cet amour sans limites pour son art et l'honneur de la chirurgie comme la perspective d'un resserrement de ses liens familiaux avec l'accouchement imminent d'Elisabeth maintiennent heureusement chez lui le ressort nécessaire. Les conditions de vie sont certes désagréables, mais, pour une âme de spartiate comme la sienne, elles ne feront jamais partie des facteurs déterminants de ses décisions.

"Après avoir couru toute la nuit à franc étrier et à travers les montagnes les plus escarpées (...) je suis arrivé hier au soir un peu fatigué et mouillé jusqu'à la chair par un orage terrible qui m'a surpris en cheminant au milieu des campagnes (...) j'étais dans les montagnes brûlantes et arides de la vieille Castille souffrant sans murmure la chaleur excessive (le thermomètre est monté à 32 degrés), la faim et la soif (...) ici, nous sommes entassés comme des sardines et dans un lieu fort mal propre (...) je vis, quoiqu'au milieu d'une armée, comme un ermite, excepté que j'ai de la bonne soupe et du bon bouilli, quelquefois de bonnes côtelettes préparées par moi-même." Il parvient au bivouac pour recevoir deux lettres de sa femme et de sa fille qui n'ont pas oublié de lui souhaiter, pour le 4 août, la Saint-Dominique.

"J'étais loin de penser à ma fête ; cependant le soir à mon bivouac livré seul aux réflexions que m'avaient fait naître les tristes tableaux de notre retraite (...) je pensai que peut-être à pareille heure tu t'occuperais dans ta solitude avec l'aimable Isaure de ton Dominique (...) cette idée que mes tendres amies s'occupaient de moi calma mes sens agités par tant de causes diverses et je m'endormis paisiblement sur ma précieuse peau de panthère qui me garantissait de l'impression immédiate du gravier."

La proximité de la frontière française avive ses regrets de ne pouvoir être à Paris pour seconder sa femme dans ses préparatifs d'accouchement. Pas encore de réponses à plusieurs demandes de congé. Que ses amis parisiens fassent le siège de Berthier et des bureaux du ministère, du cabinet de l'Empereur, pour le sortir de son confinement ! Faute de mieux et connaissant la nature psychologique délicate de sa femme, il prodigue conseils et recommandations sur un ton apparemment détaché qui devrait rassurer Elisabeth.

Foin des soucis financiers ! "Il vaut mieux avoir les choses de première nécessité que quelqu'argent de plus que l'on dépense", car d'autres rentrées d'argent se précisent. "Je suis enchanté (...) que tu aies reçu les cent louis du sultan de Perse" en règlement des honoraires dus par un dignitaire persan que Larrey avait soigné en Pologne, lors de l'entrevue de Finkelstein, et si bien guéri "qu'avant peu le malade qui aura fait en arrivant un enfant à sa femme, ne manquera pas de t'envoyer un riche présent".

"Tu en recevras sans doute un aussi de l'empereur de Russie et si S. M. M. Murat y songeait en f. b.[1], aussi il t'en enverrait un autre, car je crois lui avoir sauvé deux fois la vie, entre nous soit dit." Il faut ôter à Elisabeth toute cause de souci. Qu'elle vende les chevaux, le cabriolet, qui ne servent plus à rien pour l'instant, qu'elle en profite pour faire rentrer du bois pour l'hiver, qu'elle se remonte en linge et en argenterie.

L'accouchement ? "Songe, ma bonne amie, que cette opération est naturelle et qu'elle sera peu douloureuse, surtout étant secourue et assistée par d'habiles gens ; que, Dieu merci, rien ne te manquera... Ma chère amie, fais comme j'ai fait à Eylau.

1. "f. b." semble signifier "foutu bougre", mots dont seules les initiales étaient permises par l'élégance épistolaire du siècle. Cette expression ne ferait d'ailleurs que traduire les vieilles et solides relations d'amitié entre les deux hommes.

Sépare-toi un instant de ton physique pour t'occuper de ta conservation qui nous est la plus chère à Isaure et à moi."

Elle lui a demandé son avis sur le choix d'un accoucheur, il lui conseille son ami Ribes pour se voir répondre qu'elle préfère une sage-femme de confiance, Mme La Chapelle. Il s'agit surtout de ne pas la contrarier, va pour la sage-femme… "Comme tu dis très bien, le meilleur accoucheur est celui qui sait seconder la nature sans la troubler et peut-être serais-je assez heureux pour être près de toi à cette époque."

La convalescence de Murat s'avère longue, pénible, entrecoupée de rechutes. Cette maudite colique de Madrid l'a laissé pantelant au point que Larrey a décidé son rapatriement en litière et détaché un de ses chirurgiens pour continuer les soins en cours de route. Murat déclare à tout le monde qu'on a voulu l'empoisonner…

Larrey raconte à sa femme que, la veille encore, s'est produite une rencontre des plus favorables : "J'étais en avant avec un de mes officiers, à cheval selon ma coutume et la giberne sur le dos."

Joseph Bonaparte le reconnaît de loin, s'approche de lui pour prendre de ses nouvelles.

"Après quelques observations sur mon service, je lui ai dit : «Je suis tout à l'Empereur, à votre Majesté et à ma patrie pourvu qu'on assure l'existence de ma femme et de mes enfants car je suis sans fortune.

— Tranquillisez-vous, m'a-t-il dit, mon frère vous aime trop pour laisser manquer votre famille. Vous serez récompensé…»"

Quant à lui, il ne s'est jamais senti si fort, si robuste, seuls lui manquent quelques objets personnels qu'il attend avec impatience. Une malle remplie de papiers précieux et de livres, mais attention ! elle ferme mal, une paire de bottes, les gazettes de Paris qui sont "un grand sujet de consolation et de délassement pour moi, d'ailleurs je m'instruis sur la politique", et surtout, surtout, le portrait de sa femme ! Il n'a jamais été aussi aimant, elle n'a jamais été aussi douce et tendre envers lui. "Je n'ai pu lire tes réflexions sur le temps passé, ma pauvre Laville, sans verser de larmes. Mon Dieu, ne me parle plus de ces jours malheureux. Nous sommes encore sous de nuages assez épais. Tâchons d'éviter l'orage et continuons notre chemin avec un peu de phylophie [sic] et de fermeté profitant toujours des abris que le hasard ou la fortune nous donnera pour diminuer les effets de ces revers (…)."

Satisfait d'avoir apaisé sa femme, que fait-il pour briser une inaction qui lui pèse ? Il part chasser dans les montagnes, de préférence le cabri au lapin, ce faisant il observe les particularités physiques des Castillans, leurs mœurs, leur caractère et note le soir dans son journal ce qu'il a pu remarquer. Par exemple, le goût des Espagnols pour le chocolat à l'eau, les pois chiches, les cigares, leur manière de se réchauffer, accroupis autour des "brazeros". Les hommes lui paraissent petits et musclés, les femmes "ont les formes agréables (...) la taille dégagée (...) une belle chevelure tressée (...) leurs yeux sont noirs, vifs, étincelants, un peu farouches". Faut-il croire à ce regard farouche des femmes qu'il croise lorsqu'il décèle qu'elles sont "portées de très-bonne heure aux plaisirs de l'amour physique" ?

A Valladolid, il frémit d'effroi pendant la visite des cachots souterrains où siège le tribunal de l'Inquisition et des salles de torture attenantes encore meublées de leurs sinistres instruments. Avec ses camarades, aurait-il abattu la Bastille, propagé partout les idées de la République pour ne pas s'indigner, en présence du grand inquisiteur, de cette barbarie ?

"Enfin, il est permis de penser que, lorsque cette nation, entièrement délivrée des institutions et des coutumes superstitieuses qui l'ont jusqu'ici fanatisée et ont comprimé ses bonnes

Cachot de l'Inquisition. Coll. J.-B. Q.

qualités, jouira pleinement du bienfait des lois justes et philanthropiques qui lui sont destinées, elle deviendra l'un des premiers peuples du monde."

Ce 28 septembre 1808, il rentre très tard chez lui, dans sa chambre au troisième étage d'une vieille maison de Vitoria. Il dîne avec des amis, au milieu d'une atmosphère joyeuse où l'on chante et déclame des poèmes. "Il y avait longtemps que je n'avais éprouvé une telle ivresse morale", comme si le destin voulait le préparer au bonheur. Après avoir raccompagné ses convives, il s'apprête à refermer sa porte lorsqu'il entend une estafette du roi Joseph, encore essoufflée, grimper l'escalier de bois pour lui remettre des lettres de France.

Ayant reconnu l'écriture de sa fille, Larrey fait sauter fébrilement les cachets de cire, déplie anxieusement les feuillets, redoutant quelque mauvaise nouvelle dont il a eu, hélas ! son lot.

Dès les premiers mots, sa gorge se serre, ses yeux s'embuent, ses jambes ne le portent plus, la terre s'est entrouverte devant lui !

"*O Bonheur, ô bonheur, mon adorable amie m'a fait un garçon*[1]. (...) après la lecture des deux premières lignes qui m'apprenaient tout, je me suis évanoui. Je tombe sur ma chaise et suis resté seul, je crois sans connaissance quelques moments. (...) je me croyais fou (...) dans le véritable délice de celui qui possède un objet depuis si longtemps désiré et désiré avec autant d'ardeur (...) je me suis prosterné en terre pour remercier Dieu de ce grand bienfait." (...)

La figure de mon petit Larrey ? Quand tu m'enverras ton portrait", dit-il à sa femme après l'avoir tendrement félicitée, mets un peu de ses cheveux avec ceux d'Isaure de l'autre côté du médaillon.

Nul ne peut, ne doit ignorer ce merveilleux événement. Dès le lendemain matin il court chez Joseph Bonaparte pour lui annoncer la nouvelle, mais les huissiers l'arrêtent dans son élan : le roi déjeune et personne ne peut le déranger. Qu'importe, Larrey fait le tour de ses amis en s'écriant : "C'est une partie de ma fortune, de mon bonheur et de ma vie !" ou, avec l'incantation d'un poète : "Voir passer mon âme dans celle que le ciel me donne sans doute en remplacement !"

Elisabeth reçoit un flot de recommandations : durant les suites de couches, repose-toi bien, pas d'imprudences, mange légèrement, ne reçois pas trop de monde, sois gaie, calme, chaudement

1. Souligné par Larrey.

vêtue, confie rapidement cet enfant si précieux à une nourrice que te recommandera Ribes. Lui qui, à son goût, ne reçoit jamais assez de lettres de sa femme, s'oublie à lui déclarer qu'il ne faut même pas se fatiguer à écrire. La petite Isaure a suffisamment de talent pour s'en charger, son style est un ravissement, il faut continuer à l'amener fréquemment à la Comédie. Enfin, que leurs amis parisiens préviennent sans tarder l'Empereur, l'archichancelier Cambacérès, Berthier, tout le monde en fait !

A propos de ces amis, quel accueil a réservé le salon d'automne "aux belles productions de notre ami Giraudet, veuille m'en donner quelques détails en attendant que je puisse les admirer moi-même, que je sache au moins quel est leur sujet (...) je pense que si l'Empereur a vu ses tableaux, il aura reçu à l'instant la décoration de la Légion d'honneur".

Dans son grand tableau retraçant l'entrée de Napoléon à Vienne, devrait figurer le visage d'Isaure parmi les grisettes, Girodet l'a promis et à présent que grandit sa réputation "le marchand d'antiquités du coin de la rue des Augustins" ne vendra plus ses œuvres précédentes avant d'en avoir doublé le prix ! "Que tu es heureuse de pouvoir admirer les belles choses tandis que nous sommes ici au milieu des sujets plus hideux les uns que les autres", écrit-il fin octobre, un mois après l'accouchement, à un moment où la sensibilité si vive de sa femme ne risque plus de souffrir à l'annonce de nouvelles difficultés.

L'Empereur n'est toujours pas arrivé, la situation générale est terne, sans projets. Comme chacun, Larrey se demande pourquoi on le retient en Espagne, ce qu'on peut bien attendre de lui en présence des guérilleros omniprésents mais insaisissables qui "(...) disparaissent à l'apparition de nos bayonnettes, prennent la fuite et gagnent les montagnes comme les chèvres sauvages, où l'on les chasse de la même manière". Pour dissiper l'ennui, il dessine chaque nuit les scènes aperçues dans la journée dont il remplit ce qu'il appelle un cahier d'estampes et collectionne des objets d'histoire naturelle dignes d'être conservés, en particulier "une bête curieuse[1] que je veux présenter moi-même à M. Cuvier avec les dessins d'une autre".

S'acharnerait-on à aiguiser contre lui les soucis d'argent ? Il voit qu'on offre à des médecins de moindre mérite, qui une baronnie avec 10 000 francs de revenus fixes, qui une gratification

1. On ignore laquelle. Larrey était depuis sa jeunesse un expert averti en histoire naturelle.

de 55 000 et, l'avoue-t-il à sa femme sur le ton de l'émotion blessée, "ton pauvre Larrey qui se tue pour sauver la vie aux autres n'a que de la peine et du chagrin… Qu'on me laisse en repos à Paris, je ferai aussi ma fortune".

Pour ne pas s'endetter davantage, il remplace son cheval par un mulet, fait réparer comme il peut sa voiture délabrée par les mauvais chemins. Les violentes crises de migraine qui l'affectent en face des contrariétés de toute sorte réapparaissent au risque d'estomper sa grande joie de septembre. "(…) j'ai eu trois accès d'un mal de tête extrêmement violent et comme je n'en avais jamais eu ; ces accès me retiennent malgré moi les vingt-quatre heures au lit sans pouvoir me remuer ni parler… je suis seul, abandonné et sans voir âme qui vive pendant les vingt-quatre heures."

Le souvenir des moments délicieux passés avec Elisabeth est devenu désormais son seul refuge, "(…) mais lorsque mon imagination ne reçoit plus les vibrations de l'impression de ces images, je retombe dans la tristesse et la mélancholie. Voilà, ma tendre amie, les effets de cette sensibilité extrême, fatal présent de la nature. Sans elle, je ne souffrirais point, sans elle je ne serais jamais malheureux, mais peut-être aussi sans elle, mon amitié serait froide et inconstante, (…) et je ne pourrais à mon tour sentir le prix de votre tendre amitié… Je préfère vivre malheureux pourvu que je trouve de ces moments qui me font oublier en quelques secondes mes maux et ma misère".

Le 8 novembre, l'arrivée si attendue de l'Empereur à Vitoria va donner un tour nouveau aux opérations militaires, balayer le "cafard" de l'armée et fouetter les énergies assoupies. Il arrive d'Erfurt, au centre de l'Allemagne, où, durant quinze jours son entrevue avec le tsar au milieu d'un "parterre de rois" a été jalonnée de bals, de fêtes et de représentations de la Comédie-Française. Afin d'avoir les mains libres en Espagne, Napoléon a souhaité que le tsar contienne l'Autriche qui réarme ouvertement. Mais Alexandre n'obtient ni le retrait accéléré des troupes françaises de Prusse-Orientale, ni la liberté de reprendre Constantinople aux Ottomans.

Napoléon continuerait-il de rêver encore à l'Orient ?

Alexandre accorde tout juste à la France une neutralité bienveillante mais non la main de sa sœur grande-duchesse que convoitait Napoléon, hanté par l'idée de fonder une dynastie que ne peut lui offrir Joséphine.

A la tête de 160 000 hommes aguerris retirés d'Allemagne et de tous les contingents de la Garde non engagés en Espagne, l'Empereur est décidé à briser l'élan conjugué des 100 000 Espagnols insurgés, renforcés par 30 000 Anglais, qui, venus du sud de la péninsule, menacent Burgos et Bilbao, et pensent délivrer Saragosse du siège qui l'étreint. Le 10 novembre, Napoléon enfonce leurs principales lignes, reprend Burgos et pourra facilement faire route sur Madrid quand il aura appris, quelques jours plus tard, la victoire de Lannes sur l'armée d'Andalousie à Tudela, 80 kilomètres à l'ouest de Saragosse.

Voulant opérer au plus vite sa jonction avec Napoléon, Lannes redescend à franc étrier les pentes verglacées de la Sierra del Moncayo sur un cheval non ferré à glace qui chute, glisse sur plusieurs mètres et désarçonne son cavalier. Pire, tentant de se relever, le cheval retombe lourdement sur Lannes qui suffoque sous le poids. Larrey achève de panser et d'évacuer sur l'hôpital de Burgos le peu de blessés français et espagnols qu'ont entraînés les récents combats, lorsqu'on lui amène le maréchal visiblement dans un état dramatique. Couvert d'hématomes de la base du thorax au bas-ventre, il peut à peine parler tant a été intense le choc qu'attestent un pouls filant et des extrémités refroidies. Il faut, se dit Larrey, réchauffer immédiatement Lannes afin d'éviter un collapsus[1] fatal. Mais comment faire ? et faire vite ?

C'est à ce moment précis que l'image des Esquimaux réanimant les naufragés de la *Vigilante* surgit dans son esprit. Il appelle aussitôt deux soldats-bouchers, leur demande d'assommer un énorme mouton puis de le dépecer rapidement. "(...) j'appliquai, sur tout le corps de Son Excellence, cette peau toute fumante, et qui laissait transsuder de sa surface écorchée une rosée sanguinolente assez copieuse. Je la croisai exactement, et j'en fixai les bords. Des flanelles chaudes furent appliquées sur les membres, et je fis prendre au malade quelques tasses de thé léger avec un peu de jus de citron et du sucre. Au même instant, M. le maréchal éprouva un mieux sensible. (...) Il resta dans un sommeil profond et tranquille l'espace de deux heures : à son réveil, j'enlevai cette enveloppe (...)."

Des embrocations chaudes d'eau-de-vie camphrée, du lait d'amandes douces éthéré ont complété cette réanimation à ce point spectaculaire que Lannes, son "compagnon d'Egypte", peut se remettre en selle au matin du cinquième jour !

Ce grand succès thérapeutique s'ajoute à d'autres satisfactions qui éclaircissent l'horizon. Ribes, arrivé en même temps que

1. Chute de tension brutale entraînant un affaiblissement général intense.

Napoléon, lui donne des nouvelles fraîches de Paris, lui remet une lettre "honnête" du curé d'Iéna, preuve que les Prussiens n'ont pas oublié ses bienfaits. Avec une foi dont l'apparente naïveté ne traduit en fait qu'une noble réserve, il en espère autant de Napoléon : "J'ai vu sa majesté l'Empereur deux fois depuis son arrivée, mais il m'a dit fort peu de choses ; cependant je crois qu'il fera quelque chose pour moi." Laquelle ? Il ne s'agit ni de la place de chirurgien-consultant, ni celle de professeur à l'Ecole de médecine, qui viennent officiellement d'être attribuées à Dubois, le même qui fut précocement rapatrié d'Egypte grâce à l'appui de Larrey et qui, installé confortablement à Paris, n'a eu de cesse de "luxer" son bienfaiteur des places qu'il convoite. Qu'importe, Larrey s'en console par la paix de sa conscience. "Je voudrais, à l'exemple de tous ces égoïstes, faire les choses aussi commodément, d'autant plus que c'est le moyen, je crois, d'obtenir les meilleures récompenses. N'importe, je vais finir ma campagne avec tout le zèle dont je suis capable. Tant pis si l'on ne m'en sait aucun gré ; j'aurai fait le bien et voilà ma plus grande satisfaction."

Après quelques jours de présence et afin de ménager sa sensibilité, Ribes lui a appris que l'accouchement de sa femme ne s'était point passé sans mal en raison de plusieurs crises d'éclampsie[1] survenues en fin de grossesse. Pour cette raison, elle a dû respecter un repos strict qui l'a privée de la présence du petit Hippolyte, confié très tôt à une nourrice. Depuis, tout s'est arrangé et, le 18 novembre, on fêtera en même temps la Sainte-Elisabeth et le baptême du garçon.

Privé une fois encore de cette joie familiale, Larrey n'aura eu, la nuit précédente, que l'apaisement procuré par un rêve d'une singulière poésie. "La nature qui ne perd jamais ses droits m'a jeté cette nuit dernière dans les rêves les plus délicieux au sujet de la fête (...) je me souviens t'avoir vue accompagnée d'une jeune personne charmante, pleine de grâces et vêtue de blanc, marcher avec légèreté. (...) Ta taille m'a paru mince et ton attitude élégante, vous alliez sans doute à l'église, car une femme de bonne mine portait le petit bonhomme..." Ouvert aux innovations, il félicite et approuve sa femme de vacciner Hippolyte contre la variole, encore appelée petite vérole. Napoléon d'ordinaire si sceptique envers les procédés médicaux n'a-t-il pas créé depuis cinq ans la Société pour l'extinction de la petite

1. Terme désignant un syndrome convulsif, associé à une hypertension artérielle et à une albuminurie.

vérole en France par la propagation de la vaccine où siègent notamment Corvisart, son médecin personnel, Pinel, Berthollet, Cuvier, Lacépède et dont la présidence revient à l'illustre… Guillotin ! Dans l'armée, Desgenettes a déjà donné l'exemple en vaccinant ostensiblement son fils. Larrey, avec un bon sens clinique à toutes épreuves, demande simplement à la nourrice et à sa femme "de ne pas l'exposer à l'air froid et humide du dehors (…) il ne sera pas malade surtout avec le lait de la nourrice, mais empêche qu'on ne la drogue point car ces remèdes sont contraires aux petits enfants".

Détaché, par ordre spécial de Napoléon, aux avant-gardes en marche vers Madrid, Larrey monte à cheval le 23 novembre, accompagné de Ribes. "Nous marchons ensemble et nous n'aurons d'autre danger à courir que celui peut-être de la faim. Au reste, j'ai fait ma provision."

Car il ne doit pas rester grand-chose "dans ces endroits misérables que les soldats considèrent malgré toutes les proclamations comme autant de pays ennemis". La ville de Burgos qu'ils quittent à l'instant a subi l'outrage d'un pillage effréné que n'excuse pas le besoin de subsistances car des musettes de l'armée dépassent les extrémités de chandeliers ou de ciboires, comme autant de provocations supplémentaires envers la foi des Espagnols.

Larrey chevauche entouré par les fusiliers-grenadiers de la Garde, l'artillerie volante et la cavalerie légère de Lasalle. Jusqu'à Aranda, l'avant-garde progresse facilement mais doit ralentir à l'entrée des gorges montagneuses du défilé de Somo Sierra qui commande la route de Madrid. Le 30 novembre, le brouillard est si épais qu'à 9 heures du matin on distingue à peine le pont de pierre qui surplombe le début du défilé. Les premiers éclaireurs aventurés dans ce terrain pentu et rocailleux sont fusillés de flanc par les insurgés, frappés de front par les boulets des quatre batteries installées à chaque coude de la route.

"Sire, c'est impossible ! s'écrie un aide de camp.

— Monsieur, je ne connais pas ce mot-là", répond l'Empereur qui sent les boulets rouler autour de lui, puis se tourne vers le capitaine Kosietulski, commandant le 3e escadron de chevau-légers polonais, et lance : "Enlevez-moi ça au galop !"

C'est alors la charge folle des chapskas cramoisies dont Larrey admire l'héroïsme : "(…) les chevau-légers de la Garde s'élancèrent sur les retranchements qui coupaient le chemin, et, au milieu des boulets, des balles et de la mitraille, ces intrépides (…) franchirent les fossés, pénétrèrent dans les redoutes, taillèrent en pièces ceux qui les défendaient, mirent en fuite ceux qui échappèrent à leurs coups, et se rendirent maîtres du passage. La victoire fut, il est vrai, achetée par le sang de plusieurs des braves marchant au premier rang. Cette entreprise doit être regardée comme un des plus beaux faits de la guerre." L'affaire n'a duré que dix minutes. Les chevau-légers polonais mettent pied à terre, essuient leurs lames rougies. Ils n'avaient jamais encore connu l'épreuve du feu.

"Vous êtes dignes de ma vieille garde !" leur lance l'Empereur.

La gloire les précède sur la route de Madrid qu'ils ont ouverte.

La capitale n'aura tenu que deux jours avant de capituler. Larrey reprend possession de son ancien hôpital, le réaménage pour y faire admettre les blessés qu'il accompagne. Le 12 décembre, la lettre à Elisabeth tourne à un optimisme inhabituel. "La saison, quoique nous touchions au solstice d'hyver, est plus belle et plus douce que nos printemps. Les fruits et les fleurs y sont aussi abondants et ce qui te plairait beaucoup, ma belle gourmande, sont des melons délicieux que nous mangeons tous les jours. J'ai retrouvé la table de notre vieille marquise à laquelle j'ai admis mon ami Ribes... Quelles jolies roses et quels beaux œillets ne trouve-t-on pas encore dans ce beau jardin de botanique. Je voudrais bien t'en envoyer ou mieux t'en offrir... Je me réjouis d'avance de n'avoir pas d'hyver à supporter pourvu que je retrouve le 1er printemps de ma patrie..."

Partageant l'avis général, il est persuadé qu'après un détour sur Lisbonne où se maintiennent les débarquements militaires ou commerciaux des Anglais, il pourra enfin retourner à Paris et ramener aux siens – sous le manteau – des marchandises anglaises introuvables en France en raison du blocus continental ! L'inverse s'est produit en fait. Sir John Moore, à la tête de 20 000 hommes, a quitté le Portugal pour remonter au nord-est et isoler les corps d'armée français demeurés sur l'Ebre. Par Salamanque, il a déjà débordé Valladolid par le nord en vue de retomber sur Burgos.

A la veille de Noël, Napoléon ne peut que le prendre de vitesse en coupant à travers la cordillère centrale. Le 22 décembre au soir, il se dirige avec 50 000 hommes d'élite vers le col de Guadarrama, situé à 50 kilomètres au nord-ouest de Madrid. Le temps est épouvantable. Il a neigé abondamment les jours précédents et ce soir le vent du nord amasse des congères ou soulève des tourbillons de grésil dont les aiguilles transpercent les capotes. Dos au vent, assis comme l'Empereur sur un affût

Passage de la Sierra de Guadarrama, par Taunay. Musée de Versailles.

de canon, Larrey regarde le petit thermomètre appendu aux boutons de son uniforme : – 9 degrés ! Le vent forcit et verglace la route enneigée “au point que les hommes et les animaux perdaient l'équilibre, tombaient sur le chemin, et plusieurs étaient entraînés sur sa pente rapide. (...) Quelques uns, perclus par le froid, restaient sur le bord de la route sans pouvoir se relever. L'artillerie volante et la cavalerie furent obligés de s'arrêter au milieu de la montagne (...) par l'impossibilité où elles étaient de gravir l'autre moitié de la Guadarrama...

Dans cette situation pénible, il fut encore difficile de se procurer du bois. Lorsqu'on trouva le moyen de faire quelques feux de bivouac, ces feux furent plus nuisibles qu'utiles à nos soldats[1]. (...) Quel froid, quelle tourmente et quelle misère ! Jamais je n'avais ressenti un froid aussi vif, ni éprouvé autant de fatigue.” Certains soldats murmurent des menaces, refusent d'avancer. Napoléon ne dit rien et met pied à terre. Il glisse sur le verglas, s'appuie sur l'épaule d'un aide de camp, demande aux cavaliers de descendre de leur monture afin d'aider les fantassins à peser sur les roues des canons qui patinent sur la glace. La redingote grise, surmontée du petit chapeau, s'avance vers le col sous les yeux de l'armée qui s'ébranle à nouveau. Les grognards se sont tus.

Le col franchi, arrive les jours suivants le dégel avec des pluies continuelles qui transforment la plaine en bourbier fangeux tel qu'on l'avait connu en Pologne. “Nous marchons dans les boues profondes depuis six jours (...) bien que je sois sans chemise ni redingote et avec une seule mauvaise paire de bottes, je ne m'en porte pas moins bien”, écrit Larrey à sa femme. “Les soldats de la Garde ont grand soin de moi. Ils m'aiment toujours et ne me laissent manquer de rien (...) bien que je suive la marche de l'Empereur, je suis en sûreté et je ne m'expose point. Je fais quelquefois des pauses pour panser les blessés que les combats nous donnent.”

L'armée ne trouve ni paille pour dormir ni bois à brûler pour sécher les habits détrempés et parvient à Benevente une journée trop tard. L'armée anglaise lui a glissé entre les mains et, derrière elle, a brûlé tous les ponts de la région. Les chasseurs à cheval traversent les rivières à gué et ne peuvent qu'accrocher l'arrière-garde de l'armée anglaise qui se dirige vers les ports de la Corogne où l'attend la flotte destinée à l'embarquer.

1. Les soldats qui ont voulu réchauffer brutalement leurs mains ou leurs pieds au contact des feux de bivouac ont présenté rapidement des “gangrènes de congélation”, c'est-à-dire des gelures.

Cette affaire de Benevente a ceci de particulier qu'il s'est agi d'un combat de cavaliers à l'arme blanche. On relève 70 blessés atteints de larges plaies, notamment maxillo-faciales, dues aux coups de sabre. Les chirurgiens anglais ou français ont déjà pratiqué les premières sutures mais ont commis la même erreur de pratiquer sommairement des surjets serrés.

Réunis à l'hôpital de la ville, les blessés sont visités par Larrey. Il vérifie et défait chaque pansement. Rien n'est en voie de cicatrisation, les tissus enflés par l'œdème et les hématomes sont tendus, les sutures ont sauté en déchirant la peau, ouvrant la voie à l'infection. Patiemment, il reprend chaque plaie, rafraîchit et régularise les bords et suture par points espacés "en vue de mettre les lèvres de la plaie dans un rapport exact, et de les maintenir rapprochées au moyen d'un bandage unissant... Le succès surpassa mes espérances".

Renforcé par le corps d'armée de Soult, Napoléon continue à donner la chasse à l'armée anglaise. Le 1er janvier 1809, il s'arrête à Astorga, aux pieds des monts du León, où des courriers spéciaux épuisés par leur longue course lui apprennent que l'Autriche s'apprête à entrer en guerre d'un moment à l'autre. Abandonnant à Soult la poursuite des Anglais, il décide de regagner Paris. Il part sur-le-champ et chevauche si vite, à près de 35 kilomètres à l'heure, que seul Savary peut l'accompagner, l'escorte des chasseurs à cheval s'essoufflant quelques minutes en arrière pour tenter de les rattraper et les protéger des guérilleros qui contrôlent les campagnes.

Avec la Garde, Larrey est resté à Astorga où il apprend la mort du légendaire général Auguste de Colbert, tué d'une balle en plein front à la tête de sa cavalerie légère, Colbert qu'il avait déjà guéri d'une blessure aux deux cuisses au siège de Saint-Jean-d'Acre. Les prisonniers anglais affluent et, avec eux, les femmes et les enfants qu'ils ont la funeste habitude d'amener en campagne. On apprend de leur bouche la mort de Sir John Moore, remplacé par un jeune Irlandais qui s'est illustré aux Indes et a récemment vaincu l'armée de Junot au Portugal. Organisateur méthodique, précurseur de nouvelles tactiques de combat d'infanterie, sachant utiliser la moindre crête pour y poster ses fusiliers d'élite, il n'est encore que le lieutenant-général Arthur Wellesley avant de devenir Lord Wellington.

L'état-major a décidé de regrouper la Garde et les prisonniers anglais à Valladolid.

Larrey ne s'occupe pratiquement que d'eux. Il les reçoit à l'hôpital, isole les valides de ceux qui présentent les premiers symptômes du typhus. A tous, il fait distribuer capotes, chemises et chaussures, du bon vin d'Espagne et surtout du quinquina tonique et fébrifuge dont il a reconnu, pendant son séjour à Madrid, les effets bénéfiques sur "les fièvres intermittentes simples ou bilieuses[1]". La présence d'un jeune tambour anglais, de douze à treize ans, pieds nus, en haillons, assis sur les genoux de son père, amène Larrey à suspendre sa visite. Son émotion augmente quand il apprend que l'enfant est subitement devenu aveugle au passage des montagnes des Asturies[2]. Après l'avoir baigné, réchauffé, habillé, Larrey applique sur les yeux un pansement imbibé de "vin chaud camphré" et un moxa[3] "sur le trajet du nerf facial, à sa sortie du crâne, derrière l'angle de la mâchoire (…) A la deuxième application du moxa, l'enfant vit la lumière ; à la quatrième, il distinguait déjà les objets et les couleurs ; enfin, à la septième application, les fonctions visuelles furent totalement rétablies… je procurai à ce jeune prisonnier un petit manteau espagnol pour qu'il fût vêtu plus chaudement (…) j'eus le bonheur de le voir partir pour la France parfaitement guéri, avec son père qui était au comble de la joie".

En garnison à Valladolid, la Garde attend d'une semaine à l'autre l'ordre de faire marche sur Paris. Larrey espère la précéder par petites étapes, à dos de mulet suivi d'autres bêtes qu'il aurait vendues au fur et à mesure afin de subvenir à ses frais de voyage. Il demande à sa femme de préparer son arrivée. "Tu m'obligeras bien, ma chère amie, de recommander à Catherine mes habits qu'il faut exposer à l'air, les battre, les brosser et les préserver des vers en les enveloppant dans des serviettes passées dans l'eau de savon camphrée. Il faut en faire autant de la pelisse que je ne voudrais pas perdre. (…) La bonne Catherine me donnera le second bain depuis celui qu'elle me fit prendre la veille de mon départ. Je me réjouis d'avance de pouvoir déjeuner le lendemain matin avec ma belle Isaure et ce déjeuner sera composé d'huîtres et de côtelettes."

Il faut aussi que la grande sœur "apprenne à son filleul à prononcer bien vite le nom de Papa" mais ce petit n'a quand même que quatre mois ! Larrey n'oublie ni sa mère à qui il convient

1. Il s'agit d'accès paludéens simples et pernicieux
2. Vraisemblablement par ophtalmie des neiges, due à la très forte réverbération de la lumière.
3. Bâtonnet d'armoise incandescent avec lequel on chauffe un point cutané. Ce traitement s'apparente de très près à l'acupuncture et prouve l'intérêt que porte Larrey aux thérapeutiques à la fois nouvelles et efficaces.

d'envoyer un peu d'argent, ni son jeune frère qui mériterait d'être nommé professeur à l'école de médecine de Toulouse. C'est en ce sens qu'il écrit au préfet de Toulouse, au ministre de l'Intérieur et à sa femme qui doit intervenir auprès de Fontanes, grand maître de l'Université impériale. Entre-temps le maréchal Bessières, qui tient tant à Larrey, le maintient non seulement auprès de la Garde mais lui confie en outre l'inspection de la ligne des hôpitaux jusqu'à Bayonne. Adieu donc au projet de fêter le carnaval en famille et, dit-il d'un ton romantique "je compte faire la Pâque ; nous sacrifierons le tendre agneau en réjouissance de notre réunion et nous invoquerons les Dieux qu'ils nous conservent réunis".

Il n'ose dire à sa femme combien cette attente est devenue franchement insupportable. Physiquement il est à bout de forces, insomniaque, migraineux, en proie à une sinusite tenace. Tout se passe dans son esprit comme s'il était l'objet d'une cabale de ses confrères jaloux, pour le laisser dépérir dans ce "vilain pays" et cette "vilaine" cité de Valladolid. "Malheureusement, moi qui n'ai nullement le caractère des gens de mon pays[1], je me suis laissé persuader et j'ai été trompé dans mon attente… Tout m'accable à la fois (…) tu ferais bien, ma chère bonne amie, d'aller chez le général Walther[2], qui demeure tout près de ta maison, pour le prier de demander à l'Empereur l'agrément de me laisser retourner en France… Je n'ai reçu aucune récompense pour vous consoler bien que j'ai rempli ma tâche avec tout le zèle et le dévouement dont je suis capable. Cependant, je crois que l'Empereur a été content de moi, dans tous les cas, je n'aurai rien à me reprocher."

Fin février, lui si discret sur son état de santé, ne peut plus cacher son marasme général. "(…) je maigris et suis toujours triste et recherche la solitude. Aussi à peine ai-je vu les hôpitaux que je m'enferme dans ma chambre pour n'en plus sortir que pour recommencer cette visite le lendemain. (…) il m'en coûte de te parler toujours de mes peines et de ma douleur." Du fond de ce qu'il appelle "sa captivité, son exil", il jette ce cri terrible empreint à la fois de révolte et d'impuissance : "Certes, je saurai

1. Allusion à ses origines gasconnes et aux railleries – sans fondement – que des confrères mal intentionnés ont fait courir sur sa prétendue vantardise ou sa vanité prétentieuse à défaut de pouvoir critiquer l'honneur de l'homme ou la puissance du scientifique.
2. Larrey connaît bien le général Walther. A Eylau, il commandait les grenadiers à cheval qui avaient délivré l'ambulance de l'attaque des Russes. Il est devenu depuis le chambellan de Napoléon.

bientôt briser le joug, mais, par rapport à toi et à nos enfants, je suis obligé de prendre patience."

L'affaiblissement de son état général annonce les prémices du typhus contracté au contact des malades anglais. Au bout de trois jours de fièvre, le délire apparaît et son cousin Alexis Larrey le fait transporter à Burgos dans un état semi-comateux. A la fin du deuxième septénaire apparaît un début d'amélioration marquée par une intense crise sudorale et urinaire. Hors de danger, exempt de complications, il entre dans une période de convalescence longue et asthéniante. Rapatrié sanitaire, il est resté un mois sans pouvoir, bien sûr, écrire à sa femme. Fin mars 1809, il arrive à Bayonne : "Rassure-toi, ma très chère amie. J'ai le bonheur de t'annoncer que j'ai échappé à la mort et que je m'achemine non sans peine vers Paris… Je suis encore très faible car je ne mange que quelques soupes ou potages. (…) J'espère être guéri en arrivant, du moins j'aurai un peu meilleure mine. Maintenant, je suis comme un ressuscité. (…) Mon seul regret lorsque je me trouvais si mal était de ne pouvoir te faire mes adieux et de te laisser sans fortune. (…) je te jure un amour éternel."

Allongé au fond de la berline, privé de ses forces, il entend à peine la rumeur publique raconter que, sur les bords du lointain Danube, un vent aigre fait soudain claquer sur leurs hampes relevées les étendards jaunes frappés de l'aigle noir à deux têtes.

XXII

LES PONTS DU DANUBE

Le soir du 4 avril 1809, Mme Larrey a lentement allumé tous les chandeliers un à un, prétexte à retarder l'excellent repas que Catherine voudrait servir à l'instant. Dominique devrait arriver maintenant, en début de nuit. Dieu ! Que cette attente est pénible, voir défiler ces fiacres dont aucun ne s'arrête ! Isaure s'impatiente à ses côtés tandis qu'Hippolyte, percevant de sa chambre cette agitation inhabituelle, ne fait rien pour s'endormir. Soudain un pas de cheval qui ralentit dans l'impasse, le bruit d'une portière qui s'ouvre font sursauter Elisabeth.

C'est bien son Dominique qui descend du fiacre sans bondir comme autrefois. Pâle, amaigri, la voix enrouée par l'émotion, il se jette dans ses bras, prend sa fille dans ses bras et s'essouffle à gravir trop rapidement le petit escalier qui mène à la chambre de son fils. Son garçon ! son garçon de six mois, si beau, si fort, quel bonheur de le serrer contre soi, de le faire sauter sur ses genoux !

Les premiers moments d'émotion écoulés, Larrey ne tient plus à parler des misères qui furent les siennes mais bien des projets familiaux qui ont si longtemps hanté ses rêves.

Le printemps est arrivé, ils iront se promener, ramasser des brassées de fleurs, humer le parfum des sous-bois. “(…) je suis décidé à me monter en arrivant, de manière à avoir trois chevaux pareils dont un, un peu plus léger, pour la selle et le cabriolet. D'ailleurs ces dépenses sont les mêmes sans compter les fiacres qui coûtent plus que le troisième cheval, qui d'ailleurs m'est indispensable, ne coûtera d'entretien.”

Entre-temps les événements politiques se précipitent.

Financée par l'Angleterre, l'Autriche estime que Napoléon est suffisamment embourbé en Espagne pour ouvrir un second front victorieux en Europe centrale. A la frontière de la Bavière notre alliée, l'archiduc Charles a massé une force considérable de 200 000 “kaiserlicks”, alors qu'au sud des Alpes les 50 000 “habits blancs” de l'archiduc Jean peuvent neutraliser l'armée italienne du prince Eugène de Beauharnais ou les 15 000 hommes de Marmont ramenés de Croatie. En face d'eux, des forces françaises dispersées. Davout à Nuremberg, Saint-Hilaire à Ratisbonne, Masséna et Oudinot à Augsbourg, et d'autres garnisons éparpillées du Rhin à l'Oder. Le 9 avril, sans déclaration de guerre – ce qui laisserait penser que l'Autriche se sent toujours en belligérance ou fait peu de cas de ses signatures antérieures –, les troupes de l'archiduc Charles franchissent la frontière en direction de la rive droite du Danube, vers Ingolstadt et Ratisbonne. Davout, le prestigieux vainqueur des Prussiens à Auerstaedt, le meilleur stratège de Napoléon, prend aussitôt position au sud de Ratisbonne, mais tiendra-t-il seul longtemps face au choc massif que médite l'archiduc ?

Parti de Paris le 13 avril, l'Empereur est au cœur du dispositif à Donauwörth le 17, alors que la Garde, l'état-major, la maison militaire s'égrènent encore sur la route qui mène de Strasbourg au Danube via Stuttgart. Larrey, encore trop faible, n'a pu suivre la Garde et apprend à Paris la suite des opérations.

Par une habile manœuvre, Davout a échappé à l'encerclement, s'est rabattu sur la rive droite du Danube, fixant le gros des divisions autrichiennes. Napoléon crève alors l'aile gauche autrichienne et lance le corps de Lannes vers Landshut. Les célèbres divisions Morand, Gudin, Vandamme, qu'accompagnent les 40 escadrons de cuirassiers de Nansouty et Saint-Sulpice, font un mouvement de faux qui désagrège à Landshut la gauche autrichienne. Rejoint là par le corps d'armée de Masséna, Lannes referme le cercle en se rabattant sur Ratisbonne.

A 20 kilomètres au sud de cette grande cité, il débouche sur les arrières des Autrichiens à Eckmühl et peut ainsi soulager Davout qui remporte la victoire. Coupée en deux, l'armée ennemie est contrainte au repli vers la Bohême, en bon ordre toutefois, et prend le soin de brûler systématiquement tous les ponts derrière elle. Au rythme incroyable de 33 kilomètres par jour, la Grande Armée court sur Vienne qui tombe le 12 mai. Napoléon reprend ses habitudes au palais de Schoenbrünn et l'armée ses fournitures dans les magasins impériaux. La fonte des neiges est arrivée, le Danube en crue bouillonne de courants rapides.

Rive droite les Français, rive gauche les Autrichiens, contemplent les 500 mètres d'eau vive qui les séparent mais 8 kilomètres plus bas la grande île de Lobau, enserrée dans les deux bras du fleuve, pourrait constituer une passerelle bien tentante !

Accompagnant les dernières unités de la Garde, Larrey est parvenu à Vienne. Encore convalescent, n'ayant pas recouvré complètement ses forces, il a quitté Paris le 22 avril 1809 cette fois en berline. Aimablement accueilli à Strasbourg par l'impératrice Joséphine qui le félicite de la naissance de son fils, il se dirige d'abord sur Munich afin de saluer de nouveau son ami anatomiste Soemmering et visiter en sa compagnie son superbe cabinet d'anatomie pathologique. Jusqu'à Vienne, il n'a pas à se presser puisque la Garde, encore en chemin, n'est pas intervenue dans les combats en cours. Chaque fois qu'ils reconnaissent la voiture de leur chirurgien, grenadiers, fusiliers ou cavaliers s'arrêtent pour saluer par des cris de joie son retour parmi eux et manifester leur plaisir de le voir pratiquement guéri.

Même attitude chez Napoléon, note Larrey : "S. M. l'Empereur, que j'eus le bonheur de voir à son entrée au château de Schoenbrunn, me reçut avec bonté, et me donna l'ordre de faire disposer mes ambulances pour une deuxième campagne."

Les cinq jours de repos accordés à l'armée permettent à Larrey de préparer son dispositif. De toute évidence la bataille se déroulera sur la rive gauche, il faudra là une ambulance volante de première ligne, même si la future tête de pont n'est pas assez large pour que le ramassage des blessés se déroule avec le maximum d'efficacité.

La grande île de Lobau sera véritablement la base sanitaire où sera entreposé le matériel chirurgical comme la zone opératoire d'où les patients seront ensuite évacués sur les grands hôpitaux viennois.

Dès que la division Molitor a pu aborder l'île à bord de barques et au prix d'efforts inouïs, les pontonniers du génie se sont mis à l'eau, encordés pour ne pas être entraînés par le courant et ont construit en moins de deux jours le "grand pont" de bateaux de 700 mètres, relié à la rive droite. La nuit suivante, les corps d'armée de Lannes et de Masséna se massent en hâte sur l'île alors que les pontonniers achèvent de lancer cette fois vers la rive gauche le "petit pont" d'une centaine de mètres, sans que les Autrichiens réagissent.

Le 20 mai à midi, les Français prennent pied sur la rive gauche. Les troupes de Masséna, renforcées par les cavaliers de Lasalle, Marulaz et Espagne, occupent le village d'Aspern. Les Autrichiens sûrs de leur supériorité numérique et de la

Le Passage du Danube, par Swebach. Wellington Museum, Londres.

puissance de feu de leurs 300 canons laissent à dessein les Français s'infiltrer afin de mieux les encercler, dos au Danube. L'ennemi profite aussi d'un mouvement de crue en amont pour lancer à l'eau de lourds madriers qui finissent leur course en percutant les étais du grand pont. Détruit à 5 heures, il est réparé à 3 heures du matin mais les renforts de Lannes et les ambulances de Larrey ont dû marquer le pas. Au matin du 21 mai, Masséna se trouve seul avec ses 24 000 hommes, face aux assauts de 90 000 habits blancs qui chargent au pas de gymnastique dans les rues d'Aspern. Premiers replis, premières angoisses devant les très lourdes pertes.

Du clocher de l'église qui lui sert d'observatoire, Masséna aperçoit dans sa lunette l'arrivée du corps d'armée de Lannes qui s'empare d'Essling, 2 kilomètres à l'est, et l'hésitation simultanée des Autrichiens. Il est temps car on signale une nouvelle rupture du pont ! A nouveau réparé dans la nuit, il permet l'arrivée des renforts de la Garde et du corps d'Oudinot. Le lendemain, Essling est tenu, la totalité d'Aspern réoccupée. Au cours de combats de rues, au milieu des bâtiments en flammes, les deux villages sont de nouveau perdus puis repris tandis que s'amoncellent les cadavres. Les survivants en ont fait des remparts pour se protéger.

Larrey s'est installé au milieu de ces deux têtes de pont.

"Nos divisions restèrent sur la terre-ferme, et protégèrent, le lendemain matin 22, le passage de la Garde et des autres corps qui avaient pu parvenir dans l'île ; car la moitié de l'armée avait été arrêtée sur l'autre rive, par suite de la rupture imprévue des premiers ponts. Néanmoins une attaque générale eut lieu, et il en résulta la terrible bataille d'Eslingen, à laquelle l'infanterie de la Garde eut la plus grande part, et où elle montra tant de valeur et d'intrépidité. (...) Le passage fut difficile à cause de la fragilité et du petit nombre des ponts établis sur le dernier bras du fleuve. J'avais formé ma première ambulance à l'entrée de la petite forêt que l'on trouve sur la rive gauche : nous y opérâmes tous les blessés graves de la Garde et de l'armée."

La situation devient périlleuse car l'on manque de munitions et le corps de Davout n'a pu franchir le fleuve en raison d'un nouvel enfoncement des ponts. Devant la pression continue des Autrichiens qui font preuve d'une énergie autant renouvelée qu'insoupçonnée, Napoléon décide un repli général sur l'île de Lobau. Seuls resteront pour toujours sur la rive gauche 20 000 morts parmi lesquels les généraux Espagne et Saint-Hilaire, auquel un boulet a arraché les deux pieds.

Drame ultime, douleur majeure, la grave blessure du maréchal Lannes si populaire dans la troupe qui l'appelle “le Roland de l'armée”.

L'homme aux huit “quartiers de noblesse”, huit blessures que baptise ainsi l'argot militaire, est un ancien volontaire de la Révolution, à présent duc de Montebello, l'un des rares à tutoyer l'Empereur. Le matin de la bataille d'Essling, Lannes, pour encourager ses soldats, a parcouru le front, revêtu de son grand uniforme brodé de fils d'or, décorations apparentes, en disant à ses aides de camp : “Il faut que tous les officiers paraissent sur le champ de bataille, aux yeux du soldat, comme s'ils étaient à la noce !”

Au docteur Lanefranque, venu à ses côtés, il confie à voix basse, la mine préoccupée, le sombre pressentiment qui l'agite : le combat que je vais livrer sera le dernier !

Ce soir, il est couvert d'une poussière que la sueur colle à la peau, le visage noirci par la fumée des combats, la cravate noire déroulée sous le collet de l'habit qu'il a dégrafé. Il rentre à pied, le bicorne sous le bras, lorsqu'un boulet de gros calibre, en fin de course donc plus dangereux, lui dilacère la jambe gauche avant de fracasser le genou. Lannes s'effondre et perd connaissance sous la violence du choc. Ses grenadiers le déposent sur un brancard de fortune : deux fusils en travers aux extrémités, des branches d'arbres en long. On court chercher Larrey qui n'est pas loin, occupé à replier son ambulance d'un poste qu'il qualifie d'“extrêmement périlleux”.

Quand il arrive, Larrey ressent un coup immense et, pour la première fois de sa carrière, sent l'affection brouiller ses yeux et dérouter son esprit, prenant le pas sur son habituel sang-froid. “Combien ma situation n'était-elle pas pénible ! J'étais réduit à l'impossibilité de fonder une espérance certaine sur les secours de mon art, et cependant je ne pouvais, dans un cas aussi grave, dans une conjoncture aussi importante, abandonner le blessé aux seules ressources de la nature. Comment résister aussi à l'impression vive et sensible que la position déjà presque désespérée de ce grand capitaine produisait particulièrement sur moi qui étais honoré de son amitié, et qui avais eu le bonheur de lui porter des secours efficaces pour d'autres blessures qu'il avait reçues en Syrie et en Egypte ? J'avoue que ce fut une des circonstances les plus difficiles de ma vie.”

Lannes a le visage décoloré, les lèvres violacées, le pouls filant, la voix faible et glisse vers un état semi-comateux. En face de lui, Larrey effondré tente de masquer son chagrin et

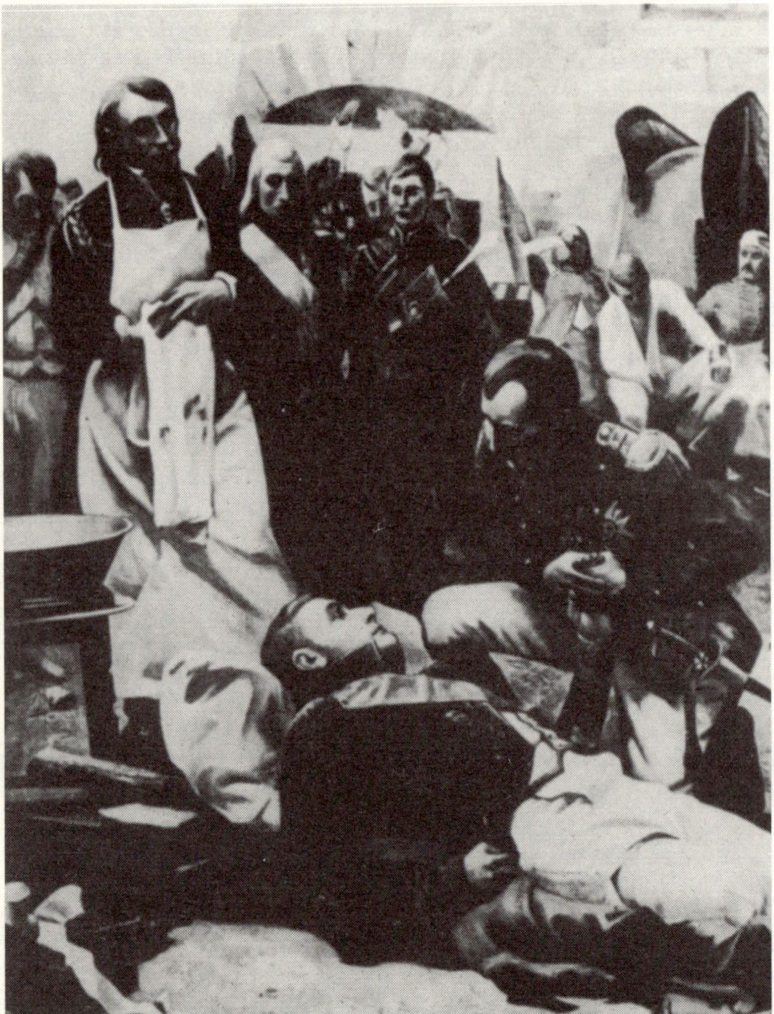

Napoléon au chevet de Lannes, amputé par Larrey, par Boutigny. Musée d'Arras.

son désarroi puis, se reprenant, requiert l'assistance de plusieurs chirurgiens-majors expérimentés afin de prendre une décision collégiale. La cuisse droite a été superficiellement rabotée sans lésions importantes, par contre le genou gauche est informe, les os brisés, les ligaments, tendons et artères pulvérisés. Ce n'est plus qu'un trou sanglant[1].

"Tous mes camarades reconnaissaient la nécessité de faire sur-le-champ l'amputation de ce membre ; mais personne n'aurait osé l'entreprendre à cause du peu d'espérance de succès que présentait cette opération, et d'après l'état de stupeur et de prostration extrême où était le blessé. Cependant, encouragé par plusieurs exemples de réussite, dans des cas analogues ; éclairé par une lueur d'espérance, et soutenu par le désir formel que manifestait le malade de subir l'opération, je me déterminai à la faire : elle fut pratiquée en moins de deux minutes, et le maréchal donna très-peu de signes de douleur."

Lannes est ensuite évacué sur l'île de Lobau, confié aux soins de Paulet, un proche de Larrey.

Ce dernier a déjà réuni tous les chirurgiens disponibles pour panser ou opérer les blessés qui affluent en colonnes ininterrompues à l'issue de cette bataille d'Essling, aussi sanglante que celle d'Eylau, aussi inefficace dans ses résultats. L'artillerie, massivement employée par les Autrichiens, a causé d'immenses ravages.

"Je séparai, autant qu'il me fut possible, ceux de la garde impériale d'avec ceux de la ligne, mais nous n'en donnâmes pas moins des soins empressés à tous indistinctement. (...) nous ne prîmes de repos que lorsque tout ce qu'il y avait de blessés répandus dans l'île fut pansé et opéré. (...) Malgré la promptitude et l'efficacité de tous les moyens que nous avions employés, les blessés étaient dans une situation pénible, tous étendus sur la terre, rassemblés par groupes sur les rivages du fleuve, ou dispersés dans l'intérieur de l'île, dont le sol était alors sec et aride. (...) Les vents, qui sont fréquents dans ces contrées,

1. Dans le tome III de ses Mémoires, publié en 1812, soit trois ans après, Larrey précise bien qu'il a amputé le genou et la jambe gauche du maréchal Lannes. C'est cette version qui fait autorité. Par contre, dans sa "statistique chirurgicale" du tome V publié en 1841 (où il émet d'ailleurs en avant-propos quelques réserves sur la fraîcheur de ses souvenirs), il parle de l'amputation de la cuisse droite. Cette inversion est confirmée dans le tableau de Boutigny. Il n'en fallait pas davantage pour ergoter sur un fait qui n'a en soi aucune réelle valeur historique. On a même prétendu que Lannes avait été amputé des deux jambes, comme si une ne suffisait pas aux yeux de ceux qui oublient le respect et la discrétion dus à un malade et à son corps.

L'île de Lobau. Coll. part.

couvraient à tout instant ces blessés de nuages de poussière : quelques branches d'arbres, ou des feuilles de roseau, ne les garantissaient qu'imparfaitement des rayons du soleil."

A défaut de tentes, Larrey a demandé qu'on tende les capotes des morts entre les arbres et qu'on dispose sur les côtés des protections sommaires faites de branchages entrelacés. Il improvise dans les situations extrêmes, utilisant avec justesse et à-propos ce qu'il peut trouver sous la main. "La rupture des ponts et la pénurie des barques pour le transport des denrées ajoutèrent à ces vicissitudes, et nous mirent dans une privation extrême de bons aliments et de boissons confortantes, dont nos malades avaient un pressant besoin."

Son attention est soudain sollicitée par le grand nombre de chevaux qui ont suivi d'instinct le mouvement de retraite, après que leurs cavaliers ont été tués. Les bêtes ont faim, elles aussi, et pour chercher la moindre trace de fourrage sont réduites à tourner misérablement la tête de droite et de gauche.

"Tiens ! s'écrie un facétieux, voilà que «les chevaux lisent la gazette» !"

Larrey ne connaît que trop cette expression des mauvais jours. Il répond par un pâle sourire mais se souvenant d'une autre retraite, celle de Syrie, donne l'ordre d'abattre ces malheureuses bêtes.

"Je fus forcé de leur faire préparer du bouillon avec de la viande de cheval, qu'on assaisonna, au défaut de sel, avec de la poudre à canon. Le bouillon n'en fut pas moins bon ; et ceux qui avaient pu conserver du biscuit firent d'excellente soupe (qu'on ne se figure point que ce bouillon avait conservé la couleur noire de la poudre : la cuisson l'avait clarifié)." En guise de marmites, des cuirasses ! Venu visiter ses blessés, Masséna goûte aussi le bouillon, l'apprécie, après tout la faim n'est-elle pas le meilleur des cuisiniers ? Avant de s'éloigner, il félicite Larrey de la qualité de son bouillon, de ses initiatives pertinentes et ordonne qu'on accède à toutes les demandes du chirurgien en attendant le rétablissement de la situation.

Ayant paré à toutes les urgences avec son équipe, Larrey ne peut qu'attendre la réfection du grand pont pour évacuer les blessés sur la rive droite où, il le sait, tout est prêt pour les accueillir à Kaiser Ebersdorf ou à Vienne. Il court au chevet de Lannes qui repose sur un matelas de capotes aménagé par ses soldats au milieu de "l'île de misère", ainsi appellent-ils l'île de Lobau. La nuit est tombée. Pourquoi ces nombreuses lanternes autour du maréchal ? Pour qui ces applaudissements des blessés ? Pour l'Empereur venu rendre visite à son ami. Il est arrivé au même moment que Larrey, témoin de bout en bout de cette scène historique.

"L'Empereur s'est précipité à bas de son cheval pour venir consoler et embrasser son ami. Le maréchal Masséna était également présent." Un genou à terre, Napoléon en larmes a pris la main de Lannes entre les siennes.

"Lannes, mon ami, me reconnais-tu ? C'est Bonaparte, c'est ton ami !

— Oui, Sire, mais je crois qu'avant une heure, vous aurez perdu celui qui fut votre meilleur ami, lui répond Lannes avec un triste sourire, la voix faible et entrecoupée.

— Non ! non ! tu vivras. N'est-il pas vrai, monsieur Larrey, que vous répondez de ses jours ?

— Je désire vivre, si je peux encore vous servir, ainsi que notre France, entend dire Marbot, son aide de camp lui aussi blessé à la bataille."

Au quatrième jour, les ponts sont rétablis, les évacuations possibles. Après avoir organisé l'hôpital de la Garde dans la magnifique caserne de Reneveck, l'ancienne Ecole impériale d'artillerie, Larrey retourne auprès de son illustre "compagnon d'Egypte".

"(…) je m'empressai d'aller visiter S. E. le duc de Montebello, qu'on avait placé dans la maison d'un brasseur à Ebersdorf… je trouvai M. le duc extrêmement faible, dans une tristesse profonde et avec la pâleur de la mort. Ses idées étaient incohérentes et sa voix entrecoupée ; il se plaignait d'une pesanteur à la tête ; il était inquiet, éprouvait de l'oppression… Ma présence parut lui

Napoléon visitant les blessés à l'île de Lobau, par Charles Meynier. Musée national du château de Versailles. On reconnaît le visage de Larrey en haut à gauche, entre une main et un bras tendu.

faire une douce impression". Accompagné de Berthier, Napoléon se rend régulièrement à son chevet et guette, chez Larrey, le moindre sentiment d'optimisme.

"Le lendemain, les plaies furent pansées à fond pour la première fois (...) la plaie du moignon avait un aspect favorable... Je me faisais même illusion, et j'espérais, contre l'opinion malheureusement bien fondée de mes collègues, voir arriver la guérison."

Encore lucide, Lannes envisage avec courage le port d'une prothèse et demande qu'on appelle Mesler, artiste-mécanicien viennois réputé en Europe, afin qu'il vienne prendre les mesures. Napoléon essaie de se consoler : "Bah ! Lannes va s'en tirer avec une jambe de bois !"

Dans la nuit du sixième au septième jour après la blessure, premier et violent accès de fièvre. Douze heures après, second accès puis un troisième entraînant délire et prostration, alors qu'il n'y a ni gangrène, ni suppuration. "Sa Majesté, informée du danger où était son brave lieutenant-général, vint le visiter sur son lit de douleur." Lannes a demandé à rester seul avec Napoléon. Un long moment après, à sa sortie, on interroge l'Empereur du regard.

“Le maréchal a voulu me parler et n’a rien pu me dire de suivi. Il a prononcé «ma femme» mais n’a rien pu dire.”

On fait appeler le plus célèbre des médecins viennois, le docteur Franck, qui confirme diagnostic et traitement : c’est bien le typhus qui a frappé le maréchal, comme le redoutait Larrey. Encore sous l’effet du choc opératoire, son organisme n’a pu se défendre.

A la fin du neuvième jour, Lannes expire après une courte phase de délire complet.

“Nous fûmes tous consternés de cette mort ; j’en fus surtout vivement affecté. Je perdais, dans cet honorable compagnon d’Egypte, un protecteur puissant, qui m’avait donné plus d’une fois des marques d’un véritable attachement. (...) La France perdit l’un de ses plus illustres défenseurs, et j’ai lieu de regretter encore l’un de mes meilleurs amis.”

Avec la disparition de Lannes, c’est aussi pour Larrey la jeunesse qui s’éloigne, n’étaient-ils pas tous deux membres du “club des Anes” au Caire ? Dix ans ont passé mais les souvenirs d’Orient ressurgissent dans tous les esprits.

Napoléon bouleversé ne retient pas ses larmes, s’avance près du corps quand Marbot, craignant la contagion, cherche à l’en empêcher. Rien n’y fait, il est écarté par l’Empereur qui s’avance, embrasse Lannes puis demeure plus d’une heure dans une douloureuse méditation que personne n’ose troubler. En sortant, on l’entend prononcer à voix basse : “Au surplus, tout finit comme ça”, puis à l’adresse de Masséna : “Il fallait que dans cette journée, mon cœur fût frappé d’un coup aussi terrible, pour m’abandonner à d’autres soins que ceux de l’armée.”

A l’instar de Pharaon qui refusait la mort, il requiert Larrey d’embaumer le corps avant de le rapatrier.

Dans une grande salle du château de Schoenbrünn, aidé de Cadet de Gassicourt, “pharmacien ordinaire” de la maison de l’Empereur, qui prépare à ses côtés le bain de sublimé corrosif (bichlorure de mercure) dans lequel le corps sera plongé pendant huit jours, Larrey procède à l’embaumement du corps selon la technique qu’il a apprise en Egypte et déjà utilisée à Austerlitz. Le cœur est prélevé, traité à part, pour être adressé à Mme Lannes.

Envoyé à Strasbourg à l’intérieur d’un tonneau de sublimé, le corps sera là séché puis, comme les momies, enroulé de bandelettes. Neuf mois après, le pharmacien Fortin écrit à Cadet :

“Grâce à vos soins et à ceux de M. Larrey, l’embaumement du maréchal a parfaitement réussi.” Exposé dans un cercueil, le visage découvert, le corps du maréchal sera dans un tel état de conservation que Mme Lannes, en l'apercevant, s'évanouira d'émotion.

La Grande Armée accomplit son deuil dans le silence et la douleur générale.

Ayant tiré les conséquences de l'échec d'Essling, Napoléon temporise durant la totalité du mois de juin. Seul le corps d'armée de Masséna est resté sur l'île de Lobau, peu à peu transformée en base retranchée à toute épreuve. Les ponts existants sont consolidés, protégés d'un éventuel retour des béliers flottants par des estacades en amont qui servent elles-mêmes de passerelles pour les fantassins. A l'est de l'île, trois petits ponts sont lancés pour doubler l'ancien tandis que sont secrètement entreposés et camouflés les matériaux nécessaires à l'édification de quatre autres ponts la nuit qui précèdera l'assaut, afin de ne pas donner d'indications à l'état-major des troupes autrichiennes concentrées en face, à Wagram.

De retour à l'hôpital de la Garde, Larrey doit faire face à quelques autres cas de typhus ou d'infections hospitalières pour lesquels il décrète les mesures d'isolement et d'hygiène.

Frappé par la recrudescence inaccoutumée du tétanos chez ses opérés, il attribue ce fait aux brusques variations de température du climat continental, faute d'autre explication. Le soir venu, il reprend sa méthode de travail, colligeant, recoupant ses observations, et découvre l'affinité particulière que possède le tétanos à se propager le long des nerfs, à partir des plaies ou moignons d'amputation lorsque ceux-ci deviennent subitement douloureux. Il en conclut qu'il ne faut jamais pratiquer de ligatures nerveuses et ne pas prendre les nerfs dans les ligatures artérielles. Mû par un pressentiment extraordinaire, il se lance, à la stupéfaction des confrères français et autrichiens, dans la cautérisation incandescente des plaies suspectes de complications.

"(...) je n'hésitais pas à appliquer le cautère (...) à un degré de profondeur nécessaire pour arriver jusqu'aux points lésés de ces nerfs, et même au delà, s'il était possible. Ce moyen, justement préconisé par les médecins de l'antiquité, a produit des effets merveilleux." Le grenadier François Demaré a reçu un boulet dans l'omoplate droite. Os et muscles sont dilacérés et, malgré les premiers soins, "tout à coup, le tétanos se déclara et marcha avec la rapidité d'une étincelle électrique qui de la plaie aurait parcouru tout le système nerveux".

C'est le tétanos céphalique, la tête cambrée en arrière, la forme gravissime. Pour nourrir le malade, il faudrait vaincre le trismus, cette contraction invincible des muscles masticatoires.

Aux grands maux… Larrey s'avance, lui casse deux incisives, introduit un biberon dans l'orifice ainsi créé et réhydrate le malheureux grenadier qui n'est pas au bout de ses peines.

"(…) il aurait probablement expiré dans les vingt-quatre heures, si je n'avais pris le parti d'employer le cautère. (…) Je fis rougir à cet effet, et jusqu'à l'incandescence, quatre cautères larges et épais, et je les appliquai, l'un après l'autre, sans interruption, sur toute l'étendue de la plaie (…) où je soupçonnais plusieurs rameaux de l'accessoire de Willis (nerf spinal) pincés et boursouflés. Cette application fut extrêmement douloureuse. (…) A peine fut-elle achevée qu'il s'opéra une détente presque générale. (…) Le malade se mit de lui-même sur son séant et demanda à boire. Les mâchoires s'étaient écartées spontanément : je lui donnai un verre de lait d'amandes douces. (…) le lendemain matin, je trouvai le blessé débarrassé de tous les accidents tétaniques. (…) ce grenadier étant guéri, partit pour la France. (…) Cette cure est une des plus remarquables de la chirurgie militaire[1]."

Au soir d'Essling, Larrey n'hésite pas aussi à se faire neurochirurgien quand nécessité fait loi, reconnaissant, simple dans son expression et courageux dans son attitude opératoire, que "c'est là, sans contredit, la partie la plus difficile de la chirurgie militaire".

Dès qu'il suspecte la présence de corps étrangers pouvant altérer le système nerveux, il n'hésite pas à pratiquer des trous de trépan dans le crâne afin de débarrasser les esquilles osseuses, lever les embarrures fracturaires qui compriment le cerveau. Bazamon, un fusilier-chasseur de la Garde, a reçu dans la bouche une balle venue se ficher en fin de course entre les cinquième et sixième vertèbres cervicales. "Je m'occupai d'abord du traitement de la plaie compliquée de la face (…) à l'aide de cinq points de suture entrecoupés, et d'un bandage approprié. La réunion de cette plaie se fit promptement, et elle fut guérie en peu de jours, sans difformité."

1. Le bacille responsable du tétanos sera découvert par Nicolaïer en 1884. Germe anaérobie, sporulé, il est très répandu dans les poussières et la terre (les terrains de Champagne sont particulièrement tétanifères). Au contact prolongé de ces deux éléments, les plaies des blessés de l'île de Lobau ne pouvaient qu'en être facilement infectées. Le bacille ne se répand pas dans l'organisme mais exerce sa nocivité par l'intermédiaire d'une toxine découverte en 1890, dont la diffusion nerveuse fut prouvée expérimentalement dans la première moitié du XXe siècle.

Par contre, apparaît un tétanos cervical dû à la présence de la balle enclavée. “Il est bien évident que si je n’eusse pas eu la hardiesse de plonger profondément le bistouri dans l’épaisseur des parties pour extraire ce corps étranger, les accidents que sa présence sur les paires cervicales aurait occasionnés seraient allés en augmentant jusqu’à l’extinction totale de la vie.”

Un coup frappé à la porte interrompt Larrey dans la rédaction de ses fiches. Un aide de camp de l’état-major lui présente l’ordre de marche de la garde impériale prévu pour le 1er juillet. L’armée se concentre dans l’île de Lobau. Cent vingt-cinq mille baïonnettes, 25 000 sabres, 550 canons s’entassent jusqu’au 4 juillet dans cet étroit périmètre de 4,5 kilomètres de long et 3 kilomètres de large. En face, sur l’autre rive du Danube, adossée aux buttes qui coupent la plaine, l’armée autrichienne disposée en fer à cheval a étiré sur 15 kilomètres 150 000 hommes, 400 bouches à feu. L’archiduc Charles a installé son quartier général dans une petite maison carrée à l’entrée du village de Wagram, centre de son dispositif.

Le 4 au soir, Larrey traverse le petit bras du Danube avec l’avant-garde de la division Legrand. “Une flottille portant trois mille hommes de débarquement (…) était destinée à protéger le passage de l’armée sur le dernier bras du fleuve, et à enlever les postes avancés de l’ennemi retranché sur ses bords. Toutes ces opérations devaient être exécutées en même temps. Le signal est donné précisément à l’instant où un orage éclate avec la plus grande violence. Le bruit des fortes canonnades des deux armées est couvert par les éclats fréquents et terribles du tonnerre, accompagnés de grêle et de torrents de pluie. Dans les ténèbres épaisses et lugubres où nous sommes plongés, il n’est plus possible de se reconnaître qu’à la lumière électrique et instantanée des éclairs. Malgré ces obstacles redoutables, nos soldats abordent la rive opposée, s’emparent des batteries qui la défendent, se déploient rapidement dans la plaine : plusieurs ponts sont jetés à la fois, et toute l’armée effectue son passage en quelques heures.”

En dépit de l’obscurité, des trombes de pluie qui rendent les bois glissants difficiles à manipuler, les pontonniers ont réussi l’exploit de lancer quatre ponts supplémentaires dès 2 heures du matin. Le lendemain 5 juillet, à 9 heures, 100 000 hommes ont passé le Danube, à la stupéfaction des Autrichiens qui se replient sur Wagram et laissent Masséna reprendre Aspern et Essling, mais tiennent en échec les tentatives de Bernadotte, Oudinot et Mac Donald pour enfoncer leur centre.

Le soir à son bivouac où brûle un feu de camp, Napoléon a déployé les cartes sur une mauvaise table.

"A quelle heure se lève le jour ? demande-t-il au comte de Montesquiou-Fezensac

— Sire, à 4 heures."

La journée du 6 juillet sera décisive, tout le monde le sent et Larrey a pris ses dispositions. "J'avais suivi, avec l'ambulance volante, jusqu'au moment décisif, les mouvements de la Garde, et nous avions pansé au fur et à mesure, sur le terrain, tous les blessés qui s'étaient présentés." A 4 heures du matin, les Autrichiens attaquent Davout à l'aile droite française, Masséna à l'aile gauche. La veille, le chef de l'armée d'Italie a fait une mauvaise chute de cheval, sans gravité toutefois. Couvert d'hématomes, il a appelé Larrey qui a prescrit l'application de pansements résolutifs à changer périodiquement mais il ne pourra ni marcher, ni encore moins remonter à cheval. Lannes mort, Masséna est avec Davout le pilier indispensable à la manœuvre de Napoléon. Larrey trouve la solution pratique en affrétant une calèche légère, à bord de laquelle Masséna pourra se déplacer sans perdre de vue le déroulement des opérations.

L'intention de l'Empereur est de laisser les Autrichiens attaquer sur leurs ailes, ce qui les amènera à affaiblir leur centre isolé sur leur longue ligne de 15 kilomètres. C'est ce centre que devra percer l'armée française afin de couper l'ennemi en deux, puis le réduire.

Davout doit tenir à droite et, Napoléon le sait, il tiendra. A Masséna revient le mérite d'une manœuvre aussi audacieuse que dangereuse, aussi insolite qu'inattendue. Il laissera glisser sur son extrême gauche les colonnes de l'archiduc préoccupées de courir au Danube pour couper toute retraite aux Français et effectuera, au contraire, une conversion à droite pour se rabattre au centre, prenant le risque d'exposer son flanc durant ce défilé difficile.

Entre-temps, Bernadotte chargé d'occuper le centre a préféré faire demi-tour, ouvrant ainsi une brèche de 4 kilomètres sur le lieu de rendez-vous général. Il est 10 heures, tout semble se passer comme si le plan de Napoléon allait être exécuté, mais à l'envers, et par les Autrichiens !

C'est alors que l'Empereur a l'idée improvisée de concentrer sur cette brèche 100 canons, "la grande batterie de Wagram" qui, avec l'appui de la cavalerie et de la Garde, taille en pièces le centre autrichien, emporte le début d'une victoire que complètent aux deux ailes Masséna et Davout. La Garde a dû "donner", à son chirurgien d'agir à présent.

"(…) le centre menacé par le corps de réserve composé de la garde impériale (…) voit à chaque instant ses rangs éclaircis par le feu de l'artillerie légère de ce corps qui semble se multiplier pour se porter sur tous les points. Enfin, les lignes des Autrichiens sont enlevées, leurs divisions dispersées ou détruites par l'effet terrible de l'artillerie, et la victoire est complète.

(…) j'établis un dépôt général d'ambulances au village le plus voisin du champ de bataille, où je fis transporter tous ceux de la garde impériale, auxquels se joignit bientôt un assez grand nombre d'officiers de la ligne mutilés par le canon. (…) Avant la nuit, cinq cents blessés environ étaient réunis à mon ambulance. La plupart, fortement maltraités par le canon ou atteints de blessures très-graves, exigèrent de grandes opérations. (…) Des plaies d'artillerie, avec perte de substance et fracas au genou ou au bas de la cuisse, ont nécessité, chez une trentaine de nos gardes, l'amputation de ce membre. (…) Ces observations concourent puissamment à étayer mes principes sur la nécessité de faire l'amputation sur le champ de bataille, et non après la cessation des premiers accidents, c'est-à-dire lorsque les blessés sont parvenus dans les hôpitaux. (…) Cependant des chirurgiens d'un grand nom, et nos contemporains, qualifient cette opération de «cruelle et barbare», tandis qu'il doit appartenir à l'homme véritablement sensible, courageux et expérimenté, de connaître et de savoir apprécier les merveilleux effets de l'amputation. Des phénomènes bien curieux se sont encore offerts à la suite de la journée de Wagram."

D'abord le cas d'Aboville, colonel de l'artillerie légère. Frappé par un boulet de gros calibre, il a l'épaule arrachée, l'articulation fracassée, l'humérus en trois morceaux qui dilacèrent les troncs nerveux et la grosse artère axillaire prête à se rompre. Napoléon, à ses côtés, est persuadé de l'avoir perdu. A l'ambulance, il est le premier reçu par Larrey.

Dans un état dramatique : "Le pouls du blessé se faisait à peine sentir ; la pâleur de la mort était empreinte sur son visage (…) il avait déjà les angoisses et le hoquet ; enfin tout annonçait une fin si prompte, que j'hésitai un moment à l'opérer, dans la crainte de le voir expirer pendant l'amputation. Encore quelques minutes de délai, et le général Daboville n'aurait pas recueilli les lauriers qu'il avait si glorieusement mérités. (…) Un peu de bon vin vieux, que j'avais conservé pour mon usage, le ranima un peu." En un tournemain, Larrey a pratiqué la désarticulation complète de l'épaule, technique chirurgicale nouvelle dont il s'est fait le chantre. "Depuis longtemps l'expérience m'avait appris que l'amputation faite aux articles, pour des maladies récentes, avait plus de succès, toutes choses égales d'ailleurs, que l'amputation pratiquée dans la continuité des membres. (...) Ce succès momentané ne me laissait encore rien espérer de l'état de ce blessé. Je l'avais placé sur un mauvais lit de paille, ou plutôt de fumier, où il resta dans le plus grand repos." Evacué sur Vienne dans un brancard spécialement aménagé, d'Aboville survit après avoir surmonté plusieurs syncopes : "La plaie alla toujours de mieux en mieux, et, après trois mois de traitement, M. Daboville s'est trouvé parfaitement rétabli."

Le soir de Wagram, Napoléon parcourt le champ de bataille comme à son habitude. Monté sur Euphrate, un magnifique cheval blanc offert par le chah de Perse et aujourd'hui cible permanente des artilleurs autrichiens, l'Empereur veille au relèvement des blessés. Les blés sont si haut avant la récolte que beaucoup de malheureux agitent leur mouchoir au bout de leur fusil afin d'être aperçus par les brancardiers. Pour chacun, Napoléon s'approche, descend de cheval, et prononce des paroles de réconfort.

A ses généraux qui le pressent de poursuivre l'armée ennemie repliée sans être détruite, il répond, l'air morose : "Il y a eu assez de sang versé" et accepte l'armistice demandé par l'Autriche. Remontant à cheval, il rencontre Larrey venu lui faire son rapport.

"D'Aboville est mort ? demande l'Empereur.

— Mais, Sire, il n'est pas mort !

— Comment, il n'est pas mort ? Larrey, Larrey ! Puis-je vous aider à le sauver ? Dites, dites-moi ce qu'il faut faire !

— Je crois, Sire, que le moyen le plus efficace d'assurer le succès de l'opération serait de récompenser son courage et sa blessure.

— Eh bien ! Larrey, je veux que vous alliez dire vous-même au colonel d'Aboville que je le fais général, baron et commandant de la Légion d'honneur !"

Avant que d'Aboville soit rapatrié, Larrey lui confie un dessin sur lequel il a établi le modèle d'une prothèse particulièrement ingénieuse. Un manchon métallique reproduit le galbe de l'épaule et adhère à l'équivalent d'une hémi-cuirasse perforée et matelassée qui en assurera le maintien. En quittant Vienne, d'Aboville confie à un gendarme une petite boîte à apporter au palais de Schoenbrünn où réside Larrey. Dans celle-ci, une lettre de remerciements accompagnée d'un diamant minuscule de ridicule valeur. La gratitude du patient mesurée à l'aune de sa parcimonie devient un affront. Fureur du chirurgien qui, n'ayant rien demandé,

Les canonniers de Wagram. Coll. part.

n'admet pas qu'on se moque ainsi de lui. Il renvoie le "cadeau" à l'expéditeur. L'incident fait rapidement le tour de l'armée où tous les moqueurs approuvent Larrey, y compris l'Empereur qui, en riant, lui promet cette fois de ne pas l'oublier.

Heureusement, un autre "phénomène bien curieux" suscite le soir de Wagram la tendresse et l'émotion de Larrey. Un grenadier lui amène un enfant de dix-huit mois porteur d'une plaie superficielle de l'épaule produite par l'effleurement d'une balle !

Un si jeune enfant, quelle folie!

"Que peut-il bien faire ici ? demande Larrey au grenadier.

— Quand nous traversions la Bavière à Würzburg, répond le soldat, une mère affolée s'est présentée au poste de garde et m'a confié provisoirement son enfant pour qu'il soit protégé. Nous sommes repartis si vite que cette jeune veuve n'a pu être prévenue.

— Mais comment diable as-tu transporté le petit ?

— Dans une poche de cuir fixée sur mon sac.

— Et au combat ? interroge Larrey qui termine le pansement.

— Je creuse un trou dans la terre, j'y dépose le sac avec l'enfant et, quand il n'y a plus rien à craindre, je reviens le chercher. Mais là, c'est une balle perdue qui m'a précédé !"

D'émotion, Larrey imité par le personnel de l'ambulance lui donne un napoléon d'or.

La paix signée, la Garde repassera par Würzburg et l'enfant retrouvera sa mère qui le croyait à jamais perdu.

Autre cas extraordinaire, celui du canonnier Jean Aubin, de Draguignan, renversé par un boulet alors qu'il rechargeait sa pièce. La cuisse fracassée, il s'effondre dans les bras d'un camarade qui l'amène à Larrey. "Ce blessé fut apporté à mon ambulance. (...) Aubin disait même que le boulet, après l'avoir frappé, avait tué, non loin de lui, un autre canonnier, et il ne se plaignait que d'un sentiment de pesanteur incommode dans le membre blessé. (...) Pour moi, en le saisissant pour en faire l'amputation, je lui trouvai une pesanteur spécifique extraordinaire, et je prononçai sur l'existence d'un corps étranger tel qu'un petit boulet ou un biscayen, comme j'en avais rencontré plusieurs fois." Que s'est-il passé ? Le boulet suivant une trajectoire en spirale ascendante est venu se cacher dans l'aine et ni le patient, ni les premiers chirurgiens n'ont pu soupçonner pareille éventualité que seul le sens clinique de Larrey a décelé.

"Je fis d'abord une incision parallèle à l'axe de la cuisse, ce qui mit à découvert un boulet du poids de cinq livres. (...)" Quelque temps après, le boulet est officiellement pesé puis déposé au musée anatomique du Dr. Soemmering à Munich. Aubin décoré de la "Croix d'honneur" par Napoléon, "s'est retiré dans ses foyers, à Draguignan, département du Var, où il jouit d'une très-bonne santé".

Trois mois vont s'écouler jusqu'à la signature du traité de paix à Vienne le 14 octobre, par lequel l'Autriche perd le Frioul, la Croatie, la Galicie et 200 millions de contributions de guerre.

De son propre chef, Larrey a mis à profit ce trimestre pour imprégner de sa marque ce qu'il considère comme l'avenir du Service de santé.

"Pendant cet intervalle, je dirigeai le traitement des blessés et des malades de la Garde ; et, pour faire tourner au profit de l'instruction et de l'humanité les observations remarquables que nous recueillîmes, je fis un cours de chirurgie théorique et clinique. J'avais fait disposer à cet effet un amphithéâtre et des salles de dissection, à l'usage des chirurgiens de l'armée et de la ville de Vienne qui suivaient ces cours." Visitant pour la seconde fois l'hôpital militaire de l'académie Joséphine, il est soudain habité d'une vision prophétique. "C'est dans cette école, et sous la direction de l'académie, que se forment les chirurgiens militaires. Il serait à désirer qu'un tel établissement fût institué à Paris pour les officiers de santé des armées françaises. Puisse cette entreprise, si utile à l'humanité, et si propre à conserver parmi nous la gloire de la chirurgie, fixer un jour la sollicitude de S. M. l'Empereur."

Hélas ! Napoléon a bien d'autres préoccupations immédiates ou lointaines.

Il sait que la Grande Armée avec ses multiples contingents étrangers ne possède plus la cohésion et l'enthousiasme des vainqueurs d'Austerlitz. Depuis Eylau (Friedland mis à part) il ne remporte que des demi-victoires, ses adversaires ne subissent que des demi-défaites.

Après Wagram, les vétérans se sentent frustrés d'une véritable victoire par les arcanes de la politique. Même le fidèle Larrey sent le doute se glisser peu à peu en lui.

"La cause de cette suspension d'armes fut l'acceptation de l'offre que le prince de Lichtenstein fit, au milieu de la nuit, de la part de l'empereur d'Autriche à Napoléon de sa fille Marie-Louise pour femme. Jamais événement ne produisit sur l'esprit de nos soldats une sensation aussi pénible. J'ai vu, sans étonnement, un grand nombre de nos grenadiers à cheval rompre leurs longues lattes de désespoir. En effet, il n'était pas douteux que l'armée autrichienne et l'empereur lui-même allaient tomber entre nos mains. Certes, un tel résultat, en faisant la paix générale pour toujours, aurait fait le bonheur de la France."

Napoléon a appelé son chirurgien.

"Alors, monsieur Larrey, où en sont les effectifs de ma garde ?

— Sire, nous avons eu 1 200 blessés !

— Et les suites ?

— La moitié, soit 600, est rentrée guérie au corps ; 250, parmi lesquels il faut compter 38 amputés, sont actuellement rapatriés. Les autres sont encore en soins.

— Combien de morts parmi les blessés ?

— Hélas, Sire, nous en déplorons 45[1]."

Un tel succès est habilement utilisé par Larrey afin que ses collègues et anciens élèves profitent eux aussi des récompenses offertes par Napoléon non pas sur les fonds de l'armée mais sur sa propre cassette. Il n'hésite plus à réclamer pour ceux que l'Empereur nomme "mes braves chirurgiens" autant de largesses que pour les combattants, mais la maladresse de Mouton, un des autres chirurgiens de la Garde, risque de tout compromettre.

Logé avec le général Dorsenne, major des grenadiers à pied de la Garde, chez la princesse de Lichtenstein, femme du négociateur, Mouton est de plus en plus irrité des manières désinvoltes de son intendant autrichien. Un repas d'officiers français s'avère déplorable, linge de table douteux, mets quelconques.

Traiter ainsi des officiers vainqueurs est un affront de la part d'une princesse allemande ! On va lui apprendre à vivre ! Et, à l'instigation des autres passablement éméchés, Mouton tire sa plume d'oie pour écrire à la princesse une lettre vengeresse où

1. Quatre-vint-seize pour cent de réussites post-opératoires et 4 % de décès. Pour l'époque, compte tenu des conditions chirurgicales et de la nature des plaies dues au feu de l'artillerie, il s'agit d'un résultat tout à fait inespéré et extraordinaire.

se mêlent injures et propos d'une grossièreté salace ! La princesse, jusqu'ici entourée des plus grands égards par Napoléon et son entourage, court exhaler sa fureur auprès d'Andréossi, gouverneur de Vienne. Ce général, vétéran d'Egypte, sent venir le coup fourré. Que diable a-t-il bien pu se passer dans la tête du chirurgien ? L'orage grossit lorsque l'Empereur est tenu au courant : qu'on arrête ce polisson qui ne respecte pas les vieilles dames, n'a-t-il pas de mère ? qu'on dégrade ce misérable et qu'on réunisse le conseil de guerre dans les vingt-quatre heures !

En visite à l'état-major, Larrey a assisté à la scène. Si la colère de Napoléon ne retombe pas, tout risque d'arriver au confrère pour une lettre idiote, mais bien malheureuse en outre pour la réputation du Service de santé ! Rapp et Duroc s'approchent de Larrey : va voir la princesse, demande-lui son pardon, elle seule peut fléchir l'Empereur ! Accompagné de Dorsenne, Larrey se rend chez la princesse, présente les excuses de l'armée et, fort des soins qu'il a toujours prodigués aux blessés autrichiens, implore une lettre d'intercession.

La princesse n'a jamais souhaité un châtiment extrême. Elle tend à Larrey sa lettre ainsi rédigée :

"Sire, je vais m'agenouiller dans mon oratoire, et ne me relèverai que lorsque j'aurai obtenu du Ciel la clémence de Votre Majesté." Elle l'obtient et Napoléon en informe Larrey qui s'est dépêché de lui porter la lettre. Grâce à son entremise, Mouton en sera quitte pour un mois de prison militaire pendant lequel il comprendra que la courtoisie raffinée des hommes du XVIIIe siècle doit rester de mise.

La campagne est terminée. Une fois tous ses malades convenablement évacués sur la France, Larrey peut se mettre en route pour Paris le 31 octobre 1809.

Songeant aux siens qu'il a quittés six mois auparavant, Larrey se prend pour la première fois à répondre au sourire du destin. Heureux des succès chirurgicaux soigneusement notés sur ses fiches cliniques, il aura matière à assurer de nombreuses publications nouvelles. Il ne rentre pas les mains vides, il va en faire la surprise tant désirée à Elisabeth, ils pourront enfin mener une vie paisible.

Napoléon les attend d'abord à Fontainebleau puis à un dîner aux Tuileries.

Après tant de séparations, de souffrances, d'épreuves, de soucis, le temps des fêtes serait-il enfin arrivé ?

XXIII

AU BAL MASQUÉ DES TUILERIES

“Me voilà baron d’Empire !” s’écrie Larrey en serrant femme et enfants dans ses bras. Elisabeth n’aura plus besoin de ses pinceaux pour vivre et l’avenir de ses enfants est assuré ! Il a reçu à Vienne, peu après l’armistice, un pli marqué du sceau personnel de l’Empereur. A l’intérieur, un décret le nommant, comme Desgenettes, Percy et Heurteloup, baron d’Empire assorti d’une dotation annuelle de 5 000 francs[1].

Il tend à sa femme ses lettres patentes de noblesse impériale où elle lit rapidement :

> Napoléon, par la grâce de Dieu,
>
> Empereur des Français, roi d’Italie, protecteur de la Confédération du Rhin, à tous présents et à venir : Salut.
>
> Par l’article treize du premier statut du premier mars mil huit cent huit, nous nous sommes réservé la faculté d’accorder les titres que nous jugerions convenables à ceux de nos sujets qui se seront distingués par des services rendus à l’Etat et à Nous. La connaissance que nous avons du zèle et de la fidélité que notre cher et aimé le sieur Larrey a manifestés pour notre service, nous a déterminé à faire usage en sa faveur de cette disposition. Dans cette vue, Nous avons, par notre décret du quinze août mil huit cent neuf, nommé Notre cher et aimé le sieur Larrey, baron de Notre Empire.
>
> (...) Nous avons, par ces présentes signées de Notre main, conféré et conférons à Notre cher et aimé le sieur Dominique-Jean Larrey, inspecteur général du Service militaire de santé, premier chirurgien de Notre garde, l’un des commandants de la Légion d’honneur, chevalier de l’ordre royal de la Couronne de

1. Cent mille francs actuels.

> Fer, né à Baudéan, département des Hautes-Pyrénées, le huit juillet mil sept cent soixante-six, le Titre de baron de Notre Empire. Ledit titre sera transmissible à sa descendance directe, légitime, naturelle ou adoptive, de mâle en mâle, par ordre de progéniture. (…)
>
> Permettons au dit Sieur Larrey de se dire et qualifier baron de Notre Empire dans tous Actes et Contrats, tant en jugement que dehors ; Voulons qu'il soit reconnu partout en ladite qualité, qu'il jouisse des honneurs attachés à ce Titre (…) qu'il puisse porter en tous lieux les Armoiries telles qu'elles sont figurées aux présentes (…).

Il ne reste plus qu'à dessiner les armoiries et à prêter serment, se disent Dominique et Elisabeth en se souriant mutuellement car elle lui rappelle les termes d'une lettre d'Espagne, vieille à peine d'un an :

"En parlant des nouveaux titres nobiliaires, tu m'avais dit : «Je redoute même celui de baron, car si je suis nommé d'après une mesure générale prise pour tous les commandants de la Légion d'honneur, j'en serais affligé parce que j'aurais la charge, le titre et la responsabilité sans en avoir les rentes.»"

Resté de cœur le jeune républicain qui a pris la Bastille, Larrey, à quarante-trois ans, n'a toujours pas admis le sacre de l'Empereur et redoute à cette heure ses projets de mariage avec la petite-nièce de Marie-Antoinette. Amusant, ce style du décret, ces "Notre", ces "Voulons" qui prétendent rappeler le parfum désuet des vieilles perruques d'Ancien Régime. Larrey n'en est nullement impressionné, pas plus que par le titre de baron. Mais comme il convient de garder l'esprit pratique, cette baronnie gagée d'un majorat[1] sur un domaine de Poméranie suédoise offrira une rente fixe libérant enfin son ménage des soucis immédiats d'argent. Certes, la main de l'Empereur ne s'est pas ouverte aussi largement que pour les maréchaux ou même pour les autres barons assurés généralement d'une rente de quinze mille francs, mais il pourra jouir enfin d'une honnête aisance sans être pour autant fortuné.

Et, puisqu'il faut jouer le jeu, il prend le plus fin des pinceaux de sa femme et dessine ses armes : au premier d'or, un palmier chargé d'un dromadaire d'azur ; au deuxième de gueules, une épée pointe basse, signe des officiers de santé attachés aux armées ; au troisième d'azur, trois chevrons superposés d'or ;

1. Bien inaliénable et indivisible attaché à la possession d'un titre de noblesse et transmis avec le titre au fils aîné (dict. Robert).

au quatrième coupé, en haut d'une raie nageant, en bas d'une pyramide de sable. L'ensemble entouré du ruban de la Légion d'honneur en bas, de trois plumes d'autruche en haut. Palmier, dromadaire, pyramide, il est toujours et surtout Larrey l'Egyptien… "la raie", un jeu de mots qui montre assez qu'il ne se prend pas au sérieux. Il possède trop la sagesse des choses et la philosophie des hommes pour ne pas percevoir que l'immense empire, étendu de la mer Baltique à la Méditerranée et l'Adriatique, de l'Atlantique à l'Elbe, n'est qu'un immense édifice bâti trop vite sur des bases trop fragiles, les seules épaules de Napoléon.

Mais puisqu'il a décidé de le suivre, il continuera à lui rester fidèle.

Après l'audience impériale de Fontainebleau, Larrey a repris fin 1809 son service à l'hôpital de la Garde au Gros-Caillou. Sa présence continue veille aussi bien sur la qualité des soins, accrue par une rigoureuse sélection des chirurgiens et infirmiers, que sur celle des repas et des installations. Le chiffre jamais atteint de 1 300 entrées par mois témoigne d'une réputation étendue à toute l'armée et même à la population civile, à tel point qu'il se voit contraint d'ouvrir des établissements annexes à l'Hôtel-Dieu, à Saint-Louis et Saint-Antoine.

Les temps sembleraient avoir changé, pourtant dîners, bals, jeux et fêtes se multiplient afin de s'étourdir et d'oublier les incertitudes du moment. Larrey et sa femme, pour être fréquemment invités à la nouvelle cour impériale, ne sont quand même pas considérés comme des dignitaires du régime. Lui apparaît comme un grand médecin respectable mais non conformiste, elle une habituée des salons d'Ancien Régime, une représentante de cette ancienne aristocratie de race qui n'arriverait vraiment pas à se mélanger à cette nouvelle noblesse de circonstances.

Larrey est-il invité par Napoléon à un repas de gala au palais des Tuileries qu'il arrive en retard au milieu du repas ! Qui le lui reprocherait, sinon les médisants ?

Une femme en couches a dû s'allonger rue de Rivoli, un attroupement se forme. Larrey dit à son cocher de s'arrêter, descend du cabriolet, procède à l'accouchement dans une pharmacie voisine. Au diable cette étiquette rigide du palais impérial ! D'ailleurs personne ne l'a attendu comme en Syrie, lors d'une lointaine soirée de bivouac, où Bonaparte n'avait pas voulu dîner sans son chirurgien !

En février 1810, Larrey fête enfin le carnaval en famille. Depuis le théâtre des Variétés, le long boulevard accueille défilés

La foire du Temple. Coll. part.

de masques et chars décorés jusqu'au marché du Temple, près duquel vient de s'ouvrir le nouveau cirque Franconi de 1 200 places. Favorisée par une entrée à 6 francs, la foule se presse vers les spectacles comiques, les facéties des pierrots et arlequins ou les spectacles des jongleurs et acrobates.

A la mi-carême, la famille Larrey y retourne pour applaudir le défilé des blanchisseuses et celui des garçons bouchers encadrant la marche du bœuf gras. Plus amusantes sont les difficiles ascensions de mâts de cocagne généreusement enduits de suif et surtout les courses à la grenouille où il s'agit de courir avec sa brouette le plus vite possible sans faire sauter la rainette qui est dedans ! Ballotté dans la cohue des masques, du corso fleuri, des marchands de parapluies, des vendeuses de boudin, grisé par le bruit des pétards, des cabriolets, des fiacres et les odeurs de saucisses grillées, un Allemand de passage écrira chez lui que Paris est devenu "le pays des fous" pour tempérer ensuite sa remarque : "Quand on sait prendre le ton de la bonne humeur habituelle aux Français, on arrive toujours à s'entendre avec le peuple de Paris."

En avril, Larrey a été prié d'assister au mariage de Napoléon avec Marie-Louise, la nouvelle "Autrichienne". Il s'y rend de mauvais gré, ronchonnant à voix basse de voir remplacer la charmante, l'élégante Joséphine si souvent approchée, par cette étrangère hautaine qui n'est après tout que le "ventre" recherché par Napoléon pour asseoir sa dynastie. Joséphine, si belle, si gracieuse, supplantée par cette archiduchesse au sourire dédaigneux, au regard inexpressif !

D'autres journées prêtent à rire. Appelé au chevet de Mme Junot devenue duchesse d'Abrantès, Larrey se rend à son hôtel particulier en grand uniforme de chirurgien de la Garde. Méprise du majordome qui confond le velours écarlate du médecin avec la pourpre cardinalice.

"Monseigneur ! Monseigneur le cardinal est parmi nous !" s'exclame-t-il devant Larrey médusé qui entend soudain dans le grand escalier les pas précipités des domestiques venus s'agenouiller pour lui demander sa bénédiction !

Ce quiproquo donnera à Napoléon matière à taquiner son chirurgien.

Un grand bal masqué est donné aux Tuileries, à la demande de l'Empereur qui trouve dans ce genre de fête à la fois un délassement, une occasion d'intriguer son entourage et une place à son tempérament foncièrement gai. L'immense galerie de Diane, l'ancienne galerie des Ambassadeurs, sépare les cabinets de travail de l'Empereur de la cour du Carrousel où se déroulent les somptueuses parades militaires. Le temps doux a permis d'entrouvrir assez les vastes fenêtres pour que la brise du soir fasse parfois vaciller la flamme des mille chandelles des grands lustres. Près de soixante musiciens ont pris place sur l'estrade, au pupitre l'Italien Ferdinando Paër, un maître de l'opéra bouffe

Le bal des Tuileries. Coll. J.-B. Q.

qui fait fureur à Paris. Les violons attaquent une nouvelle danse de société venue d'Europe centrale, la "walse". Entièrement masqué de la tête aux pieds sous un ample domino, Napoléon, piètre danseur, préfère se mêler aux personnes qui regardent avec amusement virevolter les couples. Reconnaissant de loin la longue chevelure de Larrey, il s'approche et, contrefaisant sa voix sinon son accent, lui dit tout de go :

"A sa chevelure et à son onction, on reconnaît l'archevêque de Paris… Je vous salue, monsieur l'évêque, et vous demande votre bénédiction.

— Mon cher masque, répond Larrey qui a parfaitement reconnu l'Empereur et décidé de prolonger le jeu, les évêques ne vont plus au bal. C'était bon sous l'Ancien Régime, mais depuis que Sa Majesté a établi le Concordat, ils sont revenus aux mœurs de leur état. Je suis Larrey, chirurgien de la garde de Sa Majesté.

— Ah ! Larrey, mais expliquez-moi pourquoi vous, qui êtes, dit-on, un brave soldat et un grand chirurgien, ressemblez à un évêque ? – Et, sans attendre la réponse, goguenard : Puisque vous êtes Larrey, c'est vous qui avez soigné d'Aboville à Wagram ? C'est un riche personnage, et il a dû reconnaître royalement le service que vous lui avez rendu ?

— Vous vous moquez, car il est de notoriété publique que le général d'Aboville a voulu reconnaître mes services par un présent insignifiant, il est vrai, mais sa conduite est excusable, car il savait sans doute que Sa Majesté se chargerait elle-même de me récompenser !"

Se sentant percé à jour par une telle présence d'esprit, Napoléon s'écarte, fait quelques pas, confond Mme Larrey avec sa sœur Emilie, et joue les commères en faisant allusion au retard de Larrey au dîner de gala :

"Belle dame, faites attention à votre mari, on prétend qu'il fut retenu ce jour-là par des occupations qui n'avaient rien de commun avec son service de la Garde !

— Je ne suis pas Mme Larrey, je suis sa sœur, Emilie Benoît, et je n'ai pas à veiller sur la vertu de mon beau-frère, qui est du reste un homme de mœurs sévères et de principes rigides. Nous connaissons l'histoire à laquelle vous faites allusion, et elle ne nous inquiète pas ; nous savons qu'il a été retardé par une bonne action."

Voyant que les rires qu'il espérait déclencher se retournent contre lui, le domino, qui préfère tricher au jeu plutôt que perdre, s'éloigne rapidement vers d'autres masques avec lesquels la chance sera peut-être meilleure fille.

Pour avoir ainsi parlé, Emilie traduit sans doute la profonde impression que crée en elle la masse de travaux de son beau-frère. Lorsqu'elle rend visite à sa sœur, elle le voit assis à son bureau, recouvrant de nombreux cahiers de sa grande écriture penchée. Posant un instant sa plume, il relève la tête et explique lui-même le but auquel il consacre ses longues veillées. "Espérant jouir du repos dont il semblait que l'on pouvait se flatter après vingt années d'une guerre extrêmement active, je conçus l'idée de rassembler les notes du journal de mes campagnes, pour les livrer à l'impression, et rendre, par ce moyen, mes travaux profitables aux jeunes officiers de santé militaires. Cette tâche difficile, que je m'étais imposée, se trouvait à peine remplie, à la fin de l'année 1811, par la publication des trois volumes de mes Mémoires." Retraçant ses campagnes depuis celle de la *Vigilante*, réunissant les mémoires scientifiques qu'il a rédigés au fur et à mesure, les manuscrits apportés par Larrey à son éditeur sont enrichis de ses dernières investigations chirurgicales.

La pathologie testiculaire tout d'abord.

Le *Mémoire sur l'hydrocèle*[1] rappelle sa fréquence chez les cavaliers. Par l'introduction d'une sonde de gomme élastique, Larrey entend drainer le liquide et créer une irritation artificielle des tuniques du testicule qui assèchera d'elle-même la source de l'épanchement. Dans la *Notice relative à l'extirpation des testicules, nécessité par le squirrhe ou le cancer de ces organes*, il ne déplore qu'un décès sur trente interventions !

Sur une tumeur aqueuse des bourses peut être considéré comme l'observation princeps d'un kyste hydatique[2] des bourses, à hydatides vivantes sensibles à l'application d'ammoniaque ou de froid sur le testicule. Il avait déjà remarqué en Pologne "que les moutons qu'on laissait paître dans les marais au commencement du printemps, maigrissaient sensiblement et prenaient du ventre ; qu'enfin ils périssaient. Curieux de savoir quelle était la cause de cette mort, j'en fis ouvrir plusieurs sous mes yeux (...) l'on trouvait des hydatides plus ou moins volumineuses, collées au mésentère et aux intestins ; j'en détachais plusieurs. (...) Ces animalcules, ainsi isolés et plongés dans de

1. Epanchement de liquide séreux dans les bourses.

2. Kyste contenant des hydatides, c'est-à-dire la forme larvaire du ténia échinocoque (ou ver solitaire) infestant d'abord le mouton, puis le chien, enfin l'homme. Les multiples localisations viscérales de ces kystes (poumon, foie, cerveau, etc., seront remarquablement étudiées par l'Ecole française de chirurgie d'Alger jusqu'en 1962, au cours de très nombreux travaux qui font toujours autorité.

l'eau tiède, se conservaient vivants des heures entières : on les faisait contracter à volonté par le contact d'un stylet".

Même s'il prend parfois l'aspect d'un zoologue ou d'un vétérinaire, Larrey n'en reste pas moins un pionnier de la chirurgie viscérale qu'aucune considération communément admise ne peut arrêter. Malgré le risque gravissime de péritonite infectieuse décrite dans *Plaies compliquées du bas-ventre*, il lui faut "encourager les chirurgiens à réunir, par la suture faite avec précaution, les plaies des intestins (...) il faut se servir d'aiguilles rondes très-petites et légèrement courbes : elles ne peuvent couper les artérioles de l'intestin (...) les matières ne peuvent s'épancher par les plaies que produisent ces aiguilles, comme cela arrive par les petites plaies faites avec les aiguilles tranchantes". Le risque opératoire est grand, celui de l'abstention est pire, il n'est donc pas homme à balancer.

Partant systématiquement du fait clinique pratique pour illustrer la théorie générale, Larrey utilise cette méthode à présent bien rodée pour présenter son *Mémoire sur les effets de l'opération de l'empyème*, autrement dit pleurésie purulente. Chez les sapeurs des grenadiers à pied, on n'appelle plus Jean-Baptiste Bernadotte (rien de commun avec le maréchal) que "Canon" depuis qu'il a paradé devant l'Empereur avec un canon de 4 sur son épaule[1] ! "Agé de trente-quatre ans, d'un caractère irascible, d'une constitution athlétique et d'une force extraordinaire, voulant attenter à ses jours dans un accès de colère excité par des motifs qui nous sont restés inconnus, se plongea un couteau, fixé sur son manche, dans la poitrine." Au bout d'une semaine apparaissent les symptômes d'une pleurésie purulente. Au neuvième jour : "Les accidents s'étant considérablement accrus pendant la nuit, je ne balançai plus à faire l'opération. Je choisis le point le plus déclive. (...) L'incision faite, il sortit, par un jet rapide et continu, environ deux litres d'une sérosité sanguinolente noirâtre : le malade éprouva presque aussitôt un soulagement sensible." A partir de ce cas d'un tragique pittoresque, Larrey émet un dogme que personne n'avait osé formuler avant lui : il faut ponctionner et drainer convenablement une pleurésie purulente, en prenant bien soin d'empêcher toute introduction d'air extérieur dans le thorax.

1. Pareil exploit avait déjà été réalisé lors de l'entrevue de Tilsitt, par un Hercule nommé Mariole. Pour présenter les armes à Napoléon et au tsar, il avait imaginé de tenir dans ses bras le tube en bronze d'un canon de 16, le plus fort calibre ! On comprend que la postérité ait conservé l'expression "faire le mariole" même si le fait n'est plus le même.

Dans le même état d'esprit, il applique avec une audace inouïe cette même doctrine d'avant-garde au traitement chirurgical d'une péricardite[1] post-traumatique présentée par un chasseur à pied de la garde impériale, précisant non sans fierté : "On n'a point d'exemple bien constaté que cette opération ait jamais été faite. L'observation qui nous occupe prouvera, je pense, qu'elle est praticable, si l'on considère surtout avec une scrupuleuse attention la marche des symptômes..." Onze jours après une plaie thoracique par arme blanche, le chasseur Saint-Ogne en proie à une oppression douloureuse, à des accès de suffocation, demande à Larrey de "lui ouvrir la poitrine. (...) La position constante du blessé, couché du côté droit ; la tête et la poitrine élevées ; l'absence totale des pulsations du cœur ; un choc d'ondulation qui se communiquait au doigt exercé du chirurgien (...) pendant la toux (...) étaient autant de signes pathognomoniques[2] de l'hydro-péricardie".

Non content d'avoir codifié le tableau clinique dont "les auteurs n'ont point parlé" auparavant, il en explique mécaniquement les causes puis joint le geste à la parole.

"Sans déplacer mon doigt indicateur gauche du fond de la plaie, je saisis de l'autre main un bistouri boutonné ; et, après avoir introduit le bouton de cet instrument dans la cavité, j'agrandis l'ouverture par une incision suffisante. Aussitôt il en sortit un fluide séreux jaunâtre (...) qui remplit une écuelle d'étain. (...) J'enfonçai profondément le doigt dans la poitrine, et je sentis véritablement la pointe du cœur isolée. (...) Du vin généreux et quelques bouillons ranimèrent un peu le malade. (...) Dans tous les cas, l'observation de Saint-Ogne me paraît propre à éclairer le diagnostique [sic] des lésions du péricarde et du cœur (...) pour faire porter avec plus de confiance l'instrument dans le péricarde."

Enrichi de ces dernières et nouvelles publications, l'ouvrage général de Larrey paraît au début de l'année 1812. "(...) qu'il me soit permis, dit-il en conclusion, en offrant aux jeunes chirurgiens militaires ce résultat de mes recherches et de mon expérience, que je publie aujourd'hui, de le regarder aussi comme un sujet d'émulation qui ouvrira peut-être à mon cher Hippolyte une carrière que je serais heureux de le voir parcourir avec distinction : si, à la lecture de cet ouvrage, son âme

1. Inflammation du péricarde, membrane d'enveloppe du cœur, généralement suivie d'un épanchement liquidien.

2. Symptômes spécifiques, caractéristiques d'une maladie permettant d'établir à eux seuls le diagnostic sans risque d'erreur.

pouvait être effrayée des obstacles qu'il m'a fallu vaincre et des dangers que j'ai courus, il serait sans doute bientôt rassuré par les succès que j'ai pu obtenir."

Tous les souverains de l'Europe le connaissent comme un familier de Napoléon et un grand chirurgien qui a sauvé tant des leurs. Ils reçoivent chacun un exemplaire des Mémoires et Larrey, en retour, d'élogieuses lettres de félicitations. Les rois de Prusse, de Bavière et de Saxe y joignent des tabatières ou des boîtes en or enrichies de diamants et ornées de leurs portraits. Du tsar, une bague d'un prix inestimable.

Attention délicate envers le couple resté fidèle à sa mère l'impératrice Joséphine aujourd'hui en disgrâce, c'est à Mme Larrey que le prince Eugène de Beauharnais, vice-roi d'Italie, adresse une tabatière garnie de brillants. Avant toute chose Larrey a, bien entendu, sollicité une audience aux Tuileries afin que Napoléon reçoive la primeur de son œuvre dont la dernière phrase célèbre "la munificence du héros qui gouverne si glorieusement le plus puissant empire".

Si l'on oublie la guerre d'Espagne comme semble le faire l'Empereur, l'opinion publique a l'impression de jouir de la paix depuis la victoire de Wagram, deux ans et demi déjà ! La crise économique est pourtant là, avec une mauvaise récolte, la faillite en cascade de grandes maisons de banque, la moitié des ouvriers parisiens au chômage, le prix du pain en hausse. Exportée non seulement en Angleterre, mais aussi chez nos alliés d'Allemagne et de Hollande, la dépression – liée aux effets du blocus continental – étrangle littéralement le commerce extérieur russe et ruine le cours du rouble. N'ayant pu obtenir Constantinople, le tsar ne peut faire franchir les détroits des Dardanelles à sa flotte de commerce du sud. Au nord la Baltique est sous contrôle français comme le grand-duché de Varsovie, autre source d'inquiétude pour la Russie.

Napoléon continuerait-il à regarder vers l'Orient ou vers l'est ?

XXIV

LES GERBES DE FLAMMES DE MOSCOU LA SAINTE

Lorsque Larrey quitte le cabinet de l'Empereur où celui-ci lui a prodigué hommages et compliments, il ne peut s'empêcher de noter l'air préoccupé de ses intimes collaborateurs comme l'agitation particulière qui anime le cabinet topographique adjacent. Qu'est-ce à dire ? Bah ! Un si vaste empire de cent trente départements…

Les contacts qu'il a conservés à l'état-major lui apprennent peu après que "le gouvernement faisait encore d'immenses préparatifs de guerre, et prenait des mesures qui annonçaient une expédition lointaine. Les craintes que j'en conçus ne tardèrent pas à être confirmées par l'ordre inattendu de départ que je reçus, en même temps qu'on m'adressa le décret (du 12 février 1812) qui me nommait chirurgien en chef de la grande-armée. Il ne me fut plus alors permis de douter de l'ouverture d'une nouvelle campagne".

"Encore" la guerre ! Ce décret a valeur de cadeau empoisonné qui balaie "craintes" et "doute". Le premier rendez-vous est fixé à Mayence le 1er mars alors que la masse de l'armée fait route vers la Prusse. "On ne connaissait pas le but de l'expédition : on pensait généralement que l'on devait s'embarquer sur la Baltique pour passer en Angleterre, ou dans d'autres pays plus éloignés."

Entre Erfurt et Magdeburg, Desgenettes rejoint Larrey ; désormais ils feront route ensemble, comme en Syrie. Arrivé le 2 avril à Berlin, le premier soin de Larrey est d'ouvrir un cours de chirurgie militaire avec exercices pratiques de médecine opératoire et de pansements d'urgence pour les nouveaux chirurgiens encore inexpérimentés. "Les jeunes officiers de santé de l'académie de Berlin rivalisaient avec les nôtres de zèle et d'émulation ; ils assistaient régulièrement à mes leçons, et partageaient avec nous tous les travaux de l'amphithéâtre." Après les cours, les deux Français sont l'objet de multiples attentions de l'élite médicale berlinoise avec laquelle se nouent des liens d'amitié sincère comme il sied entre confrères de bonne compagnie, contrastant singulièrement avec "l'alliance" oblique, nourrie d'arrière-pensées du roi de Prusse qui n'a fourni à la Grande Armée qu'un contingent symbolique de 20 000 hommes.

Qu'est-elle devenue, cette immense armée dont Larrey assure l'organisation chirurgicale ? Une multitude de 600 000 hommes. Cent trente-cinq mille demeurent en garnison dans les places fortes d'Allemagne alors que 465 000 arrivent à Posen [Poznan] le 10 mai 1812. Un tiers de Français seulement, plus ou moins mélangés aux contingents polonais, ibériques, allemands, croates, italiens. Cent cinquante mille chevaux, 583 canons et d'innombrables fourgons encombrent les routes de Pologne. Larrey observe et mesure l'étendue de sa tâche. "Nous ignorions encore le but de notre campagne : cependant les corps d'armée grossissaient, une artillerie formidable et des équipages sans nombre s'avançaient de toutes parts. Je profitai de quelques jours de repos que nous prîmes dans cette ville, pour achever l'organisation des ambulances volantes et faire exercer mes collaborateurs à la pratique des opérations."

Arrivé dans la ville de Thorn [Torun], le 2 juin, Napoléon réunit les chefs de corps ainsi que le grand conseil des hôpitaux. Larrey apprend que l'ordre de marche enjoint de marcher sur Tilsit [Sovetsk] où avait eu lieu, cinq ans auparavant, la célèbre entrevue qui aurait dû sceller la paix avec le tsar. Le Niémen ! Si on le franchit, on attaque la Russie !

Larrey et Desgenettes ne dissimulent pas leur inquiétude. On a déjà laissé 60 000 malades en Pologne, victimes d'épidémies diverses. Ici, les soldats manquent d'abris pour se protéger des pluies continuelles et ont pris la mauvaise habitude d'abuser du schnaps, cette mauvaise eau-de-vie de pomme de terre ou de blé. "(...) on ajoute à la liqueur fermentée de ce graminée, des plantes excitantes de la classe des narcotiques ; ce qui lui donne une propriété stupéfiante, comme on a pu facilement le reconnaître chez ces jeunes militaires. Tous ceux qui sont morts des effets des abus de cette liqueur (...) s'accroupissaient dans les fossés, même sur les chemins, où ils périssaient presque immédiatement : plusieurs ont présenté des taches gangréneuses aux pieds et aux jambes." Va-t-on déplorer dans cette Prusse-Orientale sournoisement hostile une répétition de la colique de Madrid ?

Le nouvel ordre d'abandonner la route du nord pour prendre celle de l'est correspond à l'intention de Napoléon de séparer le groupe nord de l'armée russe, commandée par Barclay de

Le passage du Niémen, par Raffet. Coll. part.

Tolly de celui du sud, dirigé par le prince Bagration. Le Niémen est franchi le 24 juin sur des ponts de bateaux à Kowno [Kaunas], à l'endroit de Lituanie où il effectue un coude à angle droit. Un accrochage avec l'arrière-garde russe qui brûle les ponts donne à Larrey une centaine de blessés soignés sans difficulté dans l'hôpital de cette ville. La marche reprend jusqu'à Wilna [Vilnius] sans apercevoir aucun ennemi, alors qu'hier encore, le sait-on de source sûre, le tsar Alexandre a ouvert le bal donné par le général comte Bennigsen.

Quelques jours de repos à Wilna offrent à Larrey l'occasion d'enrichir son registre d'observations extraordinaires. On lui amène sur une charrette un officier polonais dans un aspect épouvantable. Victime d'un coup de lance de cosaque, il est effrayant à voir : enflé partout, la peau tendue à l'extrême, lèvres et paupières boursouflées, c'est un véritable bibendum. En cause, une plaie thoracique sifflante dont l'air expiré s'infiltre sous les téguments. Larrey nettoie la plaie, en suture les lèvres comme il a décidé de toujours le faire, et, en quelques heures, le patient retrouve un aspect humain.

Invité par ses collègues lituaniens, Larrey visite leur musée d'anatomie, plus horrible que scientifique à vrai dire. Là, une collection de crânes de criminels qu'on exécutait "avec une espèce de guillotine en usage dans toute la Lithuanie depuis un temps immémorial". Un de ces crânes est celui d'un redoutable braconnier, meurtrier récidiviste. Avant d'être supplicié, il s'arrache un testicule à coup de canif et, rempli de sang, s'évade dans les forêts à la faveur du tumulte ainsi créé. Repris, "on avait trouvé dans la main de cet homme le testicule qu'il venait de s'arracher". Larrey s'arrête devant une vitrine tout à fait insolite. "On voit aussi, dans ce cabinet, le squelette d'un homme nain, dont la naissance n'avait pas été connue, et qu'on avait rencontré plusieurs fois dans les forêts de la Lithuanie, vêtu de peaux d'animaux non préparées. Son corps était couvert de poils. Il s'approchait rarement des habitations ; il se nourrissait de chair d'animaux et de fruits sauvages. (...) Le squelette du sauvage de la Lithuanie a beaucoup d'analogie avec celui de l'ourang-outang." Front nul, occiput développé, mâchoires proéminentes, membres supérieurs plus longs que les inférieurs, dents coniques aiguës, là où d'autres verraient resurgir le vieux mythe de l'homme-singe, Larrey confie prudemment : "Je ne me permettrai aucune réflexion sur le caractère et les habitudes qui ont pu distinguer cet individu."

Avant de quitter Wilna, la Grande Armée a la triste consolation d'apprendre que 6 000 lits ont été prévus par Larrey et Desgenettes pour accueillir dans les hospices ou couvents réquisitionnés les victimes des futurs combats. Quels combats, quelles batailles ? On ne peut se battre avec ces fantômes que sont devenues les armées russes, qui se dérobent sans cesse, brûlent régulièrement toute possibilité de subsistance ou d'abris, se contentant au nord comme au sud d'encadrer de très loin la progression des aigles impériales.

De Wilna à Vitebsk le prochain grand rendez-vous, plus de 350 kilomètres à franchir, traversant de part en part la Biélorussie où alternent sombres forêts et plaines sablonneuses.

Le calvaire des troupes a commencé dans ces dernières. "Nous marchons dans le sable, enfoncés jusqu'aux chevilles le jour entier", écrit un soldat. La poussière se forme en nuages si épais qu'en tête le tambour bat sans arrêt pour indiquer la direction à suivre. Les hommes se sont entouré le visage d'un linge percé de deux trous pour les yeux. On essaie de se protéger de l'ophtalmie en fixant des morceaux de vitre sur des feuillages glissés sous le shako qui protègent en même temps des nuées de moustiques et de mouches qu'énerve la canicule orageuse de ce mois de juillet. "Je suis content de mourir parce que je crève en marchant" a la force d'écrire un soldat du 111e de ligne !

Sont-ils des fantômes, eux aussi, ou vont-ils le devenir ? Dans ce pays parcouru de rivières, encombré de marécages, il arrive même qu'on manque d'eau, certains boivent l'urine des chevaux ! Pareille extrémité ne s'était jamais encore vue, même dans les déserts d'Egypte. Que dire des chevaux ? Les plus chanceux broutent le chaume des toits d'isbas, mais généralement, faute d'avoine, ils sont contraints de manger du seigle vert. Un nombre grandissant d'entre eux a ainsi attrapé la maladie du "gros ventre", prémonitoire de la dysenterie qui les terrassera bientôt. On les remplace par des bœufs de trait qui, par leur lenteur, encombrent les chemins mais offrent en retour la possibilité d'être abattus à l'étape pour nourrir les troupes.

Le 26 juillet, un des corps d'armée russe de Barclay est enfin intercepté à Ostrowno, sur la rive gauche de la Duna [Dwina ou Daugava] qui coupe perpendiculairement la route de Vitebsk. "Il s'engagea un combat d'autant plus opiniâtre, que l'ennemi occupait une position extrêmement avantageuse. (...) Ce combat nous donna environ six cents blessés français et cinq cents russes, qui n'avaient pas été enlevés du champ de bataille. Tous ces blessés, que je fis transporter dans les temples des juifs de cette ville, reçurent les secours qu'ils avaient droit d'attendre de nous." Un colonel russe, violemment sabré en travers du visage, se présente à l'ambulance avec le nez, la lèvre supérieure et la voûte palatine renversés sur le menton en un lamentable lambeau qu'un chirurgien s'apprête à détacher complètement. Larrey arrive : "J'écartai les ciseaux du chirurgien. (...) Je remis en rapport le nez et la lèvre, et je procédai à leur réunion par la suture entrecoupée, commençant par la racine du nez, et descendant successivement sur ses côtés, dont les bords furent réunis par dix point parallèles de suture. (...) J'introduisis dans les narines deux portions de grosses sondes de gomme élastique, pour en conserver la forme et le diamètre. (...) Un bandage contentif termina l'appareil[1]."

Jusqu'au 29 juillet, ce ne sont que brefs accrochages avec l'arrière-garde russe qui tente de se dérober au combat, s'évanouit au loin en ne laissant que cendres derrière elle. Les lignes de communication et d'approvisionnement de la Grande Armée se sont dangereusement étirées sur 1 200 kilomètres depuis son dépôt principal de Magdeburg.

Est-elle toujours aussi grande, cette armée ?

1. "J'eus la satisfaction d'apprendre, à mon retour de Moscou, que cet officier supérieur était parfaitement guéri, et sans nulle difformité." En termes modernes, un beau succès de la chirurgie réparatrice maxillo-faciale.

Elle a laissé derrière elle 150 000 hommes malades du typhus ou de la dysenterie mais aussi nombre de déserteurs parmi les contingents étrangers. De simples retardataires d'abord, ils deviennent traînards habituels ensuite. Certains se revêtent d'habits civils et regagnent clandestinement leur pays d'origine. D'autres restent armés, groupés, tels les grandes compagnies du Moyen Age, mus par le seul instinct de la rapine. La Prévôté militaire recherche activement ces "fricoteurs" reconnaissables à leurs fourgons remplis de ciboires d'or volés aux églises ou de bijoux arrachés aux femmes qu'ils ont assassinées.

Arrivé à Vitebsk, Napoléon n'a pu intercepter le groupe nord de l'armée russe qui, à marches forcées elle aussi, se replie sur Smolensk où Bagration ramène son groupe sud talonné par Davout et Poniatowski. Ils ont traversé sans peine une large rivière que les guides leur ont dit s'appeler la Bérézina…

Larrey apprend que l'Empereur a décidé de demeurer à Vitebsk, "autant pour obtenir des renseignements certains sur les manœuvres de l'armée russe, que pour laisser reposer ses troupes, qui jusqu'alors n'avaient cessé de faire des marches forcées. On se ressentait déjà de la pénurie des subsistances, et les soldats n'avaient pas reçu de distributions régulières depuis plusieurs jours". Dire que les blés sont hauts et mûrs, du moins ceux qui n'ont pas été couchés par les violents orages de grêle de ces jours derniers ! Même si on les fauche, on ne pourra pas les battre, ni moudre le grain. Des hommes en petits groupes, officiellement mandatés par leur commandement, se dispersent dans les environs pour ramener volailles, bétail, porcs, bien gras de préférence. Les cavaliers, une faux sur une épaule, un fusil de l'autre, partent fourrager ou ramener des chèvres qui donneront lait et fromages.

A l'ambulance, Larrey souffre de la pénurie générale de matériel. "J'eus beaucoup de peine à assurer sur le champ de bataille le premier pansement de ces blessés. Il fallut se servir du linge des soldats, et employer même nos chemises pour parvenir à l'effectuer. Trois cent cinquante Russes des plus malades avaient été oubliés ou abandonnés dans diverses maisons d'où les habitants s'étaient enfuis. Malgré les recherches que je fis faire, je ne les découvris que le quatrième jour. Il serait difficile de peindre le tableau déchirant que présentaient ces infortunés, presque tous mutilés par les effets du feu d'artillerie, et qui n'avaient pu sortir de leur asyle pour réclamer du soulagement. Nous les trouvâmes couchés sur de la mauvaise paille, entassés les uns sur les autres, entourés d'ordures, et croupissant, pour ainsi dire, dans l'infection. (...) tous mouraient de faim. Je m'empressai d'abord de faire assurer les subsistances de ces malheureux, ensuite je les fis tous panser, et je pratiquai chez plusieurs les opérations les plus difficiles. Enfin je les fis transporter avec nos blessés dans les hôpitaux préparés à cet usage, où ils recevaient les mêmes secours et les mêmes soins que les Français." Il faudra tenir jusqu'au 10 août dans une ville entièrement brûlée et dévastée où rien n'arrive, et ceci lui semble proprement incroyable. "(...) nos blessés, surtout ceux qui étaient hors d'état de sortir, furent livrés aux effets de la faim : ils l'apaisaient avec peine au moyen de quelques pommes de terre mal préparées, de quelques plantes potagères bulbeuses ou de mauvais fruits ; pour boisson, ils n'avaient que de l'eau ou de la très-mauvaise bière, quoique, avant mon départ, j'eusse procuré environ deux cents bouteilles de vin qui devaient être données comme médicament aux blessés les plus malades[1]."

Au faîte de sa puissance, Napoléon ne supporte plus de ne pas maîtriser complètement les circonstances et, lorsqu'elles s'avèrent défavorables, se crée chez lui l'habitude de s'en prendre aux hommes qui seraient censés les gouverner.

Si, à Wilna, les Russes ont eu le loisir de détruire les magasins, c'est la faute de la cavalerie de Montbrun arrivée trop tard ! Montbrun, le héros de la charge de Somo-Sierra, s'est vu en fait dépossédé de son ordre par Murat. Comme l'ensemble de l'état-major, Larrey a été témoin de la violente colère de l'Empereur et du silence peu glorieux de Murat, jusqu'à ce que Montbrun indigné de l'injustice qui l'accable, saisisse son sabre, le jette au loin en criant :

"Allez tous vous faire foutre !"

Aujourd'hui c'est au tour de Larrey de subir les foudres impériales :

"Pourquoi vous trouvez-vous sans matériel d'ambulance ?"

"Pourquoi avez-vous manqué de linge à pansement sur les lieux du combat ?"

"Quelle imprévoyance ! Quelle négligence !"

Larrey accuse durement le coup. C'est la première fois en quinze ans qu'il encourt pareils reproches. Il se redresse indigné pour répondre point par point. L'Empereur n'ose lui dire, comme à d'autres, "Taisez-vous !" mais tourne des talons et s'en va plus loin.

1. Encore en 1960, le champagne était inscrit à la nomenclature des médicaments hospitaliers comme vin tonique pour les opérés et les accouchées. On a probablement dû l'oublier dans la nouvelle liste des médicaments génériques...

L'homme est bien décidé à ne pas se laisser faire et puisqu'on ne peut plus parler à l'Empereur, on va lui écrire. Avec toute l'énergie nécessaire.

"Sire, si les chirurgiens étaient investis des pouvoirs nécessaires pour faire assurer aux soldats les secours que l'humanité réclame, Votre Majesté serait à l'abri de toute inquiétude ; mais la chirurgie militaire est obligée de lutter sans cesse contre cet état de choses (...)" et il détaille longuement, preuves à l'appui, des faits irréfutables : oui, Sire, tous les blessés ont été normalement secourus. Si le linge, les pansements, les vivres ont fait défaut c'est bien parce que l'intendance n'a rien fourni en temps voulu comme elle en avait été prévenue. Il va même plus loin en exprimant à juste propos l'exaspération du corps médical envers l'attitude des administratifs. "C'est par cet esprit que les écoles de chirurgie militaire ont été détruites en France, que des règlements nuisibles aux officiers de santé ont été promulgués ; c'est sans doute aussi à son influence que nous devons la perte de bons chirurgiens qui, pendant les dernières campagnes, ont donné à Sa Majesté tant de preuves de leur zèle et de leur valeur, et qui, découragés, ont quitté le service militaire."

Le plaidoyer de la défense s'est transformé à ce point en réquisitoire qu'au reçu de cette lettre, Napoléon écrit en marge : "Renvoyé à l'intendant général pour savoir pourquoi le linge manquait sur le champ de bataille. Vitebsk, 2 août 1812. Nap."

A la réunion suivante de l'état-major, les nombreux généraux, aides de camp, secrétaires voient l'Empereur entrer de son pas décidé, écarter leur groupe d'un geste, se diriger droit sur Larrey qu'il fixe dans les yeux :

"Bon, Larrey, je sais maintenant ce qui s'est passé. Je tiens à ce que vous sachiez que je vous considère comme un des meilleurs serviteurs de l'Etat et comme mon ami."

Larrey a souffert dans sa conscience professionnelle comme dans sa dévotion à l'Empereur. Il ne peut plus retenir sa joie lorsque celui-ci lui presse affectueusement les deux mains avant de lui donner l'accolade. Le soir du 9 août, il reprend sa plume d'une main alerte cette fois, pour raconter à Elisabeth l'incident et son dénouement.

Deux jours après, l'armée se remet en marche en direction de Smolensk, opérant un crochet vers le sud afin de rejoindre les colonnes de Davout et Poniatowski, s'y réunir à Krasnoë [Krasnyï] et déboucher en force sur l'ancienne cité médiévale aux trente tours, surplombant le cours du Dniepr et jadis carrefour commercial sur la route de la Baltique à Constantinople.

Les remparts de Smolensk. Coll. J.-B. Q.

Larrey a laissé quatre hôpitaux de réserve à Vitebsk, persuadé que le choc décisif et victorieux avec l'armée russe marquera le terme de la campagne.

"L'armée arriva bientôt sous les hauteurs de Smolensk. Il fallut les attaquer et les enlever à la baïonnette l'une après l'autre. Cette opération, quoique très-difficile, à cause de la position et des défilés tortueux où il fallait passer, fut terminée en vingt-quatre heures. J'arrivai à temps avec nos ambulances pour faire panser les blessés. (...) L'ennemi fit de toutes parts la plus vigoureuse résistance ; mais que pouvait-elle contre la valeur et l'intrépidité des Français tant de fois éprouvées ? La prise de Smolensk sera regardée comme un des faits d'armes les plus honorables parmi ceux de toute la campagne. Le feu ayant pris, pendant l'attaque, dans plusieurs endroits de la ville et des faubourgs, il en résulta un incendie d'autant plus terrible, que la majeure partie des maisons est construite en bois. Cet accident favorisa la retraite des Russes, et l'entrée des Français dans la place. L'assaut donné à Smolensk est un des plus sanglants que j'ai jamais vus. L'entrée des portes, les brèches et les principales rues étaient remplies de morts et de mourants, presque tous Russes."

Au petit matin plus de trace de l'armée russe qui a déserté la ville en brûlant derrière elle entrepôts, magasins puis les ponts du Dniepr. La manœuvre imaginée par Napoléon a échoué, l'ennemi qu'on accroche mais qu'on ne saisit pas se replie sur Moscou, en échelonnant des arrière-gardes d'une courageuse ténacité.

Larrey est de nouveau démuni. "Ici, comme à Witebsk, nous fûmes en pénurie de toutes sortes de secours matériels pour les pansements des blessés. Je dus, comme dans un grand nombre d'autres circonstances, imaginer des moyens qui pussent suppléer à ceux qui nous manquaient : ainsi, au lieu du linge à pansement que nous avions épuisé dès les premier jours, en outre de celui des soldats blessés, je me servis du papier que nous trouvâmes aux Archives, dont le bâtiment fut destiné à un hôpital. Les parchemins servirent d'attelles et de draps fanons[1] ; l'étoupe et le coton de bouleau *(Betula alba)* remplacèrent la charpie, et le papier servit encore avantageusement pour le coucher des malades. Mais quelles difficultés ne fallut-il pas surmonter ! quelles peines n'avons nous pas eues dans cette conjoncture. Presque tous les habitants de la ville avaient abandonné leurs maisons, et la majeure partie de celles qui offraient des ressources était devenue la proie des flammes ou du pillage. (...) Nous fûmes occupés, nuit et jour, au pansement de tous les soldats que le fer et le feu avaient atteints ; et, malgré le peu de moyens que nous avions, toutes les opérations indiquées furent faites dans les premières vingt-quatre heures."

Larrey a pratiqué onze désarticulations de l'épaule et obtiendra neuf guérisons, deux patients ayant succombé à la dysenterie. Ses équipes, non moins méritantes que lui, ont pu sauver des flammes quelques médicaments, des tonnelets d'eau-de-vie et de vin, et ramènent des campagnes environnantes du bétail, des légumes et des sacs de farine.

Pour l'armée épuisée, cette semaine de repos à Smolensk est une bénédiction. Même si tout commence à manquer, les jambes ne sont plus raidies par l'effort et les pieds meurtris par les fondrières.

Cinq jours durant, Napoléon attend des propositions de paix de la part du tsar. En vain.

Il entend longuement les mises en garde unanimes de son état-major sur les risques de prolonger la campagne en étirant jusqu'à la rupture les lignes de communication et d'approvisionnement au seuil de la saison des pluies. En vain également.

Le 25 août, sa décision est prise, il faut aller à Moscou. L'armée russe n'est qu'à une journée de marche, elle ne pourra livrer la ville sainte sans accepter le combat et là, il faudra la détruire. Admirablement renseigné sur les effectifs et les dispositions des

1. Drap large de 1,20 mètre, disposé sur une longueur égale à celle de la partie blessée et dans lequel on roule de chaque côté le fanon ou attelle.

Russes, Napoléon ne doute plus d'une victoire décisive quand il apprend par ses espions que le tsar a limogé Barclay de Tolly, remplacé par Koutouzov, le vaincu d'Austerlitz.

S'il est devenu un vieil obèse essoufflé et somnolent, borgne de surcroît, Michel Koutouzov demeure un redoutable renard qui possède l'extrême qualité de toujours "comprendre ce qu'il y a de mieux à faire". Une chose est sûre pour les deux parties, de Smolensk à Moscou il faut parcourir environ 450 kilomètres ! Napoléon amène avec lui 140 000 hommes dont Larrey traduit exactement les réticences. "La nécessité impérieuse d'assurer les secours à donner à environ dix mille blessés russes et français réunis dans les hôpitaux de Smolensk, et la persuasion intime où j'étais que l'armée, après de si grands succès, et à l'approche des pluies d'automne, ne s'avancerait plus guère dans le nord, m'avaient porté à laisser dans cette ville, outre tous les officiers de santé de la réserve, cinq divisions de nos ambulances légères. Je partis avec la sixième et mes deux élèves particuliers."

Les insistances de Larrey pour rester à Smolensk où tant reste à faire n'ont pas fléchi l'Empereur qui tient à le garder auprès d'une armée qui regarde son chirurgien comme un gage de sécurité et un appui moral. Peut-être aussi comme un devin ?

"J'obéis non sans regrets et répugnance, prévoyant d'avance tous les malheurs qui nous attendaient et les maux que j'aurais à supporter."

Par Valoutina, l'armée débouche à Dorogobuzh incendiée pour franchir de nouveau le Dniepr sur ses 100 mètres de large. Parvenu sur l'autre berge, Larrey "découvre les plaines immenses qui comprennent la majeure partie de la Russie proprement dite. (...) Ces plaines, qui se continuent jusqu'à Moscou et au-delà, sont couvertes de moissons abondantes en été, et de couches plus ou moins épaisses de neige en hiver. (...) on pouvait craindre que le mauvais état des chemins n'exposât l'armée, dans sa marche, à de grands dangers... Les routes de la Russie, qui ont une largeur immense, ne sont en effet ni ferrées ni entretenues.

Ici commencèrent pour nous les privations de toute espèce. (...) Entraînés par une puissance invincible, bercés par de vaines espérances de paix, nous continuâmes d'avancer."

On sait qu'à Viazma, entrepôt du commerce des deux Russies, se trouvent d'immenses magasins de peaux, de sucre et café, d'huile et savons. L'espoir disparaît devant une ville totalement embrasée. Comme celle de Gjatsk, "ville moins importante, dont presque toutes les maisons étaient construites en bois : elle n'avait qu'une seule rue, d'une longueur prodigieuse. Nous la traversâmes comme les deux autres villes, au milieu des flammes. (…) Les campagnes qui avoisinent cette ville étaient couvertes de gros choux pommés, qui ont été d'un grand secours, avec du lard et du biscuit qu'on avait trouvés dans un magasin : nos soldats purent s'en rassasier momentanément".

A la nuit tombée, guidés par la lueur des incendies qu'éteignent lentement les premières pluies froides, les soldats démontent portes et fenêtres, madriers et planches des maisons partiellement calcinées afin d'édifier de misérables cabanes dont on bouche les interstices avec des branchages. L'état-major a droit à de la paille, souvent humide, ce qui ne vaut guère mieux. Au lointain, la ligne régulière des incendies continue à tracer d'un trait orangé la retraite qu'on pourrait croire indéfinie de l'armée russe si les éclaireurs de la cavalerie légère n'avaient signalé l'édification de puissants retranchements à Borodino, 150 kilomètres à l'ouest de Moscou.

Obligé de céder aux injonctions du tsar, le maréchal Koutouzov a judicieusement choisi ce vallon au fond duquel court la Kolotscha, affluent de la Moskowa qui serpente plus au nord. Chacun des mamelons qui bordent ce vaste ravin a été transformé en redoute fortifiée, dotée d'une puissante artillerie dont les tirs respectifs pourront s'entrecroiser dès que les Français, ou plutôt l'armée européenne, feront leur apparition sur la nouvelle route de Moscou. "Les préparatifs d'une grande bataille furent ordonnés, et je fus averti, dit Larrey, de faire en conséquence mes dispositions. Cette nouvelle m'affecta vivement, parce que tous mes chirurgiens étaient restés à Smolensk, et que les fourgons d'ambulance étaient encore en arrière. (…) Le défaut de subsistances et de fourrages, surtout le manque d'avoine, avait réduit presque à l'état d'épuisement les hommes et les chevaux. Arrivé sur la ligne de bataille, on fut au dépourvu de toute espèce de secours. L'eau elle-même était extrêmement rare ; il fallait l'aller chercher à la barbe de l'ennemi au ruisseau… Cependant les corps d'avant-garde de notre armée déploient leurs colonnes, et attaquent, le 5 septembre, à 2 heures de l'après-midi, la première ligne de l'ennemi, qui se resserre sur la deuxième. On enlève quelques redoutes avec leurs pièces de canon. La masse entière s'ébranle ; tout annonçait des résultats satisfaisants (…)."

Avec la chute de la redoute de Schwardino, c'est le flanc droit de Koutouzov qui est maintenant exposé mais la tombée de la nuit vient à son secours interrompre un combat qui, pour avoir été bref, n'en a pas moins démontré que les Russes savent résister comme à Eylau. Six mille Russes hors de combat, dont un grand nombre est relevé par les brancardiers heureusement arrivés *in extremis* avec 45 chirurgiens, aides ou sous-aides et plusieurs caissons d'ambulance.

Entre-temps Larrey a établi son ambulance générale de retraite au couvent de Kolotskoï, à 3 kilomètres au nord-ouest. "Je fus assez heureux, malgré l'éloignement où nous étions de la réserve, pour être à peu près en mesure de fournir les secours nécessaires dans la journée qui se préparait. (...) La journée du 6 fut consacrée au repos des troupes et à la reconnaissance exacte des lignes ennemies. J'en profitai pour faire préparer les appareils à pansements, et mettre au fait du service trente-six chirurgiens que j'avais pu réunir près de moi. Je fis également disposer tous les objets du matériel des ambulances. Les points que devait occuper celle du quartier général et de la Garde avaient été désignés par Napoléon lui-même. Avant de me rendre à ce bivouac, je parcourus toute la ligne pour donner mes instructions aux ambulances des corps et des divisions[1]."

Cantonné dans la défensive, Koutouzov abandonne une longue journée à Napoléon pour regrouper ses 127 000 hommes, mettre en bonne place trois grandes batteries d'artillerie afin d'attaquer massivement l'aile gauche des Russes, faire tomber la "grande redoute" de Borodino qui est l'obstacle majeur sur la route de Moscou.

A son poste à l'aube du 7 septembre, Larrey est l'un des rares à voir la bataille se dérouler devant lui de bout en bout. "Au lever du soleil, la bataille commença par une attaque générale. (...) Plus de deux mille pièces d'artillerie appartenant aux deux armées, firent feu en même temps. Nos bataillons s'élancèrent à travers les feux croisés de l'ennemi, pour s'emparer des premières redoutes et rompre ses lignes. (...) Le centre, sous les ordres particuliers du maréchal Ney, après avoir essuyé le feu le plus vif des batteries et des redoutes nombreuses qui défendaient le point le plus important de la ligne ennemie, enleva ces redoutes et s'empara de cette position formidable et presque inaccessible."

A 10 heures du matin, au prix de pertes immenses, le 5e cuirassiers de Latour-Maubourg sabre les canonniers russes de la

4. Cf. "Plan et Situation des Ambulances établies depuis l'abbaye de Koloskoï jusqu'à Moszaisk pendant et après la bataille du 7 septembre 1812, dressé par ordre de M. le baron Larrey, Inspr. Gal. chirurgien en chef de la Grande Armée".

Charge des cuirassiers à la bataille de la Moskowa. Coll. part.

grande redoute qu'attaquent à revers les voltigeurs du 9e de ligne, petits et agiles, reconnaissables au pompon jonquille de leurs shakos. Peu avant midi, Koutouzov, spéculant sur l'épuisement des Franco-Alliés, se risque à lancer une contre-attaque en faisant donner sa réserve générale, les cosaques de Platov et les cuirassiers de la garde du tsar. La "grande redoute" de Borodino est reprise, mais le prince Bagration est mortellement blessé. Au nord, l'armée d'Italie du prince Eugène de Beauharnais, disposée en épais carrés, fusille imperturbablement les cosaques qui chargent en criant leurs "Hurrah !" habituels, alors que la cavalerie d'Ornano, cousin de Bonaparte, s'illustre en refoulant méthodiquement les assauts russes.

Il est 2 heures de l'après-midi. Si Napoléon fait donner la Garde au centre pour soutenir Ney et Davout, la victoire complète est à lui et un vieux militaire comme Larrey a immédiatement saisi le sens de la manœuvre. Chacun "marcha avec la même fermeté sur les colonnes ennemis qu'il avait à combattre. Toute leur ligne fut ébranlée, leur première position emportée. Ils auraient été totalement coupés sans doute, si la réserve avait pu seconder la colonne du centre, si l'espace qu'occupaient l'infanterie et la cavalerie, déjà très-fatiguées, n'eût pas été aussi étendu. (...) Cependant nos bataillons se serrent ; animés par une nouvelle impulsion, ils s'avancent avec rapidité, et s'emparent de tout le champ de bataille, en repoussant avec vigueur, devant eux, l'armée russe. (...) Cette sanglante bataille a duré depuis 6 heures du matin jusqu'à 9 heures du soir. (...) Il serait difficile de peindre tout ce que présenta d'affreux cette épouvantable journée". Chez les Russes 15 000 hommes tués, Koutouzov ordonne la retraite en bon ordre sur Moscou. Du côté français, 10 000 morts, 20 000 blessés. Aussi meurtrière qu'indécise, cette immense bataille s'appellera désormais victoire de la Moskowa pour les Français, victoire de Borodino pour les Russes !

Larrey compte 9 500 blessés qui "passèrent par notre ambulance générale, dont toute l'armée avait reconnu la position par l'ordre du jour, et par le voisinage où elle était des tentes du quartier général. J'avais à peine fait faire les préparatifs essentiels, que les blessés arrivèrent en foule, et il y aurait eu beaucoup de confusion si je n'avais suivi l'ordre de pansement et de placement que j'ai observé à toutes les batailles[1]".

Parmi les 47 généraux et 37 colonels mis successivement hors de combat, Montbrun est le premier. Lors du second assaut de la grande redoute, un boulet lui a labouré les reins et la colonne vertébrale. "Il fallut le panser sur le lieu même où le boulet l'avait atteint. (...) Il y eut peu de choses à faire ; la mort était certaine et peu éloignée. J'avais couru le plus grand danger pendant le pansement, puisqu'un boulet avait tué des chevaux qui étaient derrière nous."

Revenu à l'ambulance, il reçoit un cavalier légendaire de la Grande Armée, le général Nansouty victime d'une balle dans la paroi du genou, sans dégât articulaire. Toute autre est la blessure de Romeuf dont un boulet a enfoncé le bassin, les viscères abdominaux et les vertèbres lombaires. Il mourra dans la nuit. "(...) je continuai, sans désemparer, jusqu'au lendemain, très-avant dans la nuit, les opérations difficiles. Nos fonctions furent d'autant plus pénibles, que le temps était très-froid et devenait souvent nébuleux. (...) Ce n'était qu'avec beaucoup de peine qu'on pouvait, pendant la nuit, conserver sous mes

1. C'est à Larrey que revient le mérite d'avoir érigé en système le principe du tri et du classement des blessés par ordre d'urgence lors de leur arrivée massive, principe appliqué pendant les deux grands conflits mondiaux et actuellement par la médecine de catastrophe.

yeux une torche de cire allumée : d'ailleurs je n'en avais absolument besoin que pour faire la ligature des artères.

Tous les chirurgiens, dans cette journée, ont donné les preuves les plus signalées de courage et de dévouement. Les ambulances des corps, comme celles des régiments, étaient à leur poste ; elles ont parfaitement rempli leurs devoirs. (...) En général, les blessures de cette bataille étaient graves, parce qu'elles avaient été presque toutes produites par le feu d'artillerie, et que celles qui provenaient de la mousqueterie avaient été reçues à bout portant, ou au moins de très-près. D'ailleurs, les balles des Russes, comme nous l'avons remarqué plusieurs fois, sont plus grosses que celles de nos fusils."

Dans les premières vingt-quatre heures, Larrey a pratiqué deux cents amputations dont onze désarticulations du bras à l'épaule, mais il sait rester le plus conservateur possible quand la lésion le permet. "J'avais fait conserver le genou à un assez grand nombre de blessés qui avaient eu la jambe emportée ou désorganisée par le boulet, assez près de cette articulation, pour me porter à faire l'amputation de la cuisse, si l'expérience ne m'avait démontré le succès de l'amputation pratiquée dans l'épaisseur des condyles[1] du tibia. Les avantages de cette dernière opération n'ont jamais été mieux appréciés par les malades que dans les circonstances cruelles où ils se trouvèrent."

Tous transportés à l'abbaye de Kolotskoï, les malheureux n'ont ni paille pour se reposer, ni couvertures, ni nourriture reconstituante. On ne peut leur servir qu'une méchante soupe faite de tronçons de choux, de pommes de terre germées et de morceaux de cheval.

"Ce genre d'aliments ne tarda même pas à s'épuiser : la marche de nos convois était d'autant plus difficile que les routes étaient infestées de Cosaques. La charpie et le linge à pansement manquèrent également presque partout. (...) Les chirurgiens, seuls consolateurs de ces infortunés, étaient obligés de laver eux-mêmes, ou de faire laver sous leurs yeux, le linge qui avait déjà servi aux pansements, afin de pouvoir les renouveler journellement. Enfin, c'est au zèle infatigable et à l'industrie de mes collaborateurs que la plupart des blessés ont dû leur salut."

Plusieurs "compagnons d'Egypte" lui sont amenés en piteux état. Le général divisionnaire Morand a la mâchoire fracassée par un éclat d'obus, lèvre inférieure et menton lacérés : "Je simplifiai cette blessure grave, je fis l'extraction des fragments

1. Surface articulaire massive et saillante, de forme ovoïde.

osseux détachés de la mâchoire, et je pratiquai plusieurs points de suture qui rétablirent les formes normales du visage et prévinrent la difformité[1]." Friant, un autre divisionnaire de Davout, a eu les deux jambes fortement contusionnées par le passage d'un boulet, sans dégât majeur toutefois. Belliard, ami intime de Larrey, a les muscles du mollet gauche emportés par un boulet. Le maréchal Davout, son cheval tué sous lui, est mal tombé et a perdu brièvement connaissance. "Le général comte Pajol, l'un de ces illustres guerriers de la République et de l'Empire, que j'ai vu si brillant et si heureux dans tant de batailles sanglantes, reçut, dans celle de la Moskowa, à l'avant-bras gauche, un coup de feu, qui fut suivi d'une fracture complète et comminutive des deux os de ce membre. C'est un de ces cas pour lesquels les auteurs en général conseillent l'amputation. J'étais loin de proposer à mon blessé un tel moyen (...) et j'avais lieu de compter sur le succès de mon appareil inamovible."

La plaie débridée et nettoyée des esquilles osseuses, le membre immobilisé dans l'appareil, Pajol peut remonter en selle. Grouchy, né marquis la même année que Larrey, en est à sa quinzième blessure depuis qu'il a servi la République. Ce grand cavalier s'est illustré par ses contributions décisives à toutes les victoires de l'Empire. Il vient de recevoir en pleine poitrine un coup de biscaïen dont la trajectoire oblique n'a heureusement pas pénétré le thorax.

Une partie de l'aristocratie russe, parlant parfaitement le français, se retrouve aussi à l'ambulance. Il s'agit, raconte Larrey, "de plusieurs généraux russes qui furent blessés à la bataille de la Moskowa, et que je pansai avec mes compatriotes et successivement, selon la gravité des blessures ; car, je le répète ici, les blessés d'un combat étant réunis à mon ambulance, je ne reconnaissais plus les nations, les rangs, ou les marques distinctives : je ne voyais que les blessures, m'empressant toujours de porter mes secours aux plus graves, et passant ensuite aux moins graves et aux plus légères".

Dimitri Vladimirovitch, prince sérénissime Galitzin, commandant la cavalerie de la garde du tsar, a le bras droit traversé de part en part par une balle. Du même régiment de cuirassiers, le comte Sakowninsky souffre horriblement d'un fracas de la cuisse et réclame lui-même l'amputation : "Aussi il l'accueillit avec reconnaissance, et la supporta avec un tel courage,

1. Scène représentée dans le tableau de Lejeune donné à la double page suivante.

qu'il n'exprima aucun sentiment de douleur : il est vrai que cette opération fut faite en moins de deux minutes. Ce blessé fut transporté par ses cuirassiers, et à l'aide de l'un de mes brancards flexibles, (...) vers un village que j'avais fait réserver pour les officiers blessés russes" où l'on en compte déjà une centaine.

Là ne s'arrête pas la compassion de Larrey envers les blessés russes. Alors que l'armée a repris sa marche sur Moscou, il retarde son départ de trois jours afin de vérifier que toutes les victimes de cette immense et horrible bataille ont été convenablement secourues.

Rejoignant la Garde à Mozhaysk, il découvre au milieu des maisons en flammes une multitude de blessés russes, abandonnés sans secours dans cette fournaise, car incapables de se déplacer. Ces malheureux mutilés ne demandent qu'une chose dans leur plainte unanime : "A boire !"

"Aidé de quelques soldats de la Garde dont j'avais mis l'humanité plusieurs fois à l'épreuve, je pourvus d'abord aux premiers besoins de ces infortunés. Je leur fis distribuer de l'eau et quelques galettes de biscuit que je découvris dans le fond d'un magasin ; ensuite je fis enlever les morts. Tous les blessés qui n'avaient pas été pansés, le furent immédiatement."

Les Français souffrent aussi de la soif, de la faim que les jeunes conscrits tentent de tromper avec force rasades d'un schnaps vraisemblablement avarié qui les amène à chanceler, tomber sur les genoux avant d'expirer en silence comme l'ont déjà fait les chevaux squelettiques privés de fourrage, épuisés par l'effort. Moscou est à présent à moins de 100 kilomètres et "nous fûmes tout étonnés de nous trouver, malgré le voisinage où l'on était d'une des plus grandes capitales du monde, sur une plaine sablonneuse, aride et complètement déserte. L'aspect lugubre de cette solitude qui jetait tous nos soldats dans le découragement, semblait nous présager la désertion entière de Moscou, et les malheurs qui nous attendaient dans cette cité, dont la richesse devait nous promettre un autre sort".

Le premier sentiment de l'armée en pénétrant dans Moscou, le 14 septembre, est celui de l'éblouissement en face de la splendeur des palais, de la richesse des églises et des merveilles architecturales que souligne la belle régularité du tracé des perspectives.

"Rien ne semblait en discordance dans cette cité. Tout annonçait son opulence et le commerce immense qu'elle faisait des produits des quatre parties du monde."

Bataille de la Moskowa, par L. F. Lejeune. Musée national du château de Versailles. On peut y voir Larrey soignant le général Morand.

Les quartiers des Francs, des Allemands, des Chinois ou des Indiens rappellent aux vétérans ceux du Caire, comme les parfums des épices indiennes ou l'odeur forte des fourrures entassées à l'intérieur de l'immense bazar du Kremlin. Entre le palais du tsar et les basiliques orthodoxes, se dresse, cylindrique, la tour dite d'Ivan que Larrey escalade en curieux. "(...) c'est plutôt un minaret égyptien, dans l'intérieur duquel on a suspendu plusieurs cloches de diverses grandeurs. (...) Du haut de la tour, on découvre toute la ville et ses environs : elle se dessine sous la forme d'une étoile à quatre branches bifurquées. Les couleurs variées des toits des maisons, l'or et l'argent qui recouvrent les dômes et les chapiteaux des clochers" témoignent d'une richesse que soulignent aussi "les lustres et les candélabres d'argent massif" qui ornent les intérieurs désertés par leurs habitants.

Hormis quelques domestiques consignés par leurs maîtres à la garde des enfants en bas âge, aucun signe de vie dans cette immense cité où règne un pesant silence.

Soudain, des fenêtres du bazar jaillissent les premières flammes.

L'incendie saute d'un immeuble à l'autre, se propageant avec une rapidité stupéfiante que favorise la violence du vent d'équinoxe. Entre les tourbillons de fumée noire surgissent par moments les silhouettes furtives des incendiaires, détenus des prisons, libérés par le gouverneur Rostopchine[1] afin d'accomplir leur sinistre besogne. Plutôt condamner la Sainte Moscou au martyre que la livrer à une profanation humiliante[2].

"Ces misérables, excités, soit par un ordre supérieur, soit par un mouvement spontané, et dans la vue sans doute d'exercer le pillage, se portaient, aux yeux de tout le monde, d'un palais à l'autre, ou d'une maison à une autre, pour y mettre le feu ; les patrouilles françaises, quoique nombreuses et fréquentes, n'avaient pu les en empêcher : j'ai vu prendre plusieurs de ces individus sur le fait ; on avait saisi dans leurs mains des mèches allumées et des matières combustibles. La peine de mort, appliquée à ceux qu'on prenait en flagrant délit, ne faisait nulle impression sur les autres ; et l'incendie continua trois jours et trois nuits sans interruption. En vain nos soldats coupèrent les maisons pour l'arrêter ; la flamme franchissait bientôt les espaces, et en un clin d'œil les bâtiments ainsi isolés étaient embrasés.

1. Sa fille devint par son mariage la célèbre comtesse de Ségur.

2. Le témoignage oculaire de Larrey, vivant et précis, considéré comme l'un des meilleurs de l'incendie de Moscou, se devait d'être cité ici pratiquement *in extenso*.

(...) toute la cité était embrasée, des gerbes épaisses de flammes de couleurs variées s'élevaient de toutes parts, jusqu'aux nues, couvraient en entier l'horizon, portant au loin une lumière éclatante et une chaleur brûlante. Ces gerbes de feu projetées dans tous les sens et entraînées par la violence des vents, étaient accompagnées dans leur ascension et dans leur marche rapide, par un sifflement épouvantable et par des détonations foudroyantes, résultat de la combustion des poudres, du salpêtre, des huiles, résines et eaux-de-vie, dont la plupart des maisons et des boutiques étaient remplies. Les plaques de tôle vernissée, qui recouvraient les bâtiments, se détachaient brusquement par l'effet de la chaleur, et allaient jaillir au loin ; des portions très-considérables de solives ou de poutres de sapin enflammées, lancées à de très-grandes distances, servaient à propager l'incendie jusqu'aux maisons que l'on croyait les moins exposées à cause de leur éloignement. L'épouvante et la terreur avaient frappé tout le monde. (...) Les hommes du bas peuple qui étaient restés dans Moscou, pourchassés d'une maison à l'autre par l'incendie, jetaient des cris lamentables. Très-jaloux de sauver ce qu'ils avaient de plus précieux, ils se chargeaient de ballots qu'ils avaient peine à porter, et que souvent on les voyait abandonner pour se soustraire aux flammes. Les femmes, conduites par un sentiment d'humanité bien naturel, emportaient un ou deux enfants sur leurs épaules, traînaient les autres par la main ; et, pour échapper à la mort qui les menaçait de toutes parts, couraient, les jupes retroussées, se réfugier dans les recoins des rues et des places ; mais l'activité du feu les forçait bientôt d'abandonner cet asile, et de fuir précipitamment de tous côtés, sans pouvoir quelquefois sortir de cet espèce de labyrinthe, où plusieurs d'entre elles trouvèrent une fin malheureuse. J'ai vu des vieillards dont la longue barbe avait été atteinte par les flammes, traînés sur de petits chariots par leurs propres enfants, qui s'empressaient de les enlever de ce véritable tartare[1].

(...) Enfin, en huit ou dix jours, cette immense et superbe cité fut réduite en cendres, à l'exception des palais du Kremlin, de quelques grandes maisons et de toutes les églises, ces édifices étant bâtis en pierre."

Un soldat écrit à sa femme : "C'est la plus belle horreur que j'ai vue et verrai de ma vie, l'on y lisait à minuit comme à midi."

1. Ceinturé d'un fleuve roulant des torrents de feu, le Tartare est la partie des Enfers réservée aux auteurs de crimes inexpiables, dans la mythologie grécolatine.

“On ne se fait pas une idée d’un pareil déluge de feu !”, s’écrie un aumônier. L’incendie a semblé cerner un moment le Kremlin où, de la fenêtre de sa chambre, Napoléon est réveillé par l’intense lueur des flammes. Son entourage le presse de s’installer au château de Pétrowskoïé, sur la route de Saint-Pétersbourg. Dans quelles conditions ? “Nous marchions sur une terre en feu, sous un ciel de feu, entre deux murailles de feu”, dit le comte de Ségur, et Montesquiou ajoute : “Quoique cette rue fût large, les flammes se joignaient en voûte sur nos têtes. Nous étions obligés de protéger nos joues, nos mains, nos yeux avec nos mouchoirs, nos chapeaux, les pans de nos habits.”

Larrey a pris le risque de demeurer près du Kremlin avec ses camarades, mais dans une maison en pierres située au sommet du quartier franc. “Je pus facilement observer de là tous les phénomènes de cet épouvantable embrasement. Nous avions envoyé nos équipages au camp, étant toujours sur le qui-vive, pour parer aux événements ou pour les prévenir. (…) Quant à nos soldats, tourmentés par la faim et la soif, ils bravaient tous les dangers pour ravir du fond des caves et des boutiques embrasées les comestibles, les vins, les liqueurs, et autres objets plus ou moins utiles. On les voyait courir dans les rues pêle-mêle avec les habitants désespérés, emportant tout ce qu’ils avaient pu arracher aux ravages de cet affreux incendie. (…) On découvrit, à force de recherches, des magasins de farine, de viandes, de poissons salés, d’huiles, d’eaux-de-vie, de vins et de liqueurs. On en fit quelques distributions aux soldats ; mais on voulut beaucoup trop épargner ou emmagasiner. (…) De leur côté, les soldats qui ne songent jamais à l’avenir (…) ne s’occupaient qu’à recueillir les vins, les liqueurs, les matières d’or et d’argent, et méprisaient tout le reste. Cette abondance inattendue qu’ils devaient à leurs infatigables recherches, altéra la discipline de l’armée et la santé des hommes intempérants. (…) Moscou devint, pour nos troupes, une nouvelle Capoue.”

Quand on a tant souffert, tant risqué, une telle insouciance apparaît bien légitime. Parmi les jeunes recrues, aucune ne peut posséder l’expérience, la prudence ou la prévoyance d’un Larrey qui se damne de voir gaspiller inutilement les vivres comme de regarder brûler lainages et fourrures alors qu’il est le seul en ces douces journées de septembre à appréhender l’arrivée de l’hiver. Au diable les soucis ! se dit la troupe, d’ailleurs l’incendie est éteint, on n’entend plus parler de l’armée de Koutouzov, l’Empereur est parmi nous et s’il prend ainsi son temps, c’est que nous prendrons nos quartiers d’hiver à Moscou !

Larrey en est à ce point persuadé qu'il écrit en ce sens à sa fille le 18 septembre.

Il a installé ses blessés français dans "l'hôpital des Enfants-Trouvés, situé sur les bords de la Moskowa, protégé par le canon du Kremlin[1], (...) sans contredit le plus vaste et le plus bel établissement de ce genre qu'il y ait en Europe". Il a découvert avec admiration et enthousiasme la belle architecture des hôpitaux moscovites, comparable à celle de l'Ecole militaire de Paris, leur confort, leur extrême propreté, en un mot leur modernisme, que ce soit l'hôpital Cheremetow, réservé à la Garde, ou celui de Galitzin qui regroupe les officiers blessés, français et russes. L'automne est superbe, beau et doux, "un temps de Saint-Martin, aussi chaud qu'à Paris", a déclaré l'Empereur. L'armée vit bien. "Nous sommes à plaindre, sous le rapport de la société, puisque nous ne voyons personne", écrit un soldat. Qu'à cela ne tienne, on aménage un théâtre où se produisent des artistes lyriques italiens.

La guerre semblerait finie car personne ne sait que le rusé Koutouzov a arrêté sa retraite à Taroutina, à plus de 100 kilomètres au sud de Moscou, sachant bien que la capitale, même brûlée, absorbera les Français comme une "éponge" ! Profitant de ce délai inespéré, il reconstitue une puissante armée de 80 000 hommes avec des renforts qui ne cessent d'affluer et ordonne à ses cosaques des raids répétés contre les convois ou courriers français en provenance de Smolensk.

Le 25 septembre, Larrey se rend au Kremlin afin de présenter à l'Empereur son rapport de situation des malades et blessés. A peine entré dans le cabinet où Daru, l'intendant général, est déjà assis, Napoléon l'interroge :

"Alors, Larrey, que penseriez-vous d'hiverner à Moscou ?

— Je pense, Sire, que la troupe bien nourrie, bien casernée n'a jamais eu meilleur moral. Mes malades évoluent vers la guérison pour peu qu'on leur épargne toute fatigue.

— Allons au fait, monsieur Larrey, votre sentiment ?

— Sire, ce qu'on a pu récupérer des magasins partiellement incendiés permet de subvenir à tous les besoins de l'armée pendant plus de six mois. Il me semble sage d'hiverner à Moscou, compte tenu de la rigueur du froid auquel il faut s'attendre.

— Daru pense la même chose et vous, Larrey, vous parlez comme M. de Caulaincourt d'un hiver qui ferait peur aux enfants !"

1. Conservé depuis 1586 au palais du "tsar Puschka", le tsar des canons, long de 5,34 mètres, d'un poids de 40 tonnes, calibre 920 mm, n'a jamais tiré.

Ressortant avec Daru, Larrey, pris d'un doute, s'entend avec lui afin d'évacuer progressivement les convalescents sur Smolensk. Napoléon, de plus en plus déçu d'attendre en vain des propositions de paix du tsar, se demande s'il ne lui faudra pas aller les imposer à Saint-Pétersbourg ! Hésitant et perplexe sur le parti à prendre, il ajourne sa décision pour en prendre d'autres. Le 15 octobre, de son bureau du Kremlin, il signe le décret organisant le statut de la Comédie-Française…

Trois jours plus tard, le retour subit et piteux de Murat, parti à la recherche de Koutouzov, est en soi un élément de réponse : surpris et enveloppé par les Russes à Winkowo, à 70 kilomètres au sud de Moscou, il a perdu 2 000 hommes, ses bagages et de nombreuses pièces d'artillerie.

Le 19 octobre 1812, l'Empereur prend la décision de faire retraite sur Smolensk, mais par le sud cette fois, afin de ne pas reprendre la même route déjà dévastée et repasser devant les cadavres de Borodino.

Larrey a reçu les ordres d'évacuation et entendu battre la générale. "(…) tous les corps se disposent à exécuter ce mouvement précipité. (…) La crainte où l'on était de manquer de vivres, et le souvenir des privations que l'on avait déjà essuyées, avaient porté tous nos compagnons à faire des provisions. Les uns en avaient chargé des voitures, d'autres leurs chevaux, et les soldats en avaient rempli leurs sacs. Jamais l'armée n'avait été encombrée d'autant d'équipages qu'à sa sortie de Moscou. Celle de Darius, lors de son départ de Babylone, ne présentait sans doute pas autant de richesses et de bagages.

Un brouillard humide et pluvieux, qui se déclara le lendemain, rendit la marche de ces équipages extrêmement difficile, et il y eut alors un premier désordre, parce que chacun voulait sauver ses provisions."

Emportant la croix d'or d'Ivan-le-Grand qui ornait le clocher le plus élevé du Kremlin, Napoléon croit-il se munir du trophée de lointaines victoires ou d'un talisman le protégeant d'une mystérieuse fatalité ?

XXV

L'"ATAXIE[1] CATARRHALE DE CONGÉLATION"

Qui sort de Moscou, une armée ou une caravane ?

En tête, triste mais digne, l'état-major qu'accompagne Larrey. Puis 100 000 hommes d'apparence militaire seulement car la plupart ont abandonné à Moscou l'uniforme en guenilles pour s'habiller de pelisses ou de blouses moscovites, la taille serrée par des cachemires de grand prix, coiffés de bonnets de fourrure ou de lainage entourant le shako, noué en fichu sous le menton. Faisant preuve d'une rare prévoyance, le sergent Bourgogne s'est recouvert d'une immense peau d'ours qu'il a percée d'un trou pour passer la tête. Le bruit des pas est effacé par le cliquetis des bouteilles qui se heurtent à l'intérieur des sacs aux objets d'orfèvrerie. Derrière les hommes roulent 550 canons, 2 000 voitures : caissons d'artillerie, fourgons à bagages remplis à ce point d'un invraisemblable butin que leurs couvercles ont peine à être rabattus, voitures d'ambulance à bord desquelles ont pris place les officiers de santé. En queue de cortège, Ney et la Garde en uniforme, disciplinée, puis la procession en plusieurs files d'une foule de civils français craignant le retour des Russes, avec femmes, enfants, domestiques, les plus riches en carrosses, les autres en calèche ou à pied, tous surchargés des biens qu'ils ont pu amener avec eux.

Avant de quitter Moscou, Larrey a été contraint d'y laisser les malades intransportables ainsi que les blessés russes, tous étant confiés à la sauvegarde de plusieurs chirurgiens français.

Le 24 octobre, l'avant-garde du prince Eugène tombe dans une embuscade tendue par Koutouzov dans les défilés de Maloyaroslavetz. Féroce combat au corps à corps, entraînant 4 000 morts

1. Difficulté à coordonner les mouvements volontaires, en particulier la marche, due à une atteinte des centres nerveux.

Le départ de Moscou. Coll. J.-B. Q.

et 2 000 blessés aussitôt pris en charge par Larrey et ses équipes chirurgicales. "L'état-major et la Garde rétrogradèrent le même soir. (...) Je suivis ce mouvement, et fit disposer, en arrivant, une ambulance pour y recevoir les blessés isolés du combat. Le lendemain matin 25, à la pointe du jour, Napoléon, revenant de Malajaroslaw, où le prince avait couché, fut entouré tout à coup, avec son escorte, par plusieurs milliers de Cosaques, qu'une brume épaisse avait empêché de distinguer d'abord. Ils enlevèrent plusieurs pièces de canon, et blessèrent beaucoup de chasseurs à cheval. Napoléon lui-même courut de grands dangers. Cependant les cavaliers de la Garde ayant une fois reconnu l'ennemi, firent des prodiges de valeur, le dispersèrent malgré des obstacles excessifs, et reprirent les pièces d'artillerie.

Il ne restait d'autre partie qu'une prompte retraite... Napoléon voulant sans doute sauver les blessés et malades que nous avions en grand nombre dans les ambulances de Mozaïsk, Kolloskoï, Giad, Wiasma, etc., (...) se décida à reprendre la route que nous avions suivie en venant... Ce fut un grand sujet de chagrin pour toute l'armée, qui entrevoyait l'affreuse misère que nous aurions à supporter à travers une immense étendue de pays devenu désert, et ruiné par la destruction des villes, des villages, et par le passage continuel de nos troupes et des Cosaques."

Plus encore que Napoléon, Koutouzov redoute un nouveau choc frontal analogue à celui de Borodino. Il se contente de suivre d'assez loin le trajet des Français en empruntant la route intacte du sud, celle-là même que Napoléon a dû abandonner, en enjoignant aux Cosaques de Platov d'en faire autant au nord et de harceler à la demande les colonnes ennemies.

Repassant par l'abbaye de Kolotskoï, Larrey retrouve avec une certaine joie les ambulances qu'il avait établies pendant la bataille de Borodino. "Dans l'une d'elles étaient les officiers russes dont j'ai déjà parlé ; ils étaient guéris de leurs blessures. (...) ces trois blessés vinrent à ma rencontre m'exprimer, les larmes aux yeux, leur reconnaissance : je les fis écarter de la route où notre armée passait, et j'eus le bonheur de les soustraire ainsi à la captivité ; (...) et je leur laissai même de l'argent pour se procurer, près des juifs ambulants, les choses de première nécessité, en attendant l'arrivée de leurs compatriotes. Je leur recommandai en même temps nos malades : j'ai lieu de croire que ces officiers les auront protégés et n'auront pas oublié les services qu'on leur a rendus."

Brève émotion chassée au même moment par la perception des graves périls immédiats qui se conjuguent. "La pénurie des moyens était déjà grande ; il tombait beaucoup de neige, et le froid augmentait toujours. C'est ici que commença la désorganisation de l'armée, qu'on ne put rallier qu'imparfaitement à Wiasma. La route était devenue difficile à cause de la neige dont la terre était couverte, et le soldat souffrait beaucoup au bivouac." On reçoit encore des distributions de farine, mais pas de pain. Les rares maisons en bois sont souvent incendiées accidentellement par des soldats imprudents qui allument à côté d'elles leurs feux de bivouac puis s'endorment épuisés. Larrey, habitué du fait, s'évertue à placer les malades dans des bâtiments en pierre peu éloignés qui, pour être moins vulnérables au feu, sont davantage exposés aux raids des Cosaques ! Il ne dispose presque plus de moyens de transport, il va s'en ouvrir à l'Empereur qui, séance tenante, met à sa disposition ses propres voitures et caissons ainsi que tous les médecins de sa maison, dont Ribes, l'ami de vieille date. "J'avais à emporter ainsi plus de deux mille blessés. J'obtins de l'Empereur un ordre qui imposait à tout officier, tout cantinier, tout émigré de Moscou, qui avait une voiture, l'obligation de prendre un ou plusieurs blessés avec lui."

Le 1er novembre, un "hourra" de Cosaques, appuyé par de l'artillerie volante, parvient à couper en deux l'arrière-garde à Viazma et à capturer un grand nombre des blessés ainsi que les civils français établis à Moscou. Larrey en est d'autant plus affligé que "(...) les effets des privations et du froid se firent sentir de plus en plus. Déjà les blessés et les individus les plus

Un "hourra" de Cosaques. Coll. part.

faibles succombaient à ces cruelles vicissitudes ; les chevaux surtout, privés de fourrage et constamment au bivouac, périssaient en grand nombre ; souvent, on n'attendait pas qu'ils tombassent pour les égorger : la chair de ces animaux, que les soldats faisaient griller au premier feu de bivouac, servait à apaiser la faim qui les tourmentait".

Contrairement à la cavalerie russe, nos chevaux n'ont pas été ferrés à glace avec des fers cramponnés armés de clous pointus qui pénètrent dans la glace et les empêchent de glisser. Après plusieurs chutes sur la neige verglacée, leurs membres se brisent, il faut les achever d'un coup de fusil.

Chacun a mis pied à terre, ne serait-ce que pour se réchauffer en marchant. Même l'Empereur qu'on voit cheminer un grand bâton à la main, la mine préoccupée, le regard accroché au morne horizon que rien ne renouvelle. "Même lui ! Lui qui nous a fait si grands !" disent en pleurant les plus anciens ! Le maréchal Ney, "le rougeaud" comme l'appellent ses soldats en faisant allusion à son teint roux, dirige maintenant l'arrière-garde le fusil à la main. Sa constante énergie permet à l'armée de franchir le Dniepr à Dorogobuzh.

Larrey y retrouve beaucoup de blessés, maintenus en garnison depuis l'été. Ceux qui peuvent marcher suivront l'armée, les autres sont installés par ses soins dans le meilleur hôpital, lorsqu'éclate soudain un violent incendie dans un des pavillons : "Je ne sortis moi-même de cet hôpital qu'à travers les flammes, et après avoir employé avec mes collaborateurs, pour sauver les blessés, tous les moyens que nous pûmes imaginer, et que pouvait permettre la rapidité avec laquelle l'incendie se propageait."

Smolensk n'est plus qu'à 80 kilomètres ! Smolensk ou l'enchantement de la Terre promise, se dit-on de bouche à oreille pour s'encourager dans les rangs qui s'éclaircissent. Les ventres creux rêvent d'une nourriture abondante, les corps transis de vêtements chauds au lieu d'uniformes en lambeaux et d'abris chauffés à la place des bivouacs battus par les vents. "Nous espérions tous trouver le terme de nos misères aux portes de l'ancienne Pologne. (...) mais nous fûmes trompés dans notre attente." La ville n'a pu encore renaître de ses cendres, les maigres provisions de biscuits ont été pillées et dilapidées. Les premiers arrivés, pressés d'assouvir une faim féroce, ont abandonné toute discipline et enfoncé à coups de crosse les portes des magasins devant lesquelles l'état-major avait prévu de pratiquer des distributions organisées. L'arrière-garde ne trouve plus rien, c'est le début du “chacun pour soi” pour des hommes réduits peu à peu à la condition animale. Sauf pour des êtres de la trempe de Larrey. “En effet, ici commencent les horreurs dont nous devions être victimes pendant cette fatale retraite. (...) La situation des officiers de santé était surtout bien déplorable ; obligés de consacrer tous leurs moments avec moi au pansement des nombreux blessés que nous avions dans les hôpitaux, ils ne purent s’occuper des moyens de se procurer des subsistances ; ils étaient loin de trouver dans ces établissements la moindre ressource, puisque les malades en manquaient eux-mêmes. Je fus néanmoins assez heureux pour acheter à grand prix deux sacs de farine, que je distribuai à ceux de mes camarades dont les besoins étaient les plus pressants.”

Bien nourries, chaudement vêtues de longs manteaux capitonnés, chaussées de bottes fourrées, les armées russes convergent, elles aussi, vers Smolensk qu’elles menacent d’encercler. Dans ces conditions, il n’est plus question de prendre les quartiers d’hiver dans cette ville fantôme, dans cette Smolensk où Napoléon avait envisagé un instant de séjourner avec son armée jusqu’au printemps, pour se retourner ensuite vers Saint-Pétersbourg et talonner le tsar.

Le 14 novembre, ce qui reste de l’armée, 50 000 hommes, 127 canons, s’ébranle lentement en suivant le cours du Dniepr vers le prochain grand rendez-vous d’Orcha, en Biélorussie. Consultant le thermomètre qu’il porte en permanence agrafé à ses boutons d’uniforme, Larrey lit avec stupeur : – 19 degrés ! L’intensité du froid est aussi inhabituelle que sa précocité. Dire que l’an dernier, le 31 décembre, soit un mois et demi plus tard, la Neva n’avait pas encore gelé à Saint-Pétersbourg, 550 kilomètres plus au nord !

“Ces premiers froids, survenus presque tout à coup, furent pernicieux à plusieurs de nos jeunes gens, et surtout aux animaux, qu’on trouvait fréquemment, sur les bords du chemin, étendus morts dans la neige. Ceux de nos compagnons qui avaient contracté la bonne habitude de marcher, et qui avaient pu conserver un peu de café et de sucre, étaient moins en danger. L’exercice habituel prévenait l’engourdissement des membres, entretenait la calorification et le jeu des organes, tandis que le froid saisissant les individus portés sur des chevaux ou des voitures, les jetait bientôt dans un état de torpeur et d’engourdissement paralytique, qui les portait à s’approcher d’autant plus des feux des bivouacs, qu’ils ne sentaient pas les effets de la chaleur sur les parties gelées : c’est ce qui provoquait la gangrène, dont j'ai eu le bonheur de me préserver en marchant continuellement à pied, et en me privant entièrement du plaisir de me chauffer."

De Smolensk à Krasnoë, ce qui n'a pas brûlé est enseveli sous la neige, il fait – 21 degrés.

On vit sur les morts. Sur les chevaux échappés aussitôt sacrifiés, éventrés comme le font les loups pour en saisir le foie, mets de prédilection, et dont la carcasse servira d'abri la nuit prochaine. Sur les hommes morts qu'on déchausse systématiquement afin que les vivants ne marchent plus les pieds nus ou à peine enveloppés d'écorces de bouleaux maintenues par des chiffons noués entre eux.

Il n'y a plus de régiments, ni même de compagnies. Seulement des petits groupes de dix ou vingt hommes qui pour survivre se regroupent entre "pays", n'admettant personne d'autre à leur bivouac, fût-il général, à moins qu'il n'apporte un peu de farine ou de riz.

Aux haltes, Larrey, malgré ses doigts gourds, arrive à noter sur son journal : "L'armée qui s'était décomposée à son passage à Smolensk, perdit encore beaucoup de monde dans l'intervalle de cette ville à Krasnoë.

Le froid et la faim furent les principales causes de la mort. (…) les chemins couverts de glaces rendaient la marche extrêmement difficile."

Dans l'arrière-garde de Ney, seule la garde impériale est demeurée en ordre de bataille suffisant pour repousser le corps de Miloradovitch ou les attaques de partis de Cosaques qui attendent l'encerclement final projeté par Koutouzov.

"Le lendemain 17 novembre, à la pointe du jour, nous nous trouvâmes presque cernés par une armée russe très-nombreuse. Il fallut livrer bataille, autant pour pouvoir continuer notre retraite que pour prouver à l'ennemi que nous n'étions pas sans moyens de défense, comme il le croyait. Cependant l'arrière-garde et la vieille garde étaient seules en état de soutenir le choc ; les troupes de ce dernier corps surtout combattirent avec une extrême valeur. Nous eûmes près de douze cents blessés, que je fis transporter à l'hôpital de Krasnoë.

(…) Dans cette circonstance difficile et extrêmement périlleuse, tous les individus de l'armée montrèrent un sang-froid imperturbable ; les femmes françaises même qui avaient pu nous suivre en partageant nos privations et nos dangers, portèrent leur courage jusqu'à nous aider à panser les blessés sous le canon de l'ennemi", telle Aurore Bursay, directrice des théâtres de Moscou. Là aussi, pénurie de pansements même pour les blessés graves que

Larrey opère avant de repartir, après avoir pris la précaution de laisser sur place des assistants qui poursuivront les soins.

Au départ de Krasnoë, le thermomètre remonte à – 10 degrés, mais ce radoucissement bienvenu s'accompagne de chutes de neige continuelles. En s'enfonçant jusqu'aux genoux, on marche aux prix d'efforts inouïs qui eux-mêmes augmentent encore les spasmes de la faim. Quelques jours auparavant, on se moquait de ces grands cuirassiers qui s'étaient "remontés" sur des "cognats", la race locale si petite que les talons des cavaliers traînaient par terre. Aujourd'hui, le cognat est une denrée rare, on ne peut même plus s'écarter de la route pour rechercher des vivres dans quelque village sans se faire massacrer sans pitié par les partisans russes à l'affût des isolés. "Presque toute l'armée était sans armes et dans un désordre complet. La garde seule, quoique réduite de plus de moitié, avait conservé ses armes et un bon esprit de discipline. (...) On ne s'arrêtait que quelques heures au milieu de la nuit dans les lieux où l'on trouvait quelques ressources, ou au moins du bois pour faire les feux des bivouacs."

A Orcha, on franchit le Dniepr sur le pont intact, après avoir laissé les malades dans les hôpitaux encore approvisionnés de cette localité. Dès que l'arrière-garde de Ney, dont on était sans nouvelles depuis trois jours, se fut présentée et eut franchi le Dniepr, "(...) le pont fut rompu et brûlé à la barbe de l'ennemi ; ce qui arrêta sa marche pendant quelques jours, parce que le fleuve n'était pas encore complètement gelé. Malgré cet avantage, notre retraite devenait de plus en plus pénible (...) les chemins impraticables : la neige n'avait cessé de tomber depuis Krasnoë".

Koutouzov ainsi retardé 50 kilomètres en arrière, Napoléon consulte anxieusement ses cartes : le rapprochement des deux groupes d'armée nord et sud des Russes qu'on lui a signalé ne peut s'opérer qu'en un point précis, à Borisov [Barysaw]. Pourquoi ? Parce que ce bourg est situé sur la rivière Bérézina, qui coupe perpendiculairement la route des Français. Si les Russes détruisent les ponts, l'armée sera bloquée, encerclée de toute part car Koutouzov aura rejoint les deux corps d'armée. Ce serait à coup sûr la destruction complète ! Pour accélérer la marche et prendre les Russes de vitesse, l'Empereur a ordonné de brûler le maximum de fourgons, de voitures, de forges de campagne, de matériels de pontonniers.

Prudent, le général Eblé, ancien artilleur qui commande le train des pontonniers, a fait la sourde oreille dès qu'il s'est aperçu, comme Larrey pour le Dniepr, que les cours d'eau en raison du récent dégel ne sont pas entièrement pris par une glace dure donc franchissable.

Le 24 novembre, se noue l'étranglement tant craint par Napoléon et que Larrey a jugé d'un coup d'œil. "Nous arrivâmes devant Borrisow, dont le pont avait été coupé par Tormasoff, qui occupait la ville et ses environs, sur la rive droite de la Bérézina, position inexpugnable et hors de la portée de notre canon. Notre chemin de retraite étant ainsi coupé et d'un accès inabordable, on résolut d'aller passer la rivière à deux lieues plus haut, tandis qu'on ferait des démonstrations d'attaque vis-à-vis l'armée ennemie."

Que s'est-il passé ? La Bérézina, large de 80 mètres environ, est en crue. Un torrent furieux et tumultueux qui charrie par instants des plaques de glace, mais son lit peu profond ne dépasse pas 2 mètres. Parti en éclaireur sur les berges de la rivière, le général Corbineau a découvert à 30 kilomètres en amont le gué de Studienka assez facile à franchir. Un fantassin n'aura de l'eau qu'aux aisselles, un cavalier qu'aux genoux. Nouvelle providentielle pour Napoléon qui a entendu, quelques heures avant, ses troupes s'écrier : "Il nous tirera encore de là !"

Par une manœuvre habile il va effectivement les tirer de là, en se montrant ostensiblement à Borisov, en ordonnant un simulacre de réfection du pont de pierre afin de leurrer les Russes tandis qu'il fait discrètement pivoter au nord les corps d'armée encore organisés vers le gué de Studienka sur lequel les pontonniers d'Eblé ont entamé la construction de passerelles sur chevalets. "En attendant que les ponts fussent construits, le quartier général et la Garde, que Larrey a rejoints, allèrent s'établir, la nuit du 24 au 25 novembre, dans le château d'un prince de Radziwil. (...) Les fermes de ce château étaient pleines de fourrage et de bestiaux, ce qui fut d'un grand secours pour la cavalerie qui nous restait et pour toute la Garde. On y trouva aussi quelques farines et beaucoup de légumes secs. La crainte d'être brûlé dans les granges me fit rester au bivouac au milieu des grenadiers. Le ciel était serein, et le froid assez vif. Obligé de parcourir le camp pendant la nuit pour visiter les blessés qui nous suivaient, je pus observer à l'aise tout ce qui nous entourait."

Qu'observe-t-il ? La misère des hommes qui l'entourent ? Il ne la connaît que trop.

Cet amoureux de la nature, artiste et poète, regarde le ciel dont la pureté ne fait qu'accentuer la tragédie de la terre. "Je ne tardai pas à être frappé de l'apparition d'une comète, presque parallèle à l'horizon, en regard de l'armée et située droit au nord.

Elle paraissait descendre vers le pôle arctique : ce corps lumineux était allongé perpendiculairement et se terminait en une pointe de laquelle se détachait une mince chevelure qui s'élevait en ligne verticale à une très-haute distance." Lui l'Egyptien, pense-t-il à la fille du roi Ptolémée, à la "Chevelure de Bérénice" que Vénus aurait jetée parmi les étoiles ou bien à la couronne de pierreries qui ceignait le front d'Ariane et que Bacchus lança dans le firmament pour qu'elle brille d'un éclat immortel sous la forme de la "couronne boréale" ?

Entre-temps, deux passerelles ont été construites à l'insu des Russes. Les 1er et 4e corps ou ce qu'il en reste les franchissent en bon ordre, suivis de la Garde, tandis que les corps d'Oudinot et de Victor contiennent avec courage les assauts des troupes russes tardivement informées de la manœuvre de Napoléon, encore intimidées par sa présence bien que le comte Woronsof ait proclamé d'un ton présomptueux : "Je doute que ce monstre puisse éviter la mort ou la captivité." Le 26 novembre au soir, 10 000 hommes sont passés sur la passerelle réservée aux fantassins, l'autre pont plus solide est emprunté par l'artillerie et les lourds équipages.

Larrey et ses ambulances attendent leur tour, "(...) mais, au passage des canons de gros calibre, l'un des ponts se rompit : la marche du reste de l'artillerie, de tous les équipages et des ambulances se trouva ainsi suspendue. Cet accident jeta la terreur chez tous ceux qui étaient restés sur la rive gauche. (...) notre arrière-garde (...) fit toute la résistance possible ; forcée dans sa position, elle voulut de même effectuer sa retraite, et ce mouvement facilita davantage l'approche de l'ennemi, dont les boulets et les obus tombaient sur la foule immense déjà formée à la tête des ponts, qu'on avait réparés sans doute, mais dont le passage était devenu impraticable, par l'encombrement et le désordre qui y régnaient. L'épouvante était dans tous les esprits ; on se pressait, on se heurtait de toutes parts, on se jetait les uns sur les autres ; le plus fort abattait le plus faible, qui était foulé aux pieds de la multitude ; les voitures, les chariots d'artillerie, ceux des équipages, étaient renversés et brisés ; les chevaux et les conducteurs écrasés sous les débris de ces chariots ; enfin on n'entendait de tous côtés que des cris lamentables. Pour comble de malheur, les ponts mal assurés se rompent une seconde fois. Dès ce moment, toute espérance de salut paraît être détruite ; le plus grand nombre ne prend plus conseil que de son désespoir ; on s'élance sur un banc de glace, imaginant pouvoir passer la rivière à la faveur des glaçons qui semblent la couvrir, mais on est arrêté près de l'autre rive, où ce banc était interrompu par la force même du courant. Quelques-uns parviennent à franchir cet espace à la nage ; d'autres ont le malheur de se noyer, ou de se trouver embarrassés au milieu des glaçons ; ils y périssent d'autant plus vite qu'ils sont déjà engourdis par le froid et exténués par les privations. Les plus courageux et les plus sages reviennent sur leurs pas pour se jeter dans les mains des Russes, et se soustraire aux horreurs du spectacle qu'ils avaient sous les yeux.

Le passage de la Bérézina coûta la vie à un grand nombre d'individus de toutes les classes : on a vu des mères suivre volontairement le sort de leurs enfants tombés dans la rivière, ou se noyer avec eux, les tenant étroitement embrassés. Plusieurs autres actions aussi touchantes ont été observées dans cette catastrophe.

Malgré des difficultés presque insurmontables, j'avais repassé l'un des ponts quelques heures avant sa rupture, dans l'intention de faire transporter sur la rive droite plusieurs caisses d'instruments de chirurgie dont on avait le plus grand besoin pour les blessés ; ce court voyage faillit me coûter la vie. J'étais prêt de périr dans la foule à mon tour, lorsqu'heureusement je fus reconnu ; aussitôt chacun s'empresse de favoriser mes efforts ; transporté par les soldats de l'un à l'autre, je me trouvai, à ma grande surprise, en peu de moments sur le pont. Ce témoignage, qu'ils me donnèrent de leur attachement dans cette circonstance, me fit bientôt oublier et les dangers que j'avais courus et la perte que je venais de faire de mes équipages[1]."

En un instant, a éclaté le cri que les soldats se répètent d'un bout à l'autre de la passerelle :

"Place à Monsieur Larrey !"

La foule désordonnée obéit comme par miracle, se tasse, s'écarte pour laisser passer celui qui, avec Eblé, "étaient les deux seuls hommes que toute l'armée continuait à respecter et à écouter[2]".

Elisabeth Larrey recevra une lettre aux termes identiques, quoique d'un ton évidemment plus personnel : "(...) Tout autre que moi aurait péri sur le pont de la Bérézina, que je passais pour la troisième fois, au moment le plus périlleux. Mais à peine eusse-je été reconnu que je fus saisi par des mains vigoureuses et envoyé de l'un à l'autre, comme un paquet de linge, jusqu'à l'extrémité du pont, tandis que des généraux marchant derrière

1. Comme celui de l'incendie de Moscou, le "reportage" de Larrey est cité pratiquement *in extenso*.

2. Thiers, *Le Consulat et l'Empire*, t. IV.

Larrey à la Bérézina, par Soldé. Musée du Val-de-Grâce.

moi étaient, quoiqu'ils déclarassent m'accompagner, arrêtés dans leur marche et disparaissaient à mes yeux pour jamais. Je n'en ai plus jamais entendu parler, et je ne sais ce qu'ils sont devenus. Ma chère Laville, ces témoignages d'attachement de l'armée sont pour moi la plus belle récompense que je puisse désirer. Je ne t'en aurais jamais parlé si tu ne m'en avais donné l'occasion."

En fait, fidèle aux devoirs de son service, il a attendu le dernier moment pour franchir la Bérézina avec la masse des "traînards", pensant à juste titre qu'ils représentent ceux qui ont davantage besoin de ses soins. Les 26 et 27 novembre, les passages se sont opérés dans l'ordre, pendant deux nuits les ponts sont restés vides !!!

Les soldats débandés, isolés de leur corps ou retardataires ont malheureusement préféré demeurer sur la rive gauche où ils ont trouvé un peu de paille pour dormir, du bois pour se chauffer, malgré les supplications d'Eblé qui a ordre de brûler les ponts le 29 au matin.

La manœuvre de Napoléon a réussi, 50 000 hommes se retrouvent sur la rive droite, la moitié des traînards également, seuls les autres sont victimes du drame ou de la férocité des Cosaques.

Le rendez-vous stratégique des trois armées russes a complètement échoué, l'armée française, gravement diminuée depuis Smolensk, n'est pas détruite. Sa retraite continue.

"Les corps d'armée qui avaient traversé le fleuve les premiers, surprirent l'ennemi derrière la ville de Borrisow. Celui-ci défendit le passage avec opiniâtreté, et il paraissait disposé à abandonner la ville pour ne pas céder le chemin ; ce qui rendait notre position très-pénible, à cause des pertes que nous avions éprouvées. L'on fit néanmoins, dans le premier combat qui eut lieu, 3 000 prisonniers aux Russes, et on leur tua beaucoup de monde. De notre côté, il y eut environ 600 blessés que je réunis dans un village voisin, où je les fis panser."

Parmi eux, deux généraux polonais. Zajaczek, que Larrey appelle Zayonchek, est une figure.

A soixante-quinze ans, ce vétéran a combattu en Italie, en Egypte avec les fusiliers de la flottille du Nil. Bel homme, spirituel, portant beau, on l'a toujours vu jusqu'ici pousser la coquetterie à se parfumer entièrement, se revêtir de son plus bel uniforme, enfiler des bagues de prix et choisir des armes précieuses avant de se présenter au combat.

Larrey le reçoit à l'ambulance à la suite d'un coup de feu, "(...) une balle d'un fort calibre au genou droit, presque à bout portant, laquelle brisa en éclats les condyles du fémur, la rotule, et dilacéra les vaisseaux et le nerf poplités. Cette blessure si grave commandait impérieusement l'amputation de la cuisse ; je la pratiquai aussitôt sous le canon de l'ennemi, pendant un froid rigoureux et sur la neige qui tombait en quantité sous la forme d'étoiles à six branches. Pour ne pas être incommodé par ce météore[1] pendant cette opération pénible et difficile, deux officiers-généraux furent obligés de tenir le manteau du général étendu sur ma personne et sur le membre blessé ; cependant elle fut heureusement terminée en moins de trois minutes."

Larrey inaugure pour le général Zajaczek une nouvelle méthode d'évacuation adaptée à la région et au climat : le traîneau, tiré dans le meilleur des cas par un cheval, dans le pire par les camarades qui en ont encore la force[2].

A la tête de sa division, le général Dombrowsky a reçu dans l'épaule une balle que Larrey arrive à extraire sans complications. Le pansement terminé, Dombrowsky remonte à cheval ! Autre exploit stupéfiant : "A ce moment, on m'amena un canonnier qui avait eu le bras mutilé d'un éclat d'obus. Je lui pratiquai l'amputation du membre. Aussitôt son appareil de pansement appliqué, ce soldat se releva et refusa de se rendre à l'ambulance ; il s'orienta et reprit sa route dans la neige en disant :

"Je n'ai pas de temps à perdre, il me reste encore du chemin à faire d'ici à Carcassonne."

Afin de donner le change aux Russes sur la véritable direction de la retraite, Wilna capitale de la Lituanie, Napoléon fait mine d'infléchir la route vers le nord.

Larrey a deviné la feinte : "On découvrit un chemin de traverse qui devait nous faire arriver à cette ville avant Tormassof et sans être inquiétés par ses troupes ; on le fit d'abord prendre aux blessés (...) nous nous engageâmes promptement dans le défilé qui nous avait été indiqué. Ce défilé passe à travers des forêts immenses et des lieux marécageux entrecoupés fréquemment par des ruisseaux ou des rivières, dont les ponts étaient très-mauvais. Il eût été facile à une compagnie de Cosaques, armés d'une seule pièce de canon, de nous arrêter dans ce chemin. Nous le parcourûmes heureusement sans obstacle ni accident notables, et nous rejoignîmes la grande route à Smorgonie[3], deux journées avant Tormassof."

1. Sous ce terme devenu désuet, on désignait tout phénomène atmosphérique.

2. Zajaczek survécut et mourut vice-roi de Pologne à l'âge de quatre-vingt-sept ans.

3. Smarhon' (Biélorussie).

Feu de bivouac pendant la retraite de Russie. Coll. J.-B. Q.

Sur la grande route de Smolensk à Wilna un traîneau glisse sans bruit. A son bord ont pris place deux personnes coiffées de bonnets de fourrure, emmitouflées dans de larges couvertures, le visage recouvert de châles épais d'où seul émerge le regard. L'un est Caulaincourt, l'autre l'Empereur qui a décidé de regagner Paris, où sa présence est nécessaire pour rétablir un climat politique devenu incertain. Aucun ne l'a blâmé, chacun l'a approuvé. Il n'a plus rien à faire ici, dit-on, sinon à s'exposer inutilement à un "hourra" des Cosaques.

Commence ici le froid "anéantissant" que Larrey observe comme un clinicien découvrant les spasmes d'une agonie progressive :

"Quoique le froid eût toujours augmenté depuis notre passage de la Bérézina, le mercure n'était pas encore descendu au-dessous de 10 à 12 degrés[1]. Le jour de notre arrivée à Smorgonie, il tomba de la neige cristallisée en étoiles. Ce phénomène était le précurseur d'un froid excessif qui se déclara immédiatement après. Pendant la nuit que nous passâmes au bivouac, le mercure descendit à 18 degrés ; il passa ensuite

1. Il s'agit, on l'a compris, de températures négatives. On parlait d'un froid de 20 degrés là où nous disons – 20 degrés.

assez rapidement à 19, 20 et 21 de Réaumur (...) les rivières étaient entièrement prises (...) Le lendemain, 6 décembre, (...) à notre entrée dans Osmiana, mon thermomètre marquait 25 degrés ; il descendit pendant la nuit à 26, et le bivouac fut terrible. Je fus assez heureux pour passer cette fatale nuit dans une chambre chaude et sur un peu de paille, après avoir pris quelques aliments que l'un de mes anciens compagnons d'Egypte, M. Pla, eut la complaisance de m'offrir. Nous nous mîmes en marche le lendemain matin avant le jour, le thermomètre étant à 27 degrés.

On pouvait alors à peine se tenir debout, et exécuter de simples mouvements. Celui qui perdait l'équilibre et qui tombait à terre était aussitôt frappé d'une stupeur glaciale et mortelle. Nous trouvâmes sur la route un grand nombre de morts provenant de la 12e division militaire, qui était venue à notre rencontre à Osmiana[1]. Je laissai dans cette ville, avec quelques officiers de santé, tous les blessés qui voulurent y rester : il m'était trop douloureux de les voir périr en route sans pouvoir leur donner aucun sujet de consolation. A l'exception de quelques troupes d'élite de la Garde, qui avaient su conserver leurs capotes ou manteaux, leurs chaussures et leurs gants, toute l'armée était dans un affreux dénuement, sans armes, sans aucun signe capable de faire reconnaître les corps ; mêlés complètement, ils ne formaient plus que des masses d'individus qui semblaient marcher tout d'une pièce. Le froid et la faiblesse les portaient à s'appuyer et à se serrer les uns contre les autres. Mais rien n'était plus bizarre et plus déplorable à la fois que leur habillement. Ils étaient tous couverts de fragments de pelisses, de manteaux, ou de morceaux d'étoffes de couleurs différentes. Le feu des bivouacs avait consumé graduellement les manteaux, les capotes, les pelisses ; on n'avait aucun moyen de les réparer, on n'y pensait même pas ; d'ailleurs on ne s'arrêtait nulle part. (...) Malheur à celui qui se laissait saisir par le sommeil ! Quelques minutes suffisaient pour le geler entièrement, et il restait mort à la place où il s'était endormi. Mon thermomètre, suspendu quelques moments, au milieu de la nuit, à la boutonnière de mon habit, marqua 28 degrés. Il y avait très-peu de différence de la température du jour à celle de la nuit, les rayons du soleil ne pouvant pénétrer l'atmosphère considérablement condensée. Nous étions au milieu d'un brouillard

1. Venus de Wilna, ces renforts, "épouvantés à la vue des misères" de leurs camarades, mais moins entraînés qu'eux à la cruauté du froid, tombèrent par bataillons entiers aux alentours du 8 décembre.

Soins d'une cantinière à des "ataxiques de congélation . Coll. part.

très-rare qui couvrait de cristaux toutes les villosités du corps et des vêtements. Ceux qui étaient suspendus aux cils, en forme de stalactites, interceptaient plus ou moins le passage de la lumière, et gênaient infiniment pour la marche. (...) Enfin, nous étions tous dans un tel état d'abattement et de torpeur, que nous avions peine à nous reconnaître les uns les autres. On marchait dans un morne silence. L'organe de la vue et les forces musculaires étaient affaiblies au point qu'il était difficile de suivre sa direction et de conserver l'équilibre. L'individu chez qui il venait à être rompu tombait aux pieds de ses compagnons, qui ne détournaient pas les yeux pour le regarder."

Dans cet univers sinistre drapé d'un blanc uniforme qui efface tout relief, tout paysage, tout bruit, on entend à peine le crissement des pas sur la neige glacée ou la chute brutale d'un corbeau, terrassé en plein vol par le gel. Pour sept heures de pénombre brumeuse, dix-sept heures de nuit encore préférables à la clarté du "soleil rouge" annonciateur de redoutables gelées. Les orteils, les doigts, les oreilles, les nez prennent une couleur lie-de-vin, puis noire avant de tomber sur le chemin. Pas question de se déculotter pour satisfaire ses besoins naturels, le siège serait immédiatement gelé. Ceux des hommes assez chanceux pour trouver un peu de farine de seigle présentent une diarrhée si rebelle qu'ils ont dû pratiquer un trou derrière leur pantalon afin de pouvoir s'exonérer sans s'arrêter de marcher !

Pauvres vêtements, vraies guenilles qu'on fait tenir avec des ficelles ou des cachemires car les boutons en étain ont fondu sous l'effet du froid, victimes de la "peste de l'étain[1]".

Ces hommes jeunes sont subitement devenus des vieillards amaigris, voûtés, aux visages émaciés où l'on ne distingue que des yeux considérablement agrandis, au regard fixe, éteint, terne[2]. Pourquoi ces barbes longues, alourdies et blanchies par le givre, sont-elles striées de sang ? La viande de cheval qu'on grillait au bivouac a disparu, on en est réduit à sucer des glaçons de sang de cheval, boudin d'un nouveau genre porté en bandoulière.

Parfois la vision d'un ange, la caresse d'un espoir lorsqu'on aperçoit la cantinière du 33e de ligne avec son jeune nourrisson de six mois. Elle a traversé la Bérézina à cheval, de l'eau jusqu'aux épaules, son enfant enroulé dans un manteau de fourrure, juché sur sa tête. Après l'avoir nourri jusqu'ici au sein, elle n'a maintenant que du sang de cheval à lui donner[3].

En vue de Wilna, le cri de Larrey est celui de toute l'armée.

"Quoique l'un des plus robustes de l'armée, ce fut avec la plus grande difficulté que je pus atteindre Wilna. A mon arrivée dans cette ville, j'étais à bout de mes forces et de mon courage ; j'étais près de tomber, pour ne plus me relever sans doute, comme tant d'autres infortunés qui avaient péri sous mes yeux. L'accueil plein de sensibilité que je reçus des sœurs grises de la Charité, en entrant dans leur hospice le 9 au soir, et les soins vigilants qu'elles me prodiguèrent, me rappelèrent à la vie. (...) L'empressement que chacun mettait à entrer dans Wilna, cette ville tant désirée, et où nous ne trouvâmes pourtant que peines et misères, produisit en peu de moments vers les portes un encombrement effrayant : on se culbutait, on se déchirait pour entrer. Quoiqu'on eût assigné et fait disposer des couvents pour chaque corps d'armée, toutes ces masses se disséminèrent dans la ville et remplirent aussitôt les cafés, les auberges et les boutiques d'épiciers ; ils burent et mangèrent avec une telle précipitation, qu'en quelques quarts d'heure tous les liquides et

1. Changement de structure par lequel l'étain blanc devient gris et pulvérulent aux basses températures.

2. La description de cette "misère physiologique et psychique" qu'en ont fait Larrey et ses confrères coïncide avec celle des médecins qui ont assisté à la libération des camps de concentration nazis, où les malheureux déportés subirent les mêmes famines et les mêmes désespoirs.

3. Solidement et naturellement immunisé par six mois d'allaitement maternel, le nourrisson termina la retraite de Russie sans encombre, sans même un rhume, assurent les chroniques !

les comestibles furent consommés. (...) Le pillage des magasins avait mis une grande quantité de rhum et d'eau-de-vie à la discrétion des soldats. La plupart en firent un usage immodéré ; ce qui multiplia le nombre des malades, fit développer la gangrène[1] aux extrémités, et causa même la mort de plusieurs d'entre eux. (...) Le désordre fut porté à son comble, et la voix des autorités entièrement méconnue."

Larrey ne prend que quelques heures de repos. Il lui faut installer à l'hospice de la Charité ses confrères malades, laisser suffisamment de chirurgiens valides pour assister les blessés et rédiger des lettres de recommandation pour les médecins russes qui prendront la suite. Dans la nuit du 10 décembre, il rejoint la Garde sur la route de Kowno [Kaunas, en Lituanie] près d'une rampe pentue et verglacée que ne peuvent franchir ni l'artillerie de la Garde ni les fourgons du trésor de l'armée. Avant d'enclouer les canons et de brûler les équipages, la garde impériale fait sauter les serrures des coffres, ouvre les sacs de pièces d'or que chacun s'empresse de vider afin d'en laisser le moins possible aux Cosaques dont on voit poindre les avant-gardes en contrebas[2].

"(...) ainsi l'on peut dire que Wilna nous a été presque aussi funeste que la Bérézina. Pendant la nuit du 12 au 13, la température baissa de nouveau, et le froid reprit toute sa première intensité. Il se soutint au même degré jusqu'au-delà de Kowno", pendant les 90 kilomètres du parcours.

"J'eus le bonheur de retrouver dans cette ville le docteur Ribes, mon ami, que je n'avais pas vu depuis Wilna. Il était au dernier degré d'épuisement causé par la fatigue et les effets de la rigueur du froid, auquel les tempéraments les plus robustes ne pouvaient résister. (...) J'employai tous les moyens que me commandait l'amitié pour rappeler chez M. Ribes les forces qui lui échappaient, et pour l'aider à gagner les frontières de la vieille Prusse[3], contrée que naguère nous considérions comme une seconde patrie."

Les survivants ont compris qu'ils n'auront de repos et de chances de salut qu'après avoir franchi à Kowno le coude du Niémen, ultime frontière de l'immense empire russe, et trouvé refuge dans la vieille citadelle de Königsberg encore distante de 220 kilomètres !

1. "Gangrène de congélation", c'est-à-dire gelures profondes.
2. Arrivés en lieu sûr, les hommes de la garde impériale restituèrent intégralement à l'Intendance l'or dont ils s'étaient chargés.
3. Il s'agit de la Prusse-Orientale, actuellement enclave de la Fédération de Russie, entre Lituanie, Pologne et Biélorussie.

Scène de la retraite de Russie, par Charlet. Coll. J.-B. Q.

“Ce passage fut encore funeste à beaucoup de nos soldats, affaiblis par les fatigues, le froid et la faim ; ils ne purent échapper à la poursuite des Cosaques qui avaient passé le Niémen à pied sec. Ce fleuve était gelé à plusieurs pieds de profondeur, et cette circonstance était aussi avantageuse pour eux qu’elle nous devenait funeste, parce que nous n’avions presque pas d’arrière-garde pour protéger la marche de nos militaires isolés.”

L’arrière-garde ? Le maréchal Ney accompagné de six soldats continue à faire feu, le fusil à la main, on ne sait par quel miracle car la plupart des soldats, les doigts paralysés, à moitié gelés, ne peuvent même plus tenir les armes qui glissent entre leurs mains.

Peu à peu, les Russes eux aussi épuisés, éloignés de leurs bases, renoncent à la poursuite.

“Nous pûmes marcher paisiblement et avec sûreté pendant quelques jours. Les soldats des diverses nations, profitant de cet instant de repos, se dispersèrent et se rendirent par des routes différentes à leur destination. Les Français seuls suivirent la route de Gumbinen[1].

Trois mille hommes des meilleurs soldats de la Garde, tant d’infanterie que de cavalerie, presque tous des contrées méridionales de la France, étaient les seuls qui eussent vraiment résisté aux cruelles vicissitudes de la retraite ; ils possédaient encore leurs armes, leurs chevaux et leur attitude guerrière (…)

1. Gusev (Fédération de Russie).

cette troupe, que l'on pouvait considérer comme le reste d'une armée de plus de 400 000 hommes, que les habitants du pays avaient vue défiler, six mois auparavant, dans toute sa force et dans tout son éclat.

L'honneur et la gloire des armées françaises s'étaient en quelque sorte retranchés dans ce petit corps d'élite."

Ce n'est qu'à Gumbinen que l'on retrouve nourriture abondante et abris chauffés.

Pour la première fois depuis son départ de Moscou, Larrey se voit offrir un repas complet et dort dans un bon lit, dans une chambre à la tiédeur confortable. Le lendemain, il revêt des vêtements neufs, chapeau, habit, capote et s'en va seul sur la route de Königsberg.

"A Insterbourg[1], je m'étais détaché du quartier général et de la Garde, afin d'arriver promptement à Koenigsberg, où ma présence était urgente pour l'organisation des hôpitaux. J'y étais arrivé en effet, exténué de fatigue et du froid rigoureux qu'il faisait encore*, dans la nuit du 21 au 22 décembre, conduisant par la bride le seul cheval qui me restait, et dont je ne devais sans doute la conservation qu'à l'utile précaution que j'avais eue de le faire ferrer à glace avant mon départ d'Insterbourg."

Quand il entend frapper à sa porte, le banquier Jacobi sursaute dans son lit.

Que peut-on donc lui vouloir, en pleine nuit, par un hiver aussi glacial que les plus âgés n'ont jamais connu ni imaginé ? Soulevant les rideaux de sa fenêtre, il aperçoit un étranger immobile, tenant d'une main son cheval. Il descend l'escalier, entrouvre la porte avec précaution.

Quel est cet homme frissonnant, aux sourcils couverts de givre, dont la maigreur est soulignée par d'immenses cernes oculaires et par un manteau devenu trop large pour lui ?

"Qui êtes-vous, que voulez-vous ?" demande Jacobi méfiant à l'homme muet, au regard hébété.

Pour toute réponse, l'étranger titubant s'adosse au chambranle de la porte massive, sort péniblement un papier de son habit et le tend au banquier. A la faible lueur du réverbère, Jacobi distingue une écriture jaunie, délavée par les flocons de neige et commence à lire :

"La … Larr… Larrey, mon ami Larrey, c'est donc vous ! dans cet état ! Mon Dieu ! Vite, vite, entrez vite dans la maison !"

1. Chernyakhovsk (Fédération de Russie).

* "A notre entrée à Koenigsberg, le thermomètre Réaumur était encore à 20 degrés: le lendemain, il fut à 18."

Puis, d'une voix forte afin de réveiller les siens, Jacobi réclame des bûches pour charger le grand poêle en faïence peinte, de la soupe chaude, un double édredon dans la chambre d'amis pendant qu'il descend à la cave chercher son meilleur vin.

Au même moment, Berthier, le major-général de la Grande Armée, "malade de chagrin et de fatigue", écrit à l'Empereur cette lettre dramatique :

Sire, l'armée n'existe plus.

Morte de faim, plus que de froid.

XXVI

LES “MUTILATIONS VOLONTAIRES” DE BAUTZEN

Les deux amis ont les larmes aux yeux. Jacobi, lorsqu’il voit l’état pitoyable dans lequel se trouve son ami avec qui il est resté en relation épistolaire régulière, depuis Eylau et Friedland ; Larrey, quand il lui raconte la désastreuse campagne de Russie. Desgenettes fait prisonnier par les Cosaques à Wilna, le corps chirurgical de la Grande Armée détruit à soixante-six pour cent !

“Pensez-vous, Jacobi ! Nous étions 826 chirurgiens à franchir le Niémen à l’aller. Il n’en reste que 276. Cent trente-sept sont prisonniers avec l’espoir d’être échangés ou libérés, mais, ajoute-t-il secoué par un sanglot, 413 sont morts ou disparus à jamais sous les neiges des steppes sans fin que nous avons parcourues.

— Je partage votre douleur, mon ami, je comprends votre chagrin mais il faut penser à vous, refaire vos forces, vous reposer chez moi autant de jours qu’il le faudra...”

Larrey l’interrompt :

“Me reposer ? Y songez-vous ? Dix mille malades vont surgir d’un jour à l’autre, parmi eux des blessés de guerre, des gelures et, pour ne rien arranger, on signale une nouvelle épidémie de typhus ! Mon cher Jacobi, après une bonne nuit de repos je me dois de réorganiser mon service dès demain matin.”

Le 22 décembre, Larrey reprend les choses en main, agence les hôpitaux peu à peu encombrés de malades, assure l’isolement des typhiques contagieux dans des logements particuliers, évacue les blessés transportables par des convois de traîneaux qui couperont au plus court vers Dantzig par la lagune de la Vistule gelée. Les rescapés des différents corps d’armée regagnant leurs garnisons respectives sur les bords de la Vistule, seuls resteront à Königsberg l’état-major et la Garde.

Le 23 décembre, il rédige ses *Instructions générales pour le traitement des blessés et des malades*, rappelant que les gelures doivent être assimilées aux brûlures et traitées comme telles. Il faut favoriser par des émollients la chute des escarres, les exciser au besoin, et ne recourir à l'amputation des doigts ou des orteils qu'en face d'une menace de gangrène extensive, en portant le bistouri en zone saine, juste au-dessus de la partie nécrosée.

Un autre rapport est adressé à l'intendant général Daru et à Murat qui dirige l'armée depuis le départ de Napoléon, résumant l'activité du Service de santé depuis le départ de Moscou, ses pertes effroyables et l'état actuel des troupes menacées à la fois du typhus et d'"ataxie catarrhale de congélation" que Larrey s'attache à décrire et à isoler.

Sur la base des symptômes qu'il observe chez ses patients puis sur lui, il décrit en fait la fièvre typhoïde[1] avec son cortège initial de forte fièvre, de "douleurs compressives de la tête", d'insomnie, de lassitude profonde, de crampes, d'hémorragies nasales. Entre le cinquième et le neuvième jour, note-t-il, apparaissent le délire, la diarrhée et, plus tardivement les éruptions purpuriques des extrémités ainsi que la perte des cheveux, des poils et des ongles. "Le surlendemain 23, à peine avais-je terminé toutes mes dispositions, que je fus saisi tout à coup des symptômes de la fièvre catarrhale de congélation, espèce de typhus (...) qui se déclara chez moi (...) à la suite de la visite longue et pénible que j'avais faite des nombreux hôpitaux (...) se manifesta par des symptômes d'abord légers, et qui se développèrent ensuite, de manière à augmenter progressivement d'intensité jusqu'au septième jour. La pyrexie était alors à son dernier degré ; les douleurs de tête étaient extrêmes, et je commençais à délirer. Après avoir vainement prié qu'on me saignât à la jugulaire, il survint tout à coup une hémorragie nasale assez forte qui dissipa les accidents et me tira du danger. Un léger vomitif

1. En 1813, la fièvre typhoïde est encore confondue dans le groupe des "fièvres pestilentielles et putrides". Il faudra attendre Bretonneau, en 1820, pour en connaître la description complète et son caractère contagieux. Louis, en 1829, la sépare nettement des autres maladies infectieuses tandis que Trousseau envisage une origine microbienne, confirmée par Eberth en 1880 lorsqu'il découvre le bacille qui porte son nom. Cette description – princeps – de la typhoïde par Larrey ne semble pas avoir attiré l'attention, alors qu'il mettait en garde les soldats contre l'absorption de "la neige et des eaux glaciales" faisant, faute de mieux, le rapport entre cette maladie et la "congélation" ambiante. L'omniprésence du typhus dans les armées napoléoniennes ne peut occulter la réelle et funeste existence des fièvres typhoïdes, confusion probablement engendrée par la similitude de plusieurs symptômes.

que je pris ensuite, des embrocations de vinaigre camphré (...) une infusion de quinquina que je buvais le matin, l'usage du bon vin, du café, et de bons consommés me débarrassèrent par degrés de cette maladie, et je me trouvai heureusement en état de suivre les mouvements de l'armée, lors de son départ de Koenigsberg, le 2 janvier 1813 : ma convalescence fut longue et difficile."

Deux grands artilleurs succombent au typhus ou à la typhoïde contractée à Wilna.

Lariboisière, un vétéran de toutes les campagnes, a été, pour celle de Russie, l'âme de l'artillerie ; Eblé, comme ses pontonniers, le héros de la Bérézina.

Le sort incertain de son confrère Desgenettes inquiète Larrey qui s'en ouvre à sa femme en ces termes : "Je m'étais séparé de mon collègue, le soir de notre départ de Wilna. Il m'avait promis d'en partir aussitôt et il m'engageait lui-même à ne pas différer. (...) il rentra chez les professeurs de l'université de Wilna, où il logeait et où il était très bien. Il est probable qu'il se sera couché jusqu'au lendemain matin, époque où les Cosaques entrèrent dans la ville. C'est là qu'il aura été pris ; mais il sera protégé et respecté." Avant de quitter Königsberg, Larrey, certain du crédit qu'il conserve auprès de l'armée russe, entreprend de sauver son confrère et saisit sa plume d'une main que la maladie a rendue faible et tremblante alors que son esprit n'a rien perdu de son énergie coutumière. "Sans moi, on ne pensait pas plus à lui qu'à la comète bleue, et lorsque j'ai fait demander sa liberté au prince Kutusof par Son Altesse le prince de Neuchâtel, major général, on répondit : Des Genettes ! mais il a été tué ; pourquoi voulez-vous que nous fassions des démarches ? On l'a vu, à Wilna, tué de la «main des Cosaques». Il me fallut protester contre cette assertion, et j'insistai vivement jusqu'à ce que cette faveur me fût accordée. (...) J'ai fait ce que je devais à un collègue."

Il aurait pu ajouter "et à mes patients", car il peut les quitter à présent la conscience sereine. "Presque tous nos malades ont été confiés aux médecins du pays, qui sont très dignes de notre confiance. En Prusse surtout, nous n'avons eu qu'à nous louer de leur zèle pour soigner nos malades, et sous le rapport de l'administration je dois dire, à la louange des économes prussiens, que nos malades n'ont jamais eu de meilleurs aliments, de boissons plus potables et de médicaments de meilleure qualité. Partout cette administration offrait les caractères de la bienveillance et de la probité."

Par contre, lorsqu'il reçoit en cours de route le rapport de Carpon, l'un de ses chirurgiens-majors, il lit avec douleur que près de 50 000 prisonniers sont morts à Wilna de faim et de froid. Les habitants étant menacés d'être déportés en Sibérie s'ils donnaient asile aux Français, "(...) tous ceux qui avaient reçu l'hospitalité dans des maisons particulières furent expulsés et jetés dans la rue, où la plupart d'entre eux furent égorgés par les Cosaques". En s'appuyant sur ce rapport, Larrey conclut sa campagne de Russie : "Ainsi l'on peut dire que Wilna nous a été presque aussi funeste que la Bérézina." Davantage, serait-on tenté d'ajouter[1].

Sous la pression continue des Russes, dont les pertes considérables sont régulièrement compensées par des renforts permanents, la retraite continue à travers la Pologne. Le prince Eugène de Beauharnais, en prenant le commandement à la suite de Murat, a pu réunir 50 000 hommes en mêlant les rescapés de Russie aux troupes de garnison des places fortes maintenant évacuées. Cette petite armée est trop faible pour résister sur la Vistule comme on l'espérait. L'Oder, pris par les glaces, est franchi le 22 février 1813, peu avant les avant-gardes de Koutouzov que renforcera d'un jour à l'autre une armée prussienne de 100 000 hommes, "alliés" d'hier, révoltés d'aujourd'hui.

Après l'Oder, la seule barrière à leur opposer est l'Elbe, ensuite il ne resterait que le Rhin !

En compagnie de Beauharnais, Larrey repasse brièvement à Berlin, puis à Wittenberg, où il visite le tombeau de Luther et médite quelques instants en face du portrait de l'illustre réformateur.

L'Elbe une fois franchi, le regroupement est ordonné à Leipzig où Larrey parvient le 9 mars. "(...) ce fut le premier endroit où nous crûmes la campagne finie. En effet, on nous y annonça un repos de quelques semaines ; nous y fûmes bien accueillis et parfaitement traités. Les habitants sont doux, affables et généreux ; la ville est par elle-même très-agréable, et les environs sont ravissants, surtout dans la belle saison. Ces avantages étaient infiniment précieux pour moi ; mais ce qui ne le fut pas

1. En octobre 2001, on a découvert à Vilnius, au cours de travaux de terrassement, plus d'un millier de squelettes entassés dans un profond fossé, identifiés comme les restes de soldats de la Grande Armée grâce à des lambeaux d'uniforme ou de boutons. Une mission du laboratoire d'anthropologie de la faculté de médecine de Marseille a été dépêchée sur place pour approfondir les recherches grâce aux méthodes de biologie moléculaire. Ceci corrobore, si besoin était, les précisions de Larrey.

moins, ce furent les objets importants d'instruction que m'offrit cette cité." Cette soif d'apprendre lui est caractéristique. Il court du cabinet d'anatomie où il admire une subtile préparation des nerfs de la face à l'observatoire d'astronomie. Une longue conversation avec Speisner au sujet de la comète observée à la Bérézina. On l'a observée en France fin septembre, à Leipzig "(…) elle parut avec une chevelure verticale, les derniers jours d'octobre, près du Grand-Serpent, se dirigeant au nord-est." Le séjour dans la grande ville universitaire, se prolongeant une quinzaine de jours, est mis à profit "pour mettre en ordre les notes journalières que j'avais faites sur l'action du froid (…) mes recherches sur les causes directes de la fièvre maligne de congélation, sur les phénomènes qui la caractérisent, sur ses résultats et son traitement".

En premier lieu, déterminer quels sont les sujets à risque. "J'ai remarqué que les sujets bruns (…) presque tous des contrées méridionales de l'Europe, résistaient plus que les sujet blonds (…) presque tous des pays du nord, aux effets de ces froids rigoureux, ce qui est contraire à l'opinion généralement reçue." La disparition rapide du 3e régiment de grenadiers de la Garde, dits "grenadiers hollandais", en est la preuve comme la forte proportion d'Allemands voués au même sort. "Plusieurs de nos médecins, restés à Wilna, m'ont assuré que le froid avait moissonné plus d'individus de la coalition, proportion gardée, que de Français (…) qui, dépouillés par les Cosaques de leur habillement, et forcés de passer d'un lieu à un autre dans un état de nudité plus ou moins complète, n'en résistaient pas moins la plupart aux injures de l'air glacial, et parvenaient, à force de courage et d'industrie, à se garantir d'une entière congélation."

Larrey reprend ensuite sa théorie de l'hydrocution émise vingt ans plus tôt. Mettant à profit les multiples exemples qu'il a observés au passage de la Bérézina, il les érige en preuves. "A peine ces malheureux étaient-ils entrés dans le fleuve, que leurs membres étaient frappés de roideur, et ils étaient morts sans doute avant d'être noyés ; car on en a vu qui avaient péri au milieu des glaçons entre lesquels ils étaient en quelque sorte suspendus. Il est évident que le froid porte principalement ses effets sédatifs sur le cerveau et le système nerveux (…) la tête perdait plus facilement la chaleur qui lui est propre."

Familier de la physique, il rappelle qu'un morceau de glace exposé au foyer d'un miroir concave est "susceptible d'une expansion rayonnante de frigorique" de dix à vingt pas et, de là, livre ses réflexions sur le traitement approprié des gelures.

"La neige et la glace sont les substances auxquelles il faut avoir recours. (...) Je n'ai pas employé d'autres moyens pour me préserver de la gangrène, qui aurait, au moins, nécrosé chez moi, les doigts des mains et des pieds, lesquels ont été plusieurs fois privés de toute sensibilité. (...) On concevra facilement (...) pourquoi, dans le cas de mortification de quelque partie extérieure du corps, produite par le froid, au lieu de soumettre cette partie à un foyer de chaleur ce qui provoque la gangrène (...) il faut frotter l'endroit affecté avec des substances qui contiennent très-peu de calorique, mais qui peuvent en absorber beaucoup au moment de leur fusion, et le transmettre à la partie congelée par le frottement.

(...) C'est le procédé dont se servent les Russes pour dégeler le poisson : s'ils le trempaient dans l'eau chaude, ils savent, par expérience, qu'il serait putréfié en quelques minutes, tandis qu'il est, après l'immersion dans l'eau froide, aussi frais que s'il venait d'être pêché."

Encore sous le coup des épreuves combinées du froid et de la faim que l'armée a subies, Larrey glisse d'un sujet à l'autre, heureux de constater que sa propre expérience illustre parfaitement l'un des aphorismes d'Hippocrate dont il a nourri sa jeunesse.

"J'ai remarqué, par expérience, qu'un peu de bon vin ou de café calmait la faim et en faisait cesser les douloureux effets. Je me rappelle que j'avais passé trois jours entiers sans avoir rien mangé ou sans avoir rien pris, si j'en excepte deux ou trois tasses de café pur et sans sucre, lorsqu'un ami me donna un verre de vin de Bordeaux, que je bus avec un plaisir indicible, et dès ce moment s'évanouirent tous les symptômes de la faim à laquelle j'étais en proie depuis plusieurs heures. *Famem vini potio solvit.* (Hipp. Aph.)[1]"

L'arrivée du mois d'avril semble donner une nouvelle énergie à la coalition que la mort du prudent Koutouzov incite à l'offensive, en tentant la jonction sur l'Elbe de 130 000 Russes et Prussiens. Le prince Eugène évacue Leipzig pour se retrancher dans la grande place forte de Magdeburg qu'il atteint le 2 avril. Larrey disperse à dessein ses hôpitaux dans les environs, à Halle, Halberstadt et Merseburg car on doit attendre l'arrivée de Napoléon pour connaître la stratégie définitive à appliquer pour cette future campagne de Saxe.

En trois mois, l'Empereur a réussi le prodige de reconstituer une armée de 200 000 hommes. Arrivé à Paris, il a joué la carte

1. "Boire du vin dissipe la faim."

de la vérité en publiant le XXIXe bulletin de la Grande Armée qui apprend à la nation abasourdie le désastre de Russie. On ne pourra plus appeler “Le Menteur” ce bulletin qui, contrairement aux précédents, ose décrire le drame. Manœuvre politique en fait, justifiant la demande au Sénat d'une levée anticipée de la classe 1813. Les jeunes conscrits, les “Marie-Louise” sont partis immédiatement, parfois encore en tenue civile, recevant instruction militaire et armement en cours de route. Leur enthousiasme est vif, garant d'un moral élevé. Le parc d'artillerie a été puissamment relevé à 600 canons, par contre la faiblesse de la cavalerie risque d'être tragique, à peine 15 000 sabres !

La jonction de cette nouvelle armée avec les forces d'Eugène a lieu le 1er mai à Merseburg.

A la tête de ses ambulances légères, Larrey part de cette ville la nuit suivante pour se rendre à Lützen. “On entendait déjà sur la droite de notre armée une forte canonnade, et les dispositions très-actives se faisaient de part et d'autre pour une grande bataille.

Napoléon, (…) m'ayant aperçu, se dirigea vers moi et m'adressa lui-même ses ordres :

«Vous arrivez fort à propos, me dit-il, allez dans la ville choisir les locaux nécessaires pour recevoir les blessés de la bataille qui va se donner, et prenez vos mesures pour leur faire donner tous les secours nécessaires.»”

Départ des “Marie-Louise”. Coll. part.

Ceci dit avec un sourire enjôleur qui porte davantage qu'un ordre mais n'arrive pas à masquer la douleur de l'Empereur à l'annonce de la mort du maréchal Bessières, la poitrine trouée par un boulet. Larrey est plus circonspect, bien qu'il s'agisse d'un ancien compagnon d'Egypte et du chef de la cavalerie de la Garde. "Le maréchal Bessières, que j'ai pansé dans la mêlée à la bataille de Wagram, fils d'un chirurgien de campagne, voyait avec peine et jalousie la faveur que Napoléon accordait souvent à ses chirurgiens et surtout à moi. C'était l'homme le plus présomptueux qu'on ait connu." Un trait de caractère ne peut définir un homme, ni faire oublier les charges victorieuses que Bessières a su mener à bien de Marengo à Malo-Jaroslavetz, aussi Larrey se sent-il obligé d'ajouter : "Ce Maréchal a beaucoup contribué aux brillantes victoires remportées par l'Empereur.

(…) Je revins sur le terrain pour observer les premiers effets de la bataille, et placer les ambulances de la première ligne que je pris en grande partie dans celles de la Garde. Les attaques de part et d'autre furent extrêmement vives, et l'on fut quelques instants dans l'incertitude du succès. Cependant nos jeunes soldats (…) s'élancèrent avec impétuosité sur les colonnes ennemies qu'ils rompirent et dispersèrent. (…) Le champ de bataille de Lützen était couvert de morts et de mourants, dont le plus grand nombre appartenait aux Prussiens."

Depuis Friedland, les savantes manœuvres d'élégante stratégie ne peuvent plus être employées en raison du nombre élevé de combattants et des progrès intellectuels de l'état-major ennemi qui a tiré les leçons du passé. Le 2 mai, les Alliés ont attaqué un jour plus tôt que prévu par Napoléon qui a dû, lui-même sous les balles, se présenter avec sa jeune garde au plus fort du combat près du petit village de Klein-Gorschen. Aigles déployées, tambours battants, les files de soldats en ordre serré attaquent de front, les officiers en serre-file crient sans cesse "Serrez les rangs !" pour remplacer les trouées sanglantes des tirs à mitraille. Aux cris répétés de "Vive l'Empereur !", les shakos au bout des baïonnettes en guise de salut, les jeunes "Marie-Louise" ont remporté la victoire de Lützen avec une fougue qui laisse pantois les vétérans.

La petite ville est transformée en une vaste ambulance. Durant deux jours et deux nuits, les équipes médicales pansent Français et Prussiens. D'un coup d'œil comme il le dit, Larrey trace mentalement ses lignes d'amputation et désarticule à l'épaule dix-huit fracas des bras pour lesquelles il obtiendra quinze guérisons !

Les Coalisés se sont repliés sur la rive droite de l'Elbe mais, faute de cavalerie pour les poursuivre, Napoléon ne parvient pas à les localiser. Il envoie Ney et Lauriston au nord, dans le cas où les Prusso-Russes se seraient repliés sur Berlin, tandis qu'il pique droit à l'est sur Dresde avec les corps d'Oudinot, Mac Donald, Marmont et Bertrand. La rupture des ponts sur l'Elbe retient l'armée du 8 au 14 mai dans la capitale saxonne. Larrey visite les hôpitaux remplis de malades russes et prussiens. En proie à des douleurs intolérables. Selon lui, mal opérés car les ligatures artérielles ont été négligées, mal pansées par des appareils trop constrictifs. Il n'hésite pas à s'en ouvrir à "messieurs les médecins saxons. (...) Ils n'accueillirent point d'abord ma proposition" mais la présence d'officiers français blessés lui permet d'exercer son art en présence desdits confrères peu à peu amenés à abandonner leur suffisance, "qui surent bientôt distinguer notre mode d'amputation de celui dont ils faisaient usage, et ils ne balancèrent plus à adopter cette méthode, dont il était d'ailleurs facile de saisir les avantages. (...) Quelque simple et rationnelle que fût la méthode française, il ne fallut rien moins que le succès et l'expérience pour convaincre les médecins du pays, d'ailleurs très-estimables par leurs qualités sociales et leur mérite distingué".

Les éclaireurs français ont finalement découvert la position ennemie, à Bautzen, à 40 kilomètres à l'est de Dresde, sur la grand-route de Breslau [Wroclaw]. Comme les Russes à Borodino, 100 000 Coalisés se sont retranchés au flanc d'une chaîne semi-circulaire de collines qui bordent la frontière de Bohême. Front rétréci de moins de 10 kilomètres, ouvrages fortifiés à feux croisés, troupes camouflées dans les bois ou en retrait des nombreux étangs, deux lignes parallèles de 300 canons chacune.

Blücher et les généraux russes en ont décidé ainsi : "ni avancer, ni reculer", tactique de la guerre d'usure qu'ils vont désormais mettre en œuvre, forts de leur supériorité numérique. "En passant à Bautzen, le 21 [en fait le 20] au soir, je fis disposer des locaux pour nos ambulances. (...) Dès le lendemain, à la pointe du jour, je me transportai sur le champ de bataille avec les ambulances légères. (...) on parvint bientôt à couper la marche des ailes ennemies, à enfoncer le centre, et à enlever les principales redoutes, où nos jeunes soldats montèrent avec une intrépidité sans égale. Depuis les campagnes de 1792, 1793 et 1794, les militaires français n'avaient pas montré une telle ardeur. Ils surmontèrent tous les obstacles, et remportèrent

Bataille de Dresde. Coll. J.-B. Q.

une victoire signalée. (...) Cette journée nous donna six mille cinq cents blessés, tant de la ligne que de la Garde."

Une fois connue la position des Coalisés, Napoléon s'est hâté de rappeler Ney en lui fixant un ordre de route qui l'amènera à tomber juste derrière les lignes ennemies afin de leur couper toute retraite possible. Parvenu aux environs de Bautzen, l'impétueux maréchal abandonne ses ordres et la direction prévue, marche au son du canon, ouvrant sans y songer la route de Breslau au reflux des Alliés[1]. Napoléon et l'armée, épuisée, se lancent à leur poursuite.

Larrey demeure trois jours à Bautzen afin de parer aux urgences principales.

"L'armée étant toujours aux prises avec l'ennemi qu'elle poursuivait à outrance, je reçus du chef l'ordre d'aller le rejoindre en toute diligence. (...) A mon arrivée au quartier général, (...) j'appris la triste nouvelle (...) de la blessure mortelle du maréchal Duroc, duc de Frioul. Ce général m'avait demandé plusieurs fois, et il était dans une impatience extrême de me voir arriver. On

1. Cette désobéissance de Ney aux ordres reçus empêcha l'encerclement complet de l'ennemi promis à un nouvel Austerlitz. La victoire effaça tout. Par contre, c'est précisément de n'avoir pas marché au canon qu'on reprochera à Grouchy, alors qu'il suivait scrupuleusement son ordre de route. C'était à Waterloo et il fallait un lampiste...

l'avait déposé dans la chaumière de l'un des habitants du village où il avait été blessé [Makersdorf]. En entrant dans cette chaumière, où je trouvai le maréchal étendu sur un tas de paille et encore vêtu de son habit d'uniforme, je fus saisi de la crainte de le voir frappé d'un coup mortel. Mes sinistres pressentiments ne se réalisèrent que trop. A peine put-il articuler quelques mots. (…) «Je t'attends avec bien de l'impatience, mon cher Larrey (…) tu vas me rendre le dernier service d'un ami : je sens que ma plaie est au-dessus des ressources de ton art, mais fais cesser, je te prie, les tourments horribles auxquels je suis en proie depuis trente heures, et tu recevras mes tendres et derniers adieux.» La paroi abdominale labourée par un boulet lancé à toute volée a donné issue à la masse intestinale porteuse de multiples perforations. Larrey ne peut que refermer tristement le pansement disposé par Ribes et Yvan, non sans l'avoir copieusement arrosé de teinture de laudanum pour abréger les souffrances horribles du grand-maréchal du palais. "(…) son visage était empreint de la pâleur de la mort (…) cet officier général, l'un de mes honorables compagnons d'Egypte, avait terminé sa brillante carrière. Son nom et ceux des généraux Desaix et Lannes sont profondément gravés dans mon cœur, en reconnaissance de l'amitié que ces guerriers illustres et élevés aux premiers honneurs m'avaient toujours conservée." Le profond chagrin de Larrey qui voit disparaître le troisième de ses meilleurs amis de jeunesse trouve son pendant dans l'abattement où tombe l'Empereur lorsqu'il lui apprend la mort de leur ami commun.

Ayant affectueusement rendu plusieurs visites à son camarade du siège de Toulon, de Saint-Jean-d'Acre, son aide de camp préféré depuis qu'ils ont débarqué ensemble à Saint-Raphaël au retour d'Egypte, son soutien de Brumaire, son général de toutes les batailles, Napoléon s'enferme dans une méditation douloureuse et muette.

Il s'assied sur un tabouret, au pied de sa tente, remet tout au lendemain et passe ainsi une nuit de douleur.

Chez le piquet de grenadiers ou l'escadron de service des chasseurs, on n'a qu'un mot en le regardant, mot simple mais combien terrible :

"Pauvre homme, il a perdu un de ses enfants !"

Larrey retourne à son service, soigne deux enfants et trois cantinières, l'une d'entre elles porteuse d'une plaie cranio-cérébrale par coup de sabre, puis se hâte de retourner à Dresde dès que les Alliés ont demandé l'armistice de Pleiswitz. Il inaugure

Larrey rejoint l'état-major. Coll. J.-B. Q.

alors un nouveau mode d'évacuation, fidèle application de son sens pratique.

"J'accélérai ma marche pour avoir le temps de recevoir les blessés de Bautzen. Les deux tiers avaient été transportés à Dresde par les habitants pleins de zèle et d'humanité, lesquels, d'après mes conseils, avaient employé pour cette évacuation une espèce de brouette fort commode, très en usage dans le pays. (...) Comme le chemin de Bautzen à Dresde est toujours plus ou moins incliné, la marche de ces brouettes n'éprouvait aucun obstacle : nous en avons vu jusqu'à cent et cent cinquante filer toutes les unes à la suite des autres. Nul transport ne pouvait être ni plus favorable ni plus expéditif."

Il ouvre à Dresde un cours de chirurgie pratique et clinique où se pressent chirurgiens français et saxons. Soucieux du détail comme l'Empereur, il recherche l'existence éventuelle de blessés ennemis généralement parqués dans "de misérables locaux où aucune personne de marque n'entrait jamais et que l'on cache à la vue des supérieurs". Il découvre dans un grenier, celui de l'Académie de peinture, cinquante blessés russes et prussiens traités comme des bagnards, sous-alimentés, enfermés dans un local hermétique, couchés sur des grabats plus riches en vermine qu'en paille. Leurs pansements sont devenus infects. Au rez-de-chaussée les infirmiers saxons rient, boivent, fument et jouent aux cartes ! Larrey voit rouge, et d'une voix étranglée par une violente colère, ordonne aux infirmiers au garde-à-vous d'effectuer désinfection et nettoyage parfaits, de monter des lits, de laver les linges tandis qu'il installe sa consultation et reprend un à un les pansements négligés. Le soir, il écrit à sa femme : "Je m'attendais bien à être appelé par l'autorité, dont j'avais foulé aux pieds les droits et les pouvoirs ; mais tu penses bien qu'après avoir lutté contre tant d'autorités, les commissaires de guerre m'inquiètent peu." Il se sent d'autant plus fort que Napoléon lui a récemment demandé, comme à Daru, de préparer un projet de loi organisant l'autonomie du Service de santé, particulièrement du corps des chirurgiens militaires, à l'instar de celui du génie.

Enfin ! l'aboutissement de vingt ans de lutte permanente, de correspondance enflammée.

Enfin ! la titularisation d'auxiliaires taillables et corvéables à merci en temps de guerre, révocables sans indemnité en temps de paix quand on n'a plus besoin d'eux.

C'est au moment où l'appui de l'Empereur semble le plus assuré qu'éclate l'affaire des "mutilations volontaires" et le risque pour Larrey de voir se retourner la situation en sa défaveur.

Le nombre considérable et inhabituel de blessés, 8 000 à Lützen, 6 500 à Bautzen, inquiète Napoléon qui voit fondre ses effectifs. Qu'a-t-il bien pu se passer ? se demande-t-il.

N'osant admettre la nouvelle orientation acharnée et meurtrière des récents combats, il interroge son entourage et, au premier chef, Larrey qui n'hésite pas un seul instant à mettre en cause sa position, sa réputation, son honneur, son avenir.

"Pour diminuer aux yeux de Napoléon le nombre considérable de blessés qu'avaient donnés les batailles de Lützen, Bautzen et Würschen, quelques personnes accoutumées à voiler les vérités, lui firent entendre que beaucoup de ces blessés s'étaient mutilés volontairement pour se soustraire au service, et l'on rangeait dans cette classe tous ceux qui avaient les doigts tronqués ou les mains traversées par des balles."

Loin de défendre l'honneur de leurs hommes, plusieurs maréchaux, Soult en particulier confie Larrey, accréditent cette sinistre fable qui les arrange. Las des guerres, des bivouacs, ils désirent profiter du confort de leurs richesses constituées par l'Empereur ou par leurs pillages effrontés des pays conquis comme Soult en Espagne.

Partant du principe que “tout argument qui pouvait amener la paix leur paraissait valable”, estime Larrey qui les connaît bien pour les approcher chaque jour, ils s’ingénient à mettre en exergue aux yeux de l’Empereur le caractère prétendument volontaire de ces mutilations afin de le persuader que l’armée ne suit plus son chef. Comment pourrait-il compter sur une troupe dont le moral est suffisamment bas pour se livrer à de telles extrémités ?

La bassesse du procédé illustre non seulement le mépris voué aux hommes confiés à leur commandement mais se pare également d’une insinuation aussi perfide que calomnieuse après le comportement héroïque des jeunes “Marie-Louise” au cours des précédentes journées. Le coup porte et trouve Larrey en première ligne. “Sur ces assertions, on donna l’ordre de les réunir tous et de les enfermer dans le camp retranché établi pour la douane, à un quart de lieue de la ville, sur la grande route de Bautzen. Il y en avait près de trois mille.”

Les chefs du Service de santé sont convoqués séance tenante par l’Empereur, impatient d’entendre leur avis sur cette question qui nourrit sa colère.

“Des Genettes et Yvan dirent à l’Empereur que les blessures étaient volontaires. (...) Mon opinion ne se trouvait pas d’accord avec celle de quelques-uns de mes collègues : elle ne prévalut point, et l’ordre de former un jury chirurgical, que je devais présider, me fut aussitôt intimé. Ce jury était chargé de désigner ceux de ces individus qu’il aurait reconnus coupables de ces délits, pour qu’ils fussent mis ensuite à la disposition du général, grand-prévôt de l’armée.”

Larrey a mesuré l’importance de l’affaire. L’ordre lui a été “intimé” par Napoléon qui n’a pas manifesté envers lui ses habituelles marques d’affection, la lettre reçue du général Pradel, le prévôt, réclamant deux coupables par corps d’armée, augure mal des suites.

Ce seraient donc vingt-quatre soldats innocents qui seraient traduits en conseil de guerre avant d’être fusillés sur le front des troupes ? Par son expérience des campagnes de Pologne et d’Espagne, Larrey sait qu’il s’agit de blessures dues à l’inexpérience des jeunes recrues dans le maniement de leur fusil.

Mais il est le seul à le savoir, il lui faut apporter des preuves, braver la colère de Napoléon devant qui chacun, en parfait hypocrite, courbe encore l’échine.

Larrey se redresse et attaque de front, comme pour un duel d’honneur. Envoyés par le prévôt pour surveiller l’activité du jury, un officier d'état-major et un officier supérieur de gendarmerie ne feraient-ils pas déjà figure de témoins ?

"Pénétré de l'importance de la décision que j'étais appelé à donner dans ce cas remarquable de chirurgie légale, je persistai dans mon premier jugement ; les autres membres du jury partagèrent mon opinion." Les conclusions doivent être rendues dans les trois jours, il y aura 2 632 mutilés des doigts à examiner ! Le jury commence ses consultations le 16 juin, à 5 heures du matin. Chaque soldat est examiné individuellement avec établissement d'un dossier personnel.

"L'examen fait avec la plus scrupuleuse attention a porté,

1° Sur le caractère des blessures et les infirmités qui en résultent ;

2° Sur les causes qui ont produit ces blessures et sur la manière d'agir de ces causes ;

3° Sur les circonstances qui ont accompagné ou précédé ces solutions de continuité.

Il résulte de cet examen :

1° Que presque toutes les plaies ont été faites par des corps contondants poussés par armes à feu, et un petit nombre par armes blanches, dirigées contre ceux qui ont en été atteints.

2° Que la majeure partie des blessés a présenté en même temps d'autres blessures en divers points de la surface du corps, (...) faites par le passage des balles.

3° Que le petit nombre des blessés, chez qui les circonstances précitées ne se sont pas offertes d'une manière aussi évidente, se compose précisément d'anciens soldats du dévouement desquels il n'est guère permis de douter.

(...) Le jury, en se résumant, proteste qu'il est physiquement impossible d'établir la moindre preuve qu'aucun des militaires visités par lui se soit mutilé volontairement, et il pense que la lecture des états circonstanciés, qu'il a fait dresser de tous les blessés soumis à sa visite, en expliquant les motifs du nombre si grand en apparence des mutilations, contribuera à dissiper l'opinion défavorable répandue sur le compte de ceux qui les ont éprouvées."

Qui plus est, Larrey ne se contente pas de disculper des innocents, il analyse et explique les causes grâce à une démonstration de mécanique, puis de balistique.

Lorsqu'ils tirent sur trois rangs, ceux du deuxième ou troisième portent souvent, sans penser au danger, le canon de leur fusil sur les épaules et les mains des camarades du premier rang. Par ailleurs les nouvelles recrues, faute d'instruction militaire approfondie, se blessent les doigts involontairement en ne respectant pas les douze temps réglementaires de chargement du fusil à silex. Enfin, quand l'infanterie charge l'ennemi de bas en haut, comme aux collines de Bautzen, les soldats tiennent les mains élevées sur leur fusil, offrant leurs doigts comme les cibles les plus saillantes au tir adverse.

L'expertise est à présent terminée bien qu'"on" ait essayé jusqu'au dernier moment de dissuader Larrey de braver ainsi le courroux de Napoléon.

"Ne vous a-t-il pas dit, mon cher Larrey, d'un ton courroucé : «Allez, monsieur, remplir votre devoir, vous m'adresserez vos observations officiellement» ?"

"A quoi bon risquer votre situation, votre influence, votre avenir en vous obstinant, en vous isolant dans une périlleuse opposition à une idée communément admise ?"

Ces "bons" conseils, ces manières cauteleuses, ces airs entendus, ces hochements de tête obliques procèdent de piètres psychologues qui conçoivent le monde à la mesure de la petite échelle de leurs bas calculs, incapables qu'ils sont d'imaginer seulement la ténacité, l'ardente recherche de la vérité, l'indépendance de jugement qui ont toujours caractérisé celui qu'ils souhaiteraient influencer.

Ils le voient déboucher au quartier impérial d'un pas assuré, la mine sereine, souriante même, tenant d'une main les conclusions du jury et sa propre synthèse, de l'autre le pesant dossier des 2 632 procès-verbaux. Les aides de camp s'avancent pour

Convoi de blessés, par Raffet. Coll. part.

soulager Larrey de son fardeau. Peine perdue, il le serre au contraire plus fort sous ses bras, sachant par expérience combien les intermédiaires ont l'art sinon de faire disparaître les pièces du moins de leur accorder un repos éternel.

Napoléon le reçoit avec une mine sévère et contrariée, l'attitude est impatiente, le geste saccadé, le ton sec. Las Cases décrit la scène :

"«Eh bien, monsieur Larrey, persistez-vous toujours dans votre opinion ?

— Je fais plus, Sire, je viens la prouver à Votre Majesté. Cette brave jeunesse était indignement calomniée, je viens de passer beaucoup de temps à l'examen le plus rigoureux et je n'ai pas trouvé un coupable, il n'y a pas un de ces blessés qui n'ait son procès-verbal individuel ; des ballots me suivent, Votre Majesté peut en ordonner l'examen.

— C'est bien, monsieur, lui dit-il, en saisissant son rapport avec une espèce de contradiction ; je vais m'en occuper.» Et il se met à marcher à grands pas dans son appartement, d'un air agité et combattu ; puis revenant bientôt à M. Larrey avec un visage tout à fait dégagé, il lui prend affectueusement la main, et lui dit d'une voix émue :

«Adieu, monsieur Larrey, un souverain est bien heureux d'avoir affaire à un homme tel que vous ! On vous portera mes ordres[1].»"

Larrey rentre chez lui lorsqu'un courrier impérial se fait connaître et lui présente, de la part de l'Empereur, un coffret contenant le portrait de Napoléon enrichi de diamants, six mille francs en or et le titre d'une pension sur l'Etat de trois mille francs, "sans exclusion, est-il dit au décret, de toute autre récompense méritée par ses grades, son ancienneté et ses services futurs". Qui a le plus d'admiration pour l'autre, Napoléon ou Larrey ?

L'Empereur a compris *in extremis* que sans Larrey il aurait de nouveau commis, comme pour le duc d'Enghien, "pire qu'un crime, une faute" que l'armée ne lui aurait pas pardonnée. Il a admis en outre qu'on lui tienne tête si les arguments opposés s'avèrent positifs. Enfin, l'absence de rancune, le courage de reconnaître ses torts, loin de l'amoindrir font au contraire proclamer

1. *Le Mémorial de Sainte-Hélène*, t. II, chap. X.
Une fiche personnelle de Larrey s'en fera l'écho : "M. de Las Cases a rendu, avec une exacte vérité, dans son *Mémorial de Sainte-Hélène*, tout ce qui s'est passé à Dresde, en 1813, entre l'Empereur Napoléon et le baron Larrey, à l'occasion des mutilés des doigts."

largement la magnanimité du souverain. Larrey, en fin clinicien, connaît mieux la psychologie de l'Empereur que ce dernier celle de son chirurgien. Il a su gagner son duel en esquivant les feintes, en se fendant à juste propos avant de porter la botte décisive qui touche au cœur et à la raison. Dans l'armée, la nouvelle de sa victoire va bon train : il a sauvé la vie d'innocents, restauré le moral et l'honneur des combattants.

On le savait déjà chirurgien, épidémiologiste, hygiéniste, naturaliste, vétérinaire, le voilà médecin légiste qui enfonce le clou en adressant aux chirurgiens-majors la circulaire suivante, le 13 juillet 1813 : "Vous appellerez l'attention de vos collaborateurs sur la chirurgie légale (…) quels que soient les soupçons établis sur les mutilations volontaires, le chirurgien ne peut se prononcer, attendu qu'il n'existe aucun signe certain de distinguer une blessure faite par le blessé lui-même et celle qui serait la conséquence d'une influence étrangère. Cet objet est étranger aux devoirs que le chirurgien légiste est chargé par la loi et la nation de remplir. C'est au juge criminel d'interroger la conscience des accusés, et l'anatomie ne nous donne aucune connaissance de la nature de cette conscience ni de la manière de l'interroger.

Le médecin est et doit être l'ami de l'humanité. En cette qualité, il doit toujours parler et agir en sa faveur. Vous devez toujours panser et soigner le coupable comme l'innocent, et vous ne devez voir que l'organisme malade. Le reste ne vous regarde pas.

Inspirez ces idées à vos collaborateurs, et faisons que jamais nous n'ayons à nous reprocher la mort d'un seul homme innocent."

Si cette affaire a encore grandi Larrey aux yeux de l'Empereur d'une façon absolue et définitive, elle lui amène en contrepartie une solide cohorte d'"ennemis intimes".

Soult désavoué bien sûr, mais pire, démasqué. Desgenettes est dans le même cas, pris en flagrant délit de légèreté professionnelle aggravée de flagornerie. Pourquoi cet esprit distingué, ce si grand médecin ressent-il comme un fardeau insupportable ce qu'il doit à Larrey ? Fait prisonnier à Wilna, Desgenettes écrit au tsar Alexandre pour demander sa libération en faisant valoir son attitude envers les malades russes et sa notoriété européenne. Elle n'est pas aussi retentissante qu'il ne le croit, car, gardé par les Cosaques, il ne voit rien venir jusqu'à ce que les démarches personnelles de Larrey auprès de la cour de Russie portent leurs fruits. Libéré fin mars, Desgenettes décide de regagner Paris pour se reposer... alors que Larrey est resté à l'armée ! Le croisant à Magdeburg, Desgenettes ne s'est pas cru obligé de le remercier mais lui promet de réclamer au ministère une indemnité de perte d'équipages, comme il doit le faire pour lui-même. Il ne le fera pas et Larrey pourra écrire à sa femme en août : "Je suis fort aise d'apprendre que Des Genettes ait reçu deux mille francs d'indemnité. Il avait promis, en parlant pour lui à l'Empereur, de parler également pour moi et qu'il demanderait deux mille francs pour chacun. Il paraît qu'il ne l'a pas fait. Tout est possible alors. (...)"

Qu'importe l'ingratitude d'un homme ou la jalousie d'un confrère, il a encore tant à faire.

Son rapport définitif sur la campagne de Russie tout d'abord, 22 000 mille blessés ayant transité dans les ambulances. 9 703 hommes guéris ont réintégré leur corps d'origine, 4 027 présentent une invalidité partielle compatible avec un service non armé, soit 64 % de résultats favorables. Pour 5 854 plus gravement atteints, l'invalidité totale a entraîné la réforme et le rapatriement en France, parmi eux 731 amputés. Il faut enfin déplorer 2 416 décès. "Parmi ces morts, je compte un dixième d'amputés... Ce succès, si l'on considère la pénurie des moyens et les variations fréquentes de l'atmosphère, (...) appartient essentiellement aux secours prompts et méthodiques que les blessés ont reçu sur le champ de bataille, et aux soins vigilants et assidus que nos chirurgiens leur ont continués dans les hôpitaux[1]."

Utilisant à propos la faveur et l'influence qu'il a regagnées auprès de l'Empereur, Larrey lui remet pour la troisième fois le rapport sur le statut du Service de santé qui lui tient tant à cœur de voir aboutir depuis ses démarches précédentes faites à

1. Ces statistiques (extraites de la lettre de Larrey à Napoléon, datée de Dresde le 4 août 1813), pour sèches et indigestes qu'elles soient, présentent un double mérite. Celui de prouver, en premier lieu, que Larrey et ses équipes tiennent à jour méthodiquement des fiches individuelles sur chaque malade, depuis le champ de bataille jusqu'à l'issue terminale, quelle qu'elle soit. En second lieu, de faire litière définitive – il faut vivement le souhaiter – des assertions fantaisistes complaisamment rapportées depuis deux cents ans, concernant le sort des blessés durant les guerres napoléoniennes et le rôle du Service de santé. Ceux-là auraient été abandonnés comme des bêtes, dans la désespérance du râle et de l'agonie ; celui-ci aurait été composé d'ignorants incompétents, dégoulinants de sang, qui fouaillent, tronçonnent, charcutent, etc. Cet effet facile de – faux – lyrisme médical ne correspond en rien à la réalité des choses. Il est aisé au contraire de percevoir qu'en dépit des effroyables conditions climatiques, de la famine, du manque total de fournitures matérielles, de la désorganisation des transports, du harcèlement des Cosaques, *le Service de santé, pour sa plus grande gloire, a sauvé 89 % de ses malades !*

Vitebsk puis à Francfort-sur-l'Oder. Une idée claire, l'autonomie du Service, qui ne doit plus dépendre des négligences ou des prévarications des commissaires de guerre que Larrey pourfend, preuves à l'appui. A Vitebsk n'ont-ils pas laissé les fourgons d'ambulance à quatre jours de marche en arrière ? A Mojaïsk n'ont-ils pas vendu des vivres aux blessés ? A Wilna ne sont-ils pas allés jusqu'à organiser une fausse pénurie afin de faire monter les prix de denrées qu'ils n'avaient même pas eues à acheter puisque fournies par l'intendance !

Au sujet de la classification et du recrutement des chirurgiens : "Il eût été assurément plus avantageux d'avoir une ou plusieurs écoles de chirurgie militaire, sorte de pépinières où l'on aurait formé un nombre suffisant de jeunes chirurgiens, sur l'instruction, le zèle et l'activité desquels il eût été plus permis de compter, et on aurait conservé aux habitants des campagnes leurs officiers de santé."

En attendant que ces écoles voient le jour en France, Larrey utilise ce séjour prolongé à Dresde pour dispenser ses cours de pratique chirurgicale. Le temps lui est compté, pense-t-il, car il confie à sa femme que l'armistice de Pleiswitz "fut une des plus grandes fautes de Napoléon. (...) Nos espérances de paix s'évanouissent. Si cela recommence, Dieu sait quand cela finira et comment cela finira". Napoléon aurait même déclaré : "Si les Alliés ne veulent pas de bonne foi la paix, cet armistice peut nous devenir fatal."

L'Autriche a cessé de jouer le rôle des bons offices pour rejoindre les Coalisés qui se sont considérablement renforcés durant deux mois et demi. Au nord, une armée de 110 000 hommes, dirigée par le transfuge Bernadotte, devenu roi de Suède, comprend des contingents scandinaves, prussiens et russes. Au sud, en Bohême, l'Autrichien Schwarzenberg et le Russe Barclay de Tolly ont massé 230 000 baïonnettes. A l'est, le vieux Blücher a constitué une force de 110 000 Prussiens avec une réserve de 90 000. Cet ensemble inouï, jamais réalisé, de 540 000 Coalisés a décidé de ne plus se disperser mais d'attaquer en masse les lieutenants de Napoléon, en refusant systématiquement le combat là où se trouve l'Empereur. Nouvelle stratégie inspirée des conseils de trois transfuges, Bernadotte, Moreau et Jomini. D'origine suisse, spécialiste de tactique militaire, chef d'état-major de Ney, Jomini a déserté après Bautzen emportant sinon les plans d'opérations, du moins la pensée stratégique de Napoléon.

Ce dernier, en attitude semi-défensive, a pris une position centrale à Görlitz [Zgorzelec, Pologne], sur la Neisse, prêt à se porter au secours de ses maréchaux dont les 350 000 soldats sont éparpillés sur l'Elbe depuis Hambourg jusqu'en Silésie. Les Alliés se sont donné rendez-vous à Dresde aux cris de "A Paris ! A Paris !" mais Napoléon, prévenu, arrive à envelopper les ailes de l'armée de Bohême, la contraint à reculer et recueille la victoire le 27 août après l'action d'éclat de Murat à la tête d'une cavalerie reconstituée.

Larrey participe aux marches et contre-marches forcées de la Garde sur les chemins détrempés par des pluies abondantes, incessantes, qui obligent les combattants à utiliser la baïonnette car les coups de fusil ne partent plus dans cette constante humidité.

"Portant toujours avec moi les instruments nécessaires aux grandes opérations, je pratiquai néanmoins toutes celles qui étaient urgentes (...) la victoire la plus complète se décida en notre faveur au milieu des plus grands obstacles et sous une pluie abondante et continuelle. Elle eut pour résultat la prise d'un grand nombre d'Autrichiens, celle d'une vingtaine de drapeaux, d'une quarantaine de pièces de canon et d'une grande quantité d'équipages. Cette journée, où nous courûmes les plus grands dangers, nous donna 6 500 blessés, qui furent reçus dans les hôpitaux de Dresde et pansés à mesure qu'ils arrivaient. Les blessés de l'ennemi restés en notre pouvoir reçurent les mêmes secours que les nôtres. (...) Mais, tandis qu'on était vainqueur dans le point central des opérations militaires, le corps de Wandame fut surpris et défait dans les gorges de Toeplitz, au moment d'obtenir les résultats les plus satisfaisants, et les armées qui marchaient sur Berlin essuyèrent aussi un grand échec, en sorte qu'on ne jouit pas longtemps du succès de la bataille du 27, et qu'il fallut renoncer au plan d'opérations suivi jusqu'alors."

Larrey résume ainsi d'une façon saisissante la victoire de Dresde, la dernière de Napoléon qui, victime d'une gastro-entérite, n'a pu diriger efficacement la poursuite de l'armée de Bohême apparemment vouée à une destruction complète. Resté exposé à la pluie battante toute la journée, il rentre à Dresde où son valet de chambre le reçoit, dit-il, "dans un état épouvantable, transpercé par la pluie, son chapeau de castor lui tombant sur les épaules, ses bottes pleines d'eau et grelottant la fièvre. On le mit au lit, puis au bain, où il eut un vomissement".

Vandamme a été surpris à Kulm par un mouvement inopiné des Austro-Russes qu'il poursuit entre Dresde et Prague. Ce vétéran des guerres républicaines, un des héros d'Austerlitz et d'Eckmühl, est doté d'un caractère épouvantable. Napoléon s'est écrié un jour : "Si j'avais deux Vandamme, j'en ferais fusiller un, mais je n'en ai qu'un et je le garde pour moi !" Fait prisonnier, il est amené au tsar et au grand-duc Constantin, qui, de rage, lui arrache son épée.

"Mon épée est facile à prendre ici, il eût été plus noble de venir la chercher sur le champ de bataille ! lance Vandamme furieux.

— Brigand, pillard ! intervient le tsar qui assiste à la scène.

— Je puis être un pillard, mais je n'ai pas assassiné mon père !" répond Vandamme à l'adresse d'Alexandre, faisant allusion au tsar Paul Ier mystérieusement étranglé au cours d'une révolution de palais…

A la suite d'un escadron de chasseurs à cheval de la Garde, Larrey a pénétré dans le défilé montagneux de Töplitz [Teplice, république tchèque] où les monts Métallifères délimitent la frontière naturelle entre la Saxe et la Bohême. On lui amène là un prisonnier de marque, le propre fils du feld-maréchal Blücher qu'il soigne avec un dévouement étonnant les autres Prussiens captifs puis rentre à Dresde assister aux délibérations de l'état-major.

"Les revers inattendus qu'éprouvèrent devant Berlin nos corps d'armée, portèrent les puissances coalisées, pour qui d'ailleurs notre position à Dresde était d'un difficile abord, à réunir leurs forces sur notre chemin de retraite à Leipsick, où elles espéraient sans doute arrêter notre marche. Déjà notre correspondance avec la France était interrompue, les convois enlevés, et les malades eux-mêmes inquiétés par les partisans."

La Westphalie et le royaume de Bavière ayant rejoint le camp de la coalition, Larrey traduit ainsi le réveil des nationalités et le sentiment des Allemands de ne former désormais qu'un seul peuple.

"Après quelques jours de marche, nous arrivâmes à la hauteur de Leipsick. (…) Je passai le reste de la nuit à faire préparer les appareils nécessaires pour le premier pansement des blessés. Je parcourus ensuite la majeure partie des lignes de bataille pour reconnaître les lieux les plus favorables à l'établissement des ambulances, et j'établis celle du quartier général à Tomberg."

Tout promet une bataille gigantesque mais aussi un choc disproportionné.

Aux premières lueurs de cette journée du 16 octobre, les Coalisés avancent 320 000 hommes dont 54 000 cavaliers aux avant-postes d'une armée française de 160 000 combattants aux contingents étrangers de fidélité douteuse et de seulement 29 000 cavaliers.

Bataille de Leipzig. Coll. J.-B. Q.

“La canonnade, extrêmement vive, était fournie par tous les points de la ligne de bataille. On accéléra les manœuvres, et on fonça sur l’ennemi par tous les côtés. Le choc fut terrible, et il aurait eu un résultat décisif si les coalisés n’avaient pas été si nombreux et dans une position aussi avantageuse. (...) Cependant, après huit ou neuf heures de combat, les premiers rangs de nos adversaires furent culbutés, les colonnes ébranlées, et l’on s’empara du champ de bataille. (...) Nous eûmes 6 500 blessés, que nous pansâmes sur le terrain, à une très-courte distance du champ même de bataille, et souvent sous le canon de l’ennemi. Le sixième environ était atteint de blessures d’artillerie, qui exigèrent toutes quelques opérations majeures que nous fîmes à mesure qu’elles se présentaient.”

Parmi eux, deux généraux anciens compagnons d’Egypte de Larrey, Vial et Latour-Maubourg. Vial “eut les deux jambes emportées par un boulet de canon d’un gros calibre. Une charge de cavalerie russe ayant immédiatement suivi cette décharge d’artillerie, il me fut impossible de lui porter mes secours et il expira au milieu des combattants. La perte de cet honorable compagnon d’Egypte, fut très sensible à l’Empereur.”

Le général comte Latour-Maubourg, déjà blessé à la tempe à Aboukir, à la main à Friedland, “que j’opérai presque sous le feu du canon, avait reçu un gros biscaïen au genou gauche, lequel avait emporté la majeure partie du condyle externe du tibia, la tête du péroné, les tendons qui s’y insèrent et une portion du mollet de la jambe. L’articulation était ouverte (...) l’artère péronière avait été rompue (...) je prononçai la nécessité rigoureuse de l’amputation de la cuisse, désirée par le blessé (...) elle fut faite en moins de trois minutes”.

Le village de Wachau, où s'est déroulée l'affaire à 10 kilomètres au sud de Leipzig, a été perdu puis repris six fois par Poniatowski, Victor, Lauriston, Oudinot, Murat et la Garde !

L'armée de Bohême qui, depuis août, se réfugie dans les défilés de Töplitz à la moindre alerte, a été simplement contenue mais non détruite et ne craint même plus d'affronter directement Napoléon qui doit faire face au nord à la jonction de Blücher et de Bernadotte. Il faut à tout prix éviter l'encerclement. S'il s'avérait inéluctable, ce serait le prélude à l'anéantissement final.

"Je passai la journée du 17 et la nuit suivante aux ambulances pour faire achever les pansements de nos blessés et leur évacuation. (...) nous fûmes attaqués le lendemain, 18, à la pointe du jour (...) les Français soutinrent avec intrépidité le choc de leurs innombrables adversaires (...) la valeur de nos soldats fait surmonter la résistance presque invincible des colonnes serrées qui nous pressaient de toutes parts : elles sont attaquées avec une sorte de fureur qui les frappe de surprise, et les ébranle fortement. (...) Cependant, informé d'une plus grande réunion de troupes ennemies autour de Leipsick, et des nouveaux obstacles qui se préparaient contre notre retour en France (...) on ordonna et on effectua la retraite pendant la nuit du 18 au 19, fatal anniversaire de notre départ de Moscou."

La gigantesque "bataille des nations" de Leipzig met aux prises 500 000 combattants dans un interminable combat. Les rues sont balayées par le feu de 1 500 canons !

Un capitaine de cuirassiers, Legret, voit Larrey "pansant les blessés dans une grange, éclaboussé par la terre que venait projeter sur lui les boulets de canon, et continuant avec le plus grand calme ses opérations de chirurgie. L'Empereur, survenu dans le même moment, ne put s'empêcher d'être ému[1]". Se souvenant du rapport d'expertise de Larrey, il a donné maintenant l'ordre de combattre sur deux rangs et non plus sur trois comme par le passé.

"Cette bataille, qui avait été sanglante, nous donna beaucoup de blessés ; c'est la seule action où je n'ai pu au juste en déterminer le nombre. La majeure partie avait été fournie par la Garde, qui avait soutenu le choc des principales attaques. (...) Plusieurs amputés à l'épaule, à peine sortis de mes mains, se mirent en route. (...) Ils on fait la route de Leipsick à Mayence sans s'arrêter, et avec quelques pansements faits de loin en loin par les premiers venus : enfin, ils sont arrivés dans leur patrie parfaitement

1. Témoignage rapporté par le fils de Larrey, Hippolyte.

Larrey opérant Rebsomen au combat d'Hanau. Peinture anonyme, musée du Val-de-Grâce

guéris. Ces succès extraordinaires nous semblent justifier les avantages de la méthode que nous avons adoptée pour cette opération."

L'arrière-garde se sacrifie afin de sauvegarder une retraite rendue difficile par l'encombrement de la grande route mais deux circonstances funestes vont jeter l'épouvante.

"Plusieurs des portes qui se trouvaient encore fermées furent ouvertes par les troupes alliées de la garnison[1], ce qui hâta la catastrophe dont une partie de l'armée française fut, peu d'heures après, la victime. L'ordre avait été donné de détruire le premier pont du chemin de retraite lorsque nos troupes seraient passées, et à la première apparition de l'ennemi. (...) de là l'erreur fatale que l'on commit en faisant sauter le pont, lorsque nous avions encore dans la ville, avec un grand nombre de nos compagnons, tous les équipages et une grande partie de l'artillerie. J'avais franchi ce fatal passage quelques moments avant l'événement. Presque tous mes collaborateurs des ambulances légères furent également sauvés ; mais tout le matériel des ambulances, sans exception, resta dans Leipsick. Cette nouvelle jeta la consternation dans le reste de notre armée, dont la marche était pénible et difficile."

1. Il s'agit de la défection d'une division entière de Saxons qui retournèrent ensuite leurs armes contre les Français.

Le maréchal Poniatowski, grièvement blessé à l'épaule, tente de traverser l'Elster à la nage mais s'y noie, au moment où les souverains de Russie, d'Autriche et de Prusse se retrouvent au centre de Leipzig, sur la place du marché, pour fêter leur victoire.

Parmi les 15 000 prisonniers pris dans la nasse, se trouve de nouveau Desgenettes... au sujet duquel Larrey écrit à sa femme : "Quant à Des Genettes, je t'avoue que je n'ai pas voulu faire de démarches comme la première fois, où je fus payé de mes soins et de mes sollicitudes par des propos calomnieux et des sottises. Je l'abandonne à la grâce de Dieu. (...) Il est à portée de se réclamer de l'empereur Alexandre, dont il se dit très aimé."

Par Erfurt, la retraite vers Mayence se déroule sans incident majeur sur 300 kilomètres lorsqu'à Hanau, bourg situé aux environs de Francfort-sur-le-Main, 52 000 Austro-Bavarois avec leurs 60 canons s'interposent sur la route du Rhin. Leur général, De Wrede, prétend arrêter dans les marécages qui bordent le Main la marche des Français pour faire oublier aux yeux de ses nouveaux maîtres qu'il en fut l'allié pendant huit ans !

Larrey voit Napoléon s'avancer en personne à la tête de sa Garde. Ces 15 000 hommes d'élite, fantassins et cavaliers, passent littéralement sur le ventre des Bavarois contraints à un reflux précipité. Peu de blessés, rapidement soignés malgré l'absence de tout le matériel d'ambulance perdu à Leipzig. Il faut improviser, une fois encore.

"Nous fîmes toutes les opérations avec mes instruments que j'avais conservés, les portant habituellement sur mon cheval ; nous trouvâmes aussi assez de linge dans les sacs des soldats

Evacuation des blessés en charrettes. Coll. part.

blessés... Il m'était resté peu de chirurgiens ; mais j'eus à me louer du zèle et de l'activité de ceux qui avaient eu le bonheur d'échapper aux dangers de la campagne et qui avaient pu me suivre."

Arrive un jeune lieutenant des chasseurs à pied de la Garde, nommé Rebsomen. Un boulet a arraché l'avant-bras gauche. A quelques pas de l'ambulance de Larrey, un second boulet lui emporte la jambe droite ! Son père, lui aussi officier des chasseurs, "(...) plein de courage et de sensibilité, chargea son fils sur ses épaules et s'empressa de me le porter pour m'inviter à lui donner mes soins". La lividité de l'hémorragique, la prostration du choqué indiquent à Larrey la nécessité d'amputer les deux membres mutilés. Personne pour l'aider à tenir le malade, sinon le père !

"Je n'osais lui faire la proposition de tenir son fils pendant les deux opérations graves que j'allais pratiquer, et je cherchais en vain autour de moi les assistants dont j'avais besoin.

«Vous pouvez compter sur moi, monsieur, me dit ce capitaine, puisqu'il s'agit de sauver la vie à mon fils.»

Celui-ci ne fit pas un cri pendant que je l'opérai, et le père montra une fermeté rare.

(...) Je comptais peu sur le succès de mes opérations, vu l'état de faiblesse où était cet officier (...) je conseillai à M. Robsomen père de (...) se constituer prisonnier, et à rester auprès de lui jusqu'à l'époque de sa guérison[1]..."

Dans la nuit du 1er au 2 novembre 1813, l'armée parvient enfin sur les rives du Rhin, à l'immense place forte de Mayence.

Depuis Moscou, un an déjà, les aigles impériales ont dû replier leurs ailes et regarder vers la France lointaine, malgré les envols victorieux mais sans lendemain de Lützen, Bautzen et Dresde. Les "Marie-Louise" au courage stupéfiant campent à présent sur les mêmes positions que leurs aînés volontaires de l'an II, vingt ans auparavant.

En sera-t-on réduit maintenant à défendre les frontières de la France contre l'invasion menaçante ?

1. "Mon conseil fut suivi ; et, à ma grande surprise, ce jeune militaire est venu me rendre visite, à son retour des prisons d'Allemagne, en octobre 1814. Ce fait, assez remarquable par la gravité des blessures et les causes qui les avaient produites, confirme la nécessité de faire l'opération sur-le-champ lorsqu'elle est indiquée. Quelques instants plus tard, le jeune Robsomen était mort."

XXVII

LE PELOTON D'EXÉCUTION DE WATERLOO

Larrey ne demeure à Mayence que les premières semaines de novembre, le temps de réorganiser sa chaîne hospitalière et de rédiger pour l'Empereur son habituel rapport de campagne. Evoquant le nombre encore plus important de blessés que son Service aurait pu sauver, il laisse percer une lassitude irritée qu'on appellerait découragement chez un autre que lui :

"Cela fut impossible en raison de l'insuffisance du nombre des chirurgiens, du manque de linge, de pansements, d'instruments, mais c'est toujours la même chose !"

Fin novembre, il devance l'ordre d'inspecter les lignes d'évacuation de Mayence à Sarrebruck, puis de là à Metz, car le typhus aurait refait son apparition. Rien d'étonnant à cela, quand il trouve jusqu'à la frontière les hôpitaux dans un état épouvantable.

"C'est toujours la même chose", pourrait-il s'indigner en voyant des cadavres encore en place plusieurs jours après leur mort, avoisinant les blessés dont les pansements n'ont pas été refaits, couchés sur une paille pourrie remplie d'immondices et de vermine. Il tonne, tempête, donne ses ordres, interpelle les intendants afin que vivres et médicaments soient régulièrement distribués et ne consent à repartir vers l'hôpital suivant qu'après sanification complète des locaux et isolement des contagieux. De Sarrebruck à Metz, la situation hospitalière s'avère correcte et les mesures édictées par ses soins enrayent rapidement l'épidémie dite du "typhus de Mayence".

"On avait beaucoup exagéré les effets de cette épidémie, que de jeunes docteurs en médecine envoyés de Paris avaient considérée comme pestilentielle et éminemment contagieuse. (...) Chez presque tous les malades, cette affection catarrhale était accompagnée d'une expectoration pénible, douloureuse, et de flux diarrhéique ou dysentérique : chez quelques uns il y avait des symptômes d'engorgement aux membranes du cerveau (…) mais en général ces symptômes marchaient lentement (…) en sorte qu'on avait toujours le temps d'attaquer le mal par les moyens indiqués[1]."

Son inspection terminée, Larrey regagne Mayence et sollicite un congé pour se rendre auprès des siens qu'il n'a pas vus depuis presque deux ans ! Permission refusée ! Larrey s'avance jusqu'à Metz, renouvelle sa demande et prévient sa femme qu'il est devenu suffisamment las et démoralisé pour gagner Paris même sans congé officiel. S'il a la satisfaction d'avoir accompli son devoir sans faillir, il a par ailleurs tout perdu.

Ses chevaux, ses équipages et effets personnels, sa dotation de Poméranie sur laquelle Bernadotte s'est empressé de faire main basse. Le rappel de solde n'arrive toujours pas…

Une consolation toutefois. Elle se produit bien tard, après qu'il a ardemment désiré et mérité depuis tant d'années cette marque insigne de confiance : la place de chirurgien-consultant de Napoléon lui est enfin accordée par l'Empereur qui a tenu à décorer et promouvoir tous les collaborateurs signalés par Larrey.

Le 6 janvier 1814, il monte dans la diligence de Metz à Paris.

Alors que l'on se demande si les Alliés ont l'intention réelle d'envahir la France, il prend le temps de chérir sa femme et ses enfants. Elisabeth a pris son parti de vivre seule, quelque peu effacée dans le même appartement de l'impasse Conti. Le temps n'est plus aux brillantes soirées des Tuileries ou de Saint-Cloud, elle consacre ses activités à la peinture et à l'éducation de ses enfants. Isaure est devenue une adorable jeune fille de seize ans, habile aux arts et aux lettres, complice et confidente de son père. Hippolyte aura bientôt sept ans mais ne comprend pas toujours un père, si fier de lui, qui aurait tendance à le considérer comme un adolescent.

Entre-temps trois formidables armées coalisées ont franchi le Rhin pour se donner rendez-vous à Paris. Au nord, 150 000 hommes traversent Hollande et Belgique ; au sud, 180 000 soldats austro-russes de l'armée de Bohême franchissent le plateau de Langres ; au centre, les 130 000 Prussiens de l'armée de Blücher ont envahi la Lorraine et campent déjà à Toul. Face à eux, Napoléon a échelonné en deçà de la Meuse 70 000 hommes en plusieurs corps d'armée, ne dépassant pas chacun 15 000 combattants

1. On retrouve là encore décrit par Larrey non pas un authentique typhus, mais le tableau de la fièvre typhoïde avec complications respiratoires qu'explique parfaitement l'absence d'hygiène à laquelle étaient soumis les malades avant l'inspection.

encore épuisés par les précédents combats et les marches récentes. Le centre opérationnel a été fixé à Châlons-sur-Marne où l'Empereur attend Larrey. "Ayant reçu l'ordre de l'y suivre, je repartis en toute diligence, et j'arrivai dans cette ville le 25 janvier 1814, comme il la quittait pour aller attaquer l'ennemi qui s'avançait de toute part à marches forcées."

A travers les immenses fenêtres du grand salon du château de Brienne, Blücher, le maréchal "Vorwärts[1]", admire l'allée cavalière et les jardins de cette merveille architecturale du goût français du XVIIIe siècle. Ses bottes crottées posées à même un fauteuil précieux, il déjeune calmement lorsque surgissent soudain ses aides de camp affolés :

"Bonaparte ! Les Français ! Vite, maréchal, il faut partir !"

Le repas est encore sur la table lorsque Napoléon, guidé par son ancien surveillant du collège militaire, le père Henriot, pénètre dans le château qu'ont repris les marins de la Garde aidés par la cavalerie. Larrey l'a transformé en hôpital de campagne, où il ponctionne notamment deux officiers russes victimes de pleurésies traumatiques secondaires à des plaies pénétrantes du thorax.

Si Blücher était à Brienne, c'était bien pour s'ouvrir la route de Troyes à Paris. Pour l'heure, il s'est prudemment retiré vers Bar-sur-Aube à La Rothière, attendant de faire sa jonction avec l'armée de Bohême de Schwarzenberg. A quatre contre dix, la jeune garde, enflammée par la présence de l'Empereur à sa tête, réalise l'exploit de culbuter les Coalisés. "On faisait des dispositions pour sortir de Brienne et se rendre à Troyes, lorsque, dans la journée du 1er février, nos avant-gardes sont attaquées par des forces supérieures. (...) Le combat s'engage et l'affaire devient générale. Une neige épaisse et glaciale, qui n'avait cessé de tomber tout le jour, gênait singulièrement nos manœuvres. (...) Cependant on finit par résister au choc de l'ennemi, et on l'arrêta à l'entrée de la ville. La retraite fut effectuée sur Troyes dans le plus grand ordre."

Larrey évacue ses malades par voie fluviale sur la Seine, de Nogent à Melun. Cinquante intransportables sont confiés à l'hospice de la Charité où il remet, de la part de l'Empereur, cinquante napoléons en or à la mère supérieure, pour subvenir aux besoins des blessés. Berthier a reçu à la tête un coup de lance de Cosaque, Lefebvre-Desnouettes, général de cavalerie, est également légèrement blessé. L'armée traverse l'Aube au pont de Lesmont et entre dans Troyes le 3 février, au soir.

1. Expression favorite de Blücher signifiant "En avant", en allemand.

"Nous y trouvâmes la vieille garde, dont on aurait eu grand besoin à Brienne. Aussi, dès ce moment, l'armée se crut invincible."

Elle l'est, en effet, mais l'espace d'un moment, quand elle remporte les victoires aussi glorieuses qu'éphémères de Champaubert, Montmirail et Château-Thierry qui obligent Blücher dans son obstination à s'emparer le premier de Paris, à faire cavalier seul, quitte à abandonner la vallée de la Seine pour remonter au nord vers celle de la Marne.

Napoléon possède deux jours d'avance pour redescendre, couper l'avancée de Schwarzenberg qui a franchi la Seine à Pont et à Nogent, croyant y trouver Blücher.

"(...) nous arrivâmes à marches forcées, raconte Larrey toujours en première ligne, à Guignes, où l'on rencontra la tête de la colonne autrichienne qui se dirigeait sur Paris. A peine nos avant-gardes, composées de dragons venus de l'armée d'Espagne, l'eurent-elles reconnue, qu'elles fondirent sur elle comme la foudre. Jamais attaque n'avait été plus vigoureuse ; il n'y eut presque point de résistance. La charge de nos dragons rompit en un clin d'œil les carrés de l'infanterie autrichienne et les culbuta avec une grande perte. La cavalerie de nos avant-gardes s'empara de toute l'artillerie destinée à défendre la colonne ennemie, et fit cinq à six mille prisonniers."

Le 18 février, le prince de Wurtemberg replie précipitamment ses hommes sur Montereau, au confluent de l'Yonne et de la Seine, sans pouvoir détruire les ponts derrière lui. Il est follement chargé faubourg Saint-Nicolas par la cavalerie légère de Pajol et les gendarmes à pied rentrés d'Espagne, et, des hauteurs du château de Surville, Napoléon qui "a chaussé ses bottes de 93" pointe lui-même les grosses pièces de 12 de sa garde !

Il n'est pas seul car chacun, sur le sol national, a un réflexe de légitime défense. Après quelques jours de marches et contremarches, le pacifique Larrey, pétri d'humanisme, se transforme lui aussi, à quarante-huit ans, en chef de partisans sinon en chef de guerre au combat de Craonne. "(...) je me transportai en toute hâte à l'ambulance de la première ligne de bataille, qu'on avait établie pendant le combat, dans la ferme de Hurbise [Heurtebise] : plus de deux cents blessés, presque tous mutilés par des coups de feu d'artillerie, avaient été oubliés dans la cour de cette ferme ; on les apercevait à peine ; les uns étaient cachés dans le fumier, d'autres étaient couverts de neige. Quoique nous fussions éloignés de l'armée et entourés de Cosaques, je crus devoir m'exposer à être fait prisonnier avec mes collaborateurs, plutôt que d'abandonner ces infortunés au triste sort qui les attendait.

(...) Je pris cependant quelques précautions : d'abord je fis appeler tous les paysans du village contigu à la ferme, en leur faisant recommander d'apporter, pour les blessés, du pain, de la viande, du vin et de la bière ; ensuite je chargeais l'un des officiers de santé les plus intelligents, M. Desruelles, de faire remettre à ces paysans les armes de ces blessés, et de placer ces hommes ainsi armés aux portes de la ferme, afin qu'ils veillassent à la sûreté du lieu pendant que nous serions occupés du pansement. Quelques draps de lit, des rideaux de fenêtres, de l'étoupe et les chiffons que nous trouvâmes dans cette ferme, servirent à la confection de nos appareils."

La violence du combat est attestée par la présence de 1 200 blessés dont 90 subissent une, voire deux amputations. Larrey doit rester ferme dans le tri des malades et ne pas se laisser impressionner par l'attitude de généraux qui oublient trop vite que le seul grade chez les blessés est celui de l'urgence. "Le général de Sparre fut apporté à mon ambulance encombrée de blessés. Il voulut aussitôt être visité et pansé par le chirurgien en chef de l'armée. Mais, après avoir examiné sa blessure, je trouvais qu'il y en avait de plus graves que la sienne, et, malgré ses protestations, je lui fis attendre son tour. J'agis de même avec le maréchal duc de Bellune [Victor] et les généraux Grouchy et Cambronne, quoique je fusse très lié avec eux. Ils réclamèrent à l'Empereur qui me donna raison."

Francs-tireurs français en 1814. Coll. part.

Le maréchal Victor a l'artère fémorale dénudée par une balle, et risque la rupture au moindre effort. Larrey débride la plaie, applique un bandage contentif et évacue Victor sur litière. Le général en chef de la cavalerie, comte Grouchy, a eu son cheval tué par un boulet qui lui a causé également une violente contusion du genou droit, heureusement accessible au traitement par cataplasmes émollients évitant l'amputation. Le général Cambronne, commandant le 1er chasseur de la Garde, blessé lui aussi, est directement évacué sur Paris.

Les routes de la capitale sont l'enjeu de ces combats multiples et sanglants durant lesquels les chefs coalisés se demandent si de chats qu'ils étaient ils ne risquent pas de redevenir souris entre les mains de celui qu'ils appellent encore "le maître des batailles".

Schwarzenberg parlant d'armistice, Blücher est remonté plus au nord encore vers l'Aisne sans imaginer que Napoléon est sur ses talons pour le rabattre dans la nasse naturelle que forme le confluent de l'Aisne et de l'Oise. En ce début de mars, les deux rivières sont en crue, larges de 60 mètres, infranchissables par les Prusso-Russes.

De Craonne, les opérations se sont déplacées à Laon puis Soissons où les équipes de Larrey soignent plusieurs centaines de blessés russes appartenant au corps du comte Woronzov. "Je les fis tous réunir dans un seul local, et, après les avoir fait panser sous mes yeux, je les recommandai spécialement à l'administration des hospices et au commissaire des guerres."

Même attitude à Reims. "Nous eûmes peu de blessés, du nombre desquels était le comte de Ségur lui-même. Nous trouvâmes dans les hôpitaux de cette place environ quatre cents blessés russes et prussiens. Je fis respecter les officiers de santé de ces nations ; on les laissa auprès de leurs malades, à qui ils administrèrent avec nous tous les secours dont ils avaient besoin."

Voyant Napoléon assailli au nord de la Marne, Schwarzenberg réapparaît à Troyes avec son armée de Bohême, ses avant-gardes ont traversé la Seine à Nogent. Napoléon improvise alors un mouvement foudroyant de Reims à Troyes, l'amenant par Arcis-sur-Aube sur les arrières de l'Autrichien. "Je suivis ce mouvement rapide avec deux ou trois de mes élèves ; mais bientôt je vis avec étonnement fondre sur nous des nuées de Cosaques, qui ne tardèrent pas à couvrir toute la plaine. Nous allions être enveloppés lorsque (...) à l'aspect des bonnets de nos grenadiers, les Russes se retirèrent et allèrent reprendre leur première position." Un obus roule sous le ventre d'un cheval gris clair et l'éventre en explosant. C'est celui de l'Empereur qui change de monture et pousse son avantage tactique en se dirigeant sur Vitry-le-François. Là réside l'état-major interallié qui, informé du désarroi politique régnant à Paris, a décidé de ne plus courir après Bonaparte mais droit sur la capitale, Blücher par La Ferté-sous-Jouarre et Meaux, Schwarzenberg par Sézanne et Coulommiers.

Le 30 mars, les Prussiens attaquent Montmartre, les Austro-Russes campent à Vincennes. Le lendemain, Napoléon arrive à Fontainebleau pour apprendre que Marie-Louise dans sa fuite lui a ravi son fils. La douce mais si courageuse comtesse Marie Walewska est accourue mais n'est pas reçue. Avec elle, seuls le peuple et les soldats lui conservent enthousiasme et fidélité. Les jours suivants apportent les nouvelles successives de sa déchéance prononcée par le Sénat, de la défection des maréchaux, de la trahison de Marmont qui abandonne la défense de Paris. Même ses médecins personnels ont disparu, Corvisart avec l'impératrice, Yvan avec son secret.

Seul Larrey est là dans la terrible nuit du 11 avril 1814. "Le 11 avril, Napoléon tenta de s'empoisonner avec une dose d'opium que lui avait donnée Yvan (...) sur sa demande, le jour où il faillit tomber entre les mains des Cosaques à Malo-Jaroslavetz et qu'il portait toujours sur lui pendant ses campagnes. Il eut quelques mouvements convulsifs, puis des vomissements qui expulsèrent le poison."

Peu avant les adieux de Napoléon à sa garde, dans la cour du Cheval-Blanc, Larrey s'est présenté à l'Empereur pour solliciter la faveur de l'accompagner à l'île d'Elbe. Emu de percevoir enfin une marque de fidélité parmi l'abandon général, il saisit dans un moment d'affection les mains de son chirurgien avant de lui confier : "Vous appartenez à l'armée, vous devez la suivre, ce n'est pas sans regret que je me sépare de vous, monsieur Larrey !"

Dès lors, Dominique n'a plus qu'à se draper dans la toge de Caton pour cacher son émotion.

"C'est ici que se termine ma vingt-quatrième campagne. Nos armées apprenant l'occupation de Paris, se déterminèrent à capituler. La France entière fut rapidement envahie par les troupes nombreuses des puissances étrangères. Le gouvernement politique de la France fut changé. Napoléon abdiqua l'autorité suprême, se retira dans l'île d'Elbe, et l'ancienne famille de nos rois fut replacée sur le trône."

Bien que l'Empereur avant son départ ait délié la Garde de son serment de fidélité, bien que la menace de mise en "demi-solde" plane sur la carrière des officiers bonapartistes, Larrey ne manifeste aucun ralliement aux Bourbons, ni par ses propos, encore moins par ses écrits.

Désormais solitaire et taciturne, il a repris ses fonctions comme si de rien n'était, le matin à l'hôpital du Gros-Caillou comme chirurgien en chef de la garde devenue royale, le soir en tant qu'inspecteur général du Service de santé.

Comment oublier la gloire de l'épopée, la chanson des chevauchées, le tumulte des combats si ce n'est en consacrant son énergie intacte à améliorer les soins et le sort de ses anciens camarades, en mettant à profit ses soirées pour rédiger ses propres Mémoires comme ses travaux scientifiques ? La police politique sait qu'il fréquente souvent le salon de la duchesse de Saint-Leu[1] où se réunissent les rares personnalités rebelles aux nouveaux maîtres, mais sa popularité, sa notoriété à l'étranger sont assez grandes pour le protéger.

"(…) ma santé avait été fortement ébranlée par les vicissitudes cruelles que nous avions essuyées dans les terribles campagnes de Russie, de Saxe et de France, et par le chagrin que me causa l'exil de l'empereur ; aussi fus-je très-longtemps en proie à une mélancolie noire qui aurait eu peut être des suites funestes, si je n'avais eu l'espérance de revoir un jour mon illustre protecteur. J'avais même conçu le projet de l'aller rejoindre dans son île (…)."

En un mot, Larrey s'ennuie à mourir à Paris alors que Chateaubriand fait semblant de "bâiller sa vie", que les jeunes Romantiques se sentent atteints du "mal du siècle" en croisant les officiers prussiens lissant leurs épaisses moustaches rousses au passage des belles Parisiennes tandis qu'une écœurante odeur de grillade signale le campement des Cosaques aux Champs-Elysées.

Que pourrait apporter ce début de printemps 1815 ? Le rappel du triste anniversaire de cette campagne de France, merveilleuse dans l'ingéniosité des manœuvres, fatale dans sa réalisation face à une Europe debout ?

Non ! la foudre et le tonnerre, partis de Golfe-Juan.

La foudre annonce : "Français ! dans mon exil, j'ai entendu vos plaintes et vos vœux (…) j'arrive parmi vous, reprendre mes droits qui sont les vôtres !"

Le tonnerre reprend : "Qui prétendrait être maître chez nous ? Qui en aurait le pouvoir ? La victoire marchera au pas de charge : l'Aigle, avec les couleurs nationales, volera de clocher en clocher, jusqu'aux tours de Notre Dame !"

1. Hortense de Beauharnais, fille de Joséphine, épouse de Louis Bonaparte.

Le soir du 20 mars, Larrey, exultant d'impatience, court aux Tuileries accueillir l'Empereur qui l'a fait appeler parmi les premiers. "En me donnant dans cette entrevue les marques les plus touchantes de sa satisfaction, il m'exprima ses regrets de m'avoir laissé sans fortune. Continuez vos travaux, monsieur Larrey, me dit Sa Majesté, j'espère retrouver l'occasion de pouvoir vous récompenser des sacrifices que vous avez faits et des services que vous avez rendus à nos blessés."

L'Empereur lui a annoncé la nouvelle organisation de l'armée, les dispositions à prendre pour les ambulances de la Garde dans l'éventualité d'une reprise des hostilités ainsi que son rôle à la fête du Champ-de-Mai. "Cette idée, comme plusieurs autres aussi inconsidérées, avait été suggérée à l'empereur par le triumvirat occulte qui gouvernait à cette époque, et qui avait d'avance conjuré sa perte." Triumvirat ? Benjamin Constant vraisemblablement, Talleyrand et Fouché certainement. En sortant du cabinet de l'Empereur, Larrey n'a-t-il pas croisé la démarche feutrée du ministre de la police générale qu'il qualifie de "moine défroqué ayant le caractère, la ruse et la mine du renard sans queue" !

Le 1er juin a lieu cette fête qui se veut une résurgence de la fête de la Fédération de 1790.

"C'est à la distribution qu'il fit alors des nouveaux drapeaux tricolores aux députés des départements, que Napoléon, en déposant dans mes mains celui qui était destiné au département des Hautes-Pyrénées, pour être offert en sa présence au président de la députation de ce département (mon pays natal), leur fit cette courte allocution :

«Messieurs, je suis satisfait de pouvoir vous faire remettre ce drapeau par votre compatriote Larrey, qui honore l'humanité par son désintéressement et son courage ; il a sauvé un grand nombre de nos soldats dans les déserts qui bordent la Libye, en leur prodiguant le peu d'eau douce et de liqueur spiritueuse dont il avait le plus grand besoin pour lui-même.»"

En dépit de cette déclaration élogieuse, Napoléon a choisi Percy comme chirurgien en chef de l'armée, partant de l'idée que les véritables fidèles comme Larrey lui seront toujours acquis. Il est plus politique, pense-t-il, de s'attacher les tièdes comme Percy, hier encore consultant de Louis XVIII avec lequel il conversait en latin.

Ulcéré, amer, Larrey ne se montre plus, se retire chez lui. Il écrit : "(...) j'avais fait le projet de m'isoler dans une retraite paisible (...)". Quel mot dans la bouche d'un tel homme ! Parler de retraite ? Personne ne veut le croire, surtout pas l'Empereur qui convoque habilement Drouot, commandant la Garde, lié à Larrey par une vieille et solide camaraderie.

"Il faut Larrey pour la Garde et aussi pour le quartier général. Il boude parce qu'on l'a remplacé par Percy, allez lui dire qu'il m'est indispensable et que je compte sur lui !"

La démarche de Drouot a rapidement raison de la mauvaise humeur du chirurgien.

"(...) je suivis, avec une décurie de chirurgiens de mon ambulance, le mouvement de la Garde qui faisait partie du corps d'armée destiné à la défense des portes de la Belgique. (...) En nous éloignant de Paris, d'où nous partîmes le 9 juin 1815, je fus saisi par le pressentiment sinistre que cette campagne me serait funeste, ainsi qu'à toute la France."

Napoléon a rapidement fait le compte des forces en présence.

Sous les ordres du duc de Wellington, 100 000 Anglo-Néerlandais occupent les Flandres. Les 135 000 Prussiens de Blücher campent aux alentours de Namur. S'ils parviennent à se réunir, le péril est imminent. Plus lointaine est la menace de 225 000 Russes sur le moyen Rhin ou des 250 000 Autrichiens sur le haut Rhin, dont le commandement hésitant – Napoléon le sait – contraste avec la détermination d'attaque de Wellington et de Blücher.

Le 14 juin, 130 000 Français, concentrés dans le plus grand secret, pénètrent en Belgique. Leur but ? Occuper le plus vite possible la grande chaussée qui relie Namur à Bruxelles par Sombreffe et les Quatre-Bras et isoler ainsi les Prussiens des Anglais.

A la tête de l'aile gauche de l'armée française, Ney a la charge d'occuper les Quatre-Bras et de refouler les Anglais vers Bruxelles. Avec l'aile droite, Grouchy, celle de contenir les Prussiens à Namur.

Premier coup du sort, le général de Bourmont déserte en compagnie de ses chefs d'état-major, passe aux Prussiens le 15 juin et les éclaire du plan de bataille français. Les rumeurs de trahison qui courent dans l'armée lorsqu'elle a vu Napoléon s'entourer de certains officiers généraux qui l'avaient abandonné un an auparavant, trouvent ici leur justification.

Larrey est en place pour la bataille de Ligny contre les Prussiens de Blücher.

"Cependant les attaques commençaient et nous nous trouvâmes bientôt à Fleurus, lieu déjà célèbre par la victoire que le maréchal Jourdan y avait remportée lors de la conquête de la Belgique[1].

1. En 1794.

Napoléon livra sur ce même terrain, le 16 dudit mois de juin, une nouvelle bataille qui n'eut pas le même résultat que celle de Jourdan, soit parce qu'on ne sut pas profiter des avantages obtenus, soit que les personnes intéressées à l'insuccès eussent détourné l'empereur du projet qu'il avait sans doute conçu de poursuivre l'ennemi avec son énergie accoutumée."

Le 20e de chasseurs à cheval a chargé pendant plusieurs heures, entraîné par son chef, le colonel Sourd qui a reçu trois coups de sabre ayant tranché les articulations du coude et du poignet, les muscles du bras et l'artère humérale. L'amputation est inévitable.

"Dans cette conviction, le colonel me fit appeler pour la pratiquer. En effet, avec plusieurs de mes confrères appelés en même temps que moi près de ce colonel, je la reconnus nécessaire et urgente, et nous y procédâmes immédiatement [en moins de trois minutes].

Pendant cette opération le colonel Sourd dicta une lettre à l'empereur pour le prier de lui conserver le commandement de son régiment ; non-seulement il ne manifesta aucun signe de douleur, mais à peine le pansement de la plaie du moignon fut-il terminé, qu'il remonta à cheval et s'éloigna. Il parvint en peu de temps à la guérison." S'il fallait choisir l'attitude la plus admirable, la dextérité et le sang-froid du chirurgien ou l'extraordinaire résistance du patient, la perplexité l'emporterait ! Le village de Ligny, les champs qui l'entourent sont jonchés de morts et de blessés prussiens qui auraient été relevés en temps utile si Larrey avait eu la direction des opérations sanitaires. Grouchy voit Napoléon visiter le soir ces victimes à qui il fait distribuer eau-de-vie, argent et ordonner que les brancardiers fassent leur devoir.

La journée du 18 devrait être décisive pour le déroulement stratégique.

Blücher se replie méthodiquement sur Wavre afin de se rapprocher des Anglais. Il est suivi de très loin par Grouchy, incertain de la direction prise par le Prussien. De son côté, Wellington informé de la retraite de Blücher a évacué les Quatre-Bras pour concentrer son armée sur les hauteurs du plateau dit du Mont-Saint-Jean qu'il a admirablement préparées et fortifiées. Ce plan bien mûri à l'avance lui a laissé l'esprit assez libre trois jours avant pour ouvrir, au bras de la duchesse de Richmond, le bal qu'elle donnait dans la grande salle de sa résidence de Bruxelles.

Grand, mince presque maigre, un visage allongé et émacié d'où ressort un regard sombre et déterminé, une chevelure châtain foncé, le “duc de fer” manifeste une élégance de bon aloi. Habit rouge à courtes basques, revers foncés en pointe sur lesquels tranche l’or des galons de boutonnières et de l’écharpe nouée à la taille, petit bicorne à casoar blanc.

A l’annonce de l’avancée de Bonaparte il a accouru à Waterloo, à 3 kilomètres au nord du Mont-Saint-Jean, installer son quartier général dans un relais de poste[1] situé au bord de la route de Bruxelles en face de la chapelle Royale. Prévoyant le terrible et incertain choc frontal que lui offrira l’armée française, il adresse une dépêche à Blücher lui demandant d’effectuer le lendemain 18 une marche de flanc, risquée mais décisive pour surprendre Napoléon.

Ce dernier a installé son centre d’opérations à la ferme du Caillou, dans les bâtiments de laquelle Larrey a préparé son ambulance centrale, à 400 mètres des lignes de combat. A proximité et au milieu des combats, il pourra, se dit-il, apporter utilement ses secours en fonction du déroulement des opérations qu’il observe du haut de ce mamelon.

“Mon cher collègue, dit-il au chirurgien Reveillé-Parise, l’affaire est chaude, mais que chacun fasse son devoir, et tout ira bien. Songez à vos blessés, ne faites attention qu’à eux”.

“Bientôt le signal de la bataille est donné, les colonnes des Prussiens et des Anglais sont ébranlées, et de nouveaux signes de retraite se manifestaient chez les ennemis, lorsque des torrents de pluie précédés d’un orage violent viennent interrompre la manœuvre de notre artillerie, en dégradant les routes et en embourbant les chariots et les pièces de canon dans les terres argileuses et dans les tourbières du terrain où se livrait le combat. Les agents des traîtres de notre armée et ceux des généraux étrangers, profitant de ce contre-temps, se répandent alors dans les rangs et parcourent les batteries en criant aux soldats du train : «Sauve qui peut ! coupez les traits de vos chevaux et décampez, car vous êtes coupés de tous côtés par les colonnes ennemies.» Témoin de ces perfidies, je voulais en informer l’empereur, mais les blessés m’appelaient de toutes parts ; je devais encore surveiller mes ambulances et les préserver de ces fausses alertes. Je me consacrai donc entièrement et exclusivement au salut de nos braves que le fer et le feu avaient atteints. (...) Des torrents de pluie et des cris d’alarme répétés précédèrent malheureusement les charges que la cavalerie ennemie faisait avec d’autant plus de confiance, qu’elle savait assurément que la

1. Transformé depuis en musée d’Histoire militaire.

nôtre était loin du lieu de combat. (...) Le désordre augmentait progressivement et les blessés nous arrivaient de toutes parts ; mais quel que fût notre zèle, quel que fût notre courage, nos efforts devenaient inutiles, soit parce que les charges de la cavalerie arrivaient jusqu'à nos ambulances[1], soit parce que nous fûmes privés de la lumière du jour.

Nous fûmes donc forcés de suivre le mouvement de retraite que notre armée avait déjà commencé à exécuter, d'après le conseil que l'empereur m'avait fait donner par un de ses aides-de-camp, de gagner la frontière par un chemin de traverse qui nous fut indiqué comme le plus court et le plus favorable.

(...) nous fûmes coupés par un corps d'avant-garde de lanciers prussiens. Je marchais à la tête de ma petite compagnie, et, dans l'intime persuasion que ce corps était peu nombreux, je n'hésitai point à forcer le passage le sabre en main. Après avoir tiré mes deux coups de pistolet sur les cavaliers qui nous barraient le chemin, je fis une trouée à travers laquelle mes compagnons et mon domestique passèrent au grand galop et gagnèrent du terrain ; mais mon cheval, frappé d'un coup de balle, s'abattit, et je reçus au même instant à la tête et à l'épaule gauche un double coup de sabre qui me renversa sans connaissance.

(...) Cependant je fus assez heureux pour sortir de ma syncope et pour être en état de remonter sur mon cheval, qui s'était également relevé : n'ayant vu personne autour de moi, je me précipitai dans la campagne, à travers des champs de blé, me dirigeant à l'ouest vers la frontière. Enfin j'étais parvenu presque au bord de la Sambre, lorsqu'à la pointe du jour je fus enveloppé de nouveau par un autre corps de cavalerie de la même arme. Ici toute bravoure eût été inutile, et je dus me rendre. Malgré cet acte de soumission, je fus impitoyablement désarmé et dépouillé de presque tous mes vêtements ; les officiers, eux-mêmes, se partagèrent ma bourse, qui contenait une quarantaine de napoléons, s'emparèrent de mes armes, de ma bague[2] et de ma montre.

Ma taille, et une redingote grise que je portais me donnaient quelque ressemblance avec l'empereur. Je fus d'abord pris pour

1. Instant où Wellington indique de ne pas tirer sur Larrey qu'il a reconnu, et de qui il salue "l'honneur et la loyauté" en soulevant son chapeau.

2. Il s'agit du talisman, merveilleuse agate en onyx, qu'un lieutenant de Mourad Bey avait offert à Larrey, le soir de la bataille des Pyramides. L'arme est le superbe damas donné par Bonaparte à Aboukir, portant son nom (ce qui explique aussi la méprise des Prussiens), celui de Larrey et la date de la bataille. Ni l'un ni l'autre ne lui furent ensuite rendus.

sa personne, et dans cette persuasion on me conduisit tout aussitôt auprès du général prussien, [qui] (...) me fit conduire par ses lanciers, les mains liées, près d'un autre officier-général plus élevé en grade, qui certain de la méprise et poussé par un mouvement de fureur, s'était décidé à me faire passer par les armes.

Mais au moment où les soldats chargés de cette exécution étaient prêts à faire feu sur ma tête, ayant été reconnu par le chirurgien-major du régiment, (...) qui avait assisté à mes leçons de chirurgie clinique à Berlin, avait été chargé de me mettre un bandeau sur les yeux (c'était un emplâtre agglutinatif) (...) qui s'était empressé d'en prévenir cet officier-général et de solliciter de lui la suspension de cette mesure barbare, l'ordre est donné de me conduire près du grand-prévôt des armées coalisées, le général Bülow. Ce général, qui m'avait vu à Berlin, me reconnut aussi et fut touché de me voir dans l'état de gêne et de dénuement où l'on m'avait réduit : j'étais pieds nus et à peine couvert de ma redingote et d'un pantalon, car les lanciers qui m'avaient fait prisonnier s'étaient emparés de tous mes effets précieux et même de mes bottes.

J'avais les mains liées derrière le dos et la tête couverte de linges ensanglantés."

Le premier soin du grand prévôt est de libérer Larrey de ses liens, de lui procurer vêtements et chaussures avant de le conduire auprès de Blücher. Il a sauvé la vie de son fils l'an dernier, il est sûr de pouvoir réclamer clémence et liberté, en un mot, justice.

Le vieux soudard est à table. Ce rustre grossier se situe à mille lieues de la distinction d'un Wellington. Vétéran de la guerre de Sept Ans (il a soixante-treize ans), licencié de l'armée par Frédéric II, constamment battu par les Français sauf à Leipzig, il est animé d'une haine profonde et tenace envers la France, ses habitants et Napoléon, sentiment qui ronge son tempérament hypochondriaque congénital nourri d'hallucinations chroniques.

Ce sabreur qui ne comprend qu'une tactique, l'offensive à tout prix, qui n'a qu'un mot à la bouche "Vorwärts !" faute d'autre vocabulaire, a pour chef d'état-major Gneisenau, un stratège avisé, qui ne vaut guère mieux. S'exprimant sur la poursuite sauvage menée par les cavaliers prussiens contre les Français isolés ou désarmés, englués dans la boue, désorientés dans la nuit du 18 juin, Gneisenau se complaît à déclarer de façon amusée : "C'est une vraie chasse, une chasse au clair de lune !" Chasse de "viandards" où l'on égorge le gibier qu'on peut aussi au choix faire griller comme les blessés de l'ambulance du Caillou qui

Larrey face au peloton d'exécution. Musée du Val-de-Grâce.

ont péri dans les flammes faute d'avoir été relevés ! Pour faire bonne mesure, on fusille souvent les prisonniers ou les blessés dont beaucoup se brûlent la cervelle plutôt que d'être pris.

Dans cette ambiance d'extermination, Larrey est conduit devant Blücher. Trop conscient de l'attitude de ses troupes, confus de la façon indigne avec laquelle a été traité celui qui a soigné son fils, Blücher, très gêné, se lève, balbutie quelques mots d'excuse et fait signe à Larrey de s'asseoir auprès de lui. "Aussi ce maréchal me traita-t-il avec bonté ; après m'avoir fait déjeûner avec lui, et m'avoir fait présent de douze frédérics en or, il me fit conduire en poste à Louvain, accompagné par un de ses aides-de-camp. Cet officier n'ayant demandé à la municipalité qu'un billet de logement pour un blessé français dont il ne put indiquer le nom, je fus déposé chez une pauvre femme qui avait à peine de quoi subsister pour elle et ses enfants ; j'obtins difficilement avec une pièce d'or une soupe à l'oignon et la faveur d'avoir un jeune chirurgien pour panser mes blessures."

Deux coups de sabre à la région temporale gauche lui ont dilacéré les muscles peauciers et masticateurs, l'artère temporale superficielle, gênant la mastication et provoquant des vertiges. Deux autres plaies par arme blanche sillonnent son avant-bras gauche et l'articulation du coude. En dépit de sa tête enroulée dans un haillon rougi, de son bras en écharpe, il est reconnu par le jeune confrère : "Mais ! Mais ! Vous êtes le baron Larrey !"

Sans attendre la réponse, il dévale les escaliers, court chez le maire. “Peu d'instants après, un officier municipal, accompagné d'un jeune médecin, vint m'enlever avec une voiture et me conduisit chez l'un des plus respectables citoyens de la ville, M. Yonk, avocat célèbre, où je reçus tous les secours et les soins les plus empressés. (...) Au total je puis dire que les habitants de la Belgique sympathisaient de cœur et d'âme avec les Français. (...) Après quelques jours de soins et de repos, mes plaies étant en voie de guérison, je voulus parcourir ou visiter les hôpitaux militaires dans lesquels nous avions une grande partie de nos blessés.”

Trop faible encore pour opérer lui-même, Larrey se contente de conseiller ses confrères belges ou de discuter avec eux des indications opératoires majeures. Transféré à Bruxelles, il agit de même avec les chirurgiens anglais qui le reçoivent fort courtoisement. Le 24 juin, deux jours après la seconde abdication de Napoléon, Larrey, prévoyant la disgrâce royale au moment où il regagnera Paris, écrit au ministre de la Guerre. A quel

Le dernier carré de la Garde. Coll. J.-B. Q.

point des armées doit-il se rendre ? Actuellement, il surveille le service des blessés français et alliés, "protestant d'avance de la continuation de mon zèle et de mon dévouement, dans l'exercice des fonctions que je désire continuer à l'hôpital des Gardes à Paris et à l'Inspection générale du service de santé militaire." Le ministre, se doutant qu'un bonapartiste aussi fidèle que Larrey sera porté sur la liste des prochains proscrits, s'en tire par une pirouette écrite en marge de la lettre : "Répondre que M. Larrey étant prisonnier de guerre des alliés, le ministre n'a aucun ordre à lui donner."

A Paris, la nouvelle du désastre de Waterloo est arrivée avec les premiers soldats rescapés qui ne parlent que de "l'affaire du Mont-Saint-Jean". On leur demande des nouvelles des uns et des autres.

"Et Larrey, qu'est-il devenu ?

— Il aurait été sabré à mort au sortir de la longue rue de Genappe !"

Croyant bien faire, on rapporte le fait à Elisabeth. Folle de douleur, d'inquiétude, d'incertitude, elle ne peut qu'attendre et espérer. Le 29 juin, elle reçoit une lettre qu'elle décachète avec angoisse.

Saint-Denis, le 29 juin 1815, à 6 heures du soir.

Fornerol, chef de bataillon
au 12e régiment d'infanterie légère,
à Madame la baronne Larrey

Madame,

Un parlementaire prussien vient de se présenter aux avant-postes et m'a chargé de vous faire savoir que M. le baron Larrey, votre mari, a été fait prisonnier à la bataille de Mont-Saint-Jean, et que dans ce moment il est en bonne santé à Louvain, où il donne les soins qui sont en son pouvoir aux blessés français. Ce même officier m'a assuré qu'il lui avait donné des fonds et tout ce dont il pouvait avoir besoin ; ainsi, Madame, je vous engage à être sans inquiétude. (...)

Elisabeth s'effondre sur un fauteuil, ses enfants la voient pleurer de joie, une fois encore leur père est sauvé !

Blücher a tenu la promesse qu'il avait faite de prévenir Mme Larrey dès son arrivée à Paris. Dans quelles conditions va-t-elle revoir son mari, se demande-t-elle en apprenant par son beau-frère Benoît, le mari de sa sœur Emilie en faveur à la cour royale, que Dominique a été porté sur la liste de proscription de la propre main de Fouché, "qui n'y avait oublié aucun de ses amis" encore moins ses ennemis ! "Le renard sans queue", par ordonnance du 24 juillet, a traduit devant le conseil de guerre dix-neuf généraux inculpés de trahison. Trente-huit personnes sont déjà internées, Larrey sera emprisonné à l'Abbaye.

Benoît intervient auprès du préfet de la Seine, le comte de Chabrol de Volvic qui a bien connu Larrey en Egypte. Major de l'Ecole polytechnique, il a fait partie là-bas du corps des ingénieurs puis participé à la rédaction de la *Description de l'Egypte*. Il a accueilli le retour de Louis XVIII en prononçant, le premier, l'expression "Cent jours se sont écoulés". "Je dois, dira Larrey, ma conservation à M. le comte de Chabrol de Volvic. Sans ce digne ami, j'aurais été sans doute traduit devant un conseil de guerre.

(...) De retour à Louvain, je ne tardai pas à recevoir des chefs des trois puissances étrangères réunies à Paris, l'autorisation de rentrer au sein de ma famille. Arrivé dans cette capitale le 15 août même année 1815, je trouvai les portes de ses barrières et tous les postes militaires occupés par les troupes étrangères, triste spectacle. (...) Hélas, de nouvelles infortunes m'attendaient encore ! Considéré comme l'un des plus dévoués partisans de Napoléon, je fus privé du titre d'inspecteur général du service de santé militaire, ainsi que des émoluments qui y étaient attachés. Nous perdîmes en même temps nos dotations ; nous ne recevions pas le revenu de la Legion-d'Honneur. Je ne conservai même ma place de chirurgien en chef de l'hôpital de la Garde que parce qu'on sentit la difficulté de me remplacer, ou parce qu'on craignit de mécontenter la garde royale tout entière qui avait en moi la plus grande confiance.

D'un autre côté, ma famille avait été obérée par le séjour des militaires étrangers qui étaient logés et hébergés chez elle : ma ruine fut donc à peu près complète."

Grâce à son tempérament économe, Larrey avait réussi avant de partir pour la campagne de Russie à épargner 30 000 francs[1] qu'il avait confiés à Elisabeth afin qu'elle les place au mieux. Elle trouva un vieil ami de la famille qui se faisait fort de lui rendre les meilleurs services. Ayant repris ses pinceaux, peu au fait des affaires, elle eut la faiblesse de lui confier cette somme sans aviser son notaire.

1. Environ 600 000 francs.

Dès le lendemain, l'aigrefin niait fermement l'existence d'une quelconque transaction…

Le couple vit comme il peut, elle de ses peintures, lui des consultations qu'il assure en ville. Comme un jeune débutant, mais avec une large réputation, il se constitue une solide clientèle à Paris et aux environs. Une seule chose l'ennuie, le montant des honoraires qu'il est en droit de solliciter car, n'ayant jamais exercé en ville, il craint de demander trop et s'informe auprès des confrères des traditions en la matière.

Au milieu de l'automne est parvenue la nouvelle de l'arrivée de Napoléon à Sainte-Hélène. Le gouvernement royaliste en soupire d'aise. Plus de retour à craindre de "l'usurpateur", plus de fuite calamiteuse à redouter. On peut opérer la chasse aux bonapartistes. "Le ministre Clarke, déplore Larrey, après avoir été mon compagnon et mon ami à l'armée du Rhin, causa ma ruine à la Restauration, en me faisant perdre le titre et les émoluments d'inspecteur général du service de santé. Il avait été jaloux des marques d'amitié et de confiance que l'Empereur m'avait accordées."

On parle de nouveau de le déchoir de son poste hospitalier, mesure d'une extrême gravité.

Larrey connaît alors l'humiliation de devoir rédiger un très long rapport sur ses activités de chirurgien militaire qui "(…) ne s'est jamais mêlé de politique et n'a jamais été d'aucun parti. Il a constamment dirigé toute sa sollicitude vers l'humanité souffrante, maintes fois il a exposé sa vie pour sauver celle des victimes du combat".

Vingt-huit ans de service, vingt-cinq campagnes, six blessures au feu, quarante batailles, deux cents combats, la création des ambulances volantes, la publication de quatre volumes de *Mémoires et Relations chirurgicales*, tels sont les faits qu'il expose à la Commission d'examen chargée de statuer sur son sort. Le 27 novembre 1815, il reçoit l'absolution.

"Tous les membres de la commission ne voyent, dans la courte apparition de M. Larrey à l'armée de Bonaparte, (…) que l'obligation de servir l'humanité, obligation qu'il a toujours remplie avec un zèle et un dévouement qui lui ont valu l'estime générale. (…) La Commission le croit digne d'occuper les premiers emplois dans le service de santé et notamment dans la garde royale."

Larrey est, en quelque sorte, en position de "demi-solde", mesure impopulaire qui a frappé tant de ses camarades devenus à présent inutiles, demi-ruinés. Il les rencontre dans les cafés, coiffés d'immenses chapeaux d'un feutre noir défraîchi, sanglés dans leurs redingotes râpées de coupe militaire, Légion d'honneur à la boutonnière, cannes à système dans la main, s'écrier "cochon" lorsqu'ils tirent trois six aux dés pour ne pas prononcer le mot de dix-huit qui rappellerait ce roi qu'ils ne nomment que "cochon dix-huit" !

Peu charitable, cette allusion au souverain obèse et goutteux qui s'emploie à restaurer les finances exsangues, à rétablir une concorde difficile et à rendre à la France la confiance européenne. Courageux, ce grand roi que personne ne perçoit comme tel, rendu obscur par l'ombre immense de "l'Autre". Blücher a fait savoir que ses troupes feraient sauter le pont d'Iéna avant de quitter la capitale, afin d'effacer le rappel d'une éclatante défaite qu'il considère comme un outrage. Louis XVIII lui répond froidement que, impotent, il se fera porter en fauteuil sur le pont et sautera avec lui. Blücher n'insiste pas, mais ses troupes cantonnées à l'Ecole militaire pillent les maisons voisines du Champ-de-Mars et molestent leurs habitants.

Si la population accueille peu à peu avec plaisir le retour de la paix et la reprise économique, l'atmosphère politique de la Terreur blanche demeure oppressante.

Larrey perd des amis : Brune assassiné à Avignon, La Bédoyère fusillé et Ney au funeste destin. Le héros de la retraite de Russie, le "rougeaud" qui s'est battu comme un fou à Waterloo, est passé par les armes. Lavalette, l'ancien directeur des Postes, son ancien compagnon d'Egypte, a heureusement pu s'évader grâce au sacrifice de sa femme.

Demi-soldes. Coll. part.

Larrey se sent épié, surveillé par la police politique qui le soupçonne d'activités subversives depuis qu'il fréquente à nouveau sa loge maçonnique et qu'il mêle à sa signature les trois points disposés en triangle, souvenir de l'époque pendant laquelle la franc-maçonnerie était soumise à l'Empire pour être protégée par lui.

Brimade d'un goût macabre, on va jusqu'à lui réclamer le squelette de Cadoudal, le fameux "Georges", chef chouan impliqué dans l'attentat terroriste de la Machine infernale qui devait tuer le Premier Consul. Georges fut guillotiné en 1804 après l'échec du complot de Pichegru et Moreau, son corps transporté à l'amphithéâtre d'anatomie où Larrey reconstitua le squelette à l'aide de fils de fer en prenant le soin de remplacer par un bouchon de liège la vertèbre brisée sous l'effet du couperet.

Déjà âgé, son collègue Percy est encore plus mal loti. Depuis la Révolution il a constitué avec un goût sûr une collection d'armures et d'armes anciennes célèbre dans le milieu médical et militaire pour la beauté de ses pièces. La police n'y voit qu'un arsenal destiné à des révolutionnaires clandestins. Sans cesse convoqué au ministère de la Police, Percy ne devra sa tranquillité qu'à l'intervention personnelle du roi qui prend le parti de rire de l'affaire, comme l'a déjà fait le Tout-Paris.

Larrey a atteint sa cinquantième année.

"Malgré ma détresse et cette pénible situation (...) j'aurais profité des circonstances favorables qui se présentèrent alors pour ma fortune. Je fus d'abord sollicité de passer aux Etats-Unis d'Amérique ; je le fus en même temps par l'empereur Alexandre, qui m'avait vu à Tilsit ; il voulait me conférer un emploi supérieur dans ses armées avec de grands avantages et les honneurs du rang où je devais être élevé ; enfin je fus demandé par l'empereur du Brésil, don Pedro, pour diriger le service de santé de ses armées et professer la chirurgie à l'université de Rio-Janeiro : j'aurais moi-même établi les conditions de ma position nouvelle ; mais je crus devoir faire encore à ma patrie ce sacrifice."

Dans la force de l'âge, au faîte de son art et de sa renommée, il est parvenu au rendez-vous des interrogations, des retours sur soi-même, des méditations sur le sens de la vie.

Assez vieux pour avoir eu récemment la douleur de perdre sa vieille mère de Beaudéan, puis son frère chirurgien à Nîmes.

Encore jeune pour comprendre – sans l'admettre – que la beauté éclatante des dix-sept ans d'Isaure attire les hommages des jeunes gens qui la croisent lorsqu'elle se promène au bras de son père sous les marronniers du jardin des Tuileries.

XXVIII

LES TROIS GLORIEUSES
OU
"MES BLESSÉS SONT A MOI ! ALLEZ-VOUS-EN !"

Conflit de générations ou évolution des temps ?

"Aussi mon existence depuis 1815 jusqu'en 1818 fût-elle extrêmement pénible et parsemée de toutes sortes de revers et de malheurs."

Il ressent mal le changement des choses et des esprits qui intervient après Waterloo. Le siècle des grâces et des lumières, déjà secoué par les spasmes de la Révolution puis par la fuite en avant de l'Empire, a basculé. Chacun recherche désormais le charme d'une société pacifique et la prospérité assurée par une situation à la fois stable et rémunératrice. Les jeunes gens n'aspirent plus à devenir généraux à vingt-cinq ans même s'ils le regrettent parfois. On s'habille différemment, on recherche d'autres distractions, on voyage pour découvrir le monde au lieu de le conquérir, on cultive paisiblement la vie de famille.

Larrey, qui a sincèrement souffert d'être constamment éloigné des siens, reçoit, trop tard et différemment, les réalisations de ses rêves. Il tente de s'y accrocher, de s'y vouer corps et âme, mais d'une manière gauche, inadaptée, quand elle n'est pas franchement autoritaire. La rude vie des bivouacs a lentement transformé son caractère naturellement austère en celui d'un patriarche rigoureux. Le couple que forment Dominique et Elisabeth reste solide mais chacun a pris l'habitude, au fil des années, de vivre seul et indépendant.

"Hippolyte sera chirurgien, et même chirurgien militaire ! ainsi en a-t-il décidé alors que son fils n'a pas dix ans et qu'il est obligé de lire les récits beaucoup trop sérieux choisis par son père, soucieux de lui procurer une éducation virile."

Quand elle entend ces propos, la douce et tendre Laville, qui a tant donné, tant souffert, pose ses pinceaux à côté du chevalet, lève discrètement les yeux au ciel, sachant que, son mari une fois parti à l'hôpital, elle pourra atténuer la rigueur d'une éducation paternelle qui se voudrait stoïque sinon spartiate, en favorisant les dispositions artistiques et littéraires du jeune garçon.

Isaure aura bientôt vingt ans mais, au regard de son père jaloux, aucun prétendant n'est digne d'elle alors que, sans s'en douter, il tisse lui-même la trame d'une idylle entre sa fille et un homme peu commun. Depuis l'expédition de Bonaparte, ou malgré elle, la France entretient des relations particulières avec l'Egypte dirigée par Méhémet-Ali, un "despote éclairé" qui veut moderniser son pays. Afin de fonder une structure sanitaire inexistante depuis le départ des Français, le souverain fait appel au docteur Clot, ancien garçon barbier, devenu chirurgien à Marseille au terme d'études effectuées à Montpellier. Médecin personnel de Méhémet-Ali, il a le titre de Clot Bey et se voit confier la tâche de créer non seulement un réseau hospitalier mais aussi une Ecole de médecine. C'était reprendre l'idée de Larrey qui avait voulu, en son temps, une formation de médecins indigènes. En compagnie de douze élèves qu'il a sélectionnés, Clot Bey se rend à Paris afin qu'ils terminent leurs études dans les meilleures conditions. Reçu à l'Institut avec un faste chaleureux, il est accueilli de même par le milieu scientifique et médical, en particulier par les nombreux anciens de l'Institut d'Egypte comme Larrey. Longues discussions, dîners familiaux pendant lesquels l'esprit de Clot Bey s'évade lorsqu'il pose son regard sur Isaure qui baisse ses beaux yeux afin de ne pas avouer le trouble naissant qui l'habite. Seul Hippolyte a saisi la scène. Persuadé que les fréquentes visites de son jeune confrère ont pour seul but le récit de ses travaux ou la richesse de ses campagnes, Larrey ne s'aperçoit de la situation qu'au moment où le sentiment des deux jeunes gens est devenu passion profonde. Il se raidit, s'interdit d'accorder la main de sa fille qui s'éloignerait de lui peut-être à jamais et rompt toute relation avec Clot. Le coup est rude pour Isaure qui sent sa vie profondément, durablement bouleversée lorsque Clot Bey regagne l'Egypte et qu'elle demeure seule sous l'emprise d'un père rendu tyrannique par une affection égoïste.

L'année 1821 apporte un choc d'une autre nature sous la forme d'une terrible nouvelle : "(...) nous apprîmes la mort de l'empereur Napoléon, qui mit la France en deuil et affligea profondément toute ma famille : après l'éclatant souvenir que cet illustre souverain a laissé pour moi dans son testament, qui pouvait déplorer plus que nous cette perte irréparable !" Les dernières volontés de l'Empereur ne sont pas uniquement constituées par le montant des legs qu'il accorde à ses fidèles. La lecture régulière des journaux français et anglais parvenus à Sainte-Hélène l'a confirmé dans son constant souci de l'opinion publique, le besoin de satisfaire les attentes de celle-ci en allant au-devant d'elle. Il sait pertinemment que chaque nouvelle en provenance de l'île lointaine est avidement désirée, commentée, répandue dans le public de façon inimaginable. Sans illusion sur sa durée de vie, encore moins sur son statut politique, il parle et écrit pour l'Histoire future, vingt-cinq jours avant sa mort. Si le titre I du testament rassemble ses sentiments personnels envers Marie-Louise, son fils et la famille Bonaparte avec l'anathème jeté sur les trahisons de Marmont, Augereau, Talleyrand et La Fayette, le titre II comporte la longue liste de trente-quatre légataires. Pour trente d'entre eux, Napoléon ne porte aucun commentaire, donnant ainsi un éclat particulier aux rares jugements qu'il va émettre afin que l'Histoire les retienne. Après les compagnons de captivité comme Montholon, Bertrand, Las Cases, ses domestiques et son aumônier, le nom de Larrey apparaît en "15°" juste après celui de Lavalette.

Napoléon

Cejourd'hui, 15 avril 1821, à Longwood, île de Sainte-Hélène. Ceci est mon testament, ou acte de ma dernière volonté.

I

(...)

II

(...) 15° Idem, au chirurgien en chef Larrey, cent mille francs. *C'est l'homme le plus vertueux que j'aie connu*[1].

(...) 35° Ces sommes seront prises sur les six millions que j'ai placés en partant de Paris en 1815, et sur les intérêts à raison de cinq pour cent depuis juillet 1815. (...)

36° Tout ce que ce placement produira au-delà de la somme de cinq millions six cent mille francs, dont il a été disposé ci-dessus, sera distribué en gratifications aux blessés de Waterloo, et aux officiers et soldats du bataillon de l'île d'Elbe, sur un état arrêté par Montholon, Bertrand, Drouot, Cambronne et le chirurgien Larrey. (...)

Ce 24 avril 1821, Longwood. Ceci est mon codicille, ou acte de ma dernière volonté.

1. Nous soulignons.

(…) Sur les fonds remis en or à l'impératrice Marie-Louise (…) elle reste me devoir deux millions, dont je dispose par le présent codicille, afin de récompenser mes plus fidèles serviteur. (…)

(…) 14° Deux cent mille francs seront distribués en aumône aux habitants de Brienne-le-Château qui ont le plus souffert. Les trois cent mille francs restant seront distribués aux officiers et soldats du bataillon de ma garde de l'île d'Elbe (…) et selon l'état qui sera arrêté par mes exécuteurs testamentaires, les amputés ou blessés grièvement auront le double. L'état en sera arrêté par Larrey et Emmery[1].

Un second codicille daté du même jour dispose de deux millions provenant de la liquidation de la liste civile d'Italie.

(…) 22° Pour être répartis entre les amputés ou blessés grièvement de Ligny, Waterloo, encore vivants, sur des états dressés par mes exécuteurs testamentaires, auxquels seront adjoints Cambronne, Larrey, Percy et Emmery, il sera donné double à la Garde, quadruple à ceux de l'île d'Elbe, deux cent mille francs. Ce codicille est écrit entièrement de ma propre main, signé et scellé de mes armes.

NAPOLÉON

Le docteur Archibald Arnott, chirurgien du 20e régiment d'infanterie anglaise, est au chevet de l'Empereur moribond depuis le 1er avril, lorsqu'il l'entend au cours d'une accalmie évoquer le souvenir de Larrey en présence de Marchand, le premier valet de chambre.

"Quel homme ! quel brave et digne homme que Larrey ! que de soins donnés par lui à l'armée d'Egypte, soit dans la traversée du désert, soit après Saint-Jean-d'Acre, soit en Europe !

J'ai conçu pour lui une estime qui ne s'est jamais démentie. *Si l'armée élève une colonne à la reconnaissance, elle doit l'ériger à Larrey*[2]."

Larrey, cité à quatre reprises dans le testament, constitué adjoint des exécuteurs testamentaires, le fait est aussitôt relevé, remarqué, mais c'est l'éloge de la vertu qui frappe un esprit

1. Joseph Emmery, chirurgien de la Garde à l'île d'Elbe, a été un éclaireur actif sur la route de Castellane à Grenoble lors du retour. Révoqué après Waterloo, il fut à deux doigts d'être interdit d'exercice par le gouvernement. Il mourut cinq mois après l'Empereur (cf. article de Jean Tulard in *Dictionnaire Napoléon*).
2. Nous soulignons.

public encore formé à révérer les héros de l'Antiquité à l'honneur depuis la Révolution.

On en fait grand bruit à Paris, Larrey est à présent intouchable, une gloire nationale, un monument vivant. Loin de s'en offusquer, le gouvernement y trouve *in petto* la justification de son attitude précédente, lorsque la Chambre, par le discours suivant, a restitué à Larrey la pension qui lui est due : "M. Larrey, chirurgien en chef des armées françaises, est connu de vous tous, messieurs ; il a suivi nos armées partout pendant vingt ans, en Egypte comme à Moscou ; il a bravé la peste avec un admirable dévouement pour soigner nos soldats, et l'humanité lui devait une récompense." Il est nommé membre de l'Académie royale de médecine.

Plus difficile sera l'attribution des six millions que l'Empereur avait placés chez le banquier Laffitte, gelés sinon confisqués en 1818 par le Trésor public qui doit affronter un déficit d'une cinquantaine de millions ! Larrey ne perçoit dans l'immédiat que la moitié du legs, soit 50 000 francs. Dans le premier testament que Napoléon a brûlé en présence du grand maréchal Bertrand, son legs était de 150 000 francs mais de toute façon il n'aurait pu en percevoir davantage[1]. Il n'a pas plus de chance lorsqu'il postule l'obtention d'une chaire vacante à l'Ecole de médecine. L'ancienneté de son enseignement au Caire, en France, dans les capitales d'Europe centrale et à Moscou, comme la qualité de ses travaux ne sont pas retenues. En 1825, survient la mort de Percy, membre de l'Académie des sciences, en faveur de qui Larrey s'était effacé lors de l'élection. Larrey espère, comme le voudrait la logique, prendre sa succession. Dix ans se sont écoulés depuis Waterloo, mais on lui préfère Dupuytren.

Cet illustre chirurgien de quarante-huit ans est le pendant civil de Larrey. De modeste origine limousine, il possède une intelligence supérieure et précoce, une dextérité opératoire peu commune, de vastes connaissances anatomiques, une longue liste de travaux originaux. Par contre, il se montre calculateur, arriviste, orgueilleux, autoritaire et habile à "luxer" ses anciens maîtres ou confrères afin d'accéder aux postes de chirurgien-chef de l'Hôtel-Dieu et de professeur de clinique chirurgicale. Servi par une immense réputation, une brillante vie mondaine au cours de laquelle il sait rappeler l'ancienneté de ses sentiments politiques

1. La seconde partie du legs ne fut attribuée qu'en 1854, par Napoléon III à Hippolyte Larrey. Ce dernier ne consentit pas à s'approprier la somme mais la destina à la fondation d'une école dans la maison natale de son père à Beaudéan.

anti-bonapartistes, il est tout naturellement devenu le chirurgien consultant de Louis XVIII et, depuis un an, de Charles X.

Ce double échec incite Larrey à changer d'air. Il sollicite et obtient un congé de trois mois avec solde pour effectuer un voyage d'études. Cette fois, il ne partira pas seul mais accompagné de son fils qui, à dix-huit ans, a terminé de solides études secondaires, épaulé en période de concours médical à Strasbourg par les affectueuses recommandations de son père.

"Sans doute que tes concurrents doivent être ferrés, lui écrit-il, mais ce n'est pas une raison pour les craindre, tu auras un avantage précieux sur eux, c'est ton génie, la méthode et le calme de l'esprit ; d'ailleurs tu possède, quoique très jeune encore, assez de connaissances pour répondre avec succès à toutes les questions qui vous seront faites, ainsi rassure-toi et ne t'inquiète pas de ce concours. J'ai lieu de croire que tu aura l'un des prix. Surtout ne dérange pas tes heures de sommeil si nécessaire à l'entretien de la santé et observe toujours les mêmes règles d'hygienne – surtout la sobriété, la propreté et les lotions d'eau glaciale sur la tête tous les matins à jeun.

Il ne faut pas s'effrayer des petites vicissitudes attachées à ta place, ce sont des roses auprès de celles que j'ai essuyées dans les mêmes lieux. Relis cette campagne du Rhin…

(…) Pour moi j'ai grand plaisir à m'entretenir avec toi mais j'ai très peu de moments assez calmes pour pouvoir te parler le langage de l'amitié tendre que je t'ai vouée et avec laquelle je serai toujours ton affectionné père."

Affection partagée par un fils qui se révèle aussi brillant que son père, aussi artiste que sa mère : "Si tu dois inviter M. Girodet à dîner jeudi, dis-lui, je te prie, que je l'embrasse bien et que je serai fort content de me trouver avec lui. Si nous pouvons aller au musée, le plaisir que j'y trouverai sera double. Ce sera d'abord de voir des tableaux d'un grand mérite et de penser ensuite qu'ils ont été faits par un homme qui est ton ami, et que je considèrerai toujours avec la plus grande distinction. Nous trouverons aussi au musée le tableau du général Lejeune où tu es représenté à la bataille de la Moskowa, bataille qui n'est que trop mémorable par les suites qu'elle eut et par les privations de tout genre que tu as éprouvées dans cette campagne. Je ne saurais trop te répéter, mon cher papa, combien je désire apporter, s'il est possible, quelque consolation aux maux que tu as soufferts ; et te prouver par mon respect et ma tendresse que je serai toujours ton fils affectionné."

Mus par des sentiments identiques, soudés par leur commune passion de l'art médical, les deux hommes quittent la France pour la destination apparemment insolite qu'est l'Angleterre ! Plusieurs raisons à cela.

Avant de terminer la rédaction "d'un ouvrage de chirurgie clinique que j'avais médité depuis longtemps (...) j'avais le plus grand besoin pour fixer mes idées sur les préceptes que je devais établir dans ma clinique, de voir pratiquer la chirurgie chez l'une des nations de l'Europe la plus civilisée, au sein de laquelle cet art a fait de grands progrès dans ces derniers siècles. (...) Je me proposais d'amener avec moi mon fils Hippolyte, dont l'éducation faisait alors le principal objet de ma sollicitude : les moyens les plus efficaces et les plus prompts pour inculquer dans l'esprit des jeunes gens les connaissances qu'on veut leur donner sur les arts, sur les sciences naturelles, et pour leur inspirer l'amour du travail et de l'étude, sont incontestablement les voyages."

En outre, Hippolyte pourra parfaire ses connaissances théoriques de la langue anglaise et servir d'interprète à son père qui ne possède bien que l'italien.

Ils montent donc dans la diligence de Rouen le 18 août 1826. Arrivés au Havre, les deux hommes s'extasient car Hippolyte voit pour la première fois un port de mer et son père sent revivre ses souvenirs de la *Vigilante* quand une frégate des Antilles venue prendre son mouillage s'ouvre à leur visite. Comme les choses ont changé... L'hygiène du bord est impeccable, les marins bien vêtus disposent de petits matelas sur leurs hamacs, les malades d'un poste dit d'ambulance, isolé, propre et bien ventilé, les médecins sont assimilés aux officiers et considérés comme tels, tout ce que Larrey s'échine à réclamer depuis trente ans !

Pour se rendre à Portsmouth, ils montent à bord de la *Camille*, un des premiers navires nouvellement armés d'aubes mues par vapeur, qui assure la traversée en quatorze heures.

Dans la rade anglaise, le *Victory,* vaisseau-amiral de trois ponts sur lequel Nelson fut tué au combat de Trafalgar, s'apprête à mettre à la voile mais le chirurgien-major tient néanmoins à faire les honneurs du bâtiment aux deux visiteurs qu'il conduit également au yacht royal.

Ils découvrent un autre monde, celui de la révolution industrielle accomplie.

De Portsmouth à Southampton des diligences anglaises dotées d'une"célérité qui est presque effrayante", à Bath des tricycles bien suspendus susceptibles de passer à travers les ruelles, à Gloucester le chemin de fer pour lequel “il suffit d’une petite machine à vapeur placée à la tête de la colonne composée de dix, quinze, vingt waggons, pour leur imprimer le mouvement et le conserver au même degré de vitesse”. En face de l’île d’Anglesey, “le génie anglais est parvenu à y construire un pont suspendu pour favoriser le passage des voyageurs en Irlande. C’est assurément aussi l’une des merveilles du monde : il a environ 1 000 mètres de longueur, et les vaisseaux passent dessous à pleines voiles”. Larrey est à ce point impressionné qu’il dresse un dessin du pont, l’envoie à son ami d’Egypte Pierre-Simon Girard, ingénieur des Ponts et Chaussées, pousse la comparaison avec le pont des Invalides en cours de construction dont il prédit l’écroulement à brève échéance qui se produira d’ailleurs quelque temps après !

Arrivés à Dublin à bord d’un navire à vapeur, les Larrey sont chaleureusement accueillis par le docteur West qui avait appris à Paris ses premières notions de chirurgie clinique auprès de Dominique. Ils discutent de la façon d’opérer les anévrismes de l’artère fémorale, des appareils à utiliser pour réduire les fractures et parcourent des salles hospitalières d’un étonnant modernisme. “Il y règne une grande propreté, et chacune est chauffée en hiver par des tuyaux de chaleur qui passent sous leurs planchers, et dont on modère l’action par des soupapes que les gardiens ou servants ouvrent ou ferment à volonté.” Les malades riches paient une pension plus élevée de façon que les indigents bénéficient de la gratuité. “Ces deux classes d’infortunés, pauvres et riches, sont d’ailleurs logés et traités de la même manière, sans nulle distinction. (…) Nous vîmes également plusieurs plaies de tête très graves sur des sujets qui avaient été sabrés au milieu d’émeutes populaires, si fréquentes dans cette ville et dans toute l’Irlande.” Après réception chez le lord-maire qui leur rend les honneurs de la ville, Larrey et son fils sont invités à visiter l’hôpital des enfants trouvés, prévu pour six mille admissions. A dix-huit ans, les garçons peuvent choisir d’être pupilles militaires ou embrasser une carrière civile pour laquelle un contrat est établi entre l’hospice et l’entreprise. Les filles sortent avec trousseau et pécule, assurées de trouver les meilleurs emplois.

Un bâtiment voisin abrite la maternité en forme de “rotonde, entourée et soutenue par des colonnes en marbre gris d’ordre corinthien (…) on y donne fréquemment des concerts et des bals au profit des enfants de cet hôpital, et les produits en sont considérables”.

Les femmes qui le désirent peuvent accoucher sous anonymat ou avec un nom d'emprunt.

"Malgré les établissements multipliés de philanthropie et d'humanité qu'on trouve à Dublin, on est frappé et douloureusement affecté (...) de voir, et en quantité, des individus à peine couverts de haillons déchirés, enfumés, tête, jambes et pieds nus, quelle que soit la saison, ramassant dans les coins des rues, comme les animaux, les débris des mauvais aliments qu'ils y trouvent, et ces malheureux sont souvent bousculés par les équipages des gens riches, qui n'ont point, sous ce rapport, pour cette classe d'infortunés, les égards que l'on doit à ses semblables." La survenue d'une épidémie de typhus trouve Larrey au coude à coude avec ses confrères irlandais pour leur faire part de son expérience dans ce domaine, d'autant que s'observaient chez un grand nombre de malades "des pustules charbonneuses ou anthrax, qui avaient beaucoup d'analogie avec le charbon pestilentiel que nous avions vu en Egypte[1]".

Un banquet d'honneur est offert aux deux Français par les médecins irlandais, mais Larrey presse ses hôtes sans trop pouvoir avouer la raison de sa hâte. "J'avais à craindre d'ailleurs que l'épidémie (...) n'atteignît la constitution délicate et inhabituée de mon jeune Hippolyte."

Le 1er septembre, ils quittent l'Irlande en saluant de la main les confrères venus à l'embarcadère leur témoigner amitié et reconnaissance. Durant les sept heures de traversée, malgré quelques sérieux coups de tangage, Larrey jette sur son carnet de voyage quelques réflexions sur la misère des Irlandais. En cause, le chômage et l'indifférence politique du gouvernement britannique. Le risque, "une révolution qui serait d'autant plus redoutable qu'aucun de ces individus n'a rien à perdre (...) ils préféreraient la mort à leur triste et pénible existence." Les remèdes ? La jouissance des mêmes droits politiques, le partage des terres incultes, des récompenses aux plus méritants, aux plus travailleurs[2].

L'accueil amical des Irlandais était prévisible, se dit Larrey, mais celui des Anglais ?

1. La présence d'escarres soulève également la possibilité de formes particulières du typhus portant les noms imagés de fièvre boutonneuse méditerranéenne, de fièvre pourprée des montagnes Rocheuses, de fièvre fluviale du Japon, selon les régions où elles sont observées.

2. Avec bon sens, Larrey a discerné que le paupérisme est le corollaire social d'une révolution industrielle trop rapide qui a bousculé l'équilibre des rapports humains. Le même phénomène se produira en France vingt ans après, en 1848.

Rendu à Chester, il se fait conduire chez le docteur Thaccary pour lequel il possède une lettre de recommandation et là, va de surprise en étonnement. Son hôte l'invite à déjeuner en compagnie de deux amies parlant parfaitement le français.

"Avant de nous mettre à table, le docteur voulut nous entretenir quelques instants dans son salon, où était une gravure relative à l'empereur Napoléon, et à laquelle était attachée une cocarde tricolore. (...) Voilà, nous dit l'une des dames, en bon français, le portrait de l'homme qui a illustré votre pays, du génie supérieur qui était mon idole, celle de notre docteur et d'un plus grand nombre d'Anglais qu'on ne pense ; M. Thaccary, ajouta-t-elle, est heureux aujourd'hui de voir son chirurgien et son ami."

A Liverpool, après avoir traversé le marché couvert où "le prix des denrées est fixé à l'avance par l'autorité municipale et affiché à toutes les portes du marché", ils parviennent à la bibliothèque qui contient non seulement la *Description de l'Egypte*, mais aussi les premiers tomes des Mémoires de Larrey, récemment édités. Même phénomène à celle de Glasgow. "Dès que mon nom fut connu, on en informa le directeur de l'établissement, qui s'empressa de se rendre près de nous pour nous offrir ses services et faciliter nos recherches."

L'université d'Edimbourg, ancienne capitale écossaise, est célèbre par la qualité de ses enseignements et la richesse de ses collections. Larrey montre à son fils de superbes injections anatomiques montrant "quelques fractures du col du fémur consolidées (...) les vaisseaux du cal passer de la diaphyse[1] vers la tête de l'os" qui prouvent la justesse de ses vues au sujet de la réduction de ce type de fractures.

Arrivent à ce moment précis le lord-maire et le gouverneur qui invitent les Larrey à partager un repas splendide, organisé en secret avec les directeurs d'administration, les magistrats et, bien entendu, les médecins-chefs des hôpitaux. "Tous ces honorables confrères nous ont donné des preuves non équivoques d'une amitié vraiment fraternelle. (...) A la fin du repas on présenta une coupe faite d'une nautile nacrée, montée sur un pied d'or et remplie d'excellent vin de Constance. (...) C'est avec cette coupe à la main que chacun porta un toast, d'abord au fondateur de ces écoles, ensuite au chirurgien de Napoléon, Larrey, (...) On comprend facilement combien je fus sensible à cette marque d'honneur et d'un si tendre intérêt ; ce jour fut assurément l'un des plus beaux de ma vie."

1. Fût osseux de la partie moyenne des os longs.

Redescendant sur la capitale, un détour par la célèbre université de Cambridge qui possède une remarquable collection de médailles, "y compris celle de Napoléon Ier, celle de mon illustre confrère et ami Bichat". A Londres, les Larrey logent rue Piccadilly. Sir Astley Cooper, illustre anatomiste, leur sert de cicérone pour visiter l'hôpital des Invalides, les logements des vétérans, où l'on voit "au dessus de la porte de la plupart de ces chambres, la statue en plâtre de Napoléon. (...) En sortant de cet hôtel, M. le commandant nous montra trois invalides, qui avaient passé cent ans. Ils étaient en tête d'une première ligne de ce corps vénérable, qu'on avait fait ranger en bataille dans la première cour de l'hôtel, au moment de ma sortie". Peu d'invalides amputés, remarque Larrey, attribuant ce fait au défaut de technique chirurgicale des praticiens anglais qui en sont encore à pratiquer l'intervention en un seul temps puis à réunir la plaie opératoire par suture serrée.

Par contre, il s'émerveille des pièces uniques que renferme le musée anatomique de Hunter, injections fines des vaisseaux méningés, de ceux du crâne osseux, de l'œil et naturellement du cal de fractures, qui suscitent chez lui un intérêt soutenu.

Au fil de leurs promenades dans Londres, n'oubliant pas leur goût commun des arts, il montre à son fils plusieurs expositions de tableaux, dont la collection royale.

Un serrement de cœur, toutefois, au détour d'une galerie. "Dans le musée des arts, j'ai retrouvé avec une véritable douleur les précieux et rares monuments antiques que nous avions recueillis en Egypte (...) la fameuse pierre de Rosette (...) (c'est sur ce monument que notre illustre Champollion paraît avoir trouvé la clé de la traduction de la première langue ou des hiéroglyphes) ; la main fermée en granite rouge du colosse de Memphis que nous avions trouvée ensevelie assez profondément. (...) J'avais été témoin de cette découverte (...) dans une caravane que nous fîmes peu de jours après le départ du général Bonaparte. La première phalange du grand doigt de cette main, que j'avais mesurée au moment où nous l'avions trouvée dans le champ de Memphis, a trois pieds de longueur. (...) Nous trouvâmes aussi dans ce musée un grand nombre d'autres objets curieux de l'Egypte que la commission des arts avait recueilli à grands frais et avec beaucoup de peine pendant ses excursions dans ce pays, et que les Anglais nous prirent à Alexandrie lors de notre retour en France."

Ces Anglais bien connus de lui s'appellent Sir Sydney Smith, amiral Keith, il les retrouve avec l'émotion partagée de l'aventure égyptienne au temps de leur jeunesse commune il y a vingt-cinq ans. Sont venus également saluer Larrey, Lord et Lady Holland, l'amiral Malcolm qui ont tenté d'adoucir le sort des exilés de Sainte-Hélène.

Puis le colonel Weymouth qui, les yeux embués par l'émotion, va au-devant du chirurgien lui donner l'accolade. Depuis Waterloo, il lui doit d'être encore en vie et fera paraître son incroyable histoire dans *The Lancet*, célèbre revue médicale : "Dans une charge de cavalerie, qui échoua, il [Weymouth] fut abandonné par son régiment au milieu des rangs des cuirassiers français. Il fut immédiatement jeté en bas de son cheval et percé de coups. Un soldat le couchait en joue et allait l'achever, quand un officier qui se trouvait dans la mêlée rabattit de son épée le fusil. C'était Larrey, qui le couvrit de son autorité et pansa ses blessures."

En un mois et demi de séjour riche en observations et émotions, Larrey a fait le tour des principaux établissements hospitaliers anglais et se propose, puisqu'il en a encore le temps, de visiter ceux de Hollande et de Suède. On lui propose d'aller de la tour de Londres à Calais par *steamer*, il préfère la diligence[1] qui s'arrête à Chatham où il visite l'arsenal militaire. Par faveur particulière, les portes s'entrouvrent pour les deux Français accueillis par le gouverneur "avec toutes les marques d'une grande distinction et une bienveillance inespérée. Ce digne gouverneur, après s'être revêtu de son uniforme de général, nous conduisit lui-même avec sa voiture (...) on nous fit rendre les honneurs militaires, comme aux généraux, ce qui me causa une très grande surprise et une bien sensible émotion (...) on avait préparé à notre intention un banquet splendide (...) dont faisaient partie les principaux officiers (...) et tous les chirurgiens. (...) On imagine bien que la plupart des toasts furent portés au chirurgien de Napoléon, car le nom de ce grand homme était devenu l'objet de la vénération publique : nous trouvâmes son image dans les casernes et au lit de presque tous les malades de l'hôpital..."

La légende napoléonienne a pris corps.

Lord Wellington, quelque peu voûté, à la chevelure prématurément blanchie, a constitué dans sa demeure un musée consacré au souvenir de son illustre vaincu et médite seul, des heures durant, en face d'un buste de l'Empereur. On raconte aussi à

1. Bien lui en pris car le *steamer*, victime d'une collision, sombra dans la Tamise.

Londres qu'Hudson Lowe, le geôlier de Sainte-Hélène, est fui par ses anciennes connaissances et qu'il aurait même été cravaché en pleine rue par le fils de Las Cases sans que personne ne le défende.

Entre-temps les deux Larrey ont regagné Paris. Le fils reprend ses études, le père rédige pour le ministre de la Guerre un rapport sur l'état des hôpitaux militaires britanniques, après s'être rendu en Picardie au chevet de Caulaincourt malade qui l'a fait spécialement appeler. Les comparaisons, les conversations auxquelles Larrey s'est livré avec les chirurgiens anglais lui apportent enfin la conclusion de l'ouvrage de chirurgie clinique qu'il présente à l'Académie des sciences à l'appui d'une nouvelle candidature à un fauteuil vacant, celui de son maître Pelletan récemment décédé.

Le discours du rapporteur ouvre grand à Larrey les portes de l'illustre compagnie.

"Quarante années de services aux armées ou dans les hôpitaux, vingt six campagnes militaires (...) ont permis à l'auteur de cet ouvrage d'observer et de recueillir une multitude de cas de médecine opératoire et de faits pathologiques si extraordinaires (...). Afin de lier entre elles toutes ces observations et pour les présenter en un corps de doctrine, M. Larrey les a distribuées de manière à les grouper par leur analogie. Il a pu ainsi les faire précéder de considérations générales dans lesquelles il a exposé de nouvelles vues théoriques, et il en a tiré les conséquences pratiques, suite naturelle des réflexions judicieuses que ces diverses circonstances, souvent insolites, ont dû lui suggérer." Depuis l'ophtalmie d'Egypte, sont ainsi présentés successivement tous les travaux de Larrey avec une mention particulière "des vues nouvelles sur le mode de pansement des plaies pénétrantes de la poitrine[1]" et du traitement des fractures, "ce procédé consiste à laisser en place, et sans faire aucun pansement, l'appareil propre à maintenir les os réduits, jusqu'à l'époque où les plaies sont cicatrisées et la soudure absolument consolidée". En décembre 1829, Larrey est élu à l'Académie des sciences, au troisième tour de scrutin toutefois par 28 voix sur 51.

Il a soixante-trois ans. Depuis son retour à la vie civile, il a pris un peu d'embonpoint qui accentue sa stature massive, quelques

1. Le sujet est d'autant plus sensible qu'en 1820, le duc de Berry (fils de Charles X) avait été poignardé en pleine poitrine. Dupuytren n'avait pas jugé utile de refermer la plaie ouverte et le duc en était mort.

mèches blanches le long de sa longue chevelure, mais la démarche reste assurée et le regard animé d'une vivacité impérieuse.

"Nous entrâmes bientôt dans cette année mémorable (1830), déclare-t-il, dont les meilleurs esprits surent présager et annoncer à l'avance les grands événements."

Plaidoyer *pro domo* ? Tout au plus expression de la sagesse du personnage patriarcal qu'il se plaît à endosser. Ayant eu depuis sa jeunesse une claire conscience de sa propre valeur et de la portée de ses travaux, rien dans son comportement vis-à-vis des autres n'a toutefois relevé de la prétention, de la présomption ou de la suffisance.

L'archaïsme des conceptions politiques et sociales du dernier cabinet de Charles X va en effet nettement à contre-courant de l'opinion publique en attente de réformes libérales. Pour sa part et dans son domaine, Larrey milite pour une réforme judiciaire qu'il qualifie ainsi : "Cet acte de philanthropie, fondé sur les idées libérales dont on voulait alors réprimer l'essor, aurait pu me faire éprouver quelque disgrâce auprès du Gouvernement. (...) C'est au mois d'avril de cette même année, qu'étant membre du jury, à la cour d'assises, affligé profondément des effets barbares de la loi pénale qui faisait imprimer par le bourreau avec un fer rouge, sur l'épaule des faussaires, une marque flétrissante et indélébile, j'osai moi-même proposer l'abolition de cette flétrissure, à l'occasion du jugement d'un jeune homme de vingt-un ans (...) nous obtînmes (...) auprès du pouvoir législatif, la prise en considération de la demande que nous avions eu le courage de faire de la suppression de cet article du Code criminel."

La crise politique culmine en juillet 1830 entre le ministère Polignac et une Chambre majoritairement composée de républicains, libéraux et bonapartistes hostiles au régime. La prise d'Alger, le 5 juillet, qui se voulait acte de propagande, a été accueillie dans l'indifférence, d'autant plus que l'expédition est dirigée par de Bourmont, le traître de Waterloo, promu maréchal le 14 juillet. Les ordonnances provocatrices de Charles X dissolvent la Chambre, censurent la presse, restreignent le droit de vote et entraînent le 27 juillet une foule indignée à édifier des barricades à la place de la Bastille et autour de l'hôtel de ville où flotte déjà, comme à Notre-Dame, le drapeau tricolore.

En compagnie de son fils, reçu major au concours d'aide chirurgical et attaché à l'hôpital de la Garde royale, Larrey presse le pas. Devant la tension des esprits, il a pressenti les drames immédiats et tient à préparer son service même s'il approuve l'insurrection que doivent réprimer les troupes royales. "Les soldats étaient les mêmes et ma sollicitude pour eux ne pouvait changer."

Les premiers combats éclatent le 28 entre les insurgés et les troupes du gouverneur de Paris qui n'est autre que Marmont, détesté des Parisiens depuis sa trahison de 1814. Le lendemain, l'émeute gagne la place Vendôme, la rue de Babylone, la rue de Rohan, des Polytechniciens insurgés attaquent le Louvre. Le 29, le très populaire La Fayette met en place un gouvernement provisoire sous les plis du drapeau tricolore.

Le soir venu, les émeutiers victorieux se rendent à l'hôpital du Gros-Caillou afin d'arrêter les blessés de la garde royale. Agenouillé à leurs côtés, pansant leurs plaies, Larrey relève la tête lorsqu'il entend gronder la foule. Il connaît bien les émeutes, celle du Caire, celle de Madrid mais là il connaît aussi les émeutiers dont beaucoup sont des vétérans de l'Empire, des demi-soldes. Il va leur montrer qu'il n'a rien perdu de sa fougue juvénile ni de son impressionnante autorité. Il se dresse, se dirige vers la porte principale qu'il fait grand ouvrir, et, bien campé sur ses jambes écartées, les bras largement étendus pour barrer le passage, il fixe de front l'émeute. Les premiers

Liesse populaire en juillet 1830. Coll. J.-B. Q.

insurgés l'ont reconnu. Déconcertés, ils lui présentent les armes. Les autres s'arrêtent quand Larrey s'écrie de sa voix puissante :

"Que voulez-vous ? Mes blessés ? Ils sont à moi, allez-vous-en !"

L'émeute recule, il a gagné. Il pourra dire ensuite, à l'intention de son fils et de ses élèves :

"Les devoirs d'un chirurgien en chef d'armée ne doivent pas se borner à administrer aux blessés les soins et les secours que leur état exige (...) il doit encore ne reculer devant aucun moyen pour protéger et garantir leur existence contre toute espèce d'agression hostile.

Mais lorsqu'on veut atteindre ce but, on a souvent de grands dangers à courir et de grands obstacles à surmonter. C'est pour accomplir cette tâche difficile, qu'au troisième jour de ces combats je n'hésitai pas à me jeter au milieu de cinq ou six mille assaillants prêts à pénétrer dans l'asile de nos malades, et proférant contre eux des menaces de mort : une allocution courte et ferme arrêta cette troupe effrénée, qui se dispersa après s'être fait livrer seulement les armes de nos soldats blessés."

La colère des insurgés se détourne alors contre les ministres de Charles X, emprisonnés au fort de Vincennes dont le général Daumesnil est le gouverneur. Ancien d'Egypte, amputé par Larrey de la jambe droite emportée par un boulet à Wagram, le populaire "Jambe de bois" a vaillamment tenu tête, après Waterloo, aux sommations de Blücher :

"Rendez-moi ma jambe et je vous rendrai le fort !"

Quinze ans après, il tient aux insurgés le même langage et rejoint son chirurgien dans la même obstination.

Une fois encore balayée par l'insurrection populaire, la vieille monarchie s'efface mais quel système pourra la remplacer ? La république ? Beaucoup d'insurgés la réclament, mais ce nom rappelle trop aux classes moyennes la Terreur et les Jacobins, les assignats et la ruine économique. Napoléon II ? Les ambassadeurs des puissances européennes de la Sainte-Alliance manifestent une vive réticence. Encore ignorent-ils que, dans certaines campagnes reculées, la réapparition du drapeau tricolore au fronton des mairies a suscité des réunions de paysans qui manifestent joie et enthousiasme et s'exclament :

"Nous savions bien qu'"Il" n'était pas mort et qu'"Il" reviendrait !"

Thiers et La Fayette poussent en avant le duc d'Orléans à qui peu de gens pensent, sûrement pas le peuple des barricades. Ancien combattant de Valmy et Jemmapes, il se présente à lui avec les trois couleurs, aux Chambres avec un serment de fidélité à la Charte constitutionnelle. Louis XVIII n'avait-il pas dit de son petit-cousin : "Il ne se remue pas et cependant je m'aperçois qu'il chemine" ?

Le nouveau roi Louis-Philippe charge peu après Larrey et Dupuytren d'animer la commission chargée d'évaluer les préjudices subis pendant les journées de Juillet par les blessés, en vue de leur indemnisation. Décoré de la médaille de Juillet par le roi, Larrey est rétabli dans ses fonctions d'inspecteur général du Service de santé. Il n'est plus chirurgien de la Garde qui disparaît au profit de la garde nationale bourgeoise, mais se voit nommé chirurgien en chef des Invalides. Les vétérans de la Grande Armée sont peu à peu réhabilités, reconsidérés, aussi la presse politique et médicale utilise-t-elle ce revirement pour réclamer la nomination de Larrey à la Chambre des pairs.

"Quant à la Pairie, écrit-il à un ami, je n'ai jamais rien demandé, ni manifesté le moindre désir à ce sujet. Si la proposition m'en eût été faite, je n'aurais accepté que pour l'honneur de la corporation des officiers de santé, car pour moi-même, je n'en suis point désireux. D'ailleurs, pour tenir un rang aussi élevé, il faut avoir de la fortune, car on ne peut assister aux cérémonies, etc. (...) dans un fiacre. Il faut avoir un équipage et tous les moyens de représentation, et je suis fort loin d'avoir une telle situation. Sous mon illustre ami, l'Empereur Napoléon, c'eût été différent. Il avait en effet projeté de me mettre au Sénat, mais avec une rente de 35 000 francs. Nous voilà dans un autre temps et avec d'autres personnes (...) trop heureux qu'on m'oublie."

Ce n'est pas le cas du nouveau ministre de la Guerre, Soult, grande figure du *Dictionnaire des girouettes*[1]. Seul domaine invariable du pillard d'Espagne, celui de ses inimitiés au sein desquelles Larrey reste l'ennemi juré depuis l'affaire des fausses mutilations volontaires de Bautzen. Lorsque la Belgique, devenue indépendante depuis peu, redoute un coup de main de la Hollande sur ses ports, le roi Léopold demande à Soult qu'on lui envoie Larrey pour une mission d'inspection et d'organisation des hôpitaux militaires. Opportune occasion d'éloigner de Paris ce témoin intraitable d'une époque révolue !

Depuis son retour d'Angleterre qui date de quatre ans, Larrey n'a plus effectué de longs voyages. Il se contente d'aller fré-

1. Ouvrage satirique répertoriant "les personnages qui avaient traversé la période 1789-1815 sans trop de dommage. A la suite de chaque nom, une ou plusieurs girouettes (douze pour Talleyrand, record partagé avec Fouché [...])" (Jean Tulard, *Dictionnaire napoléon*). Ce livre rencontra un énorme succès.

quemment en famille à Bièvres, au sud de Paris, où il a réalisé l'année précédente son vieux rêve de jeunesse, acquérir "une petite métairie". En l'occurrence le rêve est dépassé car il s'agit d'une belle maison de maître, comportant douze pièces au premier étage, un jardin de 2 000 mètres carrés ouvrant sur un pacage d'un demi-hectare.

Prévoyant que sa mission en Belgique pourrait durer le mois d'octobre entier, Larrey part avec Isaure et Hippolyte, âgés maintenant de trente-deux et vingt-trois ans. La douce Laville est laissée – mais peut-être le désire-t-elle ? – à son rôle d'éternelle vestale. A Bruxelles, l'ambassadeur de France n'est autre que le général comte Belliard que Larrey présente ainsi à ses enfants : (...) "mon compagnon d'Egypte et mon intime ami, a été pansé par moi dans cinq ou six combats différents. (...) Toute l'armée a pu apprécier les talents et les vertus militaires de cet illustre général". Belliard pousse l'amitié à mettre à leur disposition guide et voiture qui leur feront visiter, de Bruxelles à Anvers, tout ce qui pourra susciter leur intérêt. A l'amphithéâtre de l'hôpital se sont réunis tous les chirurgiens de Bruxelles pour accueillir, fêter et surtout écouter Larrey. "J'avais eu le soin d'apporter une caisse d'instruments qui devaient servir de modèles ; un modèle aussi de mes voitures d'ambulance volante, et quelques exemplaires de ma clinique chirurgicale, que j'offris aux officiers de santé en chef de l'armée belge. Enfin, je consacrai plusieurs séances dans l'amphithéâtre (...) pour leur démontrer mes procédés opératoires et indiquer les corrections qu'il convenait de faire subir au matériel de leurs ambulances."

Reçu à dîner le 14 par le roi, "S. M. m'engagea surtout à porter une attention spéciale sur une ophtalmie épidémique qui avait déjà frappé de cécité un grand nombre de soldats".

Parvenu à Anvers, Larrey s'accorde le plaisir de visiter les nombreuses galeries de peinture du musée des Beaux-Arts si riche en primitifs flamands.

A l'hôpital, il tombe de haut car les cinquante ophtalmiques sont réunis dans une salle hermétiquement fermée afin d'intercepter la lumière, où les chaises percées sont disposées de proche en proche, "(...) je supportai moi-même très difficilement les effets de ces émanations infectes". Qui plus est, on se croit obligé de leur administrer un collyre à base de sublimé corrosif agrémenté d'atropine qui dilate la pupille en permanence.

"J'ai remarqué que l'emploi de cette liqueur était suivi de deux effets : le premier était d'émousser la sensibilité nerveuse de l'œil ou de paralyser l'action rétractile ou élastique des vaisseaux et des membranes. (…) Le deuxième effet était de faire ratatiner et crisper le tissu de la cornée transparente et de la rendre plus ou moins promptement opaque (…) la cécité avait lieu presque immédiatement." La médecine n'a jamais été une science exacte, mais quand elle peut s'appuyer sur la rigueur – quasi mathématique – d'une telle démonstration, elle ne se fait pas faute de l'utiliser. Le traitement est celui utilisé avec succès contre l'ophtalmie d'Egypte, accompagné des mesures d'hygiène nécessaires comme au camp de Diest où il assiste, en compagnie du roi et de Belliard, à une revue des troupes. Il en profite pour suggérer d'isoler de l'humidité la literie des soldats comme les tentes et baraques, et de recouvrir les latrines de sable, après chaque usage.

"Nous partîmes la même nuit pour Louvain (…) il y existait aussi un petit nombre des anciens blessés français de la bataille de Waterloo, qui me reconnurent et auxquels je fis faire quelques opérations délicates que leurs blessures, quoique anciennes, commandaient. (…) Je sollicitai avec instance l'évacuation de nos blessés pour la France. (…) Je prolongeai de quelques heures mon séjour à Louvain pour y voir mes anciens hôtes."

Son inspection se termine par Liège et Namur. Parvenu à Bruxelles, il rédige à l'usage du roi un rapport proposant la création d'un corps autonome de chirurgiens, la création d'une Ecole spéciale de médecine et chirurgie militaire, l'utilisation d'ambulances légères à deux roues, voire de charrettes "conduites par leurs propriétaires, intéressés à leur conservation". Enfin l'ophtalmie, qui préoccupait à juste titre le roi, est "produite exclusivement par des causes d'insalubrité (…) par l'abus de l'usage de la pipe dans les salles (…) ainsi que de l'usage de la mauvaise eau-de-vie (…) par le manque de propreté, etc.

Avec une réponse très flatteuse que je reçus, avant mon départ de Bruxelles, des mains du roi Léopold, Sa Majesté me fit présent d'une tabatière en or ornée de son chiffre en brillants."

Au terme de sa mission, il est reçu à Paris par Louis-Philippe, confirmé dans sa double fonction d'inspecteur général au Conseil de santé des armées et de chirurgien en chef des Invalides.

Quel bain de jouvence extraordinaire et inattendu, cette nouvelle vie aux Invalides ! Il a près de soixante-cinq ans, opère moins, fait davantage intervenir ses nombreux assistants mais retrouve ici un exercice plus varié au milieu de ses anciens camarades vétérans, alors que la routine risquait de le menacer au Gros-Caillou parmi des gardes d'une nouvelle génération.

Le maréchal Jourdan, le vainqueur de Fleurus, gouverneur des Invalides, a chaleureusement appuyé la candidature de Larrey car son amitié envers lui date de l'armée du Rhin, à l'époque où leurs cœurs brûlaient de la même foi républicaine.

Il a promis à Dominique et à Elisabeth de leur affecter les meilleurs appartements de fonction du prestigieux hôtel et, a-t-il ajouté avec un sourire, connaissant les nombreuses relations du couple, les plus vastes salons.

XXIX

DES INVALIDES AU TOUT-PARIS ROMANTIQUE

L'abonnement au journal *La Presse* ne coûte que quarante francs par an au lieu des quatre-vingts de ses concurrents car son fondateur, Emile de Girardin, a eu l'idée de publier les premières petites annonces payantes ainsi que les cours de la Bourse ou des Mercuriales. En bas de première page, les feuilletons de Balzac ou d'Eugène Sue.

Périodiquement, un billet du temps présent, aujourd'hui consacré à Larrey.

> A l'hôtel des Invalides, M. Larrey remonte les années, non pas seulement par l'imagination, mais par les faits. Il est là, comme s'il venait de descendre dans l'Elysée des braves. (...) Aux Invalides, les douleurs et les blessures datent de loin. (...) Suivons M. le baron Larrey dans sa visite. Il est revêtu d'un simple uniforme bleu à collet de velours amarante, sans broderies ; il ceint le tablier comme le plus humble des élèves. A son aspect, le silence règne ; le respect s'établit ; seulement sur quelques visages flétris, on voit passer un sourire de bien-être. (...)
>
> "Êtes-vous prêt ? dit M. le baron Larrey, à un homme sur la face duquel se croisent les cicatrices et les rides profondes.
> — Oui, général.
> — Tu me traites comme à la Grande Armée.
> — C'est une vieille habitude.
> — Sois tranquille, ce ne sera rien..."
>
> "Major, crie un officier, j'ai mal à ma jambe d'Eylau, je souffre comme un damné !
> — Elle est pourtant coupée depuis longtemps, n'ayez pas peur."
>
> "Monsieur le baron, dit doucement une jeune sœur, voulez-vous venir voir le capitaine là-bas ? Il est bien agité.

— Qu'avez-vous, mon ami ? demande le chirurgien en s'approchant du malade.

— C'est mon coup de sabre de la grande redoute qui fait des siennes.

— Vous parlez de la Moskowa ?

— Oui, major.

— Un peu de repos, écoutez la sœur, laissez-vous bien soigner. (...)."

Dans cette promenade entre deux haies de lit, M. Larrey retrouve les chroniques de la Grande Armée, bataille par bataille ; il entend parler des bras et des jambes qu'il s'est vu obligé de laisser sur le théâtre de la guerre, et aussi des bras et des jambes que ses soins ont permis de rapporter en France. Là, on lui tend une main qu'il a disputée aux glaces de Russie, là il voit un ex-pestiféré de Jaffa le féliciter gaiement de ce qu'il a déclaré en pleine Académie des sciences la fausseté de cette historiette de M. Desgenettes, médecin en chef de l'armée d'Egypte, s'inoculant la peste pour rassurer les troupes.

La clinique de l'infirmerie des Invalides, c'est l'illustration animée de la colonne Vendôme."

Au même moment, en ces premiers jours d'avril 1832, avec leur art merveilleux d'imiter les choses du monde à leur échelle, les enfants ont inventé un nouveau jeu, le "Nicolas Morbus" ou le "scélérat Morbus", tandis que sur les quais de la Seine quelques poivrots lèvent leurs bouteilles avec l'indifférence de ceux qui n'attendent plus rien de la vie : "A ta santé, Morbus !"

Quel peut bien être cet étrange visiteur, fils latin des enfers et de la nuit, dont un poète a dit :

Paris longtemps de toi se souviendra
Ton souffle impur est celui de la peste
Monstre, tu fus vomi par les enfers !
Le monde craint ta présence funeste.

C'est le choléra-morbus ou choléra indien. Parti de l'embouchure du Gange quinze ans auparavant, il progresse d'environ 20 kilomètres par jour. Présent à Londres le 12 février, Morbus a débarqué à Calais le 15 mars. Larrey a suivi dans les journaux la marche du fléau.

"La France était alors menacée de l'invasion du choléra-indien, qui venait de paraître en Angleterre, dans l'est de l'Allemagne et au centre de la Pologne. J'avais été désigné, par le Conseil de santé lui-même, pour faire partie d'une commission de médecins

Vue du palais du Luxembourg et scène de rue à Paris. Aquarelle de Victor-Jean Nicolle, musée national du château de la Malmaison.

destinée à aller observer cette épidémie dans cette dernière contrée, où elle sévissait avec une grande force, et au moment où cette nation venait de se rendre indépendante ; mais le ministre de la Guerre[1] ne consentit point à mon départ.

On croirait voir arriver à Varsovie l'un des chefs de la vieille garde de Napoléon, dit le ministre ; il ne partira pas."

Il prend ses fonctions le 1er avril, au moment où le premier cas de choléra se manifeste aux Invalides. "Je l'observai attentivement, et me consacrai tout entier au traitement de cette maladie extraordinaire, plus grave que la peste que j'avais vue en Egypte. (...)

Je fus nommé en même temps membre de la Commission centrale de salubrité de Paris, où je fus l'un des premiers à soutenir que cette maladie n'était pas contagieuse."

A toutes fins utiles, il entreprend de modifier les règles d'entretien des locaux de l'infirmerie en remplaçant le lavage des parquets "par le frottage et le briquetage" avec une pierre molle, de l'eau et du sable, en tenant serrés les rideaux latéraux des lits afin d'assurer une meilleure ventilation des salles communes. A l'extérieur, raconte Chateaubriand[2], il faut des fourgons d'artillerie pour relever les nombreux cadavres de la rue du Cherche-Midi. "Dans la rue de Sèvres complètement dévastée surtout d'un côté, les corbillards allaient et venaient de porte en porte. Ils ne pouvaient suffire aux demandes, on leur criait par les fenêtres : «Corbillard, par ici !» (...) Ailleurs les corbillards étaient encombrés de cinq ou six cercueils retenus par des cordes."

L'ampleur de ce mal inconnu fait resurgir de vieilles superstitions, on prétend que le vin ou les denrées sont empoisonnés, de malheureux commerçants sont jetés à la Seine !

A la fin de l'épidémie, Paris comptera 18 400 morts, dont le président du Conseil, Casimir Perier, pour une population de 650 000 habitants. Une fois le péril passé à Paris, Larrey harcèle l'administration afin d'améliorer les conditions de vie de "ces invalides, dont les trois quarts au moins avaient reçu mes soins sur les champs de bataille (...) en conservaient des souvenirs qui leur inspiraient à l'avance une entière confiance (...) à toutes les mesures qui seraient établies à leur égard".

Celles-ci ont d'ailleurs trop d'avance sur l'esprit du temps pour se voir facilement acceptées, bien qu'elles présentent le mérite de la simplicité. Il s'agit d'assurer une lecture de trois quarts d'heure au réfectoire afin que les blessés de la face puissent être distraits pendant leur mastication difficile, de prévoir des

1. Il s'agit encore de Soult, à la rancune tenace.

2. In *Mémoires d'outre-tombe*, quatrième partie, livre Ier, chapitre XVI.

concerts par un corps de musique appartenant à l'hôtel et surtout d'établir "quelques jeux mécaniques et des ateliers d'ouvrages faciles à exécuter[1]"... On lui refuse tout, par contre le ministère se souvient de lui lorsque le choléra sévit d'Antibes à Sète et entraîne un exode des populations de Montpellier, Marseille et Toulon. "Dans cet état de choses, lui écrit le maréchal Maison, le nouveau ministre de la Guerre, j'ai pensé qu'il était urgent d'envoyer sur les lieux un officier de santé d'une haute réputation, et mon choix s'est aussitôt fixé sur vous, monsieur, persuadé que votre présence seule aura l'influence la plus salutaire sur les esprits que la terreur a démoralisés. (...) Votre zèle ordinaire et votre haute expérience me sont garants de la manière dont vous remplirez cette importante mission."

Dès son arrivée à Marseille, le premier soin de Larrey est de réunir médecins et infirmières afin "de rassurer les esprits sur la contagion de la maladie, à laquelle le vulgaire et la plupart des médecins du pays croyaient sincèrement... L'exemple que je donnai en manœuvrant moi-même tous les cholériques, et en faisant de mes propres mains l'autopsie de ceux chez qui la singularité des phénomènes avait été plus frappante (opération qu'on n'avait pas encore osé entreprendre), cet exemple finit par dissiper entièrement toute idée de contagion[2]"... A la compagnie de médecins lyonnais envoyés en renfort, Larrey montre le résultat des autopsies puis s'enferme avec eux en conférence clinique de formation pendant que les Marseillais s'acheminent en procession vers Notre-Dame-de-la-Garde pour descendre la Madone à la cathédrale afin d'attirer la miséricorde divine. Pour un vieux voltairien comme Larrey, cette concentration de population sous les fortes chaleurs de la fin juillet amène un net froncement de sourcils. Quand il apprend le lendemain la recrudescence de l'épidémie, il exprime fermement le regret qu'on n'ait pas tenu la main, comme Napoléon, à respecter le concordat qui interdisait toute procession extérieure.

Les sous-préfets, les maires l'appellent bientôt à Aix, Avignon, Arles, Beaucaire où "mes soins me parurent avoir contribué pour beaucoup au salut de ces malades", formule d'une discrète élégance. Il parcourt le Midi en diligence, de jour comme de nuit. A Sète, pas d'épidémie, car l'eau y est très pure, remarque-t-il. Même situation à Narbonne, Carcassonne ou Toulouse. Au retour,

1. L'idée de Larrey doit être considérée comme l'embryon de l'ergothérapie, un des domaines actuels de la rééducation fonctionnelle.

2. La contagion inter-humaine n'est possible qu'indirectement, au contact de linges souillés par exemple.

un crochet par Castelnaudary où est enterré son ami de l'Institut d'Egypte, le général Andréossy, devenu ensuite son collègue à l'Académie des sciences.

Revenu à Paris, Larrey soumet au ministre le rapport de sa mission, dans lequel il résume son sentiment sur l'origine du choléra et le traitement à y opposer.

"(...) le choléra-morbus indien dont le principe morbifique paraît avoir été réellement transmis de l'Inde où il est endémique, comme une effluve miasmatique ou une sorte de nuage composé d'animalcules imperceptibles[1] que certains vents ont successivement entraînés de contrée en contrée. (...) Cependant il n'a fallu rien moins qu'une saison aussi chaude que celle qu'on a subie en Provence (...) pour que les eaux de la mer n'aient point entièrement neutralisé les gaz pernicieux qui se dégagent des excréments humains et autres substances animales putréfiées et versées dans ces bassins [des ports] par les torrents de pluie ou par ces aqueducs." Il faut réchauffer les malades par couvertures, briques chaudes, bouillottes, frictions d'"huiles toniques de camomille, de millepertuis, légèrement camphrées", faire boire abondamment des boissons sucrées et glacées. "Les partisans de l'injection intérieure (...) de substances aqueuses à une température élevée (...) ont en vue de rendre au sang le sérum qu'il a perdu (...) par une addition de propriétés vitales parfaitement identiques ou homogènes[2] ...

Enfin, il faut considérer les cholériques comme les blessés que fournit une bataille : si les chirurgiens, qui oublient souvent leur propre existence pour sauver la vie à leurs semblables, ne portaient pas avec la même ardeur et la même activité leurs secours bienfaisants à tous ces blessés, sans interruption et d'une manière permanente, un très grand nombre succomberaient (...) dans les premières heures." Cette dernière considération permet à Larrey de réclamer au ministère, pour une dizaine de confrères méridionaux, récompenses, promotions et la croix de la Légion d'honneur.

Attentif aux cycles de la nature, passionné d'ornithologie depuis la découverte des oiseaux du Nil, il note sur son carnet deux faits troublants observés dans le Midi.

1. Cette prémonition bactériologique sera confirmée en 1883 lors de la découverte par R. Koch du vibrion cholérique, transmissible par les eaux contaminées ou par des vecteurs accidentels tels que mouches, vers, poissons.
2. Telle est la définition de la moderne réhydratation intraveineuse par sérum isotonique. Larrey en possède le pressentiment, mais pas l'expérience débutante de ses jeunes confrères.

"L'un de ces phénomènes a été la disparition subite ou l'émigration totale des oiseaux qui ne vivent que dans un air pur, tels que les passereaux, les merles, les grives et les hirondelles. (…)

Un deuxième phénomène a été l'apparition d'une quantité innombrable de cigales (…) celles qui ne paraissent dans certaines contrées du midi de l'Europe que tous les quarts de siècle (…) leur chant produisait le même bruit que le son des grelots de nos chevaux de poste. Les habitants des campagnes ne se rappellent point en avoir vu une si grande quantité depuis longues années[1].

Dans l'ancien monde toutes les grandes épidémies, telles que la peste, etc., étaient toujours précédées d'une «plaie d'insectes». L'épidémie pestilentielle qui régna en 1799 en Egypte, et qui fit périr plus de cent mille musulmans, avait été précédée d'une plaie générale de mouches et de plaies partielles de sauterelles."

Lorsqu'il se décide enfin à quitter la France, Morbus emporte avec lui plus de 100 000 morts.

Larrey reprend alors son service aux Invalides, ses visites quotidiennes et sa leçon clinique du jeudi. Approchant les soixante-dix ans, il a la chance de conserver la plénitude de sa santé mais au hasard de ses consultations, il est souvent saisi d'émotion lorsqu'il reçoit ses anciens compagnons d'armes. Drouot, le brave et fidèle Drouot, trésorier testamentaire de Napoléon, vient de Nancy lui demander s'il peut améliorer sa cécité débutante ; Savary, duc de Rovigo, chef des gendarmes qui ont fusillé le duc d'Enghien, se meurt d'un cancer de la langue ; le général Travot, ancien de l'armée du Rhin, sombre dans la démence ; Lepic, l'ancien major des grenadiers à cheval de la Garde ; Lallemand, commandant des chasseurs à cheval, fraîchement rentré des Etats-Unis où il avait fondé pour les proscrits de la Restauration le "Champ d'asile" ; ses amis les maréchaux Jourdan et Moncey et le grand maréchal Bertrand. Davantage qu'un "compagnon d'Egypte", ce dernier est désormais l'homme de Sainte-Hélène, nommé par l'Empereur son exécuteur testamentaire. En sa compagnie, les heures ne comptent pas pour Larrey, impatient de connaître la fin de celui qui a dirigé sa vie. Alors qu'il s'était proposé d'accompagner Napoléon à l'île d'Elbe, pourquoi

1. Cigales ou criquets pèlerins ? De simples cigales, habituelles en Provence, n'auraient pas attiré les commentaires des habitants. Par contre, les fréquentes remontées d'air chaud saharien provoquent la canicule extrême (notée par Larrey) et favorisent les envolées de sauterelles que signalera plus tard A. Daudet.

n'a-t-il pas tenté le même geste pour Sainte-Hélène ? Il se pose probablement une question qu'il ne peut résoudre. A-t-il obéi à la crainte d'abandonner une famille loin de laquelle il avait si longtemps vécu, au moment où les temps sont troublés ? Rien de plus légitime. Lassitude, découragement ? Peu probables chez un homme rompu aux aléas de la vie.

Reste le profond désenchantement de voir une époque révolue le soir de Waterloo, un sentiment mordant de relative inutilité, l'impression confuse d'achever un rêve vieux de vingt ans.

Au milieu de ces années 1830, qui n'a lu *Le Mémorial de Sainte-Hélène* qu'on s'est arraché dans l'Europe entière ? Même ceux qui n'ont pas la chance d'être instruits se font faire la lecture des éditions successives d'un récit assez vivant pour faire trembler les couronnes sur des têtes d'un autre âge[1]. Ils entendent la voix de l'Empereur amplifiée par Las Cases :

"A la suite d'une foule d'objets, l'Empereur s'est arrêté sur le chirurgien baron Larrey, dont il a fait le plus grand éloge, disant qu'il avait laissé dans son esprit l'idée du véritable homme de bien ; qu'à la science il joignait au dernier degré toute la vertu d'une philanthropie effective : tous les blessés étaient de sa famille ; il n'était plus pour lui aucune considération dès qu'il s'agissait de ses hôpitaux. Dans nos premières campagnes républicaines, tant calomniées, disait l'Empereur, le département de la chirurgie éprouva la plus heureuse des révolutions, laquelle s'est répandue depuis dans toutes les armées de l'Europe ; or, c'est en grande partie à Larrey, que l'humanité est endettée de ce bienfait. Aujourd'hui les chirurgiens partagent les périls des soldats ; c'est au milieu du feu même qu'ils venaient prodiguer leurs soins. Larrey a toute mon estime et ma reconnaissance."

Devenu "chirurgien de légende", il est l'objet de la considération générale en France comme à l'étranger où il est membre associé des Académies de Vienne, Bruxelles, Munich, Iéna, Turin, Naples, Madrid. Ses œuvres sont traduites en anglais, allemand, italien.

A Paris, il sort souvent en compagnie de sa femme pour se rendre au salon de Gérard, rendez-vous des artistes en vue. Ils y retrouvent le souvenir de son condisciple, leur ami Girodet, prématurément disparu quelques années auparavant.

Un soir de décembre, victime d'une rétention d'urine brutale, en proie à des douleurs paroxystiques, Girodet s'écrie : "Adieu

1. Constamment réédité, même de nos jours, le *Mémorial* fut considéré comme le plus grand succès de librairie du XIXe siècle avec dix éditions de 1821 à 1894.

mes pinceaux ! Adieu les arts ! tout est fini pour moi !" et appelle Larrey. Ce dernier entreprend de le sonder. Impossible, la sonde bute sur un obstacle, il lui faut ouvrir la vessie pour découvrir une tumeur déjà gangrenée. Peu après Girodet sombre dans une léthargie douloureuse, dont il émerge parfois pour dire à Dominique : "Mon ami, il faut nous dire adieu !"

Elève de David, Gérard demeure un illustre portraitiste. Il a fixé par le passé les traits des célébrités de l'Empire, à présent les souverains de l'Europe posent dans son atelier où l'on côtoie aussi Wellington, Mme Récamier, le sculpteur David d'Angers ou Gros qui achève le portrait de la spirituelle Laure Junot, duchesse d'Abrantès.

Celle-ci connaît bien Larrey depuis la guerre d'Espagne et n'hésite jamais à l'interroger sur des points de technique chirurgicale dont elle veut parler dans ses *Mémoires* rédigés avec grand soin. Afin de continuer à tenir un salon très prisé, elle a successivement vendu son hôtel à Marmont, puis ses bibelots, ses meubles, maintenant ses bijoux au moment où elle s'éprend, à la cinquantaine, de Balzac, son cadet de quinze ans.

Larrey n'est pas étonné car il se souvient d'avoir été appelé en 1814 à son domaine de Clichy par Mme de Staël, alors âgée de quarante-huit ans, pour soigner un tout jeune officier de hussards avec qui elle s'était secrètement mariée faute d'avoir pu retenir Benjamin Constant.

Hippolyte, jeune agrégé à la Faculté et professeur au Val-de-Grâce, accompagne souvent son père au salon de la comtesse Dubourg. D'origine italienne, elle a connu Larrey en Espagne et sa fortune lui a permis de constituer, dans son hôtel du faubourg Saint-Honoré, une très belle collection de tableaux. Les Larrey y croisent à regret Talleyrand, mais observent d'un œil neuf de nouveaux venus qui s'appellent Alfred de Musset, Thiers ou Alexandre Dumas. Ce dernier manifeste un intérêt particulier pour Larrey depuis qu'il a appris le rôle joué par le chirurgien à l'égard de son père, le général Dumas, en Egypte.

Peu après le désastre naval d'Aboukir, un groupe de généraux persuadés qu'il faut abandonner au plus vite le pays, ont mis en commun leurs doutes, leurs inquiétudes, leurs aigreurs pour déléguer le général Dumas auprès de Bonaparte et faire pression sur lui.

Plus qu'un cavalier, ce colosse a l'allure d'un centaure et devrait, pensent-ils, impressionner le maigrichon général en chef. Larrey raconte la scène.

A peine Dumas a-t-il pénétré dans le palais du Caire que Bonaparte l'empêche de parler :

"Je sais ce qui vous amène ici. Vous prétendez me dicter des ordres, à moi, qui seul ai le droit d'en donner à tous. Mais sachez bien tous, vous surtout, sachez que vous ne pouvez rien retrancher de mes pouvoirs qui sont ceux que la Nation m'a confiés, tandis que moi je puis retrancher de vous tout ce qu'il y a de trop et raccourcir votre taille de toute la tête !"

Tombé malade, Dumas fut soigné par Larrey qui obtint non sans peine un congé de rapatriement autant sanitaire que… diplomatique !

La mode est à l'orientalisme, on soutient les Grecs dans leur lutte d'indépendance contre les Turcs, Gérard de Nerval prépare son voyage en Orient, Victor Hugo a publié *Les Orientales*. Alexandre Dumas cherche aussi à se documenter car son éditeur du *Bureau de l'écho des feuilletons* est soucieux de publier les fascicules périodiques que réclament ses abonnés. Qui d'ailleurs, mieux que Larrey, pourrait le renseigner sur les contrées de la Méditerranée orientale ? Chez Dumas, les Larrey font la connaissance du baron Taylor, amateur d'art averti. Commissaire du Théâtre-Français, il a accepté qu'*Hernani* soit mis en scène et rentre d'Espagne où il a acheté pour le compte du Louvre les Vélasquez ou Murillo que Soult n'avait pu s'approprier pour les revendre aux Anglais. En 1836, il a participé à l'érection de l'obélisque de Louxor sur la place de la Concorde.

De la trempe de Vivant Denon, c'est un homme qu'admire H. Larrey au point de dire de lui :

"On l'écoute encore quand il ne dit plus rien."

Il y a aussi Franz Liszt, au visage émacié, à la longue chevelure déjà argentée alors qu'il n'a pas trente ans. Célèbre pour la puissance de ses compositions, la virtuosité de sa technique, il est également passionné de philosophie, de physiologie humaine et a trouvé en Larrey un interlocuteur de choix qu'il peut questionner à loisir.

Lorsqu'il séjourne à Paris, le prince de Metternich, l'homme qui a fixé en 1815 au congrès de Vienne le destin de l'Europe pour cent ans, recherche la compagnie de Larrey car il se pique d'anatomie, cérébrale en particulier. On les rencontre tous deux aux démonstrations de Franz-Joseph Gall qui a découvert la substance grise, fondé la phrénologie. Cette nouvelle science, dont Larrey est un adepte depuis sa jeunesse toulousaine, prétend révéler les facultés mentales d'un individu par la palpation et la mesure du relief osseux du crâne.

Dans le salon de la duchesse d'Abrantès comme dans celui de Dumas, Larrey a retrouvé par hasard René de Chateaubriand, qui ne fréquente assidûment que celui de la resplendissante Juliette Récamier afin de partager leur passion commune. Peu à peu retiré de la politique, l'illustre écrivain préside la commission chargée d'élever un monument à la mémoire de Junot. Composée de Maret, l'ancien secrétaire d'Etat de Napoléon, du banquier Laffitte, tous deux éphémères présidents du Conseil de Louis-Philippe, de David, d'Alexandre Dumas, elle serait utilement complétée par la présence de Larrey, se dit Chateaubriand. Quoique placés aux antipodes politiques, l'un et l'autre trouveront assez d'élévation de pensée pour oublier le passé, respecter mutuellement l'œuvre de chacun et collaborer.

La seule chose que Larrey ne peut ni oublier ni pardonner est la trahison.

Au cours d'une réception que donne le comte de Rambuteau, préfet de la Seine, Larrey aperçoit un jeune officier qu'il avait bien connu durant les guerres de l'Empire.

Doué d'une belle voix de basse, celui-ci termine son récital, s'appuie nonchalamment sur le piano avant de saluer une assistance ravie. Personne ne sait qu'avec quatre autres officiers d'état-major, il a suivi de Bourmont pour passer à l'ennemi l'avant-veille de Waterloo, cocarde blanche arborée au chapeau, mais au petit matin afin de n'être pas aperçu.

Ayant distingué Larrey parmi les convives, il traverse le salon, s'avance vers lui, sourire enjôleur aux lèvres, main largement tendue :

"Comment ! Vous ne me reconnaissez pas, monsieur Larrey ? Je suis…"

Larrey renfrogné, sourcils froncés, a reculé de deux pas, les bras croisés, et l'interrompt d'un ton glacial :

"L'officier que j'ai connu de ce nom est mort à Waterloo !"

Puis il tourne ostensiblement le dos et s'en va.

Un rendez-vous important l'attend chez lui, celui du commodore Sir Sydney Smith qui a déposé sa carte la veille, comme le veut l'usage. Les deux hommes se sont connus en Egypte, lors d'une convention d'échange de blessés prisonniers puis au moment de l'évacuation définitive et, plus récemment, Smith a tenu à saluer Larrey en visite à Londres.

Piétinant devant Saint-Jean-d'Acre, Bonaparte a dit de ce diable de marin :

"Cet homme m'a fait manquer ma fortune !"

Aventurier courageux, c'est un gentleman original et chevaleresque. En 1793, il a incendié l'arsenal et la flotte de Toulon ; en

1796, tel un Viking, il remonte la Seine. Capturé, interné à la prison du Temple, il s'évade grâce à l'entremise de Phélippeaux et de son escorte de faux gendarmes. Ils se retrouvent tous deux unis pour la défense d'Acre, puis Smith débarque à Aboukir et manque d'être fait prisonnier. C'est lui qui fournit à point nommé les journaux d'Europe à Bonaparte afin de provoquer son retour[1].

Smith s'est fixé à Paris, où il a fondé la "Société des chevaliers anti-pirates" chargée de secourir et de délivrer les Européens tombés aux mains des Barbaresques. Depuis que l'expédition française a purgé la Méditerranée de ce fléau séculaire, Smith s'intéresse au sort des premiers colons d'Algérie et des soldats chargés de les protéger.

La carte qu'il a déposée chez Larrey commence ainsi :

Monsieur mon digne collègue et ancien collaborateur,

Il est douloureux de penser aux souffrances et aux risques des malheureux blessés et aux fiévreux traîneurs appartenant aux colonnes envoyées au secours des colons, paisibles cultivateurs, et des postes isolés dans les plaines brûlantes et les marais fangeux de l'Algérie, dans la guerre existant contre les hordes fanatiques, qui n'ont pas de miséricorde pour les victimes qui ont le malheur de tomber entre leurs mains, et qui les traînent dans le désert comme esclaves, au moins s'ils leur laissent la vie. J'ai dû naturellement, en ma capacité de président de la société anti-pirate des chevaliers libérateurs des esclaves blancs, aussi bien que des noirs en Afrique, m'occuper des moyens à employer pour leur délivrance, leur soulagement et leur transport. (...)

Je vous salue avec la cordialité d'un ancien ami de longue date. Si vous pouvez venir dîner avec moi aujourd'hui à 6 heures, nous aurons plus de temps et de facilité de causer librement. (...)

VOTRE FIDÈLE SERVITEUR ET AMI

En fait, Smith a imaginé un système de transport "sans secousse", amphibie, pour lequel il sollicite l'expérience de Larrey dans ce domaine. Ils se retrouvent, parlent longuement de l'Egypte, Larrey lui apprend qu'il rédige ses "*Remarques sur la constitution physique des Arabes,* qu'on peut considérer comme la race primitive de l'espèce humaine ou comme son prototype[2]. Nous croyons d'ailleurs que cette Notice pourra intéresser les jeunes

1. Le fait est confirmé par Larrey dans son "journal de campagne".
2. La Notice de Larrey semble d'une étonnante modernité, en accord avec les acquisitions récentes de l'anthropologie, du moins en ce qui concerne les origines géographiques de l'*Homo sapiens* (Afrique orientale et Moyen-Orient).

médecins qui parcourent en ce moment l'Algérie ou la partie septentrionale de l'Afrique, autant pour y faire des recherches sur l'histoire naturelle des peuples de cette contrée que pour y exercer leur profession".

L'Afrique ! L'Algérie ! L'armée y est au combat, l'idée de la rejoindre, de lui être encore utile, assaille sans cesse l'esprit du vieil "Egyptien" mais auparavant il tient à se rendre en Italie, "voulant aussi dissiper une mélancolie profonde où m'avaient plongé un concours de circonstances fâcheuses et surtout la mort de mon protecteur l'empereur Napoléon, je résolus l'exécution de ce beau voyage, qui devait d'ailleurs me procurer le bonheur de revoir la respectable mère de ce grand homme".

Ayant obtenu un congé de deux mois pour inspecter les hôpitaux militaires de la Méditerranée, il part avec son fils.

D'abord vers les Pyrénées, "voulant surtout revoir le lieu de ma naissance avant de nous rendre au port de mer (Marseille) pour y prendre le bateau à vapeur (...)". La diligence les rend à Tarbes en quatre jours. "Nous nous arrêtâmes quelques heures dans cette ville pour y voir mon illustre compatriote et ami, M. Barère de Vieuzac, quelques autres personnes, et le haras célèbre par les étalons arabes dont Napoléon l'avait peuplé. (...) Nous arrivâmes le 9 au soir à Bagnères de Bigorre. Bien que j'eusse des parents et des amis intimes dans cette ville, je descendis à l'auberge, où je fus bientôt découvert. (...)

Dès le lendemain, à la pointe du jour, je m'empressai d'aller rendre visite à mon ancien précepteur, M. l'abbé de Grasset, ex-curé de Baudéan, sous la direction duquel j'avais été dans les premières années de mon enfance et comme disciple et comme enfant de chœur. Quelle joie pour ce vieillard plus que nonagénaire de revoir son ancien élève ! (...) Mais bientôt la nouvelle de mon arrivée se répandit dans toute la contrée, et quoique j'eusse mis une grande célérité à me transporter au lieu de ma naissance (Baudéan, qui n'est qu'à un quart de lieue de Bagnères), où j'avais encore une sœur et des petits neveux, presque tout le village était venu à ma rencontre. Nous descendîmes chez ma respectable sœur, que j'ai vue avec un indicible plaisir ; c'est encore une des époques les plus touchantes et les plus agréables de ma longue carrière. (...) nous nous mîmes en course sur d'assez bons chevaux, pour visiter les riches montagnes et les vallées de Baudéan et de Campan : rien n'est plus varié ni plus pittoresque que ces vallées chantées par Ramond."

Le soir même, on l'appelle à Bagnères où un jeune homme, victime d'une fracture comminutive de jambe, se voit promis à l'amputation. Larrey débride la plaie, réduit la fracture, applique son appareil inamovible et l'amène à une guérison sans claudication ni difformité.

Quand ils reprennent la route de Montpellier, les deux voyageurs s'aperçoivent de la rapidité avec laquelle court la rumeur publique. Le général baron Lejeune tient à les recevoir à Toulouse. Célèbre autant par ses peintures des batailles de l'Empire que par les missions spéciales que lui a confiées l'Empereur quand il était le principal aide de camp de Berthier, Lejeune est gouverneur militaire de Toulouse avant de devenir bientôt directeur de l'école des beaux-arts, puis maire de la cité. A un relais de poste, c'est un ancien officier de la Garde qui stoppe la diligence afin de les recevoir et de les honorer. Ailleurs, c'est un ancien élève d'Egypte qui accourt à franc étrier ; au relais de Castelnaudary, un ancien amputé de l'épaule est venu à cheval les accueillir.

Ils vont d'Arles à Martigues par bateau à vapeur, sur le canal creusé par Napoléon, puis embarquement à Marseille pour l'Italie.

En visite au nouvel hôpital militaire de Gênes, "je fus reconnu et abordé par le directeur de cet hôpital, ancien sous-officier de la garde impériale, porteur de la croix d'honneur qu'il cachait dans son portefeuille, décoration que Napoléon lui avait conférée, sur ma proposition, à la bataille de Lützen, où il avait subi une opération grave nécessitée par une plaie d'arme à feu à la poitrine. Il me serait impossible de rendre ou d'exprimer la joie que ce brave militaire me parut ressentir en me voyant ; ses larmes coulèrent abondamment lorsqu'il me fit ses adieux".

Parcourant le célèbre "campo santo", cimetière de Gênes où finissent nombre de phtisiques comme l'attestent les inscriptions tombales, Larrey en déduit que le climat chaud et humide est nuisible aux tuberculeux victimes "de la présence, dans le système général de l'individu, d'un virus particulier ou principe morbifique (...)."

Un arrêt à Pise, un nouvel embarquement à Livourne pour se recueillir à l'île d'Elbe, puis l'arrivée à Rome. "L'idée de me trouver dans cette ville, dont les monuments attestent encore la gloire et l'antique splendeur, me priva totalement du sommeil pendant cette première nuit ; aussi, dès que j'aperçus les premiers rayons du soleil, j'éveillai mon fils, afin de nous mettre en course immédiatement. (...) L'accueil diplomatique que nous fit le cardinal Bernetti, l'un des ennemis de Napoléon, me porta à refuser l'offre qu'il me fit de me présenter à Sa Sainteté, que nous vîmes d'ailleurs plus tard dans ses cérémonies pontificales.

Mais, en revanche, nous fûmes reçus par le cardinal Fesch comme des personnes de sa famille. Après nous avoir montré sa superbe et riche galerie de tableaux, il nous a donné à chacun de nous deux un camée en cornaline représentant au parfait la tête de l'empereur, son neveu, et une tabatière enrichie d'un autre camée d'un travail exquis, représentant la tête de Minerve.

Le cardinal s'est ensuite empressé de nous conduire chez son auguste sœur, Mme Letitia, mère de l'empereur : cette illustre femme, âgée de quatre-vingt-huit ans, était devenue aveugle par l'effet d'une double cataracte ; m'ayant reconnu à ma voix, elle me tendit les bras pour m'embrasser, et apprenant en même temps que mon fils était auprès de moi, elle s'écria : «Approchez, mon enfant, que je vous embrasse aussi !»

Il me serait difficile de bien exprimer avec quelle effusion de cœur cette digne princesse nous a reçus, avec quelle tendresse et quelle aménité elle nous a traités !

Ce fut pour moi un de ces moments heureux qu'on rencontre bien rarement dans la vie."

Ils sortent bouleversés, Dominique par les questions que Madame Mère lui a posées sur les survivants de l'Empire, Hippolyte par l'ascendant, la noblesse, la grâce, la dignité de cette grande dame. Sortis de la pénombre du palais Rinuccini ils sont éblouis un instant par la douce lumière romaine que reflètent en cette tiède journée d'octobre les bâtiments du Capitole.

Le spectacle de la rue est affligeant. Alors qu'une eau limpide jaillit des nombreuses fontaines romaines, les rues sont sales, les carrefours sentent l'infection. Des nuées de mendiants déguenillés, maigres, crottés, graisseux, assaillent les deux étrangers qu'ils ont vite distingués. Larrey est frappé par l'omniprésence chez eux d'ulcères vénériens et, plus attristante, la grande fréquence de la syphilis infantile chez des petits de moins de dix ans.

Par contre, il croise une "quantité innombrable de prêtres et de moines d'un beau physique, d'une fraîcheur et d'un embonpoint qui annoncent une bonne alimentation.

Ce contraste, qui vous frappe, est humiliant pour l'homme libre et laborieux. (...) le gouvernement papal ne fait presque rien pour détruire les abus, les préjugés, pour arrêter les progrès des ruines des monuments qui font la gloire de ces contrées, et faire disparaître les causes d'insalubrité (...)". Le gilet brodé, barré de la chaîne en or d'un apparent bourgeois louis-philippard, ne pourra jamais masquer la fougue républicaine du combattant de la Bastille toujours en lutte contre "superstition et fanatisme" !

Florence est la première étape du retour de ces deux amateurs d'art qui admirent, entre autres merveilles, "l'exactitude anatomique" des chefs-d'œuvre de sculpture de Michel-Ange et le musée de cire retraçant les ravages de la peste de 1720 "d'une vérité effrayante (...) C'est en petit le tableau que nous offrirent nos infortunés compagnons d'Egypte" immortalisés sur la célèbre toile de Gros.

"Le prince Louis Bonaparte, ex-roi de Hollande, ayant eu connaissance de mon arrivée à Florence, m'invita par écrit à aller dîner à sa maison de campagne. Ce prince nous fit l'accueil le plus tendre. Lui et sa sœur, la reine Caroline (Murat), nous comblèrent d'attentions et de toutes les marques d'une cordiale bienveillance : la reine nous ramena, dans sa voiture, à Florence, où nous avons également vu la ci-devant reine d'Espagne (comtesse de Survilliers[1]) (...) Le prince Louis n'a pas voulu me laisser partir sans me donner un gage de son souvenir (c'est un camée d'une riche valeur)."

Le bateau les ramène de Livourne à Nice, puis Marseille, villes dans lesquelles ils inspectent chaque hôpital militaire comme à Toulon où Larrey retrouve ses souvenirs de jeunesse et insiste dans son rapport sur les mesures philanthropiques à apporter au sort des bagnards.

A Aix-en-Provence, aigre remarque sur la technique d'amputation : "(...) la chirurgie s'y fait comme au dix-septième siècle" car les chirurgiens peu soucieux des suites opératoires et des possibilités d'adapter des prothèses mécaniques en bois "n'ont pas réfléchi, comme anatomistes, à ce qui se passe dans le membre coupé".

Un arrêt émouvant à la succursale des Invalides d'Avignon où résident des vétérans de l'armée du Rhin, de Sambre et Meuse ou d'Egypte :

"(...) j'ai vu défiler, à la parade qui fut faite en notre présence, le peloton des sapeurs et des grenadiers portant les uniformes et les armures de la garde impériale ; tous m'ont paru ravis de me revoir. (...) Nous descendîmes à l'auberge où mon illustre ami, le maréchal Brune, fut assassiné en 1815. Brune avait été mon camarade à l'époque de la grande révolution. Nous étions logés dans la même chambre et nourris à la même table ; il était officier dans le corps de la Bazoche et je commandais la légion de Saint-Côme."

1. Epouse de Joseph Bonaparte, alors réfugié aux USA, Julie Clary est la sœur de la célèbre Désirée, femme de Bernadotte, reine de Suède, avec laquelle elle correspond régulièrement.

De retour à Paris, Larrey remet son rapport d'inspection au ministère comme à l'Académie des sciences. L'atmosphère politique a changé car, à son égard, on souffle le chaud et le froid, on sème l'incertitude. Certes, il a été nommé chirurgien consultant du roi Louis-Philippe, mais n'est pas admis à la Chambre des pairs comme le réclame la presse.

Une loi de 1834 met sur un même pied d'égalité officiers de santé et officiers d'intendance mais une ordonnance royale de 1836 soumet le Conseil de santé à l'autorité de l'administration. Pire, on parle de la sortie d'une autre ordonnance dissociant les fonctions d'inspecteur général et de chef de service des Invalides, moyen pratique de pousser vers la retraite le septuagénaire qu'il est devenu. Larrey ressentira la mesure comme un affront personnel du ministre de la Guerre, le maréchal Maison, un ancien compagnon d'armes.

La presse modérée s'interroge : "M. Larrey vit avec la modestie d'un homme dont la carrière a été remplie par les plus utiles et les plus glorieux travaux. Il a survécu à Dupuytren et à Boyer ; il est donc sans rivalité le premier chirurgien de l'époque actuelle. (...) Serait-il vrai qu'on prépare de nouvelles afflictions à un chirurgien qui a si bien mérité de son pays et de l'humanité tout entière ? Nous n'osons le croire ; ce serait de l'ingratitude."

Lorsque paraît officiellement l'ordonnance, la presse d'opposition se déchaîne, sûre d'avoir l'opinion publique à ses côtés. *Le Charivari*, célèbre par la violence de ses pamphlets et la férocité des caricatures de Daumier, donne le ton par une lettre ouverte, signée d'un imaginaire "Lamputé", adressée au général Bernard, nouveau ministre de la Guerre.

"(...) Au nom des Invalides, mes camarades, je viens vous demander la raison pourquoi t'est-ce que vous avez renvoyé M. Larrey notre chirurgien. (...) Il y a chez nous un farceur de tambour qui dit que ça tient à ce que la cour est jalouse de voir la renommée de «Larrey publique» (...) vous n'auriez pas dû recevoir en héritage la destitution de Larrey avec le portefeuille et l'uniforme râpé de votre prédécesseur. (...) Larrey, voyez-vous, monseigneur Bernard, c'est notre vieil ami des champs de bataille. Il a couru avec nous toute l'Europe. (...) Il avait été où sifflaient les boulets et les balles, celui-là, et dans le temps où ça chauffait le plus. C'est pour cela peut-être que vous ne le connaissez pas, monseigneur Bernard ?

(...) Il est même urgent, plus que jamais, de maintenir à son poste notre grand chirurgien militaire, car l'armée tout entière a été blessée de ce procédé."

Le National, organe républicain, reprend les mêmes idées, en présentant une argumentation méthodique sur un ton apparemment mesuré.

“Fidèle à toute sa vie de dévouement et de sacrifices, Larrey sans s’inquiéter de savoir si sa retraite au milieu de ses vieux frères d’armes compromettrait sa fortune si modeste, détruirait ses relations de clientèle, n’avait pas hésité à quitter le centre de Paris pour aller habiter l’hôtel des Invalides[1], et consacrer tous les soins de sa longue expérience et de son activité toujours jeune, à prolonger les derniers jours de ces glorieux débris de nos grandes guerres, tous sont pour Larrey d’anciens camarades. Il croyait mourir au milieu d’eux, il espérait terminer sa noble carrière, lui le doyen des chirurgiens militaires, auprès de son vénérable ami Moncey, le doyen des maréchaux de l’Empire. Mais l’intrigue toute-puissante sous le ministère

Carte de Paris de Cassini.

1. Sur la carte de Cassini terminée en 1793, l’hôtel des Invalides se situe nettement en dehors de la limite occidentale du Paris de l’époque, marquée par une ligne allant de la place de la Concorde au nord à Montparnasse au sud.

Maison en a décidé autrement : Larrey a reçu l'ordre de quitter son service. On a bien compris dans les bureaux de la guerre tout ce qu'une pareille mesure avait de honteux : on n'a pas même osé chercher à la justifier. C'est qu'il n'y a pas de justification possible pour une telle injustice. (...) On voulait disposer de la place de Larrey pour «un cadeau de cour» ; on la lui a prise ; cinquante ans de services glorieux, une vie tout entière de dévouement absolu sans intrigues, de probité, laborieuse, sans fortune, ont été impuissants pour protéger le vieux soldat contre la faveur des états-majors de parade. (...)

Nous nous bornons à signaler ce fait à l'indignation de tous ceux qui comprennent ce que la reconnaissance nationale doit de respect et d'hommages à un grand talent acquis par d'infatigables travaux, à d'immenses services rendus, à toute une vie restée pure au milieu des séductions de l'empire et des corruptions de notre époque."

Cette campagne de presse n'aura aucun résultat car le duc d'Orléans, fils aîné de Louis-Philippe, a décidé d'affecter le poste à son chirurgien personnel que les invalides considèrent ainsi : "Inconnu pour nous comme le beurre dans nos haricots !"

Larrey doit déménager après que Moncey, le gouverneur des Invalides, a fait traîner durant six mois ce qui était ressenti comme une expulsion. Les larmes aux yeux, les vétérans voient emballer le mobilier de Larrey. Beaucoup de livres sur Napoléon, le *Mémorial*, les œuvres de Chateaubriand, la *Description de l'Egypte* enfermée dans une armoire d'acajou à ses mesures, un austère bahut de chêne sculpté, un buste d'Hippocrate.

De nombreux tableaux ensuite : deux têtes de Greuze, un Vélasquez, un Corrège, un portrait de la marquise de Montespan par Mignard, un dessin de David daté de 1790, un Narcisse exécuté par la belle-sœur de Larrey. Dans un double médaillier, les dix-huit portraits de profil des plus célèbres compagnons d'Egypte que Dutertre avait réalisés au crayon sur le pont de l'*Orient*. Hippolyte Larrey raconte comment sa sœur Isaure a dirigé ce douloureux déménagement : "Ma sœur, qui seule de nous tous pouvait bien surveiller le déménagement, en était au transport des tableaux. Plusieurs représentaient Napoléon, l'un en général, un autre en Premier Consul, un autre en Empereur. L'un des Empereurs, peint par Girodet, avait été modestement posé, pour un moment d'attente, sur l'un des bancs qui se trouvent à l'entrée de la grande cour ; il fut tout aussitôt entouré par un groupe d'invalides allant et venant, dont le nombre s'accroissait de plus en plus. Tous témoignaient de leur curieuse admiration en présence de cette glorieuse image ; les plus éloignés voulaient voir aussi bien que les plus rapprochés du tableau, et leur demandaient place à leur tour.

"Chapeau bas ! s'écria l'un d'eux ; nous sommes devant notre Empereur."

Et plusieurs de ces vieux soldats, aux vénérables infirmités, découvraient leurs têtes blanches et s'inclinaient militairement en signe de respect, de souvenir, de rencontre et d'adieu. Et lorsque ma bonne sœur franchit pour la dernière fois le seuil de la grille, elle fut aussi saluée par les invalides du poste, qui avaient tous des larmes dans les yeux et dans la voix, en la priant de dire à notre père qu'ils se souviendraient toujours de lui comme de leur sauveur."

Alors que les années n'ont en rien altéré sa vigueur physique, son aptitude opératoire, sa puissance intellectuelle, Larrey se voit ainsi contraint de donner un nouveau sens à sa vie.

Puisqu'il ne conserve que sa fonction d'inspecteur général, il travaillera tous les matins à la rédaction et à la parution de ses *Mémoires*.

Un instant, il est tenté par la carrière politique et, à l'occasion de prochaines élections, se porte candidat au siège de député des Hautes-Pyrénées. Par une élégante formule, il assure le maire de Beaudéan du "souvenir de son dévoué et affectionné compatriote" en lui demandant "de faire agréer à tous les membres du conseil l'hommage de mes respectueuses civilités". Une campagne bien menée par la diffusion de brochures favorablement reprises par la presse ne peut remplacer la présence physique du candidat, fût-il enfant du pays. Larrey est battu mais cet échec ne saurait être un drame, d'autres sujets le préoccupent.

Au moment où reprennent les travaux de finition de l'Arc de triomphe et les sculptures des bas-reliefs, il insiste auprès des autorités afin que le nom de Percy et le sien soient gravés "pour prouver à la postérité, comme à nos contemporains, que nos guerriers n'ont pas été privés des secours qu'ils avaient droit d'attendre des chirurgiens d'une nation civilisée". De même faudra-t-il, lors du défilé d'inauguration de l'Arc, disposer une ambulance volante en bonne place. Certes, il n'a jamais dédaigné les honneurs mais le combat qu'il mène est identique. Au-delà de lui-même, c'est le Service de santé militaire qu'il faut affranchir, individualiser et honorer. Il en va autrement lorsqu'il s'agit de sa personne. Lui propose-t-on d'apposer une plaque commémorative sur sa maison natale de Beaudéan qu'il oppose le refus de sa discrétion : "Je ne me crois pas digne d'un tel honneur et, si j'ai rendu quelques services, il est trop tôt pour les juger impartialement."

En 1840 se produit l'événement qui secoue la France : le retour des cendres de Napoléon. L'émotion extrême qui étreint Larrey au cours de cette grandiose manifestation historique se trouve avivée par les multiples témoignages de popularité que lui voue la foule. Récemment décoré de l'ordre grec du Sauveur, il se sent ainsi stimulé pour réclamer sa promotion dans celui de la Légion d'honneur.

L'Europe est en paix ; "la France s'ennuie", a déclaré Lamartine, mais pas les hommes d'action partis en Algérie.

Civils qui "ne regrettent rien", à la recherche d'un meilleur avenir, courageusement décidés à affronter l'inconnu, persuadés à juste titre d'être les pionniers d'un pays neuf.

Militaires au combat contre les tribus d'Abd-el-Kader qui ont repris la guerre en 1840, au moment où la conquête totale de l'Algérie a été décidée à Paris.

En correspondance régulière avec les chirurgiens du corps expéditionnaire, Larrey sait tout cela. Ce que ne disent pas les journaux, ce que cache un gouvernement indifférent, il le connaît aussi, apprenant à chaque courrier la situation sanitaire préoccupante des troupes du Constantinois, les ravages des fièvres paludéennes et l'apparition du choléra chez les premiers colons, les besoins criants des populations indigènes ignorés par l'ancien gouvernement turc, la nécessité de créer et d'organiser dispensaires et hôpitaux dans un pays où tout est à faire.

Sa décision est prise, il faut aller sur place. Le ministère, trop heureux de voir s'éloigner ce vétéran intouchable mais encombrant, récriminateur, solliciteur, accède bien vite à sa demande d'inspecter l'armée d'Algérie. Par contre, son fils Hippolyte qui désire l'accompagner sera mis en demi-solde malgré ses titres prestigieux, sur les ordres de Soult encore ravi de jouer un vilain tour aux Larrey.

Dominique exulte. Loin de l'étouffoir parisien, il va respirer le parfum des grands espaces, rejoindre ses jeunes camarades en campagne et – qui sait ? – retrouver la lumière orangée des crépuscules égyptiens.

XXX

LE RETOUR EN AFRIQUE

Le 20 mai 1842, à la tombée de la nuit, Larrey et son fils franchissent l'échelle de coupée du *Tartare*, aviso à voiles et à aubes, mouillé en rade de Toulon. Après avoir pris possession de leurs cabines, fait connaissance des officiers et de l'équipage, ils découvrent l'intérieur du bâtiment puis montent sur les ponts extérieurs alors que le navire a déjà gagné le large. Malgré les premières rafales d'un vent fraîchissant qui commence à creuser la mer, ils gagnent le gaillard d'avant pour découvrir, indignés, le lamentable spectacle offert par de misérables réprouvés à qui n'est même pas accordée la valeur marchande du bétail !

"Le bâtiment, soulevé par secousses de bâbord à tribord, nous procure ainsi un balancement un peu rude ; en même temps, des flaques d'eau s'élancent par dessus le bord et nous inondent plus ou moins. Les passagers de l'avant sont ceux qui souffrent le plus de ces aspersions successives ; or, ceux-là sont les soldats en détachement, les ouvriers pour la colonisation et surtout leurs pauvres femmes, leurs petits enfants, car nous avons à bord des familles tout entières. L'une de ces femmes a cinq petits avec elle et des petits tout petits ; elle en nourrit deux qui semblent dépérir comme les autres, autant par les privations que par le mal de mer. Nous nous apitoyons sur la position misérable de tous ces passagers, dits les colons du bord.

Le gouvernement autorise leur passage gratuit et voilà tout ; il ne s'inquiète pas de les nourrir, ni de les abriter, ni de les vêtir s'ils sont nus, ni enfin de les préserver des maladies qui se développent au débarquement et deviennent si souvent funestes à ces pauvres êtres.

Bien plus, c'est qu'à peine arrivés en Afrique, ils devraient trouver un asile et du travail et ils ne trouvent rien sans attendre longtemps ; c'est en attendant ainsi que des familles entières périssent ; la mortalité des enfants en bas âge devient effrayante, elle est presque des 5/8e.[1]"

Une brève escale à Mahon sous la pluie qui les accompagne jusqu'à Alger. L'aviso s'amarre dans la darse de l'Amirauté, en contrebas du fortin surmonté d'un vaste dôme qui abritait l'amiral des corsaires barbaresques. A droite, les rampes voûtées sous lesquelles les pêcheurs halent leurs embarcations et devant qui défile la procession des femmes voilées de blanc se rendant au hammam voisin dont les eaux ont la propriété de rendre fertiles celles qui ne le sont pas encore.

Une fois reçus par les autorités, les Larrey père et fils se rendent à l'hôpital militaire dit du Dey, car il abritait ses magnifiques jardins avant la conquête.

Par un petit escalier dont les rampes étroites et sinueuses sont garnies de fontaines, de mosaïques ou de riches faïences, ils arrivent en surplomb de la mer à l'annexe de La Salpêtrière, où sont isolés galeux et vénériens.

L'inspection se termine de l'autre côté de l'immense baie sur un plateau surélevé, entaillé par le ravin creusé par un ancien oued. Installé dans les anciens jardins de Mustapha Pacha, se trouve un vaste hôpital militaire sous tentes, de plus de mille lits[2].

Le jeune Hippolyte est ébloui par l'allure superbe de cette ville bâtie en amphithéâtre sur la mer, étourdi par le lourd parfum des glycines et des jasmins à l'apogée de leur floraison, envoûté par les cafés maures où les clients, accroupis dans la pénombre, se livrent à des parties de dominos aussi interminables que la mélopée des musiciens distillant un assoupissement général. Dominique a abandonné un instant son maintien austère pour regarder avec un tendre amusement son fils émerveillé et songer, lui aussi, aux séductions, aux sortilèges du Caire dont il n'a jamais pu se défaire et qu'il retrouve en partie ici.

1. Les mêmes causes produisent les mêmes effets, a dit Voltaire. Lors du dramatique exode des Français d'Algérie en 1962, cent vingt ans après, nous avons vu à l'aéroport de Maison-Blanche des mères désespérées tenir dans leurs bras leurs jeunes nourrissons demeurés quinze à vingt heures sans manger ni boire sous la canicule de juillet, victimes de la même indifférence gouvernementale. Aidés par le dévouement de trois infirmiers militaires, nous avons quémandé plutôt qu'obtenu des biberons, du lait en poudre, de l'eau minérale afin d'improviser une nursery de fortune.

2. Transformé ensuite en hôpital civil que les patients arabes continueront à appeler "Mustapha Pacha", cet établissement deviendra le haut lieu de l'enseignement universitaire et de la recherche médico-chirurgicale de pointe jusqu'en 1962.

Ville d'Alger et montagnes, panorama, par Camille Pupier, 1841. Lyon, musée des Beaux-Arts.

Le Port d'Alger, par E. Coulange-Lautrec.

Alger vue de la vallée au bord de la mer, par Camille Pupier. Lyon, musée des Beaux-Arts.

La semaine d'escale algéroise s'achève, le *Tartare* les amène à Mostaganem, puis à Oran inspecter les hôpitaux militaires de l'Ouest algérien, région sur laquelle le gouverneur général Bugeaud fait porter les efforts de pacification. Leur mission terminée, ils montent sur l'aviso le *Fulton* qui les ramènera à Alger après une escale à Cherchell, la ville aux deux mille ans d'histoire.

Iol, l'opulent comptoir phénicien devint l'antique Césarée, capitale politique et artistique de la Mauritanie romaine avant que les Turcs n'enserrent cette enclave berbère en pays arabe dans une ceinture de remparts ouverte seulement par les étroites portes d'Alger et de Ténès. L'aviso glisse doucement sur les eaux calmes du petit port bien protégé des tempêtes du nord par l'îlot Joinville et de la houle d'est par la jetée romaine. Appuyé au bras de son fils, Larrey gravit lentement la rampe d'accès à la vieille ville. Ils passent, sans y prêter attention, devant un grand bâtiment administratif. S'ils avaient franchi le large portail en voûte, descendu le petit escalier de pierre qui mène à un jardin de curé, ils se seraient trouvés, entre le bananier nain et l'immense araucaria, à l'endroit même où la légende locale prétend qu'est enfoui le cheval d'or de Trajan…

Ils pressent à présent le pas vers les bâtiments militaires de la Manutention qui regroupent les casernements et infirmeries, magasins et écuries des unités légères, colonnes mobiles voulues par Bugeaud pour asseoir définitivement la conquête de l'Algérie.

En sortant, ils aperçoivent les ruines des grands thermes de l'ouest, le cimetière marin encadré par deux koubbas[1] à coupoles des musulmans ghobrinis puis l'amphithéâtre romain où sainte Marcienne fut livrée aux fauves. La légende donna son nom à un imposant monument du voisinage, haut tumulus circulaire à colonnade apparente, bien antérieur à l'occupation romaine mais c'est sous le nom de "tombeau de la Chrétienne" qu'on le présente aux Larrey venus le visiter.

De retour à Alger, ils sont embarqués sur le *Vautour* pour inspecter les villes portuaires de la côte orientale. Bougie, Djidjelli, puis Philippeville où Larrey exige de visiter les locaux disciplinaires de l'armée car il a eu vent de punitions barbares.

Horrifié, il découvre la "crapaudine", trou dans lequel le condamné a les poignets liés aux talons derrière le dos, ou le "silo" qui pratiquement l'enterre vivant des semaines durant, au fond d'un puits où il reçoit eau et nourriture au bout d'une

1. Monument édifié sur la tombe d'un homme saint et lieu de pèlerinage.

corde. Séance tenante, Larrey fait libérer les prisonniers, détruire ces installations inqualifiables et d'une voix tonnante, raffermie par son expérience ancienne, enjoint aux officiers d'utiliser désormais des moyens de coercition compatibles avec la dignité de l'armée comme avec celle de l'homme.

Il leur annonce d'ailleurs qu'un sévère rapport sera adressé au ministère afin que de pareilles pratiques ne puissent plus jamais et nulle part avoir cours. Dans le même esprit, il ajoute une note à l'adresse du général Mac-Mahon pour lui faire part de son indignation d'avoir vu à Orléansville des soldats partir au travail en début d'après-midi alors que la chaleur est maxima et recommande de prévoir au contraire les corvées très tôt le matin.

Le 13 juin 1842, Dominique s'arrête à Bône. Il effectue successivement une inspection à cheval d'une durée de cinq heures puis une amputation réglée de la main qui lui sert de leçon pratique auprès des jeunes chirurgiens militaires. “Le moins fatigué de nous tous était l'inspecteur”, note Hippolyte en parlant de son père qui porte allègrement ses soixante-seize ans !

L'intérieur des terres n'est pas oublié. D'abord Constantine et son dispensaire de prostituées, dont il faut améliorer le fonctionnement comme celui qu'il avait créé au Caire, puis le camp d'El-Arrouch où les officiers ont préparé une superbe réception pour le héros de l'Empire. Les plus anciens n'ont souvent connu que la période des revers tandis qu'auprès de Larrey les plus jeunes entendent et croient voir la manœuvre d'Austerlitz, les charges d'Eylau et de Friedland, la grande batterie de Wagram, l'assaut de la redoute de Borodino… Leur enthousiasme est à la mesure de leur imagination mais le vieux chirurgien leur parle comme un père à ses fils : “Ne faites pas, mes amis, des vœux insensés ; votre métier est grave, considérez-le avec respect. Ne craignez pas la mort, mais parlez-en sérieusement. Vous êtes quatorze auprès de moi, tous pleins de jeunesse et de vie ; rappelez-vous que l'âme seule est immortelle[1].”

Leur inspection algérienne touchant à sa fin, les Larrey montent le 26 juin à bord de l'aviso *Crocodile* qui les amène à Alger en compagnie du premier évêque d'Alger, le spirituel monseigneur Dupuch, “qui cause aimablement pour un évêque”.

Après avoir rencontré les généraux Bedeau, Lamoricière, Changarnier, Cavaignac, ils s'apprêtent à être reçus par le général Bugeaud. Né Thomas Robert, marquis de La Piconnerie, il fut

1. Propos recueillis par le général Ambert. Dix officiers sur les quatorze présents périrent plus tard au combat.

Jardins du palais du dey à Alger, par T. Frère, 1840. Galerie Nataf.

Larrey au camp d'El-Arrouch. Musée du Val-de-Grâce

à vingt ans vélite[1] à Austerlitz mais pour autant ne trouve pas grâce aux yeux d'Hippolyte qui ne semble le considérer que comme "le père La Casquette".

Il "fait attendre mon père et le reçoit avec cette demi-politesse froide et envieuse des parvenus d'aujourd'hui… Le gouverneur actuel de l'Algérie est pourtant apprécié à son avantage (…) prodigieuse activité, zèle infatigable, vrai courage personnel (…) voilà pour le bien à en dire. Mais pour le mal, M. B., reste lui-même, esprit étroit et sans portée, ambitieux et entreprenant aux allures de soldat-général (…) il fait prendre à l'armée un fébrifuge préventif, le sulfate de quinine qui ne pouvait faire de mal[2]"…

Le surlendemain, l'intrépide Dominique effectue une ultime inspection dans la plaine marécageuse de la Mitidja où sévissent encore choléra et paludisme pernicieux. Blida puis le camp de Béni-Méred où, deux mois auparavant, le sergent Blandan s'est couvert de gloire face aux tribus insoumises.

Le 2 juillet, un banquet d'adieu est organisé en l'honneur des Larrey par plus de cent chirurgiens, soucieux de fêter leurs illustres visiteurs. Si l'on a bu, paraît-il, "avec froideur" à la santé du roi, on chante avec force *La Marseillaise*, considérée comme séditieuse par le gouvernement. Bugeaud se croit d'ailleurs obligé de diligenter une enquête.

Quittant une dernière fois cette terre d'Afrique qu'il a tant aimée, cette lumière forte de caractère et chaude d'affection qui a envoûté Delacroix sa vie durant, Larrey et son fils embarquent de nouveau sur le *Tartare* le 5 juillet.

La traversée est difficile, la mer grosse. Dans sa cabine Dominique est victime de violents frissons qu'accompagnent migraine et sueurs profuses. Les fatigues accumulées de l'inspection, des réceptions, du voyage sont augmentées par l'apparition d'une toux sèche répétée, épuisante. Il refuse énergiquement la saignée que lui prescrit le médecin du bord. Le troisième jour, il trouve dans sa passion des phénomènes naturels la force de monter sur le pont contempler l'éclipse de soleil à travers un verre fumé, peu avant l'arrivée à Toulon à 5 heures du soir.

La respiration devient un râle superficiel, difficile. Hippolyte installe son père à l'hôtel de la Croix-d'Or, où se rassemblent en consultation les meilleurs médecins de l'armée. Leur diagnostic est grave, Larrey souffre d'une pneumonie pour laquelle on

1. Jeune soldat sélectionné dans la garde impériale.
2. Première mesure judicieuse de prophylaxie anti-paludéenne.

ne peut que prescrire des saignées afin d'alléger l'état congestif du patient. Elles se succèdent chaque jour, sans effet, sinon d'amener une passagère amélioration.

S'il renonce à inspecter les hôpitaux de Corse et des Pyrénées-Orientales comme il en avait le projet, Larrey se montre obstiné et intraitable dans sa décision de reprendre la route de Paris. A-t-il eu vent des mauvaises nouvelles d'Elisabeth ? Hippolyte prend pourtant le plus grand soin à décacheter le courrier de Paris hors de la présence de son père. La pauvre Laville est mourante, le fils ne dit rien mais sa mine préoccupée en dit long au père qui sent ce qu'on lui cache et y trouve des raisons supplémentaires de partir.

Par Gemenos et Aix, ils parviennent en deux jours à Avignon. De là, on transporte Larrey, en proie à des évanouissements répétés, dans une vétuste chaise à porteurs jusqu'aux berges du Rhône afin de gagner Lyon à bord de l'*Aigle* qui assure le service fluvial. Une avarie importante retardant le départ de plusieurs heures, Larrey stupéfie son entourage en déclarant qu'il partira au besoin à pied ou en charrette. Deux dames constatant l'état préoccupant de celui qui, en Egypte, avait sauvé leur père d'une "effroyable blessure du crâne, cèdent leur salon pour chambre à mon père", raconte Hippolyte.

L'*Aigle* accoste finalement à Lyon, près de la place de la Charité, d'où l'on transporte l'illustre malade dans la meilleure chambre de l'hôtel de Provence et des Ambassadeurs. Aussitôt rendus à son chevet, deux médecins-majors Ducroquet et Durand, le meilleur médecin civil, Polinière, ancien de Wagram, membre de l'Académie de Lyon, constatent une fièvre intense, un pouls à cent vingt, une toux saccadée, grasse, entraînant une insuffisance respiratoire que rythme toutes les quatre minutes une apnée inquiétante.

Hélas, Larrey se meurt, la science et le dévouement de ses confrères sont impuissants à briser la progression de l'infection pulmonaire. La nuit du 24 au 25 juillet est affreuse, avec apparition d'une somnolence permanente dont le malade n'émerge que lors des accès d'une diarrhée profuse. On lui pose des vésicatoires aux cuisses, des cataplasmes à base de farine de moutarde aux jambes.

"Sous l'influence de cette nouvelle médication, l'action du cerveau se réveilla ; le malade put s'asseoir à plusieurs reprises sur son lit, mais bientôt l'exaspération de la sensibilité le fit crier, s'emporter et demander impérieusement qu'on enlevât les sinapismes qui avaient produit un grand bien. Nous temporisâmes un peu en cherchant à ramener le calme dans le moral du malade, mais bientôt avec une vigueur inouïe, il souleva ses couvertures et chercha à se débarrasser des bandes et des sinapismes (…) nous persévérâmes cependant à laisser les vésicatoires nonobstant le désir du malade et les efforts qu'il faisait pour les enlever[1]."

L'abbé Sève, aumônier de l'hôpital militaire, qui avait participé à la prise d'Alger en 1830, est appelé au chevet du mourant. Sorti un moment de sa torpeur, Dominique sourit au prêtre qui a commencé à administrer l'extrême-onction, s'entretient avec lui en lui disant :

"Nous parlerons de l'Algérie lorsque je serai mieux."

Puis, d'une voix quasi imperceptible, souffle dans l'oreille de l'aumônier :

"Dieu est bon."

Dominique Larrey vient de s'éteindre le lundi 25 juillet 1842, à 5 heures du soir.

A Bièvres, on a aussi arrêté les pendules à la même heure, mais trois jours plus tôt, lorsque Elisabeth Laville a rendu sa belle âme à Dieu.

1. Extrait du rapport médical adressé de Lyon au ministère de la Guerre, le 27 juillet 1842, cité dans l'article du *Progrès médical* de 1930, 7e année, n° 1.

Retour des cendres. Coll. J.-B. Q.

ÉPILOGUE

Transporté à la chapelle de l'hôpital militaire, le corps de Larrey est embaumé, le cœur prélevé à la demande d'Hippolyte et placé à part dans une urne, à la façon des vases canopes de l'Egypte pharaonique. Le 27 juillet, en présence des autorités civiles lyonnaises, les honneurs militaires sont rendus avant le transfert à Paris. Le 11 août se déroule la cérémonie en l'église de Saint-Germain-l'Auxerrois, siège de la paroisse de Larrey.

Où sera-t-il enterré ? Hippolyte a fait état auprès du ministre de la Guerre d'une disposition testamentaire de son père, exprimant le désir de reposer aux Invalides "au milieu de ses vieux soldats". Par une dernière bassesse de sa rancune, Soult s'y oppose mais Arago propose que la Ville de Paris offre une concession à perpétuité au Père-Lachaise[1].

Le deuil n'est pas national. Louis-Philippe ne tient pas à renouveler l'erreur politique qu'il a commise deux ans plus tôt en organisant le retour des cendres de l'Empereur. Pensant s'attirer les faveurs des libéraux et des bonapartistes pour consolider son régime, il a, à son insu, amplifié la légende napoléonienne au seul profit de Louis-Napoléon (futur Napoléon III), actuellement emprisonné à vie car âme de tous les complots.

Un chagrin immense accompagne "le chirurgien de légende", l'homme aux six blessures, cinquante-cinq batailles, quatre cents combats.

En tête du cortège, les généraux Exelmans et Petit, les vétérans de la Garde, les invalides, suivis des membres de l'ancien Institut

1. Le 15 décembre 1992, eut lieu la cérémonie officielle du transfert des cendres de Larrey aux Invalides. Porté par une double haie de médecins militaires, le cercueil fut déposé dans le caveau des gouverneurs. Auparavant, l'exhumation avait confirmé l'identité du squelette (portant uniforme et bottes bien conservés) par un scanner montrant l'enfoncement partiel d'une arcade sourcilière, dû au coup de sabot de cheval reçu à Suez.

d'Egypte, des Académies de médecine et des sciences, du corps des chirurgiens militaires du Val-de-Grâce. Les discours élogieux se succèdent, certains murmurent à voix basse que seule une statue pourrait rendre hommage au grand homme et perpétuer son souvenir.

Une souscription publique permettra à David d'Angers de sculpter le monument qui sera érigé en 1850 dans les jardins du Val-de-Grâce, au centre des allées bordées d'érables et de marronniers, près des façades d'une austère élégance d'où corneilles et geais prennent leur envol[1].

A la même époque, la Ville de Paris donnera le nom de Larrey à une petite rue qui va de la rue de l'Eperon à celle de l'Ecole-de-Médecine, les botanistes créeront une poétique rose 'Larrey'.

Portant sur ses épaules l'immense ombre de gloire du chirurgien de la Garde, Félix-Hippolyte Larrey poursuivit la même carrière que son père. Son talent, ses travaux, ses qualités personnelles le hissèrent aux honneurs officiels. Major au concours d'entrée du Val-de-Grâce, agrégé de la faculté de médecine à vingt-sept ans, il entra à l'Académie de médecine en 1850, puis à l'Académie des sciences en 1857. Dès son avènement, Napoléon III le nomma son chirurgien personnel.

Hippolyte participa à la guerre d'Italie comme médecin-inspecteur et président du Conseil de santé. En 1870, il fut à l'armée du Rhin, dans Metz assiégée. De retour à Paris, il affronta le drame de la Commune. Médecin-chef aux avant-postes de l'armée de Versailles, il aperçoit les insurgés s'apprêter à incendier sa maison : son nom prononcé, son visage reconnu, les Communards baissent leurs torches…

Député de Bagnères-de-Bigorre sous la IIIe République, son intervention fut déterminante lors du vote de la loi de 1882 consacrant l'autonomie du Service de santé. Le rêve paternel, le combat d'une vie devenaient réalité.

Demeuré célibataire, Hippolyte avait adopté la jeune Juliette Dodu, qui fut une héroïne de la guerre de 1870. Il mourut en 1895, âgé de quatre-vingt-sept ans.

Sa sœur Isaure mit longtemps à se remettre de la passion contrariée conçue pour Clot Bey. Elle épousa tardivement le chirurgien militaire Périer et mourut sans enfants en 1855, à l'âge de cinquante-sept ans. Elle fut déposée aux côtés de sa mère au cimetière de Bièvres.

1. Une autre statue, sur le socle de laquelle est gravée la mention testamentaire de Napoléon, fut érigée à Tarbes, allées Leclerc.

Une vingtaine d'années après sa mort est fondée la Croix-Rouge internationale puis promulguée la Convention de Genève qui consacre la neutralisation des blessés et du personnel sanitaire quelle que soit leur nationalité et le devoir de secourir les victimes même ennemies.

De 1882 à 1889, le Service de santé acquiert son individualité et se dote d'écoles de santé militaire. Son autonomie de fonctionnement n'est définitif qu'en 1917, date tardive où le gouvernement reconnaît que “son organisation n'avait pas été en harmonie avec les exigences auxquelles il était appelé à faire face”. Les médecins cessent d'être simplement “assimilés” aux officiers et entrent dans la hiérarchie générale.

Les ambulances militaires ou civiles n'ont cessé de se perfectionner en conservant, du moins en France, le principe absolu et fondamental des premiers soins sur le terrain puis du ramassage immédiat et du tri édictés par Larrey. L'aviation sanitaire, les Evasan comme les véhicules VSAV des pompiers, ceux du SAMU ou du SMUR dans la version civile, ne sont rien d'autre que de modernes ambulances “volantes”.

En 1914, peu après la sanglante victoire de la Marne, les chirurgiens restent aussi démunis que Larrey pour lutter contre l'infection bactérienne, tétanos et gangrène gazeuse en particulier. Une, voire deux générations de médecins sans expérience de la chirurgie de guerre n'ont plus appris à pratiquer le parage des plaies c'est-à-dire arrêter l'hémorragie, opérer la “toilette” des corps étrangers qui s'y trouvent, “rafraîchir” les bords contus, panser “à plat” sans suture. Les évacuations sont lentes, les opérations définitives ont lieu tardivement plusieurs jours après. On constate avec effroi une stupéfiante mortalité parmi les blessés. Dès septembre 1914, les chirurgiens ne peuvent que se rapporter aux écrits de leur prédécesseur. Sa technique des soins immédiats, des amputations réglées et précoces pour prévenir l'infection, est remise à l'ordre du jour. La mortalité chute immédiatement.

Lorsque s'installe la guerre de position et que s'observent les “pieds de tranchées”, on se rappelle opportunément le traitement qu'appliquait Larrey aux gelures des extrémités.

En 1970, H. Hinricsson, professeur à l'université d'Uppsala écrit : "Larrey fut le premier à comprendre la biomécanique des lésions occasionnées par déflagration, *air blast injuries* dans la chirurgie de guerre, et fait déjà un rapport en 1792 de ces phénomènes qui ne revinrent d'actualité que pendant la guerre civile d'Espagne de 1936 puis le bombardement allemand de Sébastopol." Dans le camp des républicains espagnols, le chirurgien Trueta s'était acquis une immense notoriété en s'inspirant des grands principes de Larrey : parage immédiat des plaies (sans suture), immobilisation plâtrée par-dessus, évacuation. Cette technique élimina les complications infectieuses, notamment la redoutable gangrène gazeuse.

En 1983, fut créé aux Etats-Unis, par le professeur Norman Rich, président de l'Université militaire des sciences de la santé, le prix "baron Larrey" destiné à honorer chaque année un médecin américain dont les travaux ont fait progresser la chirurgie de guerre.

Si l'étudiant en médecine peut savoir de nos jours que le triangle sterno-costal n'est autre que la fente diaphragmatique de Larrey, il doit toujours apprendre à pratiquer le bouche-à-bouche chez un noyé ou asphyxié, fermer les plaies thoraciques, immobiliser les fractures, drainer les pleurésies et péricardites, lever les embarrures des plaies cranio-cérébrales. Jusqu'à ces dernières décennies il suivait les cours d'anatomie topographique et de médecine opératoire, "ensemble des règles opératoires, des lignes de découverte, des amputations et désarticulations" dont Larrey fut le précurseur et que Farabœuf codifia à la fin du XIXe siècle. Bien qu'elles soient devenues d'indication rarissime, l'amputation de l'épaule s'effectue encore selon l'"incision en raquette de Larrey", et l'amputation de la jambe au niveau des condyles tibiaux, conservant l'articulation du genou et indolore dans ses suites, s'appelle toujours "l'amputation de Larrey". Les "signes de Larrey" (accentuation de la douleur) affirment indirectement la fracture du bassin quand on écarte ses ailes ou la tuberculose osseuse (sacro-coxalgie) lorsque le patient s'assied brusquement sur un plan dur.

Le tétanos dysphagique de Larrey est caractérisé par la prédominance des contractures sur le pharynx, paralysant la déglutition et entravant la respiration.

Le syndrome auquel Costen a attaché son nom en 1933 (surdité par compression du conduit auditif externe due à un déplacement du maxillaire supérieur à la suite d'une perte de dents ou de leur abrasion exagérée) fut en fait décrit par Larrey en octobre 1822 : *Notice sur une cause particulière de surdité, inconnue jusqu'à ce jour, suivie d'observations.*

Si le chirurgien raisonne en anatomiste fonctionnel soucieux des suites opératoires, des possibilités d'appareillage et de rééducation, à qui le doit-il ? A celui qui remarquait que "la force des muscles restant dans le moignon devait pouvoir être utilisée pour actionner une main artificielle", à la base de la cinéplastie mécanique créée dès 1915 et de la moderne prothèse myoélectrique.

Si la "vertu" dont Napoléon a qualifié son chirurgien se définit comme une énergie morale, une force d'âme constamment tendue vers le bien, elle se pare aussi pour Larrey de la pensée latine dont il a fait sa devise dans le premier tome de ses *Mémoires*, résumant son avance sur son temps et sa vision du futur :

"Eo adductus sum ut multis meorum aequalium hinc inde errantibus viam monstrarem et aliquantulum munirem[1]*."*

Saint-Raphaël, juin 2002.

1. "J'ai été amené, puisque beaucoup de mes pairs erraient çà et là, à montrer le chemin et tant soit peu construire."

OUVRAGES CONSULTÉS

I. SOURCES

Mémoires et campagnes du baron Larrey, 5 volumes, édition originale parue de 1812 à 1841.

Notes manuscrites et correspondance générale, Bibliothèque nationale de France, Département des manuscrits, Division occidentale, Registre des nouvelles acquisitions, réf. Ms 5873 à 5892 :

– cote 5873 : Correspondance de l'Armée d'Orient, 364 feuillets. "Relation du Service de santé chirurgical pendant l'expédition d'Egypte, par le chirurgien Larrey, chirurgien-chef de l'armée d'Orient."

– cote 5874 : Campagnes d'Italie, d'Espagne et d'Autriche, 101 feuillets.

– cote 5875 : Campagne de 1813, 201 feuillets.

– cote 5876 : Correspondance générale de Larrey.

– cote 5877 : "Documents autobiographiques sur le baron D.-J. Larrey", 160 feuillets (journal de campagne).

Correspondance de Larrey à sa femme (1re campagne d'Autriche, campagne d'Espagne), 99 lettres conservées au musée du Val-de-Grâce, carton 130-2.

Dix-huit relations médico-chirurgicales, remarques, statistiques établies par D. Larrey, Bibliothèque générale du Service de santé des armées au Val-de-Grâce.

Les Rapports originaux de Larrey à l'armée d'Orient par P. Pallary, Imprimerie de l'Institut français d'archéologie orientale, Le Caire, 1936, p. 30-31.

Archives du Centre de documentation du Val-de-Grâce, cartons "Dominique Larrey", réf. 1041-L, et cartons 111, 111-1, 112 et 112-2.

Dossier Dominique-Jean Larrey, Service historique de l'armée de terre, château de Vincennes, réf. Y-h-166.

II. OUVRAGES CONSACRÉS A DOMINIQUE LARREY

Soubiran, Dr. André, *Le Baron Larrey, chirurgien de Napoléon*, 1 vol., Fayard, Paris, 1966.

Triaire, Dr. Paul, *Dominique Larrey et les campagnes de la Révolution et de l'Empire*, 1 vol., Mame, Tours, 1902.

III. CAMPAGNE D'ÉGYPTE

La Campagne d'Egypte 1798-1801. Mythes et réalités, actes du colloque des 16 et 17 juin 1998 à l'hôtel national des Invalides, In Forma, Paris, 1998.

Français et Anglais en Méditerranée – 1789-1830, Service historique de la marine, Toulon, 1992.

Histoire scientifique et militaire de l'expédition française en Egypte, A. J. Denain, Paris, 1832-1836, 10 volumes et atlas.

Pièces et correspondances de l'armée d'Egypte, an IX, "imprimées en exécution de l'arrêté du Tribunat en date du 7 nivôse an IX de la R. F.", Archives départementales du Var, cote P 277, p. 211.

Benoist-Méchin, *Bonaparte en Egypte ou le Rêve inassouvi*, Librairie académique Perrin, Paris, 1978.

Bonaparte, Napoléon, *Campagnes d'Egypte et de Syrie*, présentation d'Henry Laurens, Imprimerie nationale, collection "Acteurs de l'Histoire", Paris, 1998. (Régiment des Dromadaires : pages 62 et 63.)

Brégeon, Jean-Joël, *L'Egypte de Bonaparte*, Librairie académique Perrin, Paris, 1998.

Bret, Patrice, "Conté et les arts de la France au milieu des déserts. Vicissitudes d'un transfert de technologie pendant l'occupation française"., in *L'Egyptologie et les Champollion*, Presses universitaires de Grenoble, 1994.

Denon, Vivant, *Voyage dans la Basse et la Haute Egypte*, Paris, 1802.

Denon, Vivant, et El-Gabarti, Abdel Rhaman, *Sur l'expédition de Bonaparte en Egypte*, témoignages croisés et commentés par Mahmoud Hussein, collection "Babel", Actes Sud, Arles, 1998.

François, *Journal du capitaine François dit le Dromadaire d'Egypte*, paru en 1903.

Héry, François-Xavier, *La Nouvelle Description de l'Egypte*, Albin Michel, 1998.

Jomard, Edmé-François, *Le Régiment des dromadaires à l'armée d'Orient (1798-1801), emploi du chameau à la guerre...*, Imprimerie de Cosse et J. Dumaine, Paris, non daté.

Laissus, Yves, *L'Egypte, une aventure savante 1798-1801*, Fayard, Paris, 1998. (Environ un tiers de l'ouvrage est consacré à des notes bibliographiques exhaustives de l'expédition d'Egypte).

Laurens, Henry, *L'Expédition d'Egypte 1798-1801*, Armand Colin, Paris, 1989.

Solé, Robert, *Les Savants de Bonaparte*, Le Seuil, Paris, 1998.

Yerasimos, Stéphane, *Deux Ottomans à Paris sous le Directoire et l'Empire. Relations d'ambassade*, collection "Sindbad", Actes Sud, Arles, 1998.

Zweig, Stephan, *Un caprice de Bonaparte*, collection "Les cahiers rouges", Bernard Grasset, Paris, 1996.

IV. GRANDE ARMÉE

Grande tactique des armées françaises à la fin du XVIIIe siècle, bibliothèque de l'Ecole d'application de l'artillerie, Draguignan.

Blaze, Elzéar, *Souvenirs d'un officier de la Grande Armée*, A. Fayard, Paris, 1906.

Blond, Georges, *La Grande Armée*, Robert Laffont, Paris, 1979.

Bourgogne, *Mémoires du sergent Bourgogne*, préface de Jean Tulard, Hachette, 1978.

Coignet, Jean-Roch *Les Cahiers du capitaine Coignet*, préface de Jean Mistler, Hachette, 1968.

Erckmann-Chatrian, *Histoire d'un conscrit de 1813* et *Waterloo*, t. IV des *Contes et romans nationaux et populaires*, J. J. Pauvert-Serpenoise-Tallandier, 1987.

Garnier, Jacques, articles de stratégie militaire du *Dictionnaire Napoléon*, publié sous la direction de Jean Tulard.

Labaume, Eugène, *La Campagne de Russie. Le récit d'un officier de la Grande Armée 1812*, Cosmopole, Paris, 2001.

Lenotre, G., *La Petite Histoire. Napoléon. Croquis de l'épopée*, B. Grasset, Paris, 1932 ; réédition 1996.

Lucas-Dubreton, J., *Les Soldats de Napoléon*, E. Flammarion et J. Tallandier, 1977.

Pigeard, Alain, *L'Armée napoléonienne*.

Quennevat, Dr. Jean-Claude, *Atlas de la Grande Armée*, Sequoia, Paris-Bruxelles, 1966.

– *Les Vrais Soldats de Napoléon*, Sequoia-Elsevier, Paris-Bruxelles, 1968.

Saint-Hilaire, Marco de (Emile Marco, dit), *Histoire anecdotique, politique et militaire de la garde impériale*, Penaud, Paris, 1847. Réédition par Curandera, Voreppe, 1992.

Tranié, Jean, et Carmigniani, J.-C., collection des ouvrages consacrés par ces auteurs aux différentes campagnes de Napoléon Bonaparte.

V. SERVICE DE SANTÉ

Archives de médecine et pharmacie militaire, t. CII, 1er semestre 1935.
Archives du Centre de documentation du Val-de-Grâce.
Formulaire pharmaceutique à l'usage des hôpitaux militaires de la France ; rédigé par le Conseil de santé des armées (Moizin, Gasc, baron Larrey, Pasquier, Fauché), Librairie Gaultier-Laguionie, Paris, 1939.
Souvenir napoléonien, numéros de mars et mai 1976.

Bucquoy (commandant), *Etat-major et service de santé*, coll. "Les uniformes du Premier Empire", J. Grancher, Paris, 1982.
Garnier-Delamare, *Dictionnaire des termes de médecine*, 22e édition.
Lefèbre, Pierre (sous la dir. de), *Histoire de la médecine aux armées*, 3 vol., Lavauzelle, Paris, 1982.
Lemaire, Dr. J.-F., *Les Blessés dans les armées napoléoniennes*, Grand Prix d'histoire de la Fondation Napoléon, Lettrage Distribution, Paris, 1999.
Pigeard, Alain, "Le service de santé de la Grande Armée", *Tradition-magazine*, nos 40 et 119, Histoire et Collections, Paris, 1990.
Poulet, J., Sournia, J.-C., et Martigny, M., *Histoire de la médecine, de la pharmacie, de l'art dentaire et de l'art vétérinaire*, article du Pr. P. Huart, t. VIII, p. 177, Editions professionnelles médicales et scientifiques, Albin Michel, Lafont et Tchou.
Prat, Olivier de, *Médecins militaires d'autrefois*, chap. III et IV, Léniforme, Paris, 1935.

VI. DOCUMENTATION GÉNÉRALE

Bainville, Jacques, *Napoléon*, A. Fayard, Paris, 1931.
Boigne, Adèle de, *Mémoires de la comtesse de Boigne*, Mercure de France, 1999.
Chateaubriand, François-René, *Mémoires d'outre-tombe*, collection des "Mémoires essentiels", Tallandier, Paris, 1984.
Chuquet, Arthur, *Ordres et Apostilles de Napoléon (1799-1815)*, H. Champion, Paris, 1911.
Gaxotte, Pierre, *Apogée et chute de la royauté*, Tallandier, 1974.
Las Cases, Emmanuel de, *Le Mémorial de Sainte-Hélène*, 2 tomes, "Bibliothèque de la Pléiade", Gallimard, 1956.

Ludwig, Emil, *Napoléon*, Payot, Paris, 1928.
Madelin, Louis, *Histoire du Consulat et de l'Empire*, 16 vol., Hachette, 1937, et J. Tallandier, 1974.
Robiquet, Jean, *La Vie quotidienne au temps de Napoléon*, Hachette, 1943.
Tulard, Jean, *Napoléon*, A. Fayard, Paris, 1977.
Tulard, Jean, et collaborateurs, *Dictionnaire Napoléon*, A. Fayard, Paris, 1987.
– *L'Histoire de Napoléon par la peinture*, Belfond, 1991.

VII. DIVERS

Grand Atlas Gallimard pour le XXIe siècle, Nouveaux Loisirs, Paris, 1997.

Maurois, André, *Aspects de la biographie*, collection "Le conciliabule des Trente", Au sans pareil, 1928.
Ribéreau-Gayon, J., et Peynaud, E., *Traité d'œnologie*, Librairie polytechnique Ch. Béranger, Paris et Liège, 1961.

REMERCIEMENTS

Nous exprimons notre sincère reconnaissance à :

M. Camille Gargar, conservateur adjoint au musée du Service de santé des armées du Val-de-Grâce ; la pertinence de ses conseils basés sur une grande érudition, la courtoisie de son accueil nous furent d'une aide précieuse ;

M. Duverdier, conservateur honoraire de la bibliothèque du musée de l'Ecole d'application de l'artillerie, Draguignan ; fin lettré, il nous a guidés avec bienveillance parmi ses riches collections, notamment celle de *La Description de l'Egypte* et de l'expédition de Bonaparte ;

la médiathèque municipale de Saint-Raphaël pour la richesse et la variété de son iconographie et les facilités que nous a accordées son conservateur, Mme I. Rippert.

Nos confrères, les docteurs :

Jean-Marc David du centre anti-poisons de Marseille,
Patrick Harry, chef de service du centre anti-poisons d'Angers,

ont bien voulu nous adresser documentation et articles concernant l'intoxication par le méthanol. Qu'ils en soient vivement remerciés.

Trois amis de longue date nous ont apporté, dans leurs domaines respectifs, de précieux renseignements. Nous les prions de croire à notre fidèle gratitude :

M. le colonel Jean-Marie Massip, conservateur honoraire du musée des Troupes de marine de Fréjus et historien militaire ;

M. Edgar Savdie, pour ses précisions topographiques relatives au Vieux Caire ;

M. Jacques Duruble, œnologue, pour la documentation qu'il nous a fournie concernant la chimie biologique du vin.

Nos amis de toujours, Jacques Farisse, professeur d'anatomie et chirurgie générale à la faculté de Marseille, chirurgien des hôpitaux, chef de service [honoraire], et son épouse Paulette, chef de service des centres anti-cancéreux [E. R.], ont confirmé par leur savoir et leur expérience l'actualité de l'œuvre de Larrey. Qu'ils croient en notre fraternelle affection.

J. M.

TABLE

OUVRAGE RÉALISÉ
PAR L'ATELIER GRAPHIQUE ACTES SUD
REPRODUIT ET ACHEVÉ D'IMPRIMER
EN AVRIL 2003
PAR NORMANDIE-ROTO IMPRESSION S.A.S.
61250 LONRAI
POUR LE COMPTE DES ÉDITIONS
ACTES SUD
LE MÉJAN
PLACE NINA-BERBEROVA
13200 ARLES

DÉPÔT LÉGAL
1re ÉDITION : AVRIL 2003
N° d'impression : 031018
(Imprimé en France)